# 《四川区域协同全域开放研究》

## 编委会

# 四川区域协同
# 全域开放研究

四川省统计局 / 主编

四川大学出版社

项目策划：徐　凯
责任编辑：徐　凯
责任校对：毛张琳
封面设计：墨创文化
责任印制：王　炜

**图书在版编目（CIP）数据**

四川区域协同全域开放研究 / 四川省统计局主编
. — 成都 : 四川大学出版社, 2020.11
ISBN 978-7-5690-3985-6

Ⅰ. ①四… Ⅱ. ①四… Ⅲ. ①区域经济－国家创新系
统－研究－四川 Ⅳ. ①F127.71

中国版本图书馆 CIP 数据核字（2020）第 232770 号

**书名　四川区域协同全域开放研究**

| | |
|---|---|
| 主　　编 | 四川省统计局 |
| 出　　版 | 四川大学出版社 |
| 地　　址 | 成都市一环路南一段 24 号（610065） |
| 发　　行 | 四川大学出版社 |
| 书　　号 | ISBN 978-7-5690-3985-6 |
| 印前制作 | 四川胜翔数码印务设计有限公司 |
| 印　　刷 | 成都市新都华兴印务有限公司 |
| 成品尺寸 | 185mm×260mm |
| 印　　张 | 18.5 |
| 字　　数 | 377 千字 |
| 版　　次 | 2020 年 12 月第 1 版 |
| 印　　次 | 2020 年 12 月第 1 次印刷 |
| 定　　价 | 72.00 元 |




扫码加入读者圈

◆ 读者邮购本书，请与本社发行科联系。
电话：(028)85408408/(028)85401670/
(028)86408023　邮政编码：610065
◆ 本社图书如有印装质量问题，请寄回出版社调换。
◆ 网址：http://press.scu.edu.cn

四川大学出版社
微信公众号

# 序 言

2019 年是中华人民共和国成立 70 周年，是决胜全面建成小康社会、推进两个百年目标的关键之年，也是推动治蜀兴川再上新台阶的重要一年。

为深入学习贯彻习近平总书记对四川工作系列重要指示精神、中央经济工作会议和省委十一届三次全会、省委十一届四次全会、省委经济工作会议精神，落实“一干多支、五区协同”“四向拓展、全域开放”等战略部署，加快推动四川经济高质量发展，为各级党委政府科学决策提供参考依据，四川省统计局联合大专院校、科研院所开展“四川区域协同全域开放系列研究”，完成系列研究课题 30 项，并将其中的 18 篇优秀成果汇编成书公开出版。

该系列研究课题得到了四川大学、西南财经大学、四川师范大学、四川轻化工大学、成都信息工程大学、四川省社会科学院、四川省农业科学院、四川省人口学会、四川省一带一路经贸合作促进会、四川省情杂志社、成都市西博信社会经济研究咨询有限公司等科研院所和单位的专家给予的大力支持，在此表示衷心的感谢。

书中难免有疏漏，敬请批评指正。

编者

2019 年 12 月

# 目　录

# 蓉攀飞地协同创新发展研究

成都市与攀枝花市区域协同创新发展是深入落实国家“一带一路”倡议，加快推动四川全面创新改革试验区建设，确保省委“一干多支、五区协同”和“四向拓展、全域开放”生根落地的重要举措，对于强化成都市“主干”引领辐射带动作用，打造区域发展共同体，以及攀枝花市加快建设成为川西南、滇西北区域中心城市和南向开放门户具有重要意义。

## 一、蓉攀协同发展基础

### （一）资源基础

1. 矿产资源

成都市在高端装备制造业、汽车产业上的优势突出，攀枝花市是中国钒钛之都。目前，攀枝花市钒钛磁铁矿累计探明储量150亿吨，铁储量占全国的20%，伴生的钒、钛、镓、钪、钴等资源都是国家重要战略资源。其中，钒储量3000万吨，占全国的63%，居全国第一；钛储量12亿吨，占全国的93%，居世界第一。据最新资源潜力评估，攀枝花市钒钛磁铁矿潜在价值在5万亿美元以上。攀枝花市在钒钛钢铁领域的产品性能优势显著，两地相关产业互补性极强，在协同推进钒钛材料和先进制造业发展领域中的合作空间巨大。

2. 农业资源

成都都市现代农业在国内领先。2017年成都实现农业总产值878.9亿元，农产品精深加工、现代种植业、绿色有机农业和设施农业发展迅速。2017年，攀枝花市农林牧渔业总产值65.88亿元，比上年增长8.1%。攀枝花市是四川唯一的亚热带水果生产基地，盛产芒果、枇杷、莲雾、石榴、草莓、樱桃等特色水果，一年四季鲜果不断。特别是攀枝花芒果，生长纬度最北、生长地海拔最高、成熟最晚，品质优越，畅销国内外。两地在绿色蔬菜、特色水果、精品养殖、优质干果、农产品精深加工等领域具有互补性需求，有利于共同推动双方现代农业合作发展。

3. 旅游资源

两地的旅游资源体现于康养旅游领域的互补性。成都市有三星级以上饭店97家，旅行社466家。2016年，成都市接待国内游客2.0亿人次，比上年增长4.7%；国内旅游收入2425.6亿元，比上年增长22.1%。组织出境旅游人数181.6万人次，比上年下降6.6%；接待入境旅游人数272.3万人次，比上年增长17.8%；旅游外汇收入12.4亿美元，比上年增长15.8%。攀枝花市是中国阳光花城，一年四季阳光明媚，是康养胜地，大力发展了"康养＋农业""康养＋工业""康养＋医疗""康养＋旅游""康养＋运动"等新型业态，创办了国内首家康养学院，成功进入中国十大避寒名城、中国最佳养老城市50强、全国呼吸环境十佳城市榜单，成为首批国家医养结合试点城市、中国阳光康养示范城市、四川省首个养生旅游示范基地，"英雄攀枝花、阳光康养地"的影响力日益提升。

（二）产业基础

成都市产业门类较为齐全，已培育形成电子信息、汽车、机械制造、食品、金融、旅游六大千亿产业集群。战略性新兴产业和先进制造业发展势头迅猛，工业总产值占比分别达到31%和43%，逐步成为引领成都市工业经济发展的主导力量。以电子商务、现代物流、现代金融、科技服务为代表的生产性服务业在服务业增加值中占比达到49.6%，高端、新兴产业实现全面布局。

其中电子信息制造业与软件产业共同推动电子信息产业实现跨越发展，成为成都市首个万亿产业集群，将成都市打造成全球电子信息先进制造基地和世界软件名城。机械制造业在汽车制造领域、装备制造领域、轨道交通领域发展势头强劲。成都市还建成了特色鲜明、优势突出的国家级新材料产业基地，具备较强自主创新能力和可持续发展能力，拥有产学研用紧密结合的新材料产业体系。此外，科技服务产业重点发展研发设计、信息资源、创业孵化、科技金融、知识产权、检验检测、科技咨询、企业管理等科技服务新业态，构建全域成都"两核、多点"的科技服务业发展空间布局，进一步支撑成都产业结构提档升级。都市现代农业与养老服务促成了第三行业的发展。

对于攀枝花市的发展，四川省委给予了较为明确的定位——建设攀西国家战略资源创新开发试验区、现代农业示范基地和国际阳光康养旅游目的地。这个定位既符合攀枝花市的实情，又符合全省发展的需求。攀枝花市拥有的钒钛资源和南亚热带气候资源，是省内甚至国内其他城市无可比拟的，因此，钒钛产业、特色农业和康养产业成了攀枝花市的特色产业。具体来看，攀枝花市初步形成了以钒钛初级原料、钒氧化物、钒铁、钒氮合金、钛白粉、纳米钛白、海绵钛、钛锭等产业链为主的产业集群。农康模式不断创新，农业品牌不断升级；康养地产销售大幅增长，康养产业带来的生态效益明显。

### （三）科技基础

1. 科技投入

成都市R&D经费投入逐年增长，2016年，成都市R&D经费投入289.1亿元，占全省总量的51.5%，比上年提高0.3个百分点，比2012年提高3个百分点，其中科研院所109.29亿元，高校40.31亿元，企业134.97亿元。攀枝花市的R&D经费投入总量呈现先升后降的趋势，2011—2014年，R&D经费总量以年均20%以上的增速快速增长，2015年急转直下，增速降至5.9%，2016年则出现负增长，比上年减少7.4%，2017年水平预计与2016年持平。受R&D经费投入总量的影响，R&D经费占GDP的比重也随之发生变化。

2. 科技产出

2017年，成都市高新技术企业达到2473家，同比增长17.9%，占全省总量的69.25%，排名全省第一，实现高新技术产业产值9374.8亿元，同比增长11.8%。成都市组织实施科技计划项目3319项，年内新上科技项目2520项，其中国家级424项，省级836项。科技项目投入资金17.7亿元，完成科技攻关723项，完成火炬计划455项。攀枝花市的年专利申请量自突破1000件以来呈暴发式增长，2012年起年均增长18.4%，2017年达到2797件，每万人口发明专利拥有量17.13件，居全省第二，获得省级科技进步奖的数量每年变化不大，均在17～26项，大多集中在三等奖，约占总获奖数量的70%，一等奖数量较少，仅占总获奖数量的5%。

3. 科技创新平台

2017年，成都市共有国家级工程技术研究中心10家，省级工程技术研究中心105家；国家级重点实验室10家，省级重点实验室82家，省部共建2家；国家级工程实验室6家；国家地方联合工程研究中心27家；国家认定企业技术中心32家；国家重点培育联盟1个；国家备案联盟5个。当前，攀枝花市共有科技创新平台67家，分为重点实验室、工程技术中心、企业技术中心、工程实验室、产业创新联盟等6类，归口于教育、科技、经信、发改等不同的国家、省、市级部门（具体数据见表1）；科研机构44家，以攀枝花钢铁研究院、攀枝花市农林科学研究院为代表，每年攀枝花市半数以上的科技成果来自这些科研院所。

4. 科研人员

2016年，成都市共有科技活动人员205611人，排名全省第一，其中大学本科及以上学历152205人。成都市R&D人员折合全时当量65941人，排名全省第一，每万名就业人员中R&D人员数为75.02。2013—2016年成都市R&D人员数呈逐年增长趋势。成都地区共有两院院士32人（其中“双院士”1人），工程院院士 21 人，科学院院士 12 人。近 5 年，攀枝花市科技活动人员、研发人员数量呈下降趋势。R&D 人员数 2016 年较 2013 年下降了 40.1%，年均下降 13.36%；科技活动人员数 2016 年较 2013 年下降了 10.15%，全市万人口科技活动人员 2016 年较 2013 年下降了 10.34%。

（四）合作基础

1. 合作机制不断完善

在政府主导下，蓉攀形成了“政府、产、学、研”四位一体参与的合作机制。成攀两地政府主导开展了多层次、多领域的科技合作，签订了市、县及部门之间的合作协议。如成都市与攀枝花市签订了《区域合作框架协议》《深化区域协同发展合作备忘录》，成都高新区与攀枝花钒钛高新区签订了《成都高新技术产业开发区管委会—攀枝花钒钛高新技术产业开发区管委会战略合作框架协议》，成都市商务委与攀枝花市商粮局签订了《成攀两地商务交流合作协议》，攀枝花市五个县区就业服务机构分别与成都市成华区、郫都区、温江区、新都区、蒲江县等五个县区确定了结对合作关系。在政府主导下，蓉攀两地企业在科技交流与合作的基础上，进一步拓展渠道，扩大双方交流合作范围，促进钒钛资源综合利用、化工、新材料及阳光康养等方面跨区域的产学研合作，激发创新主体活力；蓉攀两地高校和科研机构的合作已拓展到以攀枝花学院、四川机电学院、四川钒钛产业技术研究院、攀枝花钢铁研究院、四川大学、电子科技大学、西南交通大学、西华大学、四川有色、成都地矿所、省农科院、林科院等高校及科研单位为主体的常态化合作交流。

2. 合作领域不断拓展

蓉攀两地合作由原来单一的工业领域拓展到包含工业、农业及社会服务业等领域的多元化合作，并在钒钛资源综合利用、新能源、新材料、特色蔬菜水果及康养旅游等方面取得了良好进展。

在工业方面，两地合作主要集中于钒钛资源综合利用、化工、新能源、新材料等领域，围绕新能源，中国工程物理研究院材料研究所（四川材料与工艺研究所）与四川恒珲新材料科技有限公司开展钛合金高球形粉体制备关键技术研究及应用示范。在农业方面，两地合作主要集中于蔬菜及水果领域，采用“农超对接”和“直供直销”模式支持攀枝花特色农产品进入成都大中型超市、建立直营店。目前，攀枝花市已在成都市建成 10 家攀枝花特色农产品形象直销店，此外，还在成都市建立了面积 4000 平方米的攀枝花水果集散中心。在服务业方面，两地合作主要集中于康养、旅游、交通、教育及卫生等领域。在交通领域的合作中，成昆铁路扩能改造工程进展顺利；增开成都至攀枝花航线航班，增加攀枝花经停成都至国内中心城市的航线。在旅游和康养产业合作中，两市互相宣传旅游资讯，在教育领域的合作中，两地教育局签订了《成都市教育局与攀枝花市教育体育局深化区域协同发展合作备忘录》。攀枝花三中、攀枝花七中分别与成都七中、成都石室中学签署了校级教育合作交流协议。在医疗卫生领域的合作中，依托四川大学医疗卫生科学技术优势，与攀枝花市医疗卫生系统展开全面合作。

3. 合作模式不断创新

蓉攀的合作模式由以前单纯的签订合作协议类的形式上的合作，发展到现在的包含人员互访与交流、举办和参加会议、技术交易、项目合作、搭建科技合作平台、完善科技合作基地建设等形式的深入合作。

在人才交流方面，“请进来，走出去”两种互动和交流方式结合得非常好，不仅相互交流干部，提升管理能力；而且相互派出技术人员学习交流以提升科技人员研发能力。通过与外来“智力资本”的沟通、不同思维方式的互补、交叉学科思想的碰撞来实现知识和信息的共享，在互动交流过程中逐步提升整体科技研发能力和创新能力。

在平台建设方面，两地利用自身优势资源积极筹备和参加会议，搭建开放与发展、合作与交流的平台。攀枝花市依托钒钛资源优势举办了一系列全国性的大型专题学术交流会，并以此为载体，积极邀请成都市相关专家学者赴攀枝花市开展学术交流及合作。同时，攀枝花市组建团队到成都市参加和筹办会议，如参加“中国西部国际合作论坛”“中国西部国际博览会”等会议，并与成都市专家学者及相关机构建立科技合作关系。

在项目合作方面，为促进科技项目合作，攀枝花市设立科技合作专项支持两地科技合作项目。通过项目合作，攀枝花整体科技创新水平有所提升，主要体现在项目合作中申请专利、发表学术论文、开发新产品及培养人才等方面。在合作平台方面，两地积极搭建科技合作平台，完善科技合作基地建设，激发技术市场，助推创新创业。攀枝花市与成都市合建集培训、融资、孵化等功能于一体的云孵化平台——“科创通”服务平台攀枝花分中心（站）；利用四川大学科研优势团队及重点科研成果，成立“四川大学国家技术转移中心攀枝花分中心”；共建“四川大学攀枝花创新研究院”，打造校市科研合作平台，推进校地合作良性互动。同时，攀枝花市已建成1个省级国际科技合作基地。科技合作基地的建设为人才聚集、信息共享、科技创新提供了契机。

因此，从上述四个方面可以看出，蓉攀协同发展具有巨大的潜力，资源、产业、科技及合作基础均为双方在交通、现代农业、康养等10个领域进一步深化合作提供了契机，将两地合作做深做实，针对成攀两地的特点，加强对其不同区域之间、产业之间的成攀区域协同创新发展。

## 二、蓉攀区域协同创新发展的有利条件和主要问题

### （一）蓉攀区域协同创新发展的有利条件

1. “一干多支、五区协同”战略强力助推成攀区域协同创新发展

为解决区域发展不平衡问题，省委十一届三次全会提出构建“一干多支、五区协同”区域发展新格局的战略部署，加大统筹区域发展力度，推进“主干”引领带动、“多支”竞相发展、“干”“支”协同联动，更好实现各区域优势互补、错位发展、同频共振，推动高质量发展，整体提升全省综合实力。“一干多支”战略中明确提出要推动攀西经济区转型升级，建成攀西国家战略资源创新开发试验区、现代农业示范基地和国际阳光康养旅游目的地。而成都市是全国全面创新改革试验区8个区域之一。“一干多支、五区协同”战略和全面创新改革试验区的深入贯彻实施，将为成攀跨区域协同创新发展奠定良好的政策环境基础。

2. 南向开放战略是蓉攀区域协同发展的天然纽带

成都市是“一带一路”建设和长江经济带发展的重要节点，是国家南向开放战略性支点城市，作为四川省的首位城市，肩负着在对外开放合作、产业配套发展等方面辐射带动全省发展的责任。攀枝花市是四川省南向开放门户，是四川通往东南亚、南亚的最近点，是联系东南亚、南亚的重要交通枢纽和商贸物资集散地。成都市和攀枝花市作为四川省南向开放大通道上的两个关键节点，在南向开放过程中协同发展空间极其广阔。

3. 蓉攀两地政府协同发展意识日趋强烈

2015年以来，成都市和攀枝花市先后签署《区域合作框架协议》《深化区域协同发展合作备忘录》《成都高新技术产业开发区管委会—攀枝花钒钛高新技术产业开发区管委会战略合作框架协议》《成攀两地商务交流合作协议》等市、县及部门之间的合作协议，成攀两地政府加强协同创新发展意识日趋强烈。

4. 基础设施支撑协同创新保障能力快速提升

攀枝花境内现有成昆铁路、G5京昆高速连接成攀两地，成昆铁路复线2020年建成通车，成攀大通道进一步拓宽提速，届时攀西经济区将全面纳入环成都4小时经济圈范围。攀枝花机场于2003年12月建成通航，先后开通有攀枝花—成都、攀枝花—重庆、攀枝花—深圳、攀枝花—北京（经停重庆）、攀枝花—南京、攀枝花—西安等航线，成攀跨区域创新要素流通日趋便利，成攀协同创新保障支撑能力快速提升。

5. 蓉攀两地产业协同创新互补性强

在工业方面，成都的高端装备制造、新能源汽车、国防军工、航空航天等领域产业优势突出，而攀枝花拥有丰富的钒钛资源，在钒、钛、钢轨、汽车用钢等重要战略产品方面具备独特的生产优势和技术优势，两地相关产业互补性极强，在协同推进钒钛产业发展上有巨大的合作空间。目前，攀钢集团有限公司与四川能投集团签署了战略合作协议，攀钢集团有限公司已设立成都材料院。

在农业方面，攀枝花全市芒果种植面积40多万亩，年产优质芒果10万吨以上，是全国最有影响力的优质晚熟芒果生产基地。成都是西南地区最大的农产品市场，农产品精深加工技术、现代冷链服务业以及农产品市场流通网络体系方面有比较明显的优势，两市互补发展、产销对接，共同打造了特色时鲜蔬果技术服务和供应基地。

在服务业方面，攀枝花康养产业发展潜力大，而成都既是攀枝花的重要客源市场，也是攀枝花提升产业层级的战略合作伙伴。依托四川大学等医疗卫生科学技术优势，围绕重点专科建设、人才培养、远程在线医疗等领域，开展分级诊疗及双向转诊，共建远程指导医疗平台服务，两地在挂号、入院、转院、床位预留等医疗服务上正在实现同城化，满足了双方市民多层次、多元化的康养需求，促进双方成为彼此的优选康养目的地。

（二）蓉攀区域协同创新面临的主要问题

1. 蓉攀创新资源配置不均

蓉攀两地经济总量与固定资产投资有明显差距。2017年，成都市实现地区生产总值13889.39亿元，而攀枝花市地区生产总值仅为成都市的1/13。同年，成都市固定资产投资完成9404.2亿元，全年新增固定资产4256.7亿元，比上年增长17.8%。攀枝花市固定资产投资仅为745.28亿元。

创新资源中的科技基础影响蓉攀两地的协同创新。一是科技投入差距，在R&D经费投入上攀枝花科技投入指标与成都有较大的差距。二是科技产出差距，主要体现在高新技术产业产值与发明专利拥有量的产出指标上。三是科技创新平台差距。成都市拥有工程研究中心、企业技术中心、重点实验室、产业技术创新联盟以及市级产学研联合实验室。而攀枝花市有钒钛类科技创新平台以及科研机构，科技创新平台数量和层次均落后于成都市。四是科研人员差距。成都市有科技活动人员205611人，R&D人员117142人。攀枝花市有科技活动人员11229人，万人口科技活动人员90.88人，R&D人员3810人。

2. 创新要素区域间流通不畅

加强与南亚、东南亚的合作，扩大南向开放，是蓉攀两个内陆地区共同的迫切愿望，而交通是制约南向发展的最大瓶颈和短板。目前，在国家的总体规划中，尚未有经过攀枝花的高铁线路。

成都到攀枝花的交通还不发达，高速公路少，铁路等级不高、速度不快。目前，攀枝花至成都的公路里程为614千米，开车需7个多小时，坐火车需11个多小时。交通不便，运输成本高，是制约蓉攀两地人、财、物自由交流的主要因素。

蓉攀两地政府追求当地发展而在相互间的合作上用力不够，蓉攀两地之间创新要素的跨域流动还存在一些障碍，如科技项目、人才政策、资金资助的属地化支持等，无法真正实现同城化。区域政策差异、资源不平衡及公共服务等方面巨大的差距，导致蓉攀两地发展空间不平衡，成都的“虹吸效应”明显，辐射效应不足，科技成果在攀成功转化不多。

3. 蓉攀区域协同创新发展的合作机制不完善

蓉攀两地区域协同创新尚缺乏顶层设计和有效的制度保障，在规划同编、创新政策协同和重大项目联合推进等方面，尚未形成有效的区域协同机制，蓉攀两地相对于成德绵等省内其他区域而言，协同创新的程度远远不足。已签署的框架协议在实际中落实缓慢，缺少重大示范项目引领带动，实质性、可操作的办法、手段不多，两地间各层次的定期对话机制、利益协调机制尚未建立，作为推动协同创新的“两只手”，政府与市场尚未形成联动机制，未能发挥“1＋1＞2”的合力效应。区域创新资源共建、共享与开放不足，降低了要素配置的效率，未能使创新链、资金链、产业链、服务链实现有效融合。

4. 蓉攀区域产学研结合的中介服务体系不健全

蓉攀产学研结合处于初级阶段，两地围绕项目进行的短期合作较多，为企业服务的团队趋向个体化、不持续，大学、科研单位与企业的合作关系仍然比较松散，导致两地在钒钛等新材料技术领域缺乏长期的合作跟踪和研究，不利于集中优势资源有效解决制约产业发展的重大技术问题，企业、院所、高校结成战略联盟，在发展战略、项目开发、平台建设、人才培养等方面的实践还停留在表面。蓉攀协同创新中还存在协同创新主体意愿强而对接困难等现象，企业需要技术时找不到合适的科研机构，科研机构的成果在本地找不到合适生产的企业进行转化，而配套机构也找不到合适的对象进行服务，蓉攀两地在技术需求对接、产学研合作、科技金融对接等方面缺乏科技中介平台的有效链接和支撑。

## 三、蓉攀区域协同创新发展建议

### （一）提高战略意识，树立抓协同就是抢发展机遇的认识

在产业发展中，成攀两地应当以优势互补、集群发展为方向进行产业发展对接，在协同创新建设中，明确各自的产业发展定位、发展重点和空间布局，发挥

核心城市带动作用，推进成攀区域产业协同发展创新共同体建设。具体可从以下几个方面着手：一是优化成攀区域产业布局。以钒钛钢铁、高端装备制造、康养旅游、新能源、特色农业等产业为协同发展重点产业，成攀两地应确定产业经济发展定位、发展思路、发展重点，有效整合跨区域内的产业科技资源。二是打造成攀区域产业协同创新共同体。鼓励成攀区域共同合作开发建设产业发展载体，以成都天府新区、高新区、经开区与攀西战略资源开发试验区、攀枝花钒钛高新区等平台为载体，建设钒钛、机械制造、康养旅游、特色农业等产业协同创新共同体。三是搭建成攀区域产业技术公共服务平台，推进成攀区域科技信息资源的流通共享。建立成攀区域产业科技创新研究发展联盟，在成攀重大关键瓶颈性技术、突破性技术领域推动开展跨区域联合攻关，建立成攀跨区域发展一体化的金融服务体系。促进在成攀区域有力实现产业科技创新与发展的有效链接，促进成攀区域创新成果的转化和产业化，提升成攀区域产业经济发展的软实力。

（二）做好战略对接，推动蓉攀区域协同高水平发展

紧紧抓住国防科技工业大发展的机遇，将攀西战略资源创新开发试验区与四川省全面创新改革试验区深入对接，高水平谋划蓉攀区域协同创新发展布局，争设国家军民融合蓉攀区域协同创新示范区。深入贯彻四川省委省政府“一干多支、五区协同”区域发展新格局的重大战略部署，以“钉钉子”的精神抓好蓉攀协同各级协议的落实，逐步提升协同的层次、规模、成效，更好实现蓉攀区域优势互补、错位发展、同频共振，推动高质量发展，整体提升全省综合实力。充分瞄准“一带一路”“长江经济带”和“孟中印缅经济走廊”的国家战略布局，按照“四向拓展、全域开放”的四川省立体全面开放新要求，通过蓉攀区域协同发展，共建交通、贸易大通道等，把成都建设成为国家南向开放城市，把攀枝花建设成为四川省南向开放门户。

（三）加强组织协调，确保各项政策措施落地

组建蓉攀区域协同创新高级别多层次管理协调机构。成立省级领导牵头的蓉攀区域协同创新发展领导机构，负责蓉攀区域创新战略协同、规划联动、政策互通、成果对接、资源共享、生态共建等统筹、管理、协调，促进两地互惠互利，共同做大做强。条件成熟时，该机构可升级为国家部委与四川省共建机构，从落实军民融合等国家战略的高度，进一步推动蓉攀区域协同创新发展。建立蓉攀区域政府部门联席会议制度，研究蓉攀区域产业经济发展的重大战略和总体规划，制定蓉攀区域合作的重要政策和措施，协调推动蓉攀区域内关乎蓉攀发展的重大项目建设等。探索建立蓉攀区域企业牵头，高校、科研机构、中介参与的新型经济协调发展组织，充分发挥市场机制在区域资源配置中的重要作用，促进生产要素的自由流动，整合地区优势资源，打造优势产业集群并联合培养人才，将地区

间的竞争关系转换为有序合作关系。

（四）突出产业链合作，着力构建产业协同创新共同体

1. 打造蓉攀钒钛新材料产业协同创新共同体

要树立全省经济发展一盘棋的思想，充分开发利用好攀西战略资源既是攀西的责任，也是四川成都的迫切要求。两地按照产业发展规律，在发展蓉攀钒钛新材料产业上，完全可以资源优势互补，产业链分工合作，技术链协同攻关，产业园区共建，形成产业协同创新共同体。依托四川大学等高校、科研院所在新材料方面的研发和人才优势，建立成都钒钛新材料应用基础研究中心，依托攀钢等大企业在攀枝花建立钒钛新材料应用开发中试基地，两地围绕钒钛新材料全产业链协作打造攀枝花产品生产基地、成都产品销售服务中心，并联合开发新产品和进行人才引进培养。联合蓉攀优势科研力量，组建钒钛新材料创新科研团队，共同申报国家重大科技攻关技术和重大科技专项，开展关键核心技术协同攻关。加快推进成都高新区、天府新区科技城、攀枝花钒钛高新区、攀西科技城等创新载体协同建设，充分发挥两地的科技研发与产业创新优势，共同建设世界钒钛产业科技创新高地。

2. 构建蓉攀阳光康养旅游产业协同创新共同体

攀枝花独特的阳光资源、蓉攀较高的人均收入人群使蓉攀阳光康养旅游产业具有升级为中高端消费市场的潜力。2017 年，攀枝花人均地区生产总值 92584 元、城镇居民人均可支配收入 35620 元、城镇化率达 65.99％、每千人口拥有卫生机构床位 8.19 张，义务教育基本均衡县评估成为继成都之后全域通过国检的市州。同时，攀枝花拥有全年 98.4％以上环境空气质量优良率和南亚热带气候资源，是四川省除成都外最有条件、最为迫切可实现特色全域优质旅游、可提供中高端教育和医疗康养服务的地方。聚集蓉攀医疗、教育、旅游的优势资源，聚焦两地中高端康养旅游发展需求，探索建立阳光康养旅游协同创新机制和体制，构建政府引导、产学研合作、社会广泛参与的蓉攀阳光康养旅游产业协同创新共同体，共同开发蓉攀阳光康养旅游市场。共同体重点依托高校、科研院所、企业建立产学研创新平台，开展阳光康养旅游协同研发、咨询服务、产业拓展、创业辅导等，实现产业发展、人才培养、学科建设和服务社会的互动，将成都和攀枝花打造为国内特色康养旅游业高端人才创新培养的摇篮和康养旅游业共性技术研发服务的重要基地。

3. 建设蓉攀亚热带特色农业产业协同创新共同体

成都农业科技创新资源丰富，农业研发转化能力突出，攀枝花亚热带特色农产品众多，提升农业高新技术水平潜力巨大，两地有条件在亚热带特色农业产业发展上率先探索出特色、高效、生态、优质的高质量发展路子。以成都市农林科

学院、攀枝花市农林院为核心，联合蓉攀地区农业科研院所、高等院校、涉农企业及相关中介服务部门，以提高蓉攀亚热带特色农业产业共性技术研发与成果转化能力为目标，形成联合开发、优势互补、利益共享、风险共担的协同创新共同体。共同体以市场机制为纽带，实现多赢共赢，整合各类高端专家资源，激发现有企业潜力与活力，形成高校、科研院所、企业共同参与的一体化产业协同创新模式，为蓉攀特色农业发展提供一个集政策、技术、成果转化、金融、销售于一体的全产业链支撑平台。重点开展区域农业发展战略研究、搭建区域农业公共创新平台、深化区域科技协同创新与成果联合转化；统筹区域涉农重点实验室、工程技术研究中心等创新平台，构建系统化、链接式的创新平台群，加快共建共享、互联互通和协作协同，促进创新要素的跨区域、跨学科、跨单位流动，推动两地农业科技创新平台互联互通；加大都市农业生产、生态功能，围绕高端蔬菜、有机林果、精致养殖、休闲观光等产业开展系统创新研究和成果转化；研究制定区域农业技术标准和技术规范，促进蓉攀农业标准化、集约化、规模化，提高农产品质量安全水平和市场竞争力。

（五）协同推进南向开放战略，共同拓展南亚东南亚市场

积极落实省委省政府“突出南向”战略和蓉攀区域合作协议，加大对攀枝花高铁的支持力度，尽快推动昭通—攀枝花—大理的高铁开工建设，是蓉攀区域协同发展的重中之重。昭通—攀枝花—大理高铁项目建设意义重大，项目往西接大理—瑞丽铁路，经缅甸腊戍接缅甸至仰光至皎漂，连通孟加拉湾，衔接海上丝绸之路，同时通过大理、丽江、香格里拉形成进藏快捷通道。把成都、攀枝花与大理、瑞丽等旅游城市有机连接，能极大带动沿线城市旅游资源的开发，有利于加快四川、云南、南亚地区战略资源开发和新兴产业高效联动，孕育新的商机，吸引资金涌入，拉动人流、物流和信息流，促进沿线州市经济快速发展。成都作为国家中心城市，攀枝花作为川西南、滇西北中心城市，还可以整合两地的电子信息、装备制造、能源开发、油气化工、钒钛钢铁、饮料食品、现代中药等优势产业，通过技术输出融入中巴经济走廊和孟中印缅经济走廊建设，推进与东盟、南亚在资源开发、农业、信息及通信技术、人力资源培养等方面的合作，成为四川省“四向拓展、全域开放”的重要支撑。

（六）创新协同方式，促进蓉攀创新资源共建共享

建设蓉攀数字经济试验区。攀枝花市是全国首批“宽带中国”示范城市、全国首个全光网城市，网络能力和服务水平全省领先。攀枝花 120 万中小规模人口及全省最高城市化率、工业化率的条件，是全省率先发展数字经济的试验地。蓉攀两地可充分发挥各自优势，协同规划布局高速宽带网络、大数据中心、感知物联网、政府核心数据库等大数据产业基础设施建设，推进大数据软硬件产品及技

术的广泛使用。协同制定科学、有效的大数据产业政策，明确各自大数据应用领域的方向和发展定位，协力推进蓉攀两地大数据产业与支柱产业融合创新，钒钛大数据、“康养＋”大数据、特色农产品大数据的建设与深入应用，建成蓉攀两地重点合作产业的大数据产业生态圈，形成蓉攀两地重点合作产业的互动发展和新老产业相互促进、融合发展的良性发展格局。

探索“一区多园”飞地经济发展模式。在攀枝花建立成都国家高新区攀枝花分园，共享成都高新区政策。一方面发挥成都高新区在高端装备制造等产业的高水平研发能力和先进管理经验优势；另一方面也可发挥攀枝花在钒钛资源及新材料方面的资源优势，实现不同园区多点互动、优势互补，共同推动发展航空航天、军工领域、医疗器械等高新技术产业，支持两地企业通过控股、参股等形式实现资源整合，积极在飞地经济、生态园区建设、循环经济等方面开展经验交流与合作，探索建立合理的利益分享机制，使双方互惠互利、协同发展。

试行科技政策跨区域共享，推动蓉攀科技资源自由流动。建立蓉攀区域协同创新发展专项资金，探索蓉攀创新服务券共享制度，面向两地的企业发放创新服务券，企业用创新服务券向两地相关研发机构和服务平台购买科研服务、中试服务或租用仪器设备，科研机构和服务平台则持创新服务券在本地财政部门兑现。

（七）优先发展科技服务业，推动蓉攀产学研合作落地

蓉攀区域协同创新的催化剂是存在一批有活力的科技服务企业或组织。目前，两地在创新设计、创业孵化、科技金融服务等方面涌现了“科创通”等一些企业组织，有效地促进了两地的产学研合作和成果转化，要加大蓉攀政策资金人才资源支持力度，尽快促使其做大做强。同时，要充分利用成都的高等院校、科研院所的科研实力，积极开展双方和第三方研发设计服务，重点开展外观设计、结构设计、功能设计等产品研发设计，生产技术、技能和工艺改进与产品创新设计，制造企业外包工业设计，个性化定制技术及应用等，建立钒钛等重点行业产品设计通用数据库、试验平台及设计服务平台。要创新蓉攀双创合作方式，探索设立蓉攀双创投资引导基金，发挥财政资金的杠杆作用，加大社会资本对种子期、初创期企业的资金支持力度，搭建基于大数据、“互联网＋”的钒钛新材料等技术交易平台、成果转化中心、创业苗圃、创客空间等新型成果转化及孵化载体，协同开展创业孵化服务。推动蓉攀科技中介服务一体化，建立蓉攀专利信息、知识产权维权援助、专利技术展示交易共享服务平台，仪器、数据、文献共享的专业公共研发服务平台。充分发挥好成都西部金融中心的作用，积极开展蓉攀科技金融同城化服务，探索设立蓉攀科技信贷风险资金池，政府出资引入保险等金融机构共同设立科技信贷风险资金池，引导科技支行和合作银行积极开发各类科技信贷产品，加大科技信贷、投融资担保、风险控制等服务机制创新在两地的试点力度。

负责人：裴亮亮（四川省社会科学院）
成　员：万继宏（攀枝花市科技发展战略研究所）
刘　靖（攀枝花市科技发展战略研究所）
杨　锐（四川省科技促进发展研究中心）
周　怡（四川省统计局）
廖　彬（四川省统计局）

# 四川省区域中心城市发展比较分析

四川区域协同发展最突出的问题在于区域中心城市规模不大、实力不强、能级不高。省委省政府着眼解决发展不平衡、不充分的问题，推动高质量发展，提出了构建“一干多支、五区协同”区域发展新格局，明确“鼓励和支持有条件的区域中心城市争创全省经济副中心”，并确定了绵阳、德阳、乐山、宜宾、泸州、南充、达州7个区域中心城市。本文对四川省7个区域中心城市发展情况进行比较分析，总结其发展现状，探寻区域中心城市创建副中心城市面临的困难和问题，提出有针对性的政策建议，助力区域中心城市建成副中心城市，为构建“一干多支、五区协同”区域发展新格局，推动四川经济高质量发展提供决策支撑。

## 一、区域中心城市发展现状分析

### （一）经济总量位居全省前列，但发展水平不高

2018年，四川7个区域中心城市辖区面积共计9.3万平方千米，占全省辖区总面积的19.2%。从经济总量看，7个区域中心城市分别位列全省第2至第8位，其中绵阳、德阳、宜宾、南充4市经济总量超过2000亿元，乐山、泸州、达州3市经济总量都在1600亿～1700亿元。从发展水平看，7个区域中心城市分化明显，德阳、乐山2市人均地区生产总值超过全省平均水平（48883元），但仍低于全国平均水平（64644元），绵阳市人均地区生产总值接近全省平均水平，宜宾市和泸州市人均地区生产总值分别相当于全省平均水平的91.2%和80.3%，南充、达州2市人均地区生产总值不及全省平均水平的65%。

**表1　2018年四川7个区域中心城市辖区面积、地区生产总值和人均地区生产总值**

| 地区 | 辖区面积 | | | 地区生产总值 | | | 人均地区生产总值 | | |
|---|---|---|---|---|---|---|---|---|---|
| | 数值（平方千米） | 排序 | 占全省（%） | 数值（亿元） | 排序 | 占全省（%） | 数值（元） | 排序 | 相当于全省（%） |
| 绵阳市 | 20248 | 4 | 4.2 | 2303.8 | 2 | 5.7 | 47538 | 6 | 97.2 |
| 德阳市 | 5910 | 17 | 1.2 | 2213.9 | 3 | 5.4 | 62569 | 3 | 128.0 |

续表1

| 地区 | 辖区面积 | | | 地区生产总值 | | | 人均地区生产总值 | | |
|---|---|---|---|---|---|---|---|---|---|
| | 数值（平方千米） | 排序 | 占全省（%） | 数值（亿元） | 排序 | 占全省（%） | 数值（元） | 排序 | 相当于全省（%） |
| 乐山市 | 12723 | 10 | 2.6 | 1615.1 | 8 | 4.0 | 49397 | 4 | 101.1 |
| 宜宾市 | 13266 | 9 | 2.7 | 2026.4 | 4 | 5.0 | 44604 | 7 | 91.2 |
| 泸州市 | 12236 | 13 | 2.5 | 1695.0 | 6 | 4.2 | 39230 | 11 | 80.3 |
| 南充市 | 12477 | 11 | 2.6 | 2006.0 | 5 | 4.9 | 31203 | 17 | 63.8 |
| 达州市 | 16582 | 5 | 3.4 | 1690.2 | 7 | 4.2 | 29627 | 19 | 60.6 |

从地区生产总值增速看，2018 年，除泸州市外，其他 6 个区域中心城市地区生产总值增速都高于全省平均水平（8.0%）。其中，宜宾市最高，达到 9.2%，绵阳、德阳、南充 3 市也都达到 9%，泸州市仅为 7.6%，比全省平均水平低 0.4 个百分点。从人均地区生产总值增速看，2018 年，达州市人均地区生产总值增速低于全省平均水平（7.4%），泸州市人均地区生产总值增速与全省持平，其他 5 个区域中心城市人均地区生产总值增速都高于全省。整体而言，宜宾市经济发展潜力相对较大，地区生产总值增速和人均地区生产总值增速都位列全省第 2 位。

**表 2　2018 年四川 7 个区域中心城市地区生产总值和人均地区生产总值增速**

| 地区 | 地区生产总值增速 | | | 人均地区生产总值增速 | | |
|---|---|---|---|---|---|---|
| | 数值（%） | 排序 | 比全省±% | 数值（%） | 排序 | 比全省±% |
| 绵阳市 | 9.0 | 3 | 1.0 | 8.4 | 8 | 1.0 |
| 德阳市 | 9.0 | 3 | 1.0 | 8.6 | 4 | 1.2 |
| 乐山市 | 8.7 | 7 | 0.7 | 8.7 | 2 | 1.3 |
| 宜宾市 | 9.2 | 2 | 1.2 | 8.7 | 2 | 1.3 |
| 泸州市 | 7.6 | 17 | −0.4 | 7.4 | 16 | 0.0 |
| 南充市 | 9.0 | 3 | 1.0 | 8.6 | 4 | 1.2 |
| 达州市 | 8.3 | 10 | 0.3 | 7.1 | 17 | −0.3 |

### （二）产业结构差异明显，第三产业占比低于全省平均水平

从三次产业结构看，德阳、宜宾、泸州 3 市为“二、三、一”，绵阳、乐山、南充、达州 4 市为“三、二、一”。

分产业看，除乐山市外，其余 6 个市第一产业占比都高于全省平均水平，特别是南充、达州第一产业规模较大，比全省平均水平高出 8.0 个百分点；除达州

外，其他 6 个城市第二产业增加值都位居全省前列，第二产业占比都高于全省平均水平，德阳、宜宾 2 市第二产业增加值过千亿元，工业发展基础较好；尽管 7 个市第三产业增加值位居全省前列，但第三产业占比都低于全省平均水平，南充、宜宾、泸州 3 市第三产业占比未达到 40%。

**表 3　2018 年四川 7 个区域中心城市三次产业增加值**

| 地区 | 第一产业增加值 | | | 第二产业增加值 | | | 第三产业增加值 | | |
|---|---|---|---|---|---|---|---|---|---|
| | 数值（亿元） | 排序 | 占全省（%） | 数值（亿元） | 排序 | 占全省（%） | 数值（亿元） | 排序 | 占全省（%） |
| 绵阳市 | 301.3 | 5 | 6.8 | 929.4 | 4 | 6.1 | 1073.2 | 2 | 5.1 |
| 德阳市 | 243.3 | 7 | 5.5 | 1071.1 | 2 | 7.0 | 899.4 | 3 | 4.3 |
| 乐山市 | 165.9 | 13 | 3.7 | 721.8 | 8 | 4.7 | 727.4 | 7 | 3.5 |
| 宜宾市 | 248.6 | 6 | 5.6 | 1006.7 | 3 | 6.6 | 771.1 | 5 | 3.7 |
| 泸州市 | 190.6 | 9 | 4.3 | 883.0 | 5 | 5.8 | 621.4 | 8 | 3.0 |
| 南充市 | 381.9 | 2 | 8.6 | 824.1 | 6 | 5.4 | 800.1 | 4 | 3.8 |
| 达州市 | 326.2 | 3 | 7.4 | 603.9 | 12 | 3.9 | 760.0 | 6 | 3.6 |

**表 4　2018 年四川 7 个区域中心城市三次产业结构**

| 地区 | 第一产业增加值占地区生产总值比重 | | | 第二产业增加值占地区生产总值比重 | | | 第三产业增加值占地区生产总值比重 | | |
|---|---|---|---|---|---|---|---|---|---|
| | 数值（%） | 排序 | 比全省±% | 数值（%） | 排序 | 比全省±% | 数值（%） | 排序 | 比全省±% |
| 绵阳市 | 13.1 | 14 | 2.2 | 40.3 | 19 | 2.6 | 46.6 | 2 | −4.8 |
| 德阳市 | 11.0 | 17 | 0.1 | 48.4 | 5 | 10.7 | 40.6 | 8 | −10.8 |
| 乐山市 | 10.3 | 19 | −0.6 | 44.7 | 12 | 7.0 | 45.0 | 3 | −6.4 |
| 宜宾市 | 12.3 | 15 | 1.4 | 49.7 | 3 | 12.0 | 38.1 | 16 | −13.3 |
| 泸州市 | 11.2 | 16 | 0.3 | 52.1 | 2 | 14.4 | 36.7 | 18 | −14.7 |
| 南充市 | 19.0 | 4 | 8.1 | 41.1 | 18 | 3.4 | 39.9 | 12 | −11.5 |
| 达州市 | 19.3 | 3 | 8.4 | 35.7 | 21 | −2.0 | 45.0 | 3 | −6.4 |

从增速上看，除泸州市第三产业增速低于全省平均水平外，其他 6 个市三次产业增速都高于全省平均水平。其中，第一产业增速较为接近，都在 3.6%～3.8%；第二产业增速最快的南充市为 10.1%，最低的乐山市为 8.5%，两者相差

1.6个百分点；第三产业增速除泸州市外，其他6个市较为接近，都超过10%。

**表5　2018年四川7个区域中心城市三次产业增速**

| 地区 | 第一产业增加值增速 | | | 第二产业增加值增速 | | | 第三产业增加值增速 | | |
|---|---|---|---|---|---|---|---|---|---|
| | 数值（%） | 排序 | 比全省±% | 数值（%） | 排序 | 比全省±% | 数值（%） | 排序 | 比全省±% |
| 绵阳市 | 3.7 | 9 | 0.1 | 9.4 | 4 | 1.9 | 10.1 | 6 | 0.7 |
| 德阳市 | 3.7 | 9 | 0.1 | 9.4 | 4 | 1.9 | 10.0 | 7 | 0.6 |
| 乐山市 | 3.8 | 3 | 0.2 | 8.5 | 14 | 1.0 | 10.3 | 2 | 0.9 |
| 宜宾市 | 3.6 | 15 | 0.0 | 9.9 | 3 | 2.4 | 10.3 | 2 | 0.9 |
| 泸州市 | 3.7 | 9 | 0.1 | 8.7 | 11 | 1.2 | 7.2 | 19 | −2.2 |
| 南充市 | 3.8 | 3 | 0.2 | 10.1 | 2 | 2.6 | 10.5 | 1 | 1.1 |
| 达州市 | 3.6 | 15 | 0.0 | 8.6 | 12 | 1.1 | 10.2 | 5 | 0.8 |

### （三）投资规模都过千亿元，但投资依赖程度差异显著

2018年，四川7个区域中心城市全社会固定资产投资合计9767.3亿元，占全省全社会固定资产投资总额的34.8%。其中，南充市最高，占比为6.0%，德阳市最低，占比为4.0%。除绵阳市和德阳市外，其余5个城市全社会固定资产投资占地区生产总值的比重都高于全省平均水平（69.0%）。其中，泸州市高达97.6%，比全省平均水平高28.6个百分点，南充市和达州市也都超过80%，地区经济增长对投资的依赖程度相对较高；而绵阳市和德阳市不到60%，地区经济增长对投资的依赖程度相对较低。

**表6　2018年四川7个区域中心城市全社会固定资产投资情况**

| 地区 | 全社会固定资产投资 | | | 全社会固定资产投资占地区生产总值比重 | | | 全社会固定资产投资增速 | | |
|---|---|---|---|---|---|---|---|---|---|
| | 数值（亿元） | 排序 | 占全省（%） | 数值（%） | 排序 | 比全省±% | 数值（%） | 排序 | 比全省±% |
| 绵阳市 | 1316.1 | 6 | 4.7 | 57.1 | 15 | −11.9 | 15.8 | 1 | 5.6 |
| 德阳市 | 1125.9 | 10 | 4.0 | 50.9 | 19 | −18.1 | 12.4 | 9 | 2.2 |
| 乐山市 | 1134.9 | 8 | 4.0 | 70.3 | 13 | 1.3 | 13.8 | 5 | 3.6 |
| 宜宾市 | 1460.6 | 4 | 5.2 | 72.1 | 11 | 3.1 | 13.6 | 7 | 3.4 |
| 泸州市 | 1654.7 | 3 | 5.9 | 97.6 | 5 | 28.6 | 5.9 | 18 | −4.3 |
| 南充市 | 1674.7 | 2 | 6.0 | 83.5 | 8 | 14.5 | 15.5 | 3 | 5.3 |
| 达州市 | 1400.4 | 5 | 5.0 | 82.9 | 9 | 13.9 | 12.3 | 10 | 2.1 |

从增速情况看，除泸州市外，其余6个城市全社会固定资产投资增速都高于全省平均水平（10.2%），保持两位数增长态势。整体而言，南充市投资形势相对较好，全社会固定资产投资总额最高，增速也较快，实现较高水平下的较快增长。

（四）消费品市场规模较大，且增长较快

2018年，四川7个区域中心城市社会消费品零售总额合计6181.7亿元，占全省社会消费品零售总额的33.9%。其中，绵阳市过千亿元，位居全省第2位，占全省的6.3%，乐山市最低，不足700亿元，位居全省第8位，占全省的3.7%。从增速情况看，7个区域中心城市社会消费品零售总额增速都高于全省（11.0%），且较为接近，都在12.0%～12.5%。整体而言，7个区域中心城市消费品市场规模相对较大，发展潜力也较好。

**表7　2018年四川7个区域中心城市社会消费品零售总额及增速**

| 地区 | 社会消费品零售总额 | | | 社会消费品零售总额增速 | | |
|---|---|---|---|---|---|---|
| | 数值（亿元） | 排序 | 占全省（%） | 数值（%） | 排序 | 比全省±% |
| 绵阳市 | 1149.5 | 2 | 6.3 | 12.0 | 9 | 0.9 |
| 德阳市 | 820.6 | 6 | 4.5 | 12.5 | 1 | 1.4 |
| 乐山市 | 667.3 | 8 | 3.7 | 12.1 | 6 | 1.0 |
| 宜宾市 | 930.7 | 4 | 5.1 | 12.1 | 6 | 1.0 |
| 泸州市 | 764.0 | 7 | 4.2 | 12.2 | 4 | 1.1 |
| 南充市 | 960.0 | 3 | 5.3 | 12.4 | 2 | 1.3 |
| 达州市 | 889.7 | 5 | 4.9 | 12.3 | 3 | 1.2 |

（五）外贸依存度低于全省，且差异较大

2018年，四川7个区域中心城市进出口总额合计756.7亿元，占全省进出口总额的12.7%。其中，绵阳市最高，超过200亿元，占全省的4.4%，其次是泸州市和德阳市，都超过100亿元，达州市最低，不足6亿元，南充市也较低，仅为10.1亿元。

从外贸依存度看，7个区域中心城市外贸依存度都低于全省平均水平（14.6%）。其中，绵阳市外贸依存度最高，达到11.3%，位居全省第2位，但仍比全省平均水平低3.3个百分点；达州市和南充市外贸依存度不足1%，比全省平均水平低14.0个百分点以上。

从增速情况看，2018年，除南充市外，其余6个城市进出口总额都呈现增长态势。与全省相比，绵阳、宜宾、泸州3市进出口总额增速高于全省平均水平

(29.2%)，南充、乐山、德阳、达州4市进出口总额增速低于全省平均水平。其中，绵阳增速较快，超过100%，宜宾次之，接近70%，南充则大幅下降，接近50%。

**表8 2018年四川7个区域中心城市进出口总额情况**

| 地区 | 进出口总额 | | | 进出口总额占地区生产总值比重 | | | 进出口总额增速 | | |
|---|---|---|---|---|---|---|---|---|---|
| | 数值（亿元） | 排序 | 占全省（%） | 数值（%） | 排序 | 比全省±% | 数值（%） | 排序 | 比全省±% |
| 绵阳市 | 259.9 | 2 | 4.4 | 11.3 | 2 | −3.3 | 126.1 | 3 | 96.9 |
| 德阳市 | 126.8 | 4 | 2.1 | 5.7 | 4 | −8.9 | 21.9 | 13 | −7.3 |
| 乐山市 | 73.7 | 6 | 1.2 | 4.6 | 6 | −10.0 | 5.6 | 19 | −23.6 |
| 宜宾市 | 96.9 | 5 | 1.6 | 4.8 | 5 | −9.8 | 68.3 | 5 | 39.1 |
| 泸州市 | 183.6 | 3 | 3.1 | 10.8 | 3 | −3.8 | 31.8 | 10 | 2.6 |
| 南充市 | 10.1 | 14 | 0.2 | 0.5 | 18 | −14.1 | −48.8 | 21 | −78.0 |
| 达州市 | 5.7 | 15 | 0.1 | 0.3 | 20 | −14.3 | 22.2 | 12 | −7.0 |

### （六）财政收入超过百亿元，但地区生产总值含金量低于全省平均水平

2018年，四川7个区域中心城市地方一般公共预算收入都超过百亿元，但地区生产总值含金量（即地方一般公共预算收入占地区生产总值比重）低于全省平均水平（9.6%）。其中，泸州市地区生产总值含金量相对较高，达到8.9%，仍比全省平均水平低0.7个百分点；德阳、绵阳、南充3市地区生产总值含金量相对较低，不到6%。

**表9 2018年四川7个区域中心城市地方一般公共预算收入和预算支出**

| 地区 | 地方一般公共预算收入 | | 地方一般公共预算收入占地区生产总值比重 | | | 地方一般公共预算支出 | |
|---|---|---|---|---|---|---|---|
| | 数值（亿元） | 排序 | 数值（%） | 排序 | 比全省±% | 数值（亿元） | 排序 |
| 绵阳市 | 124.5 | 5 | 5.4 | 15 | −4.2 | 408.2 | 8 |
| 德阳市 | 117.6 | 6 | 5.3 | 16 | −4.3 | 271.9 | 14 |
| 乐山市 | 109.9 | 8 | 6.8 | 9 | −2.8 | 302.9 | 10 |
| 宜宾市 | 160.9 | 2 | 7.9 | 7 | −1.7 | 416.0 | 6 |
| 泸州市 | 150.1 | 3 | 8.9 | 4 | −0.7 | 411.9 | 7 |
| 南充市 | 113.9 | 7 | 5.7 | 14 | −3.9 | 506.7 | 3 |
| 达州市 | 101.0 | 10 | 6.0 | 12 | −3.6 | 418.0 | 5 |

与地方一般公共预算收入排序相比，南充和达州2市地方一般公共预算支出排序相对靠前，财政对地方经济社会发展的支持力度相对较大，与此同时，财政收支平衡压力也相对较大。

（七）人口聚集规模不同，城镇化水平差异明显

2018年，四川7个区域中心城市户籍人口合计3729.8万人，占全省户籍人口总数的40.9%；常住人口合计3270.9万人，占全省常住人口总数的39.2%；净流出人口合计458.9万人，占全省净流出人口总数的58.8%。其中，乐山、德阳2市人口规模相对较小，净流出人口也较少。

**表10 2018年四川7个区域中心城市常住人口和户籍人口**

| 地区 | 户籍人口 | | | 常住人口 | | | 户籍人口－常住人口 | | |
|---|---|---|---|---|---|---|---|---|---|
| | 数值（万人） | 排序 | 占全省（%） | 数值（万人） | 排序 | 占全省（%） | 数值（万人） | 排序 | 占全省（%） |
| 绵阳市 | 536.0 | 5 | 5.9 | 485.7 | 5 | 5.8 | 50.3 | 7 | 6.4 |
| 德阳市 | 386.8 | 10 | 4.2 | 354.5 | 9 | 4.3 | 32.3 | 14 | 4.1 |
| 乐山市 | 350.5 | 13 | 3.8 | 326.7 | 11 | 3.9 | 23.8 | 16 | 3.0 |
| 宜宾市 | 552.3 | 4 | 6.1 | 455.6 | 6 | 5.5 | 96.7 | 2 | 12.4 |
| 泸州市 | 509.7 | 7 | 5.6 | 432.4 | 7 | 5.2 | 77.3 | 6 | 9.9 |
| 南充市 | 728.7 | 2 | 8.0 | 644.0 | 2 | 7.7 | 84.7 | 5 | 10.8 |
| 达州市 | 665.8 | 3 | 7.3 | 572.0 | 3 | 6.9 | 93.8 | 4 | 12.0 |

除绵阳市和德阳市外，其余5个城市常住人口城镇化率都低于全省平均水平（52.3%）；达州、南充、宜宾3市常住人口城镇化水平相对较低，不到50%。除乐山市和泸州市外，其余5个城市户籍人口城镇化率都低于全省平均水平（35.9%）。比较而言，7个区域中心城市户籍人口城镇化进程都滞后于常住人口城镇化。其中，德阳、南充、绵阳3市常住人口城镇化率与户籍人口城镇化率之间的差距大于全省平均水平，泸州市常住人口与户籍人口城镇化水平相对接近，两者之间的差距仅为9.2个百分点。

**表11 2018年四川7个区域中心城市常住人口城镇化率和户籍人口城镇化率**

| 地区 | 常住人口城镇化率 | | | 户籍人口城镇化率 | | | 常住人口城镇化率－户籍人口城镇化率 | | |
|---|---|---|---|---|---|---|---|---|---|
| | 数值（%） | 排序 | 比全省±% | 数值（%） | 排序 | 比全省±% | 数值（%） | 排序 | 比全省±% |
| 绵阳市 | 52.5 | 4 | 0.2 | 34.9 | 8 | −1.0 | 17.6 | 7 | 1.2 |
| 德阳市 | 52.4 | 5 | 0.1 | 32.1 | 11 | −3.8 | 20.3 | 5 | 3.9 |

续表11

| 地区 | 常住人口城镇化率 | | | 户籍人口城镇化率 | | | 常住人口城镇化率－户籍人口城镇化率 | | |
|---|---|---|---|---|---|---|---|---|---|
| | 数值（%） | 排序 | 比全省±% | 数值（%） | 排序 | 比全省±% | 数值（%） | 排序 | 比全省±% |
| 乐山市 | 51.8 | 6 | －0.5 | 36.8 | 6 | 0.9 | 15.0 | 9 | －1.4 |
| 宜宾市 | 49.6 | 9 | －2.7 | 35.6 | 7 | －0.3 | 14.0 | 14 | －2.4 |
| 泸州市 | 50.5 | 7 | －1.8 | 41.2 | 5 | 5.3 | 9.2 | 20 | －7.2 |
| 南充市 | 48.1 | 11 | －4.2 | 29.0 | 12 | －6.9 | 19.1 | 6 | 2.7 |
| 达州市 | 45.5 | 15 | －6.8 | 32.8 | 10 | －3.1 | 12.7 | 15 | －3.6 |

### （八）农村居民收入水平高于全省平均水平，城乡居民收入比低于全省平均水平

2018年，除南充和达州2市外，其余5个区域中心城市城镇居民人均可支配收入都高于全省平均水平（33216元）；7个区域中心城市农村居民人均可支配收入都高于全省平均水平（13331元），城乡居民人均可支配收入比都低于全省平均水平（2.49）。整体而言，南充市和达州市城乡居民人均可支配收入水平相对较低，尤其是南充市，城乡居民收入比还相对较高，接近2.3。

**表12　2018年四川7个区域中心城市城镇居民和农村居民人均可支配收入**

| 地区 | 城镇居民人均可支配收入 | | | 农村居民人均可支配收入 | | | 城乡居民人均可支配收入比 | | |
|---|---|---|---|---|---|---|---|---|---|
| | 数值（元） | 排序 | 相当于全省（%） | 数值（元） | 排序 | 相当丁全省（%） | 数值 | 排序 | 比全省±% |
| 绵阳市 | 34411 | 3 | 103.6 | 16101 | 5 | 120.8 | 2.14 | 17 | －0.35 |
| 德阳市 | 34216 | 4 | 103.0 | 16583 | 3 | 124.4 | 2.06 | 19 | －0.43 |
| 乐山市 | 33663 | 7 | 101.3 | 15173 | 9 | 113.8 | 2.22 | 10 | －0.27 |
| 宜宾市 | 33465 | 9 | 100.7 | 15391 | 8 | 115.5 | 2.17 | 14 | －0.32 |
| 泸州市 | 34141 | 5 | 102.8 | 14983 | 10 | 112.4 | 2.28 | 8 | －0.21 |
| 南充市 | 30810 | 19 | 92.8 | 13583 | 15 | 101.9 | 2.27 | 9 | －0.22 |
| 达州市 | 30882 | 17 | 93.0 | 14055 | 14 | 105.4 | 2.20 | 13 | －0.29 |

与此同时，四川7个区域中心城市城镇居民人均可支配收入增速都不低于全省平均水平（8.1%）；除乐山市外，其余6个区域中心城市农村居民人均可支配收入增速都不低于全省平均水平（9.0%）。

表 13　2018 年四川 7 个区域中心城市城镇居民和农村居民人均可支配收入增速

| 地区 | 城镇居民人均可支配收入增速 | | | 农村居民人均可支配收入增速 | | |
|---|---|---|---|---|---|---|
| | 数值（%） | 排序 | 比全省±% | 数值（%） | 排序 | 比全省±% |
| 绵阳市 | 8.1 | 16 | 0.0 | 9.1 | 13 | 0.1 |
| 德阳市 | 8.2 | 13 | 0.1 | 9.0 | 16 | 0.0 |
| 乐山市 | 8.3 | 10 | 0.2 | 8.9 | 19 | −0.1 |
| 宜宾市 | 8.5 | 7 | 0.4 | 9.4 | 8 | 0.4 |
| 泸州市 | 8.6 | 5 | 0.5 | 9.6 | 5 | 0.6 |
| 南充市 | 8.7 | 3 | 0.6 | 9.6 | 5 | 0.6 |
| 达州市 | 8.8 | 2 | 0.7 | 9.4 | 8 | 0.4 |

## 二、创建副中心城市面临的主要问题

### （一）补短板下的政策保障与支持缺位

当前，四川已经明确 7 个区域中心城市，并鼓励和支持有条件的区域中心城市争创全省经济副中心。然而，经济副中心并不具有唯一性，7 个区域中心城市各有优势和劣势，都有建设成为全省经济副中心的潜力。目前尚未建立一套全面、系统的指标体系对各区域中心城市竞争力进行综合评价，找差距、抓问题还不够深入，基础设施、公共服务、科技创新、辐射带动能力等短板有待加快补齐，重点目标与任务分解不够，政策保障与支持尚不到位。

从经济规模看，达州、泸州、乐山 3 市经济规模相对较小，绵阳、德阳、宜宾、南充 4 市迈上 2000 亿元台阶，但都距 3000 亿～5000 亿元规模有一定距离，预计仍需 2～3 年时间绵阳、德阳等地才能稳步迈上 3000 亿元新台阶，其他地区甚至需要 4～5 年乃至更长时间才能实现这一规模，任重道远。

从基础设施与公共服务看，7 个区域中心城市中，仅德阳、乐山 2 市尚未建成机场，在综合立体交通网络建设方面不占优势；乐山、宜宾、德阳 3 市高速公路里程相对较少，在全省的排位靠后，分别位居全省第 14、15、18 位；德阳、南充、达州 3 市每千人拥有卫生机构床位数低于全省平均水平（7.2 张/千人），分别位居全省第 11、15、18 位；7 个区域中心城市户籍人口城镇化进程都滞后于常住人口城镇化，德阳、南充、绵阳 3 市常住人口城镇化率与户籍人口城镇化率之间的差距大于全省平均水平（16.4%），在推进户籍制度改革、基本公共服务均等化、农业转移人口市民化等方面有待加强。

从创新方面看，根据 2017 年地区创新评价指数，7 个区域中心城市中绵阳市创新实力最强，仅次于成都市，居第 2 位；其次是德阳市，居第 3 位；然后依次是宜宾市（6）、泸州市（8）、乐山市（11）、南充市（12）、达州市（14）。整体而言，成都经济区领跑，川南经济区较强，川东北经济区排位相对靠后，创新短板较为突出。

（二）成都虹吸效应下的区域辐射带动能力不足

尽管四川7个区域中心城市经济总量位居全省前列，但占全省地区生产总值的比例都低于6%，与经济总量占全省地区生产总值1/3以上的成都市相比，差距甚大，良性阶梯化发展不足。此外，在人均地区生产总值、全社会固定资产投资、社会消费品零售总额、进出口总额、地方一般公共预算收入、城乡居民人均可支配收入、常住人口规模、城镇化率等主要经济指标方面，7个区域中心城市都与成都市有较大差距。成都作为省会城市，人才、资金等资源要素更易集聚，对周边城市的虹吸效应较大，在省会城市“首位度”排行榜上高居第一位。

就城市距离而言，省域副中心城市与省会城市的距离一般要在150千米以上。德阳市与成都市相距不足100千米，受到虹吸效应的影响最大；其次是绵阳市、乐山市，与成都市相距不足150千米，受到虹吸效应的影响也较大，而且同属成都经济圈，辐射带动范围受限；南充、宜宾、泸州、达州4市与成都市相距较远，在200千米以上，距离较为合适，而且可以辐射带动川南经济区、川东北经济区、成渝城市群发展，对“一干多支、五区协同”战略起到重要支撑作用，但由于经济规模偏小、发展水平不高等原因，对人才、资金、技术等要素资源的吸引力、聚集力不够，辐射带动能力不足。2018年，宜宾、达州、南充、泸州4市净流出人口规模分别为96.7万人、93.8万人、84.7万人、77.3万人，分别位列全省第2、4、5、6位，城市综合竞争力有待提高。

（三）无序竞争下的区域协同发展不足

“一干多支、五区协同”发展布局要求各区域经济板块竞相发展，五大经济区以及区域内各市州之间协同发展。7个区域中心城市中，德阳、绵阳、乐山属于成都平原经济区、环成都经济圈，泸州、宜宾属于川南经济区，南充、达州属于川东北经济区。尽管省域副中心不具有唯一性，但每个经济区中通常只会有一个省域副中心城市，使得各经济区中的区域中心城市往往竞争大于合作，不利于区域内协同发展。

（四）区域毗邻下的产业错位发展不够

区域中心城市间产业同构性程度高，同质化竞争严重，地区间产业错位发展之路有待深入探索。如德阳、绵阳2市都以制造业发展为重点，德阳市构建“5＋5＋1”现代产业体系，加快建设制造业强市，绵阳市重点支持“6＋4”先进制造产业体系发展，两者在高端装备制造、新材料、节能环保等产业错位互补发展上有待加强。

宜宾、泸州2市同为川南城市，且相似性较高。就产业而言，两座城市工业基础较好，都以白酒产业作为支柱性产业，宜宾有五粮液，泸州有泸州老窖和郎酒两大品牌。南充、达州2市产业同质化严重，在油气化工、汽车制造、先进材料、电子信息和旅游开发等方面要避免同质竞争。

（五）区位条件影响下的对外开放水平不高

四川地处内陆地区，对外开放整体水平不高。作为四向拓展起点、全域开放支点的成都市与沿海发达地区尚有一定差距，更何况与成都市之间还有不小差距的区域中心城市。从对外贸易看，成都市进出口总额占全省进出口总额的比例超过80%，7个区域中心城市进出口总额合计不超过全省的15%，相对较高的绵阳市进出口总额不到300亿元，占全省的比重不足5%，德阳、泸州2市进出口总额不足200亿元，乐山、宜宾、南充、达州4市进出口总额不足百亿元，特别是四川对外开放“东大门”的达州市，进出口总额不足10亿元。各区域中心城市对外开放通道、平台建设有待进一步加强，交通、物流、港口、开放口岸、综合保税区等建设工作有待加快推进。

## 三、推动创建副中心城市的对策建议

（一）整体推进，完善政策保障与支持体系

坚持全省经济发展“一盘棋”思想，根据“宜主则主、宜副则副”原则，明确经济副中心功能定位与发展方向，克服经济副中心建设中的盲目性和无序性，不只聚焦扩大经济规模、加快产业发展，还要注重发展质量和辐射带动作用。加强顶层设计，着力于产业、投资、金融、财税、科技等方面的地方化政策安排与整体设计，围绕经济副中心城市的整体发展，制定区域政策保障与支持体系，通过政策引导产业、要素向副中心城市集聚。

综合考虑经济规模、产业基础、创新能力、发展潜力、区位条件等因素，建议成都经济区以绵阳为重点，川南经济区以宜宾为重点，川东北经济区以南充为重点，推动建成全省经济副中心。

（二）创新引领，增强城市综合竞争力

以做大规模、增强实力、提高能级、建成经济副中心城市为目标，从经济、社会、科技、环境等方面构建区域中心城市竞争力综合评价指标体系，通过动态监测评价发现问题、寻找差距、补齐短板，引导各区域中心城市发展，提升城市综合竞争力。

在经济方面，强化创新战略支撑，坚持高质量发展目标，深化供给侧结构性改革，完善市场经济体制，构建开放型经济，加快建设现代化经济体系，做大做强城市经济。在社会方面，从完善城市交通框架体系、增强城市服务功能、提升城市管理水平等方面丰富城市发展内涵，推动区域中心城市发展水平再上新台阶。在科技方面，深化创新驱动发展战略，强化科技创新，提高创新能力，推动各区域中心城市转变发展方式、优化经济结构、转换增长动力，增强城市核心竞争力。在环境方面，坚持生态优先，绿色发展，着力打造宜居宜业城市。

（三）合作共赢，推动区域协同发展

充分抓住“一带一路”建设、长江经济带建设、新时代西部大开发战略、“一干多支、五区协同”战略等有利政策因素，创新区域合作机制，深入推进区域协调发展，形成合力，共同推动全省经济副中心建设工作，“保 1，争 2，望 3”，力争建成 2～3 个经济副中心城市，支持绵阳率先建成全省经济副中心，推动宜宾、南充加快建成全省经济副中心城市。加快建立区域产业发展协同机制和区域协同利益分享机制，制定与土地指标挂钩的正向激励和反向约束政策，引导区域中心城市找准主攻方向和细分领域，避免无序竞争。加快交通、通信等现代化基础设施建设，整合区域基础设施资源并优化配置，打通促进区域协调发展的“管道”。同时，注重区域之间的文化联系，增强区域协调发展的凝聚力。

（四）立足自身，探寻产业特色发展之路

根据本地资源要素、区位条件、产业基础等，重点围绕全省“5＋1”现代产业培育体系，结合地区产业优势，因地制宜，做大做强特色优势产业，培育特色品牌，形成具有核心市场竞争力的产业或产业集群。在毗邻区域产业同构化程度较高的情况下，与周边城市产业集群共同发展的同时，更要注重错位互补发展，在建链、延链、补链、强链中精耕细作，避免同质化竞争。加强新一代信息技术在产业发展中的运用，积极推进“互联网＋”行动计划，加快构建大数据平台，强化大数据分析应用，细分市场，找准定位，促进发展。积极推进飞地园区、飞地企业建设，以共享促进地区特色优势产业发展，同时加强招商引资，补足供应链、产业链、价值链关键环节，进一步增强产业集聚能力。

（五）多策并举，提升对外开放水平

贯彻落实“四向拓展、全域开放”立体全面开放部署，实施大开放大合作战略，打通开放大通道，搭建合作大平台，以大开放筑大空间、以大合作谋大发展、以大平台促大融合，全面提升对外开放水平。

以政务互办、贸易互利、通道互联、项目互促、产业协同、人才共兴、政策同频为重点，着力打造四川对外开放门户枢纽。围绕沿海沿边沿江协同开放，推动《泸州—宜宾—乐山港口群布局规划》落实，加快推进机场、港口等基础设施建设，推动国家开放口岸和综合保税区建设，建立跨省市多式联运物流体系。

“引进来”与“走出去”并重，以双向合作园区建设为重点打造合作平台载体，大力促进具有重要支撑性、引领性的项目合作，推动建立与重点国家、世界500强企业、行业龙头企业的战略合作关系。全面实施“准入前国民待遇+负面清单”管理模式，针对东盟、西亚、中亚、南亚、欧盟等国家的不同发展阶段，实施差异化开放政策清单。

负责人：黄　敏（四川师范大学）
成　员：丁　娟（四川省统计局）
兰　想（四川省统计局）
吴承松（四川师范大学）
雷文杰（四川师范大学）

# 各省市区经济副中心城市比较研究

近年来，为破解发展不平衡不充分的问题，国内不少省份相继谋划建设经济副中心。四川省委十一届三次全会鼓励绵阳、德阳、乐山、宜宾、泸州、南充、达州7个区域中心城市争创全省经济副中心。本文通过对各省市区经济副中心城市的比较研究，为四川经济副中心城市建设提供参考。

## 一、各省市区经济副中心城市发展现状及建设经验

### （一）各省市区经济副中心城市发展现状

目前，国内有广东、河南、湖北、江西、甘肃、陕西、宁夏7省在政府相关规划或文件中明确建设经济副中心城市，经济副中心城市数量达到14个。总体上看，经济副中心城市呈现出如下发展特点：

从地域分布看，主要集中在中西部地区主要城市群。7个建有经济副中心的省份中，位于东部地区的只有广东省，中部、西部地区分别各有3个省份；且大多聚集在珠三角、长江中游、关中平原等城市群。

**表1　各省市区经济副中心城市分布及相关规划**

| 地区分类 | 省名 | 经济副中心 | 所在城市群 | 相关规划 |
|---|---|---|---|---|
| 东部 | 广东省 | 珠海市 | 珠三角城市群 | 2017年12月，广东省政府发布《广东省沿海经济带综合发展规划（2017—2030年）》，提出以广州、深圳为主中心，珠海、汕头、湛江为副中心，佛山、惠州、东莞、茂名等为地区性中心，构建“双核多心”功能等级体系 |
| | | 汕头市 | 海峡西岸城市群 | |
| | | 湛江市 | 北部湾城市群 | |

续表1

<table>
<tr><th>地区分类</th><th>省名</th><th>经济副中心</th><th>所在城市群</th><th>相关规划</th></tr>
<tr><td rowspan="6">中部</td><td rowspan="2">河南省</td><td>洛阳市</td><td>中原城市群</td><td rowspan="2">2017年9月，河南省委、省政府出台《关于支持洛阳市加快中原城市群副中心城市建设的若干意见》</td></tr>
<tr><td>襄阳市</td><td>长江中游城市群</td></tr>
<tr><td rowspan="2">湖北省</td><td>宜昌市</td><td>长江中游城市群</td><td rowspan="2">2003年8月，国务院批复的《湖北省城镇体系规划》将襄樊（现襄阳）、宜昌定位为“省域副中心城市”</td></tr>
<tr><td>九江市</td><td>长江中游城市群</td></tr>
<tr><td rowspan="2">江西省</td><td>上饶市</td><td>长江中游城市群</td><td rowspan="2">《江西省城镇体系规划（2012—2030年）》确定九江、赣州为经济副中心城市，《环鄱阳湖生态城市群规划（2015—2030）》又确定上饶为经济副中心城市</td></tr>
<tr><td>赣州市</td><td>长江中游城市群</td></tr>
<tr><td rowspan="5">西部</td><td>甘肃省</td><td>酒泉市</td><td>关中平原城市群</td><td>《酒泉市城市总体规划（2016—2030年）》中明确酒泉为经济副中心城市</td></tr>
<tr><td>陕西省</td><td>宝鸡市</td><td>兰西城市群</td><td>2011年9月15日，陕西省人民政府印发《关于支持宝鸡加快建设关中—天水经济区副中心城市的意见》</td></tr>
<tr><td rowspan="3">宁　夏</td><td>石嘴山</td><td>沿黄城市群</td><td rowspan="3">《宁夏空间发展战略规划（2014—2030年）》中明确石嘴山、固原、中卫为经济副中心城市</td></tr>
<tr><td>固原市</td><td>兰西城市群</td></tr>
<tr><td>中卫市</td><td>沿黄城市群</td></tr>
</table>

从建设数量看，各省区经济副中心城市最少的1个，最多的3个。广东、宁夏、江西均为3个，湖北2个，河南、甘肃、陕西分别只有1个。

从培育模式看，以政府主动培育为主。国内建有经济副中心的7个省份都出台了相关规划明确了其地位。

从发展趋势看，越来越多的省份开始培育经济副中心。近年来，相继有广东、山西、陕西、四川、江西、湖南等提出建设经济副中心；而且不少已建有经济副中心的省份开始培育新的经济副中心。如河南在巩固提升洛阳中原经济区副中心城市地位的同时，也在推动开封等新型副中心城市建设。

从发展成效看，设置经济副中心对区域经济影响较大。湖北在2003年设置宜昌、襄阳为经济副中心后，两地经济总量占全省比重不断扩大，由2005年的9.3%、8.7%上升到2018年的10.3%、10.9%，进而带动湖北在全国排名由2005年的第12位提升到了2018年的第7位，上升了5个位次。

### （二）各省市区经济副中心城市建设经验

综观国内各省市区经济副中心发展现状，其建设经验主要有如下几点：

制度上予以支持。高配干部，如湖北省宜昌市、襄阳市的市委书记都是由省委常委担任。成立专职机构，研究和督办落实支持政策及措施，如陕西省设立了宝鸡副中心城市建设协调领导小组。下放功能权限，以便结合实际选择更为灵活的发展方式，如湖北省下放了工商审批等权限。

功能定位上予以明确。在政府相关规划中，在明确经济副中心地位的同时明确其功能定位，一般与主中心呈错位发展之势。

政策资金尤其是在生产力、重大项目布局等方面予以倾斜。如陕西省财政每年安排 15 亿元专项资金，支持宝鸡副中心城市建设。河南省与洛阳市合作设立总规模 500 亿元的军民融合产业发展基金，支持洛阳市产业转型升级。

高层不断推动。这在湖北体现得尤为明显，从将襄阳、宜昌定位为经济副中心开始，在高层的不断推动下，建设热度始终不减。

## 二、各省市区经济副中心城市比较分析

### （一）经济副中心城市建设标准探讨及综合比较指标体系构建

目前，国内并没有关于经济副中心城市建设的权威标准体系。本文在综合国内各省市区经济副中心城市建设情况及相关研究综述的基础上，认为经济副中心建设标准至少包括如下几个方面：

经济综合实力强，主要体现在经济总量高、发展质效好。经济实力代表了经济副中心的发展水平与发展阶段，体现了其在区域经济中的地位，也能够反映出经济副中心与主中心的互动能力和对周边城市的辐射带动能力。

创新驱动水平高，主要体现在科教水平较高。创新已成为当前经济发展的第一动力。创新驱动水平越高，越有助于提升经济发展效率，并服务于整个区域经济发展。

区位交通条件优。主要体现在与主中心距离适中，不会因为太近而与主中心一体化发展，也不会因为太远与主中心离心化发展；拥有高效便捷的综合交通体系，实现经济副中心与主中心及周边城市高效往来的目标。

城市发展潜力大。主要体现在有较大的城市发展空间、相当的人口规模以及优质的教育卫生医疗等配套服务设施水平，从而辐射和影响的经济腹地范围较广。

鉴于这几项基本要件，同时结合四川发展实际，并充分考虑到数据的可获得性、可比性、客观性等，本文建立了经济副中心城市综合比较指标体系。该指标体系包含 4 个大类 21 项指标，其中体现经济综合实力的指标有 10 项，体现创新驱动水平的指标有 3 项，体现区位交通条件的指标有 3 项，体现城市发展潜力的指标有 5 项。

表2 经济副中心城市综合比较指标体系

| 一级指标 | 二级指标 | | 单位 |
|---|---|---|---|
| | 序号 | 指标 | |
| 经济综合实力 | 1 | 地区生产总值 | 亿元 |
| | 2 | 全社会固定资产投资总额 | 亿元 |
| | 3 | 社会消费品零售总额 | 亿元 |
| | 4 | 非农产业比重 | % |
| | 5 | 地区生产总值增速 | % |
| | 6 | 人均地区生产总值 | 元 |
| | 7 | 城乡居民人均可支配收入 | 元 |
| | 8 | 地方一般公共预算收入 | 亿元 |
| | 9 | 规上工业利润总额 | 亿元 |
| | 10 | 外贸依存度 | % |
| 创新驱动水平 | 11 | R&D经费投入强度 | % |
| | 12 | 专利授权数量 | 件 |
| | 13 | 高新技术企业数量 | 家 |
| 区位交通条件 | 14 | 副中心与主中心间的距离 | 千米 |
| | 15 | 机场吞吐量 | 万人次 |
| | 16 | 高速公路里程数 | 千米 |
| 城市发展潜力 | 17 | 城区面积 | 平方千米 |
| | 18 | 年末常住人口 | 万人 |
| | 19 | 城镇化率 | % |
| | 20 | 普通高等教育在校生 | 万人 |
| | 21 | 每万人拥有卫生机构床位数 | 张 |

### （二）四川与各省市区经济副中心城市比较分析

1. 经济综合实力：四川经济副中心候选城市在全省位居前列，但与发展较好的经济副中心城市相比尚有一定差距

经济总量方面。从省内看，主要指标排名都较为靠前。2018年，四川7个经济副中心候选城市地区生产总值、社会消费品零售总额均分列全省第2～8位，全社会固定资产投资总额南充、泸州、宜宾、达州、绵阳分列第2～6位，乐山、德阳分列第8、10位。与省外经济副中心城市相比，各项指标都有一定的差距。地区生产总值方面，各省市区14个经济副中心城市中有8个高于四川经济副中

心候选城市，其中最高的洛阳达到4640.8亿元，是四川7个经济副中心候选城市中绵阳（2303.82亿元）的2倍、乐山（1615.09亿元）的2.87倍；社会消费品零售总额方面，有6个经济副中心城市高于四川经济副中心候选城市，其中最高的洛阳达到2154.9亿元，是四川7个经济副中心候选城市中绵阳（1149.48亿元）的1.87倍、乐山（667.27亿元）的3.23倍；全社会固定资产投资总额方面，各省市区14个经济副中心城市只有珠海公布了数据，达到1858.57亿元，比四川7个经济副中心候选城市中的南充（1674.73亿元）高183.84亿元，比德阳（1125.9亿元）高732.67亿元。

经济结构方面。从省内看，非农产业占比普遍较低。2018年，四川7个经济副中心候选城市中仅有乐山市（89.7%）非农产业占比高于全省（89.1%），仅高出0.6个百分点，最低的达州市（80.7%）比全省平均水平低8.4个百分点。与省外经济副中心城市相比差距较大。2018年，各省市区14个经济副中心城市中有8个非农产业占比高于四川经济副中心候选城市。其中，最高的珠海市非农产业占比为98.3%，比乐山高8.6个百分点，比达州高17.6个百分点。

发展速度方面。从省内看，普遍较高。2018年，四川7个经济副中心候选城市除泸州外普遍高于全省平均水平（8%）；绵阳、德阳、南充、宜宾增速都在9%以上，领先全省1个百分点以上。与省外经济副中心城市相比，也较为领先。2018年，各省市区14个经济副中心城市中仅有1个（赣州市为9.3%）增速均高于四川经济副中心候选城市；有6个增速均低于四川经济副中心候选城市。

发展水平方面。从省内看，分化较为明显且普遍低于全省平均水平。2018年，德阳、乐山、绵阳、宜宾人均地区生产总值在全省排名较为靠前，分列第3、4、6、7位，泸州、南充、达州则分列11、17、19位。其中，仅有德阳（6.26万元）、乐山（4.94万元）高于全省平均水平（4.89万元）。与省外相比有一定差距。2018年，各省市区14个经济副中心城市中有5个人均地区生产总值高于四川经济副中心候选城市，其中，最高的珠海市为15.94万元，是四川7个经济副中心候选城市中德阳市的2.55倍，达州市的5.39倍。

发展质效方面。从农村居民人均可支配收入看，2018年，四川7个经济副中心候选城市都高于全省平均水平（13331元），其中最高的德阳市为1.66万元、最低的南充市为1.36万元，分别比各省市区14个经济副中心城市中最高的珠海市（2.62万元）低0.96万元、1.26万元。从城镇居民人均可支配收入看，除去南充、达州，均高于全省平均水平（3.32万元），其中最高的绵阳市为3.44万元、最低的南充市为3.08万元，分别比各省市区14个经济副中心城市中最高的珠海市（5.07万元）低1.63万元、1.99万元。从地方一般公共预算收入占地区生产总值比重看，2018年，四川7个经济副中心候选城市都低于全省平均水平（9.6%），最高的泸州市（8.85%）也比全省低0.75个百分点，最低的德阳市（5.31%）比全省低4.29个百分点；各省市区14个经济副中心城市中有5个均高于四川经济副中心候选城市，最高的珠海市为11.7%，比泸州市高2.85个百分点，比德阳市高6.39个百分点。从规上工业利润总额看，差距较为明显。2018年，四川7个经济副中心候选城市规上工业利润总额迈上300亿元大关的只有德阳（336.2亿元）、宜宾（366.7亿元），其他均在95亿～200亿元范围内，而各省市区14个经济副中心城市中最高的九江市已达到500亿元。

对外开放方面。外贸依存度是反映地区开放水平的重要指标，从省内看，外贸依存度普遍较低且均低于全省平均水平。2018年，四川7个经济副中心候选城市中最高的绵阳市仅为11.2%，比全省平均水平（15%）低3.8个百分点，南充、达州尚未实现1%的突破，最低的达州市仅为0.3%，比全省平均水平低14.7个百分点。与省外相比差距较大。2018年，各省市区14个经济副中心城市中有8个外贸依存度高于四川经济副中心候选城市，汕头市达到22.2%，比绵阳市高11个百分点，比达州市高21.9个百分点。

**表3　2018年四川及各省市区经济副中心城市经济综合实力（一）**

| | | 地区生产总值（亿元） | 固定资产投资总额（亿元） | 社会消费品零售总额（亿元） | 非农产业比重（%） | 地区生产总值增速（%） |
|---|---|---|---|---|---|---|
| 广东省 | 珠海市 | 2914.74 | 1858.57 | 1160.64 | 98.3 | 8 |
| | 汕头市 | 2512.05 | — | 1769.63 | 95.6 | 6.9 |
| | 湛江市 | 3008.39 | — | 1697.3 | 82.3 | 4.5 |
| 河南省 | 洛阳市 | 4640.8 | — | 2154.9 | 94.9 | 7.9 |
| 湖北省 | 襄阳市 | 4309.8 | — | 1659 | 90.4 | 7.8 |
| | 宜昌市 | 4064.18 | — | 1484.01 | 90.5 | 7.7 |
| 江西省 | 九江市 | 2700.19 | — | 752.1 | 93 | 8.7 |
| | 上饶市 | 2212.8 | — | 826 | 88.6 | 9 |
| | 赣州市 | 2807.24 | — | 901.71 | 87.9 | 9.3 |
| 甘肃省 | 酒泉市 | 596.9 | — | 188.6 | 87.6 | 4.6 |
| 陕西省 | 宝鸡市 | 2265.16 | — | 864.6 | 92.8 | 7.2 |
| 宁　夏 | 石嘴山 | 605.92 | — | 115.9 | 94.8 | 8 |
| | 固原市 | 303.19 | — | 73.73 | 80.9 | 6.6 |
| | 中卫市 | 402.99 | — | 74.23 | 85.7 | 6 |

续表3

| | | 地区生产总值（亿元） | 固定资产投资总额（亿元） | 社会消费品零售总额（亿元） | 非农产业比重（%） | 地区生产总值增速（%） |
|---|---|---|---|---|---|---|
| 四川 | 绵阳市 | 2303.82 | 1316.07 | 1149.48 | 86.9 | 9 |
| | 德阳市 | 2213.9 | 1125.9 | 820.6 | 89 | 9.2 |
| | 乐山市 | 1615.09 | 1134.93 | 667.27 | 89.7 | 8.7 |
| | 南充市 | 2006.03 | 1674.73 | 959.98 | 81 | 9 |
| | 泸州市 | 1694.97 | 1654.67 | 763.96 | 88.8 | 7.6 |
| | 宜宾市 | 2026.37 | 1460.56 | 930.67 | 87.8 | 9.2 |
| | 达州市 | 1690.17 | 1400.43 | 889.7 | 80.7 | 8.3 |

注："—"代表数据未公布或没有此方面数据，数据来源为各地统计公报、年鉴，下同。

**表4　2018年四川及各省市区经济副中心城市经济综合实力（二）**

| | | 城镇居民人均可支配收入（元） | 农村居民人均可支配收入（元） | 地方一般公共预算收入占地区生产总值比重（%） | 规上工业利润总额（亿元） |
|---|---|---|---|---|---|
| 广东省 | 珠海市 | 50713 | 26198 | 11.37 | 428.74 |
| | 汕头市 | 29077 | 16246 | 5.24 | 236.63 |
| | 湛江市 | 29046.3 | 15888.9 | 4.03 | 232.6 |
| 河南省 | 洛阳市 | 35935 | 13637 | 7.38 | — |
| 湖北省 | 襄阳市 | 33947 | 17305 | 11 | 280.4 |
| | 宜昌市 | 35011 | 16514 | 5.84 | 398.6 |
| 江西省 | 九江市 | 35265 | 14482 | 9.92 | 500.03 |
| | 上饶市 | 34656 | 13346 | 10.1 | 181 |
| | 赣州市 | 32163 | 10782 | 9.45 | 178.15 |
| 甘肃省 | 酒泉市 | 35239 | 17104 | 6.11 | — |
| 陕西省 | 宝鸡市 | 31802 | 11936 | 3.87 | — |
| 宁　夏 | 石嘴山 | 30583 | 14000 | 3.95 | 71.7 |
| | 固原市 | 26709.2 | 9556.7 | 5.69 | 8.58 |
| | 中卫市 | 27372 | 10236 | 5.61 | 20.46 |
| 四川 | 绵阳市 | 34411 | 16101 | 5.41 | 110.5 |
| | 德阳市 | 34216 | 16583 | 5.31 | 336.2 |
| | 乐山市 | 33663 | 15173 | 6.81 | 118.63 |
| | 南充市 | 30810 | 13583 | 5.68 | 194.32 |
| | 泸州市 | 34141 | 14983 | 8.85 | 139.4 |
| | 宜宾市 | 33465 | 15391 | 7.94 | 366.7 |
| | 达州市 | 30882 | 14055 | 5.98 | 95.16 |

2. 创新驱动水平：绵阳、德阳、宜宾较有领先优势，但在专利授权量、高新技术企业数量方面与发展较好的经济副中心城市差距明显

从省内看，绵阳、德阳、宜宾较有领先优势，各项指标在7个经济副中心候选城市中排名较为靠前，其中以绵阳为最。2018年绵阳R&D投入强度为6.61%，比各省市区14个经济副中心中R&D投入强度最高的珠海市（2.3%）高4.31个百分点，德阳（2.59%）比珠海市高0.29个百分点，宜宾（1.21%）比珠海市低1.09个百分点。

但与省外相比，在专利授权量以及高新技术企业数量方面又有较大的差距。2018年，珠海市专利授权量有1.7万件，高新技术企业722家，分别是绵阳市的2.57倍、2.65倍。

**表5　2018年四川及各省市区经济副中心城市创新驱动水平**

| 省（区） | 城市 | R&D经费（亿元） | R&D投入强度（%） | 专利授权量（件） | 高新技术企业数量 |
|---|---|---|---|---|---|
| 广东 | 珠海市 | 67.15 | 2.3 | 17090 | 722 |
| | 汕头市 | 19.31 | 0.8 | 12651 | 718 |
| | 湛江市 | 10.9 | 0.4 | 5012 | 196 |
| 河南 | 洛阳市 | 86.4 | 0.2 | 8987 | — |
| 湖北 | 襄阳市 | 76.42 | 0.2 | 4237 | 704 |
| | 宜昌市 | — | — | 6662 | 440 |
| 江西 | 九江市 | 16.86 | 0.6 | 5487 | — |
| | 上饶市 | 13.82 | 0.6 | 4221 | — |
| | 赣州市 | 24.64 | 0.9 | 8982 | — |
| 甘肃 | 酒泉市 | — | — | 1296 | — |
| 陕西 | 宝鸡市 | 29.77 | 1.36 | 2206 | 144 |
| 宁夏 | 石嘴山 | — | — | 725 | 36 |
| | 固原市 | 1.46 | 0.48 | 218 | 3 |
| | 中卫市 | — | — | 656 | 7 |
| 四川 | 绵阳市 | 152.4 | 6.61 | 6651 | 272 |
| | 德阳市 | 57.3 | 2.59 | 3718 | 184 |
| | 乐山市 | 15 | 0.93 | 1401 | 83 |
| | 南充市 | 10.4 | 0.52 | 1442 | 52 |
| | 泸州市 | 12.3 | 0.73 | 1787 | 85 |
| | 宜宾市 | 24.4 | 1.21 | 1724 | 52 |
| | 达州市 | 6.8 | 0.4 | 1350 | 50 |

3. 区位交通条件：绵阳、南充、宜宾区位优势明显，但在高速公路与民航运输方面与发展较好的经济副中心差距较大

区位方面，从省内来看，绵阳、南充、宜宾区位优势明显。三地距离主中心成都较为适中，均在120～300千米，而德阳距成都60千米，未来同城化发展是最优战略选择；达州距成都450千米，难以有效承接成都的外溢功能。而且，绵阳、南充、宜宾是全省北向、东向、南向交通枢纽，2018年民航吞吐量分别达到393.9万人次、94.29万人次、97.48万人次，在7个经济副中心候选城市中名列前茅；高速公路里程分别达到412.27千米、543.17千米、258.55千米。

与省外经济副中心城市相比，四川7个经济副中心候选城市联通能力较弱，尤其是民航及高速公路方面。民航方面，各省市区14个经济副中心城市中均建有机场，而四川的乐山、德阳尚无机场。其中，吞吐量最高的珠海市达到1122万人次，是四川7个经济副中心候选城市中吞吐量最高的绵阳（393.9万人次）的2.85倍。高速公路方面，四川7个经济副中心候选城市中最高的南充为543.17千米，最低的德阳为201.44千米，而襄阳、宜昌、九江等都超过了600千米，江西的赣州更是高达1490.26千米，是南充市的2.74倍、德阳的7.4倍。

**表6　2018年四川及各省市区经济副中心城市民航及高速公路情况**

| 省（区） | 城市 | 民航 | | 高速公路 |
|---|---|---|---|---|
| | | 是否有机场 | 吞吐量（万人次） | 里程数（千米） |
| 广东 | 珠海市 | 是 | 1122 | 171.81 |
| | 汕头市 | 是 | 649 | — |
| | 湛江市 | 是 | 255 | 319 |
| 河南 | 洛阳市 | 是 | 131.5 | >500 |
| 湖北 | 襄阳市 | 是 | 140.6 | 600 |
| | 宜昌市 | 是 | 295 | 683 |
| 江西 | 九江市 | 是 | 2015年停航 | 694.7 |
| | 上饶市 | 是 | 37.5 | — |
| | 赣州市 | 是 | 162.5 | 1490.26 |
| 甘肃 | 酒泉市 | 是 | 79 | 623 |
| 陕西 | 宝鸡市 | 是 | 在建 | 500 |
| 宁夏 | 石嘴山 | 是 | 在建 | — |
| | 固原市 | 是 | 20 | 265 |
| | 中卫市 | 是 | 24 | 469 |

续表6

| 省（区） | 城市 | 民航 | | 高速公路 |
|---|---|---|---|---|
| | | 是否有机场 | 吞吐量（万人次） | 里程数（千米） |
| 四川 | 绵阳市 | 是 | 393.9 | 412.27 |
| | 德阳市 | 否 | — | 201.44 |
| | 乐山市 | 否 | — | 259.28 |
| | 南充市 | 是 | 94.29 | 543.17 |
| | 泸州市 | 是 | 23.5 | 467.68 |
| | 宜宾市 | 是 | 97.48 | 258.55 |
| | 达州市 | 是 | 50 | 423.59 |

4. 城市发展潜力，四川经济副中心候选城市与各省市区经济副中心在城镇化率方面差距尤为明显

在城市发展潜力方面，从省内看，绵阳、泸州、南充、宜宾较大。四地建成区面积在130～150平方千米，人口规模都在400万人以上，每千人口执业（助理）医师数、每万人拥有卫生机构床位数、高等院校在校学生排名在7个经济副中心候选城市中较为靠前。

2018年，四川7个经济副中心候选城市中城镇化率（52.29%）高于全省平均水平的仅有德阳（52.53%）和绵阳（52.4%），城镇化率最低的达州市仅为45.52%。而各省市区14个经济副中心城市中有9个城镇化率高于四川经济副中心候选城市。其中，珠海市城镇化率达到90.08%，汕头、石嘴山超过70%，洛阳、宜昌、襄阳也快步入60%的大关。

**表7　2018年四川及各省市区经济副中心城市发展潜力**

| 省（区） | 城市 | 年末常住人口（万人） | 城区建成区面积（平方千米） | 城镇化率（%） | 每千人口执业（助理）医师数（人） | 每万人拥有卫生机构床位数（张） | 高等院校在校学生（万人） |
|---|---|---|---|---|---|---|---|
| 广东 | 珠海市 | 189.11 | — | 90.08 | 4 | 52 | 13.9 |
| | 汕头市 | 563.85 | 258 | 70.41 | 2 | 34 | — |
| | 湛江市 | 733.2 | 111 | 43.01 | 2 | 50 | — |
| 河南 | 洛阳市 | 688.85 | 218.18 | 57.57 | 3 | 73 | 16.32 |
| 湖北 | 襄阳市 | 566.9 | 191.46 | 60.8 | 9 | 67 | 5.9 |
| | 宜昌市 | 413.59 | 169.84 | 59.86 | 3 | 70 | 5.77 |
| 江西 | 九江市 | 489.68 | 127.09 | 55.27 | 1 | 45 | 10.1 |
| | 上饶市 | 681.07 | — | 52 | 2 | 47 | 3.25 |
| | 赣州市 | 861.2 | 180 | 50 | 2 | 56 | 9.74 |

续表7

| 省（区） | 城市 | 年末常住人口（万人） | 城区建成区面积（平方千米） | 城镇化率（%） | 每千人口执业（助理）医师数（人） | 每万人拥有卫生机构床位数（张） | 高等院校在校学生（万人） |
|---|---|---|---|---|---|---|---|
| 甘肃 | 酒泉市 | 112.7 | 53.4 | 61.52 | 3 | 67 | 0.92 |
| 陕西 | 宝鸡市 | 377.1 | 94.97 | 53.17 | 3 | 71 | 5.5 |
| 宁夏 | 石嘴山 | 80.44 | — | 75.25 | 3 | 60 | 0.99 |
| | 固原市 | 124.24 | — | 37.93 | — | 57 | 0.79 |
| | 中卫市 | 116.84 | 77.14 | 44.41 | 2 | 44 | — |
| 四川 | 绵阳市 | 485.7 | 158.62 | 52.53 | 3 | 79 | 15.58 |
| | 德阳市 | 354.5 | 89.24 | 52.4 | 3 | 69 | 11.3 |
| | 乐山市 | 326.7 | 77.08 | 51.83 | 2 | 74 | 5.23 |
| | 南充市 | 644 | 145 | 48.1 | 2 | 65 | 6.04 |
| | 泸州市 | 432.36 | 169.01 | 50.46 | 2 | 74 | 6.05 |
| | 宜宾市 | 455.6 | 134.31 | 49.64 | 2 | 74 | 5.3 |
| | 达州市 | 572 | 100.3 | 45.52 | 2 | 58 | 2.62 |

## 三、四川建设经济副中心城市面临的挑战与困难

### （一）顶层设计等保障性措施不足

与其他省份“指定”经济副中心的方式不同，四川是引导区域中心城市争创经济副中心。但就四川实际而言，经济副中心建设的标准条件到底是什么？如何引导候选城市在坚持新发展理念进而实现经济高质量发展的同时，进一步做大经济总量？又如何评价各区域中心建设成果？各项指标权重如何设计？这些顶层保障性措施的暂时性缺位不利于全省经济副中心城市的建设。

### （二）经济规模普遍不大，且与主中心差距逐年拉大

经济副中心城市必须具备一定的体量和规模，在经济中心城市和一般城市之间形成梯次。具体就四川而言，省委提出四川建设经济副中心城市经济总量需要达到3000亿～5000亿元。2018年，7个经济副中心候选城市中经济总量超过2000亿元的仅有绵阳、德阳、南充、宜宾4市，按地区生产总值年均增速9%左右测算，绵阳市至少也需要4年时间才能达到总量目标。而且，虽然近年来7个经济副中心候选城市地区生产总值增速高于全省平均水平、快于成都，但总量仍仅相当于成都的1/9～1/6，且差距逐年拉大。

表 8　近年来四川 7 个经济副中心候选城市占主中心成都经济总量的比重

单位：%

| 城市 | 2010 年 | 2015 年 | 2016 年 | 2017 年 | 2018 年 |
|---|---|---|---|---|---|
| 绵阳 | 17.3 | 15.7 | 15 | 14.9 | 15 |
| 德阳 | 16.6 | 14.9 | 14.4 | 14.1 | 14.4 |
| 宜宾 | 15.7 | 14.1 | 13.6 | 13.3 | 13.2 |
| 南充 | 14.9 | 14 | 13.6 | 13.2 | 13.1 |
| 泸州 | 12.9 | 12.5 | 12.2 | 11.5 | 11 |
| 达州 | 14.8 | 12.5 | 11.9 | 11.4 | 11 |
| 乐山 | 13.4 | 12 | 11.6 | 10.9 | 10.5 |

### （三）产业结构不优，同质化竞争较为突出

2018 年，四川 7 个经济副中心候选城市中，非农产业占比均未超过 90%。从支柱产业看，襄阳、宜昌的支柱产业与绵阳、德阳有一定的相似性，如都有汽车、装备制造等产业，但产值却有一定差距，2018 年襄阳汽车产业实现产值 2149 亿元，而德阳市仅为 206.3 亿元。同时，同质化竞争较为明显，从各地"十三五"规划主导产业来看，7 个经济副中心候选城市均有一定的相似性，如都有规划电子信息、新能源汽车等产业。

### （四）互联互通能力不足，开放水平不高

各城市间铁路网络覆盖不足，尤其是高铁运营里程不足、等级偏低，导致经济副中心候选城市与全国主要经济中心城市通达性不高。城市群之间城际铁路建设起步较晚、连接不畅，经济副中心候选城市之间交通仍以公路运输为主，全省货运总量中公路运输占比超过八成，高于全国平均水平。宜宾、泸州有拥有长江黄金水道的优势，但是受限于下游地区航道等级和三峡船闸制约，通航能力较弱。2018 年，四川 7 个经济副中心候选城市中除绵阳、泸州外贸依存度超过 10%外，其他均较低，德阳、乐山在 5%左右，而南充、达州尚未突破 1%。

### （五）城镇化水平相对较低，部分城市低于全省平均水平

2018 年，四川 7 个经济副中心候选城市城镇化率均低于全国水平（59.58%），仅有绵阳（52.53%）、德阳（52.4%）城镇化率高于全省平均水平（52.29%），达州与全省平均水平相差近 7 个百分点。而国内其他发展较好的经济副中心城市如洛阳、襄阳、宜昌等，城镇化率已接近甚至超过 60%，汕头、珠海都超过了 70%，珠海市达到了 90.08%。

## 四、推动四川加快建成全省经济副中心城市的建议

### （一）完善工作推进机制，尽快成立专职机构统筹负责经济副中心建设

一是借鉴宝鸡等经济副中心建设经验，高规格组建“四川经济副中心建设协调领导小组”，总体设计和统筹安排四川经济副中心建设工作。明确其发展目标、功能定位、建设标准及评价方法，引导候选城市完善发展思路和规划。二是建立省级部门、候选城市联席会议制度，协调规划产业布局、交通建设等领域重大事项。

### （二）夯实产业基础，壮大候选城市综合实力，重大产业布局优先考虑，逐步缩小与主中心经济规模差距

第一，持续推动候选城市产业转型升级，加快构建创新引领、协同发展的现代产业体系，坚持工业强市、产业兴市，将工业发展作为建设的主攻方向，振兴和壮大实体经济，不断夯实产业基础。第二，借鉴洛阳、赣州等经济副中心城市建设经验，在重大产业项目布局方面，根据候选城市自身禀赋，优先向其倾斜。同时在基础设施、要素保障、人才发展等方面出台具体支持举措。第三，借鉴宜昌、襄阳等经济副中心城市建设经验，制定负面清单，下方部分经济社会管理权限，增强候选城市发展自主性。第四，可考虑通过搭建与主中心协同发展平台、共建协同发展试验区、探索可供实践的利益分享机制等，深化与主中心成都的全方位合作。

### （三）依托候选城市自身资源要素，差异化发展主导产业，制定重点产业空间布局规划，避免市州产业同质化竞争

一是围绕“5＋1”现代产业体系，根据候选城市比较优势，按照差异化协同发展原则，明确候选城市功能定位、发展方向。如支持中国（绵阳）科技城超常发展，德阳打造世界级重大装备制造基地，乐山建设世界重要旅游目的地，宜宾、泸州协同打造世界级白酒产业集群，达州加快天然气综合开发利用示范区建设，南充培育壮大汽车汽配等千亿产业集群等。同时充分发挥重大项目示范引领带动作用，着力优化调整候选城市产业结构。二是加快制定全省重点产业空间布局规划，依托候选城市产业基础和资源优势，明确 2～3 个产业主攻方向，由省级层面统筹布局重大产业项目，以避免产业同质化竞争。在成都产业转移过程中，向副中心城市转移产业契合度高、关联度强的产业，实现中心城市与副中心城市产业错位发展。

（四）加快畅通制约候选城市对外联系战略大通道，以自由贸易区等开放合作平台为抓手，提升开放水平

一是加快打通候选城市直达全国主要经济区的高铁出川大通道。不断完善城际快速路网，实现通道和枢纽之间直通互联。加快完善支线运输机场布局。整合泸州、宜宾、乐山港口资源，建设长江上游航运中心。二是以开放合作平台为抓手，加快构建开放高地。一方面加快推进四川自由贸易试验区与经济副中心候选城市协同改革，支持有条件的候选城市设立国家综合保税区、自由贸易港、口岸机场等。另一方面支持经济副中心候选城市创建国家级经开区、国家级高新区。三是健全招商机制，大力发展开放型经济，对标世界银行营商环境评价体系，着力构建法治化、国际化、市场化、便利化营商环境，不断优化政务服务，深化“最多跑一次”改革。

（五）积极探索高质量发展背景下候选城市新型城镇化发展路径

一是支持候选城市以优化空间结构、完善城市功能、提升城市品质为重点，加快推进城市总体规划修编，为承接重大产业项目落地预留空间。二是以体制改革为抓手，把城市建设搞活。在理顺体制机制的基础上，可尝试将城市建设、管理按照属地原则有序下放到县（区）。三是抓好中心城区建设和管理。统筹新区建设和旧城改造，科学规划和布局中心城区生产、消费、就业、服务等功能，强化商贸物流、金融、会展、旅游、文化、教育、卫生等服务，完善城镇基础设施和公共服务设施，大力建设海绵城市、管廊城市、智慧城市和生态城市，着力提升城市形象和品位，切实增强城市综合承载能力、要素集聚能力和科学管理能力，进而增强区域辐射吸纳带动能力。四是加快县城和特色小镇建设。全面提升中心城区、县城、特色小镇与旅游景区的规划设计水平，培育打造一批商贸、旅游、工业、农业、文化强镇。

负责人：曾全红（四川省统计局）
成　员：赵倩倩（四川省统计局）
贺　嘉（四川省统计局）
廖　彬（四川省统计局）

# 四川省公共服务资源区域共享研究

公共服务资源是指公众共同享有的社会公共服务、城市基础设施等资源，具有保障性、普惠性和公平性等特点。推动公共服务资源区域共享，是四川省区域协同开放发展过程中的必经环节，也是全省经济社会和谐发展的重要手段和重要目标。根据公共服务资源的内容和形式，可将其分为基础公共服务资源、经济公共服务资源、社会公共服务资源和公共安全服务资源。基础公共服务资源是指通过国家权力介入或公共资源投入，为公民及其组织提供从事生产、生活、发展和娱乐等活动的基础性服务，如提供水、电、气，交通与通信基础设施，邮电与气象服务等。经济公共服务资源是指通过国家权力介入或公共资源投入为公民及其组织即企业从事经济发展活动所提供的各种服务，如科技推广、咨询服务以及政策性信贷等。社会公共服务资源则是指通过国家权力介入或公共资源投入为满足公民的社会发展活动的直接需要所提供的服务，如公办教育、公办医疗、公办社会福利等。公共安全服务资源是指通过国家权力介入或公共资源投入为公民提供的安全服务，如军队、警察和消防等方面的服务。本报告主要研究经济公共服务资源、社会公共服务资源和基础公共服务资源。

## 一、四川省公共服务资源区域共享现状

### （一）经济公共服务资源共享快速推进

1. 科技资源供给规模扩大，区域空间溢出效应明显

（1）科技资源供给规模扩大。第一，科技人力资源丰富。截至2016年年底，全省科技活动人员达364064人，比2012年增长17.3%，其中大学本科及以上学历人员占比逐年升高，到2016年已达到73.99%。全省已有121人入选国家“万人计划”，位居西部第一，省“千人计划”引进人才比2012年增长334%，留学回国人员比2012年增长248%（学位类）。第二，科技经费投入力度加大。2017年，研究与试验发展（R&D）经费投入较快增长，投入强度保持稳定。全省共投入R&D经费637.8亿元，比上年增加76.4亿元，增长13.6%；投入强

度（R&D经费与国内生产总值之比）为1.72%，与上年持平。第三，科技创新成果不断涌现。2018年，全省专利申请量有所减少，授权量大幅增长，但发明专利申请和授权量的比重回落。年末拥有有效发明专利5.21万件，比上年增长17.0%；每万人拥有有效发明专利6.3件，比上年增加1.8件。全年专利申请量超过2000件的市州有14个，比上年增加1个。

**表1　2017年四川省各地区研究与试验发展（R&D）经费支出情况**

| 地　区 | R&D经费（亿元） | 投入强度（%） | 地　区 | R&D经费（亿元） | 投入强度（%） |
|---|---|---|---|---|---|
| 成都市 | 331.3 | 2.39 | 眉山市 | 4.3 | 0.36 |
| 自贡市 | 9.6 | 0.73 | 宜宾市 | 21.9 | 1.18 |
| 攀枝花市 | 13.1 | 1.14 | 广安市 | 2.3 | 0.19 |
| 泸州市 | 9.7 | 0.61 | 达州市 | 6.1 | 0.38 |
| 德阳市 | 52.8 | 2.69 | 雅安市 | 5.7 | 0.94 |
| 绵阳市 | 135.6 | 6.54 | 巴中市 | 1.5 | 0.24 |
| 广元市 | 3.4 | 0.46 | 资阳市 | 1.6 | 0.16 |
| 遂宁市 | 5.8 | 0.51 | 阿坝州 | 0.5 | 0.15 |
| 内江市 | 7.1 | 0.54 | 甘孜州 | 0.3 | 0.11 |
| 乐山市 | 12.8 | 0.85 | 凉山州 | 3.9 | 0.26 |
| 南充市 | 8.7 | 0.48 | | | |

数据来源：2017年四川省科技经费投入统计公报。

（2）区域空间溢出效应明显。由表2可知，成都、绵阳、德阳、攀枝花和雅安创新资源综合得分保持在全省平均水平以上，凉山、广元、宜宾和内江在均值上下波动，其余12个市州均在平均值以下。研发经费投入、研发人力投入和基础平台建设等创新资源高度集中于成都，成都创新资源综合得分接近绵阳的2倍，是末位市州的6倍有余，超过创新资源后5位的市州得分之和。基于领跑型市州科技创新资源的比较优势，四川省始终着力于发挥成德绵科技创新要素集聚优势和辐射带动作用，支持天府新区创新研发产业功能区的建设发展，着力推动眉山、雅安、资阳、遂宁、乐山实现科技创新转型升级，以整体带动全省区域创新能力提升。

表 2　2017 年四川省各市州创新资源水平

| 创新能力类别 | 领跑型市州 | 追赶型市州 | 慢跑型市州 |
| --- | --- | --- | --- |
| 创新资源综合 | 成都、绵阳、德阳、攀枝花、雅安 | 凉山、广元、宜宾、内江 | 泸州、自贡、巴中、乐山、南充、遂宁、达州、广安、阿坝、眉山、甘孜、资阳 |
| 研发经费投入 | 成都、绵阳、德阳、凉山、宜宾 | 雅安、广元、广安、泸州、达州、自贡、内江 | 巴中、南充、遂宁、眉山、攀枝花、乐山、阿坝、甘孜、资阳 |
| 研发人力投入 | 成都、绵阳、攀枝花、德阳 | 雅安、广元、自贡、达州、巴中、乐山、阿坝 | 南充、凉山、内江、泸州、宜宾、眉山、广安、甘孜、遂宁、资阳 |
| 基础平台建设 | 成都、绵阳、攀枝花、雅安 | 凉山、阿坝、泸州、内江、自贡、德阳、广元 | 遂宁、乐山、资阳、宜宾、南充、眉山、甘孜、广安、巴中 |

数据来源：2017 年四川省区域创新能力评价。

2. 咨询服务种类日趋丰富，政策助力资源均衡分布

（1）社会信息化水平日益提升，政府信息公开力度加强。第一，电子政务建设成效显著。省级政务云建设，省人民政府、各市州及部门门户网站建设绩效评估良好。第二，“三公”经费、省重点工业及技改项目工作推进情况及去产能等重点领域信息公开程度提升。第三，着力推进减负、降费、降低要素成本信息公开。通过设置“企业减负工作”网络专栏和利用新媒体，动态发布各级各类惠企减负政策等信息，方便企业及时了解掌握政策。第四，实现政策精准化解读，公众参与度提高。政策解读相关工作要求得以贯彻执行，对涉及群众切身利益的重要政策文件等，通过网上调查、座谈交流、专家论证等方式广泛征求公众意见，并及时发布政策解读系列文件。

（2）政策引导强化，助力资源均衡分布。2018 年，四川省紧紧围绕“一干多支、五区协同”的发展战略出台了系列政策文件，以促进区域协同发展。如在《关于加快构建“5＋1”现代产业体系推动工业高质量发展的意见》和《优化区域产业布局的指导意见》中均强调，要在综合考虑各市（州）产业基础、资源禀赋、交通区位、物流条件、科技创新、人力资源、环境容量等基础资源和比较优势的基础上，准确定位区域发展重点和方向，并加强省、市联动，完善协调发展机制，引导资源合理流动，推动市（州）产业协同发展。

3. 金融基础设施建设加强，政策信贷覆盖范围扩大

（1）金融基础设施建设不断推进。支付体系更加健全，2017 年，四川支付系统发生业务数量同比增长 40.5％，85％的人民银行市州中支已开通电票再贴现业务，全省农村地区银行网点全部接入现代化支付系统，消除集中连片贫困地

区基础金融服务空白行政村1532个。人民银行成都分行自主建设货币信贷大数据监测分析系统，助推货币信贷工作转型；6个市州全域、10个市州主城区和74个县域实现面向全国的金融IC卡开放，旅游景区、高速公路金融IC卡应用取得突破。

(2) 重点领域和薄弱环节融资保障有力。2017年末，全省700项重点项目融资余额4.9万亿元，较年初增加5597.7亿元。人民银行成都分行深入推进“小微企业金融服务提升工程”，对优质诚信小微企业建立“一对一”的融资帮扶、融资顾问工作机制，小微企业贷款余额达10545亿元，同比增长20.8%，高于各项贷款增速7.9个百分点。此外，金融精准扶贫能力持续增强。全年新增涉农贷款1406.1亿元，占全部新增贷款的23.2%。12个试点县（市、区）累计发放农村“两权”抵押贷款42.1亿元，贷款余额23.9亿元，支持4884户新型农业经营主体和农户。2017年末，全省金融精准扶贫贷款余额3812.7亿元，同比增长35.4%，高于同期各项贷款增速22.5个百分点，其中建档立卡户扶贫小额信贷余额311.2亿元，同比增长49.3%。

### （二）社会公共服务资源共享稳步提升

#### 1. 教育资源供给稳步增长，区域共享协同效应显著

教育资源总量呈上升趋势。2018年末全省共有各级各类学校2.5万所，在校生1572.7万人（不含非学历教育注册学生及电大开放教育学生），教职工110.7万人，其中专任教师90.7万人。2018年末共有小学5730所，在校生555.5万人；初中3716所，在校生261.8万人；普通高中768所，招生46.2万人，在校生139.0万人。

职业教育持续推进。中等职业教育学校（含技工学校）508所，招生37.6万人，在校生94.2万人。职业技术培训机构4147个，职业技术培训注册学员211.8万人次。

高等教育稳步提升。2018年末共有普通高校119所。全年普通本（专）科招生48.4万人，增长5.1%；在校生156.5万人，增长4.3%；毕业生39.4万人，增长2.0%。研究生培养单位36个，招收研究生3.9万人，在校生12.8万人，毕业生2.7万人。成人高等学校13所，成人本（专）科在校生30.7万人；参加学历教育自学考试53.1万人次。

**表 3　四川省各市州教育资源分布情况**

| 城市 | 小学教育 | | 中学教育 | | 中等职业教育 | | 高等教育 | |
|---|---|---|---|---|---|---|---|---|
| | 学校数（所） | 学生数（万人） | 学校数（所） | 学生数（万人） | 学校数（所） | 学生数（万人） | 学校数（所） | 学生数（万人） |
| 成都市 | 590 | 99.2 | 609 | 60 | 86 | 19.9 | 64 | 91.3 |
| 绵阳市 | 409 | 28.05 | 219 | 24.16 | 23 | 4.22 | 14 | 15.58 |
| 德阳市 | 339 | 18.5 | 146 | 13 | 18 | 2.6 | 10 | 11.3 |
| 遂宁市 | 196 | 17.79 | 158 | 12.84 | 14 | 2.14 | 1 | 1.34 |
| 乐山市 | 227 | 18.11 | 192 | 12.45 | 19 | 3.14 | 3 | 5.28 |
| 雅安市 | 158 | 8.81 | 88 | 6.8 | 8 | 1.25 | — | — |
| 资阳市 | 180 | 17.6 | 195 | 14.2 | 7 | 2 | — | — |
| 眉山市 | 172 | 15.97 | 191 | 11.4 | 17 | 2.47 | — | — |
| 自贡市 | 121 | 17.3 | 139 | 12.87 | 20 | 2.61 | 3 | 5.22 |
| 攀枝花市 | 60 | 6.79 | 56 | 6.2 | 7 | 7.24 | 2 | 2.66 |
| 泸州市 | 224 | 35.73 | 221 | 20.32 | 17 | 6.06 | 5 | 6.05 |
| 广元市 | 264 | 15.41 | 154 | 11.69 | 12 | 1.88 | 3 | 2.15 |
| 内江市 | 273 | 21.35 | 176 | 17.96 | 22 | 3.07 | — | — |
| 南充市 | 265 | 36.07 | 488 | 29.89 | 37 | 5.76 | 4 | 6.04 |
| 宜宾市 | — | 37.74 | — | 27.14 | — | 6.95 | — | — |
| 广安市 | 192 | — | 276 | — | 23 | 4.1 | — | — |
| 达州市 | 1480 | 39.7 | 393 | 32.84 | 34 | 6.48 | 3 | 3.14 |
| 巴中市 | 203 | 19.68 | 217 | 18.61 | 18 | 2.72 | — | — |
| 阿坝州 | 243 | 6.33 | 55 | 4.36 | 4 | 0.34 | 2 | 1.01 |
| 甘孜州 | 376 | 10.83 | 51 | 5.97 | 3 | — | — | — |
| 凉山州 | 785 | 60.63 | 184 | 10.58 | 5 | 1 | — | — |

数据来源：2018 年四川省各市州统计公报。

网络教育快速普及。四川省通过开展“班班通”基础教学环境建设、省教育资源公共服务平台建设、“网络学习空间人人通”建设及四川省高校在线课程平台建设等，着力扩大优质数字教育资源覆盖面，保证各区域共享教育发展的成果。截至 2015 年 12 月底，全省所有市（州）、县（市、区）教育部门和 1.4 万所中小学校注册了机构网络学习空间，34.1 万名中小学教师、335.2 万名中小学生在四川省教育资源公共服务平台上开设了实名制网络学习空间。各市州方面，以乐山市为例，2018 年末已收集上载全市中小学校教师优秀教育教学视频资源 512 节（个），总容量超过 400GB，平台访问量累计超过 1000 万人次。

在教育资源的共享方面，四川省出台了《四川省民族地区教育发展十年行动计划（2011—2020 年）》等一系列文件，开展了大小凉山地区“教育扶贫提升工程”和免费中等职业教育计划（即“9+3”免费教育计划）等，推动优质教育资源向边远民族地区流动，保障少数民族地区共享四川省教育发展的成果，促进教育公平。以乐山市为例，截至2018年，共招收“9+3”学生4000余人，毕业学生1600人，全部实现就业，其中升学150余人；教育平台建设方面，乐山市建立了“四川省中小学数字校园云平台”，运用于图书管理系统，所有的中小学校每天使用该系统进行图书流通管理。截至目前，乐山市458所中小学校已入库图书535万册。

2. 文化资源覆盖范围扩大，资源空间分布聚散并存

目前，四川省着力扩大优质文化资源覆盖的范围，确保各区域在基本物质条件得到满足的前提下有条件、有能力保障居民的文化生活需求得到满足。“十三五”以来，四川省的文化资源建设形成了大繁荣大发展的新局面。公共文化服务体系不断完善，成都城市音乐厅建成投用，四川大剧场、艺术博览园等加快建设，建成达标贫困村文化室6137个，全省广播、电视综合覆盖率分别达98%和99%，所有乡镇、行政村实现广播、电视全覆盖。同时，强化巴蜀特色文化艺术的保护传承，加快建设非物质文化遗产展示馆（传习所）和生产性保护示范基地。

2018年末，全省文化系统内有艺术表演团体51个，艺术表演场所45个，公共图书馆204个，文化馆207个，美术馆40个，文化站4578个。国家级文化产业示范园区1个，国家级文化和科技融合示范基地2个，国家文化消费试点城市2个，国家级动漫游戏基地1个，国家级文化产业示范基地15个，省级文化产业示范园区11个，省级文化产业试验园区5个，省级文化产业示范基地59个。除此之外，四川省实施重大文化产业工程，文化产业快速发展，规模不断扩大，对国民经济增长的贡献逐年提升。2018年，全省文化产业实现增加值超过1700亿元，占地区生产总值的比重约为4.25%，居西部第1位。

**表4　四川省各市州文化资源分布情况**

| 城市 | 公共图书馆藏书量（千册） | 文化馆机构数（个） | 博物馆机构数（个） | 文化站数量（个） | 文化站藏书量（千册） | 农村广播覆盖率（%） | 农村电视覆盖率（%） | 有线广播电视用户（户） | 有线广播电视传输网络干线总长（千米） |
|---|---|---|---|---|---|---|---|---|---|
| 成都市 | 15498 | 23 | 108 | 372 | 2546 | 99.99 | 99.99 | 3859725 | 10568.71 |
| 自贡市 | 556 | 7 | 4 | 108 | 193 | 99.60 | 99.48 | 402918 | 355.11 |
| 攀枝花 | 846 | 6 | 3 | 59 | 209 | 98.07 | 98.51 | 84811 | 319.82 |
| 泸州市 | 1494 | 8 | 11 | 143 | 609 | 98.44 | 99.42 | 285898 | 619.97 |
| 德阳市 | 1156 | 7 | 10 | 127 | 1047 | 99.25 | 98.93 | 488122 | 330.1 |
| 绵阳市 | 2075 | 10 | 14 | 292 | 1740 | 99.52 | 99.52 | 665182 | 826 |

续表4

| 城市 | 公共图书馆藏书量（千册） | 文化馆机构数（个） | 博物馆机构数（个） | 文化站数量（个） | 文化站藏书量（千册） | 农村广播覆盖率（%） | 农村电视覆盖率（%） | 有线广播电视用户（户） | 有线广播电视传输网络干线总长（千米） |
|---|---|---|---|---|---|---|---|---|---|
| 广元市 | 1277 | 9 | 13 | 238 | 843 | 98.31 | 98.66 | 449254 | 735 |
| 遂宁市 | 855 | 6 | 5 | 113 | 384 | 99.40 | 99.05 | 495090 | 333.2 |
| 内江市 | 703 | 6 | 4 | 121 | 519 | 96.70 | 97.95 | 415241 | 320 |
| 乐山市 | 1284 | 12 | 9 | 218 | 627 | 98.87 | 98.84 | 453859 | 674.4 |
| 南充市 | 1848 | 10 | 8 | 424 | 936 | 96.41 | 98.73 | 653451 | 514 |
| 眉山市 | 503 | 7 | 6 | 131 | 263 | 99.90 | 99.90 | 345768 | 395 |
| 宜宾市 | 1337 | 11 | 9 | 185 | 802 | 94.16 | 95.70 | 347731 | 536.6 |
| 广安市 | 2091 | 7 | 4 | 179 | 483 | 99.58 | 99.71 | 326856 | 433.07 |
| 达州市 | 1407 | 8 | 6 | 312 | 1332 | 96.27 | 95.54 | 609170 | 673 |
| 雅安市 | 868 | 9 | 9 | 142 | 460 | 94.28 | 98.35 | 238740 | 1104.5 |
| 巴中市 | 1069 | 6 | 11 | 200 | 1199 | 97.95 | 98.96 | 279045 | 513 |
| 资阳市 | 492 | 4 | 1 | 120 | 522 | 95.66 | 98.24 | 182033 | 222 |
| 阿坝州 | 735 | 14 | 8 | 219 | 338 | 91.61 | 98.03 | 65330 | 3764.66 |
| 甘孜州 | 641 | 19 | 5 | 325 | 448 | 96.18 | 96.00 | 41692 | 1087.2 |
| 凉山州 | 1192 | 18 | 7 | 550 | 1849 | 82.31 | 93.67 | 194346 | 3887.5 |

数据来源：《四川统计年鉴》。

从资源分布来看，四川省文化资源分布兼具“聚”与“散”的特征。“聚”是指成都市的文化资源总量远远高于其他各市州，如博物馆数量、公共图书馆藏书量等；“散”则指成都以外的其他市州文化资源分布并不均衡，且不同类型文化资源的规模差异较大。如凉山彝族自治州在文化馆机构数和文化站数量上都位居全省前列，但农村电视和广播覆盖率却明显低于其他市州。因而，基于现实情况，四川省贯彻落实“保基本”重要举措，通过运用现代信息技术，对优秀文化信息资源进行数字化加工、整合，通过互联网和卫星传输等手段将资源传输到基层及文化资源储备不充足的地区，实现优秀文化资源在不同区域间的共建共享。除此之外，还出台《四川省公共图书馆免费开放管理办法》《四川省文化馆（站）免费开放管理办法》等，使得不同地区的群众均可享受到优质的文化产品服务，实现静态资源的动态化管理，从而加速文化资源的共享进程。

3. 医疗资源发展势头良好，优质服务下沉趋势显现

全省卫生健康事业发展稳中有进、稳中向好，各项重点工作有效推进，取得良好成效。医疗卫生资源持续增加。

截至 2018 年年底，全省医疗卫生机构共 81539 个，比上年增长 1059 个。全

省卫生人员74.72万人，比上年增加3.64万人，增长5.12%。全省医疗卫生机构床位数59.88万张，比上年增加3.54万张。医疗卫生机构（不含村卫生室）房屋建筑面积3828.75万平方米，比上年增加3.81%。医疗卫生服务不断丰富。2018年，全省医疗卫生机构总诊疗5.16亿人次，居民到医疗卫生机构平均就诊6.19次，同比增长0.34次。政府办医疗卫生机构医师日均担负诊疗9.46人次、住院3.02床日，非政府办机构日均担负诊疗7.79人次、住院1.73床日。社区卫生事业继续发展。2018年年底，全省共有社区卫生服务中心（站）981个，其中社区卫生服务中心424个，社区卫生服务站557个。社区卫生服务中心卫生人员19684人，平均每个中心38.8个卫生技术人员；农村卫生状况得到改善。全省共设4432个乡镇卫生院，床位13.15万张，卫生人员11.26万人（其中卫生技术人员9.36万人）。与上年相比，乡镇卫生院床位增加4412张，人员增加3621人。每千农业人口乡镇卫生院卫生人员1.88人，与上年相比增加0.06人；每千农业人口卫生机构床位2.19张，与上年相比增加0.07张。全省共设56019个村卫生室，共有卫生人员76741人，平均每村1.68人。

在医疗资源总量充足的基础上，为促进医疗资源区域流动共享，四川省出台了《关于推进医疗联合体建设和发展的实施意见》《四川省社区医院建设试点工作实施方案》等一系列文件，着力提升基层医疗卫生机构水平，落实分级诊疗制度，构建优质高效的基层医疗卫生服务体系。2019年，乐山市电子健康档案在乡镇实现了全覆盖；电子病历实现了96%的覆盖；医疗资源的投放和分布流动情况有所改善，单就床位使用率来看，已由2017年的93%增至2019年的96%。

4. 社会保障资源供给增加，资源跨区共享进程加快

（1）劳动就业保障加强。2017年四川省累计促进1.4万名大学生实现创业，发放创业补贴1.2亿元，拥有高校毕业生就业见习基地2020个。全年有8224名高校毕业生参加就业见习，招募1612名“三支一扶”人员到农村基层服务。另外，四川省全年组织10.7万人参加创业培训。新增创业担保贷款9.3亿元，期末贷款余额31.2亿元。扶持自主创业人员0.8万人，带动（吸纳）就业2.6万人。全年促进农民工回乡创业5.2万人，创办企业1.7万户，创造产值115.8亿元。就业服务方面，全年公共就业人才服务机构为119.3万城乡各类求职人员办理求职登记，提供职业指导、职业介绍、创业服务等服务分别达98.8万人次、75.9万人次、12.1万人次。

（2）社会保险覆盖面扩大。2017年基本养老保险参保率达到87.4%，比上年提高3.2个百分点；全年共有720.1万参保企业离退休人员领取了养老金，比上年增加35.5万人，有1198.2万人享受城乡居民基本养老保险待遇，比上年增加23.5万人。医疗保险方面，基本医疗保险参保覆盖率达到98.0%，参加城乡居民基本医疗保险6642.1万人，增加2424.9万人，参保覆盖率98.0%；工伤

保险方面，深入实施和扩大建筑业农民工以建设项目参加工伤保险的同舟计划，新开工建筑业工程项目工伤保险参保率达100%。年末全省参加工伤保险人数876.0万人，比上年末增加76.9万人。

（3）公共服务体系建设渐趋完善。四川省在全省“四大片区”举办11期急需紧缺专业技术人才研修项目和高层次人才援助项目，共培训当地急需紧缺专业技术人才1100名；同时组织开展“青年劳动者技能培训行动”“贫困家庭技能培训脱贫行动”等专项培训行动，全年共开展政府补贴职业培训53.3万人。同时，努力推进公共服务体系协同化建设，按照“不跑路或少跑路、不交证或少交证、不填表或少填表、不盖章或少盖章”要求，砍证明、减材料、优流程、压时限，省、市分级召开专题新闻发布会，向社会公开承诺“四川人社事、最多跑一次”，省本级实现“最多跑一次”达95.2%。积极推进人社公共服务事项在省政府一体化政务服务平台上线运行，省、市、县三级共上线201项。制定出台综合柜员制实施意见，全面推行“受办分离”的经办新模式，全省半数以上市州实现“一门进、一窗办”，服务效率提升50%以上。

（4）在社会保障资源供给总规模不断扩大的基础上，探索资源跨区域共享的新机制。四川省各区域的社会保障资源供给规模得到进一步提升，然而在实际共享的过程中，却受到行政制度和户籍制度等的约束，因此，四川省不断创新社保资源共享的形式和渠道，如建立社会保险信息共享平台、整合全省“五险一金”参保缴费数据、开展区域性大型就业培训等，以促进区域间社保资源的共建共享。

### （三）基础公共服务资源共享逐步改善

#### 1. 综合交通网络逐步形成，交通资源共享瓶颈打通

四川省交通基础设施在2013—2017年中实现跨越发展，省内交通服务水平整体提升。全省公路水路建设投资连续五年超过1200亿元，连续迈上1300亿元和1400亿元两个台阶，总额达到6693亿元，位居全国第一。新建成高速公路2486千米，总里程跃居全国第二。新改建农村公路12.3万千米，总里程居全国第一。交通资源共享加速。新建成四级及以上高等级航道531千米，总里程增加50%。解决了306个乡镇、1.5万个建制村通硬化路问题，乡镇和建制村通畅率较2012年分别提升6.5和31个百分点。新改建普通国省干线公路10651千米，基本实现县县通二级（三州三级）及以上公路。建成路侧安保护栏3.2万千米，在全国率先实现国省县乡道临水临崖高差3米及以上路段路侧护栏全覆盖。新建渡改桥829座、溜索改桥77座，整治危病桥713座，结束“溜索时代”，惠及上千万群众。乡村交通状况得到明显改善。乡（镇）、建制村通客车率较2012年分别提高2.5和7.1个百分点。全省公交车辆、公交营运里程、年客运量分别较

2012年底提高23.1%、39.8%、3.7%，覆盖所有市州政府所在地城市和93%的县级城市。

表5　2017年四川省交通运输相关指标

| 类型 | 指标 | 单位 | 2017年情况 | 比上年增长 |
|---|---|---|---|---|
| 铁路 | 运输线路长度 | （万千米） | 0.5 | 8.15% |
| | 客运量总计 | （万人） | 12499 | 10.41% |
| | 旅客周转量总计 | （亿人千米） | 318 | 5.30% |
| | 货运量总计 | （万吨） | 5375 | −4.34% |
| | 货物周转量总计 | （亿吨千米） | 628 | 5.02% |
| 公路 | 运输线路长度 | （万千米） | 33.0 | 1.85% |
| | 客运量总计 | （万人） | 94098 | −14.23% |
| | 旅客周转量总计 | （亿人千米） | 521 | −12.88% |
| | 货运量总计 | （万吨） | 158190 | 8.32% |
| | 货物周转量总计 | （亿吨千米） | 1677 | 7.16% |
| 水运 | 运输线路长度 | （万千米） | 1.1 | 0.00% |
| | 客运量总计 | （万人） | 2364 | −8.16% |
| | 旅客周转量总计 | （亿人千米） | 2 | −16.67% |
| | 货运量总计 | （万吨） | 7750 | −4.69% |
| | 货物周转量总计 | （亿吨千米） | 256 | 14.80% |
| 民用航空 | 运输线路长度 | （万千米） | 125.6 | 11.74% |
| | 客运量总计 | （万人） | 4976 | 7.96% |
| | 旅客周转量总计 | （亿人千米） | 856 | 9.18% |
| | 货运量总计 | （万吨） | 61 | 1.67% |
| | 货物周转量总计 | （亿吨千米） | 14 | 7.69% |

数据来源：《四川统计年鉴》。

新能源共享汽车方面，四川省交通投资集团有限责任公司旗下的“Gofun川交”新能源共享汽车在成都区域投放数量超过3000台，运营网点超1500个，用户总数突破22万，单日车均订单近3单，月营收增长率突破50%，正逐步影响百姓日常出行方式。下一步，按照经营规划，成都区域今年将新投放“Gofun川交”共享汽车5000台以上，使运营车辆总数在万台左右，建成以成都为中心，辐射周边二级城市的共享汽车网络格局，力争将成都打造成为全国共享出行领域示范城市、样板城市。

2. 能源资源供给总量充足，清洁能源共享建设加快

（1）能源资源供给总量充足。2018年，四川省电力装机总规模9683万千

瓦，发电量 3658 亿千瓦·时；非化石能源装机比重达 83.73%，非化石能源发电量比重达到 88.16%。清洁能源消费保持较快增长，全社会用电量 2459 亿千瓦·时，同比增长 11.53%；天然气消费量 215 亿立方米，同比增长 7.87%。其中非化石能源消费占比达到 35.8%，天然气消费占比达到 13.8%。煤炭消费占比下降到 29.5%。四川省丰富的能源供给为实现能源资源区域共享提供了基础。

（2）清洁能源共享建设加快。四川有序推进金沙江、雅砻江、大渡河“三江”水电基地建设，乌东德、两河口、双江口等一批大型水电站加快建设，拉动沿线地区能源建设，全省水电装机容量 7674 万千瓦，居全国第一。稳妥发展风电、光伏发电，风电并网装机达到 253 万千瓦，光伏并网装机达到 181 万千瓦。全年生产天然气 310 亿立方米，增长 9.9%，页岩气产量 41 亿立方米，增长 36.6%。建成“四直六交”电力外送通道，额定外送容量 3060 万千瓦，从而实现区域内外能源资源的联动共享。截至 2018 年年初，四川省发电总装机达 9571 万千瓦，其中水风光等清洁能源装机 7910 万千瓦，占 83%，清洁能源装机居全国第一。四川电能替代社会参与度也达到历史最好水平，2017 年全省替代电量达 60.23 亿千瓦·时，同比增长 31.77%。

而在区域内，四川省着力推进清洁能源的共享和应用。如四川交投集团投资的“Gofun 川交”共享汽车等。截至目前，“Gofun 出行”共享汽车累计完成省内 9 个市州的网点布局，包括成都、绵阳、德阳、眉山、乐山、宜宾等省内重点城市，累计投放共享汽车 4500 辆，大大推动了新能源汽车的使用。

除此之外，在农村区域，四川省加快农村电网升级改造，全面解决县域电网与主网联系薄弱问题，提高供电可靠性和智能化水平，基本实现县城和重要供电区域 110 千伏变电站直供电，力争到 2020 年农村电网供电可靠率提高到 99.8%。另外，还加快天然气输配气管网建设，扩大管网覆盖范围，延伸城市输气管道至重点乡（镇）、村，进一步提高用气普及率。

在促进少数民族地区享受能源资源方面，四川省坚持能源发展和脱贫攻坚相结合，以阿坝、凉山、甘孜三州 31 个县为重点，以建档立卡贫困村无劳动能力贫困户为扶贫对象，因地制宜实施光伏扶贫工程，推进扶贫对象稳定增收和可持续发展。

3. 通信网络覆盖面积扩大，民族地区电商发展迅速

行业规模逐步扩大。截至 2018 年年底，四川省基础电信企业电信主营业务实现累计收入 652 亿元，其中基础电信企业非话音业务累计收入 558 亿元，信息通信基础设施累计投资 485.1 亿元。服务能力稳步提升。截至 2018 年年底，成都国家级互联网骨干直联点网间互联带宽达 410 吉比特每秒，全省互联网省际出口带宽 29.3Tbps，互联网宽带接入端口 5454.5 万个，基站数 33.6 万个，月户均移动互联网接入流量 6227.9Mbps。发展水平显著提高。截至 2018 年年底，

全省电话用户总数为10789.5万户，移动电话普及率提升至109.2%，（固定）互联网宽带接入2624.5万户，家庭宽带接入用户家庭普及率上升为81.1%，3G/4G移动宽带用户总计7082万户，3G/4G移动宽带用户普及率为85.3%，物联网终端用户扩大至2683.8万户。

**表6　四川省信息通信业相关指标**

| 指标分类 | 指标名称 | 2018年情况 | 2020年目标 | 完成率 |
|---|---|---|---|---|
| 行业规模 | 基础电信企业电信主营业务累计收入（亿元） | 652 | 650 | 100.31% |
| | 基础电信企业非话音业务累计收入（亿元） | 558 | 540 | 103.33% |
| | 基础电信企业非话音业务收入累计占比（%） | 85.60% | 83% | 103.13% |
| | 信息通信基础设施累计投资（亿元） | 485.1 | 800（十三五） | 60.64% |
| 服务能力 | 成都国家级互联网骨干直联点网间互联带宽（吉比特每秒） | 410（主要互联单位） | 600 | 68.33% |
| | 互联网省际出口带宽（Tbps） | 29.3 | 40 | 73.25% |
| | 互联网宽带接入端口（万个） | 5454.5 | 4200 | 129.87% |
| | 基站数（万个） | 33.6 | 48 | 70.00% |
| | 月户均移动互联网接入流量（Mbps） | 6227.9 | 3100 | 200.90% |
| 发展水平 | 电话用户总数（万户） | 10789.5 | 9700 | 111.23% |
| | 其中：固定电话用户（万户） | 1721 | 1300 | 132.38% |
| | 移动电话用户（万户） | 9068.6 | 8400 | 107.96% |
| | 移动电话普及率（%） | 109.2 | 103 | 106.02% |
| | （固定）互联网宽带接入用户（万户） | 2624.5 | 2300 | 114.11% |
| | 其中：家庭宽带接入用户（万户） | 2202 | 1900 | 115.89% |
| | 家庭宽带接入用户家庭普及率（%） | 81.1 | 66 | 122.88% |
| | FTTH/O用户（万户） | 2468.1 | 1800 | 137.12% |
| | 3G/4G移动宽带用户（万户） | 7082 | 6100 | 116.10% |
| | 3G/4G移动宽带用户普及率（%） | 85.3 | 75 | 113.73% |
| | 物联网终端用户（万户） | 2683.8 | 600 | 447.30% |
| | IPTV用户（万户） | 1385.4 | 1600 | 86.59% |

数据来源：《四川统计年鉴》。

在区域共享方面，甘孜、阿坝和凉山等民族自治州的网络普及率大大提升，甘孜州互联网普及率已达60.14%。同时，三州依托互联网资源，在政府政策支持的前提下建立电子商务平台，推动该州的农牧业、民族工业和以旅游为龙头的第三产业快速提档升级，提高全州经济增长效率和质量。

## 二、四川省公共服务资源共享的问题及成因

### （一）公共服务资源素质短板凸显

1. 公共服务资源整体数量不足

公共服务资源的区域共享必须以公共服务资源整体的充足为前提，如果区域内公共服务资源的供给数量不足，资源稀缺性较为明显，则在共享过程中各区域之间就会更多地表现为竞争关系而非合作关系，由此会导致公共服务资源区域共享的困难。四川省政府一直深入贯彻落实“保基本，补短板，提质量，促公平”的重要举措，使得四川省公共服务资源供给紧张的状况得到了明显改善，但部分公共服务资源供给不足的情况仍然存在，基础设施、教育、医疗卫生和文化等领域的公共服务资源供给数量仍不足，和中东部部分省份存在着一定的差距（详见表7）。

**表7　四川省部分公共服务资源供给量情况及对照**

| 指标类别 | 指标名称 | 四川 | 全国 | 湖北 | 辽宁 | 山东 |
|---|---|---|---|---|---|---|
| 城市建设 | 城市用水普及率（%） | 94.91 | 98.3 | 99.27 | 98.45 | 99.82 |
| | 城市燃气普及率（%） | 91.22 | 96.3 | 97.13 | 97.14 | 99.57 |
| | 每万人拥有公共交通车辆（标台） | 14.46 | 14.73 | 12.38 | 13.23 | 16.36 |
| | 人均城市道路面积（平方米） | 13.72 | 16.05 | 15.74 | 13.68 | 25.13 |
| 教育 | 小学生师比（教师人数=1） | 16.98 | 16.98 | 17.44 | 13.88 | 16.79 |
| | 初中生师比（教师人数=1） | 12.37 | 12.52 | 11.53 | 9.68 | 11.94 |
| | 普通高中生师比（教师人数=1） | 14.5 | 13.39 | 12.43 | 12.26 | 12.31 |
| | 普通高校生师比（教师人数=1） | 19.37 | 17.52 | 17.44 | 17.45 | 17.99 |
| 医疗卫生 | 每万人拥有卫生技术人员数（人） | 64 | 65 | 68 | 67 | 69 |
| | 每万人拥有城市卫生技术人员数（人） | 85 | 109 | 101 | 115 | 111 |
| | 每万人拥有农村卫生技术人员数（人） | 45 | 43 | 48 | 34 | 48 |
| 文化 | 广播节目综合人口覆盖率（%） | 97.4 | 98.7 | 99.4 | 99.1 | 99.1 |
| | 农村广播节目人口覆盖率（%） | 96.7 | 98.2 | 99.2 | 98.4 | 98.9 |
| | 电视节目综合人口覆盖率（%） | 98.5 | 99.1 | 99.3 | 99.2 | 98.9 |
| | 农村电视节目人口覆盖率（%） | 98.2 | 98.7 | 99.1 | 98.6 | 98.8 |
| | 人均拥有公共图书馆藏量（册/人） | 0.46 | 1 | 0.61 | 0.91 | 0.55 |
| | 每万人拥有公共图书馆建筑面积（平方米） | 75.6 | 109 | 125.8 | 132.8 | 110.7 |

数据来源：国家统计局官网。

由此可见，与全国水平相比，四川省部分公共服务资源的总体水平仍相对不足，基础设施建设和人均医疗卫生资源等方面更有待补充。而从与中部、东部及东北地区代表性省份的对比可以看出，四川省教育资源的总供给具备一定优势，然而交通设施、医疗资源、文化设施覆盖率相对落后。因此，四川省在进行公共服务资源区域共享的过程中，首先应进一步加大建设投入，保障充足的资源供给规模，在基础设施建设和医疗资源供给方面下足功夫，鼓足劲头，弥补发展差距。

2. 公共服务资源质量有待提升

除公共服务资源供给数量外，公共服务资源的质量是衡量公共服务水平的一个重要标准。当前四川省公共服务资源共享体系建设已经取得了显著的成绩，公共服务资源供给数量的增加在一定程度上缓解了区域内公共服务资源整体较为紧张的局面，但部分公共服务资源的质量还有待提升（详见表8）。在公共服务资源相对不足的背景下，公共服务资源供给主体本身就在一定程度上缺乏共享动力，可以被共享的资源相对较少。同时公共服务资源整体质量有待提升，公共服务资源共享过程中的受益对象（特别是农村地区和困难群体）主观获得感不强，公共服务资源共享的效果不好。

**表8　四川省部分公共服务资源质量情况及对照**

| 指标类别 | 指标名称 | 四川 | 全国 | 湖北 | 辽宁 | 山东 |
|---|---|---|---|---|---|---|
| 卫生 | 每万人拥有执业（助理）医师数（人） | 23 | 24 | 25 | 26 | 26 |
| | 每万人拥有城市执业（助理）医师数（人） | 30 | 40 | 35 | 44 | 42 |
| | 每万人拥有农村执业（助理）医师数（人） | 17 | 17 | 19 | 15 | 19 |
| | 每万人拥有注册护士数（人） | 28 | 27 | 31 | 29 | 29 |
| | 每万人拥有城市注册护士数（人） | 41 | 50 | 51 | 54 | 51 |
| | 每万人拥有农村注册护士数（人） | 17 | 16 | 20 | 13 | 19 |
| 基础设施 | 公路里程（万千米） | 33 | 477.35 | 26.95 | 12.27 | 27.06 |
| | 等级公路里程（万千米） | 29.48 | 433.86 | 25.96 | 11.14 | 26.97 |
| | 等级公路里程比重（%） | 89.3 | 90.9 | 96.3 | 90.8 | 99.67 |
| 环保 | 生活垃圾无害化处理率（%） | 98.5 | 97.7 | 99.9 | 99.1 | 100 |
| 教育 | 每十万人口高等学校平均在校生数（人） | 2339 | 2576 | 3000 | 2859 | 2519 |

数据来源：国家统计局官网。

由表8可见，与全国平均水平相比，四川省每万人拥有城市执业（助理）医师数、每万人拥有城市注册护士数及每十万人口高等学校平均在校生数都保持在相对较低的水平，即人均医疗资源和教育资源数量并不占优势，公共服务资源的质量还存在一定的提升空间。同样，与中部、东部和东北地区代表城市相比，四川省以公路为代表的基础设施建设良好，而社会公共服务资源（包括教育、医疗、环保等）则存在提升空间。因而，在公共服务资源区域共享的过程中要明确的是，总量充足不能与共享情况良好直接画等号，在保障充足资源供给规模的前提下不断丰富资源共享的形式和种类，提高人均资源占有量，优化资源共享的整体结构，同样具有十分重要的意义。

### （二）公共服务资源共享成本较高

#### 1. 空间距离缺陷导致高共享成本

从自然条件来看，四川省省域辽阔，东西长1075千米，南北宽921千米，且地貌东西差异大，地形复杂多样，以山地为主要特色，省内山地、丘陵和高原三种地貌分布区域总计占全省面积的91.8%，绝大多数公共服务资源都集中分布在人口密度较大的四川盆地内，其他地区公共服务资源较少，且人口密度较小，人员分布较为零散。在公共服务资源区域间共享的过程中，复杂的地形和广阔的省域无疑为公共服务资源的共享带来了阻碍，增加了共享成本，甚至有一些地区由于地理因素的限制而超出了省内可提供公共服务资源的辐射范围，使得公共服务资源的共享较为困难。

卫生公共服务资源方面，空间距离缺陷导致的高共享成本首先体现在卫生人员成本上。由于四川省内地形地貌较为复杂，山区和偏远地区经济发展水平较低，且距离发达地区较远，许多卫生人员不愿意到这些地区就业。为发展当地卫生事业，只能给予当地卫生人员更高的待遇，同时也就形成了更高的卫生人员成本。其次，空间距离缺陷导致的高共享成本体现在医疗设备维护成本上，当需要对医疗设备进行保养和维修时，需要更多的人员交通成本与时间机会成本。最后，空间距离缺陷导致的高共享成本体现为公共卫生资源的规模效应差，公共卫生服务资源必须在使用达到一定规模时才能充分发挥其作用，但由于四川省内特殊的地形，除成都平原外的其他地区，人口分布均相对分散，部分地区的公共卫生服务资源也呈分散布局的状态，公共服务资源短板尚未补齐。这样一方面导致卫生服务资源的规模效应未能充分发挥，另一方面也导致了资源重复购置的问题，资源的区域共享成本较高。

除此之外，邻近区域间囿于地理空间因素和行政区划范围的限制，在资源共享的过程中也会面临名目繁多的行政事业性收费，从而使得资源共享带来的收益与其所承担的成本不匹配，最终阻碍资源流动，不利于区域协同发展目标的实现。

#### 2. 基础设施不足造就高共享成本

由于四川省地形复杂，各个区域之间的基础设施条件差别较大，基础设施不足已经成为公共服务资源共享过程中的一大难题。以川西北经济区为例，受限于地理因素，区域内交通基础设施发展相对滞后，该区域内缺少铁路运输方式，民航班次少、运量小，公路等级低、路况差，公路运输仍是区域内最主要的运输方式。虽然近几年以雅康高速、成九高速为代表的高速公路相继建成通车，使交通基础设施情况得到一定改善，但和其他地区相比，川西北经济区的交通运输条件仍相对简陋。2018年末，甘孜藏族自治州和阿坝藏族羌族自治州的公路密度分别为22.8千米/百平方千米和16千米/百平方千米，不及成都市的1/10，交通运输条件严重阻碍了区域内部与各区域间的要素流动，极大地提升了公共服务资源共享的成本。除此之外，通信设施的不足也使得共享成本难以有效降低。以阿坝藏族羌族自治州为例，2018年末全州有固定电话用户19.62万户，移动电话用户86.96万户，只占全省总量的1%左右；另外，全州移动电话普及率为92.1部/百人，而全省的移动电话普及率为109.2部/百人，存在较大差距。通信设施的落后直接影响了区域间资源的流动，同时也使得资源共享的成本升高。以教育公共服务资源为例，交通基础设施的落后客观上限制了学生和师资的流动，学生就学的交通费用和时间成本相应增加，同时，采取住校的方式就读也对校舍提出了更高的要求，校园建设投入成本提高。通信设施的落后则导致省教育资源公共服务平台上的内容利用效率较低，影响了资源的共享效果。

（三）公共服务资源共享面临现实阻碍

1. 城乡二元结构形成共享阻碍

城乡二元结构对公共服务资源共享的阻碍首先体现在资源分布方面。优质资源集中分布于城市，农村公共服务资源相对缺乏，2018年四川省常住人口城镇化率为52.29%，有近一半的人口居住在农村，对公共服务资源的需求保持较大规模。然而，在人口分布接近平均的情况下，城市与农村公共服务资源分布的不平衡在一定程度上阻碍了公共服务资源的共享。以医疗服务资源为例，2018年政府办乡镇卫生院减少34个，社区卫生服务中心（站）增加11个。平均每个社区卫生服务中心38.8个卫生技术人员，每个社区卫生服务站5.5个卫生技术人员；每个乡镇卫生院卫生技术人员25.4人，每个村卫生室卫生人员1.8人。社区卫生服务中心医师日均担负住院1.06床，乡镇卫生院医师日均担负住院2.67床。此外，由城乡经济发展水平不同导致的居民收入水平差异也使得公共服务资源共享面临较大的难题。2018年四川省城镇居民人均可支配收入为33216元，社区卫生服务中心次均门诊费用93.93元，人均住院费用2417.53元，占人均可支配收入的7.28%；而农村居民人均可支配收入为13331元，乡镇卫生院次均门诊费用51.26元，人均住院费用1772.80元，占人均可支配收入的13.30%。收入水平迥异的情况下医疗负担水平的加重使得医疗资源的共享面临新的挑战。

2. 区域发展差距导致共享障碍

目前，四川省公共服务资源的供给主要还是依靠政府财政支出，财政支出的规模和各地经济发展水平存在紧密联系。从总体情况来看，目前四川省内五大经济区经济发展水平差距较大，2018 年，成都平原经济区各城市地区生产总值之和达到 25665.59 亿元，约占全省地区生产总值的 63%，成都平原经济区的发展情况明显优于其他四个经济区。具体到成都平原经济区内部，成都市 2018 年地区生产总值为 15342.77 亿元，约占成都平原经济区生产总值的 60%。由此可见，成都市的经济发展水平也明显领先于其他城市。同时，表 9 显示，不同地区间的财政收入和公共服务的成本支出存在一定差距，欠发达地区用于公共服务的财政支出相对较少，“保基本”举措所需民生支出的支持力度不够，公共服务资源相对匮乏。由于自身经济发展的目标定位不准，欠发达地区往往把财政支出主要投放于经济建设和用于政府维持性支出，对公共服务资源共享方面投入的财政资金较少，从而给区域间的资源共享带来了阻碍。

**表 9　四川省各地市州经济总量与财政支出情况**

| 区域 | 市、州 | 地区生产总值（亿元） | 一般公共预算支出（亿元） | 区域 | 市、州 | 地区生产总值（亿元） | 一般公共预算支出（亿元） |
|---|---|---|---|---|---|---|---|
| 成都平原经济区 | 成都市 | 15342.77 | 1837.5 | 川西北生态经济区 | 甘孜州 | 291.2 | 420.52 |
| | 德阳市 | 2213.9 | 271.9 | | 阿坝州 | 306.67 | 291.69 |
| | 绵阳市 | 2303.82 | 408.16 | 川东北经济区 | 广元市 | 801.85 | 276.3 |
| | 遂宁市 | 1221.39 | 252.18 | | 达州市 | 1690.17 | 417.97 |
| | 乐山市 | 1615.09 | 302.89 | | 南充市 | 2006.03 | 495.2 |
| | 眉山市 | 1256.02 | 235.3 | | 广安市 | 1250.2 | 289.3 |
| | 资阳市 | 1066.5 | 191.8 | | 巴中市 | 645.88 | 315.88 |
| | 雅安市 | 646.1 | 130.54 | 川南经济区 | 自贡市 | 1406.71 | 242.27 |
| 攀西经济区 | 凉山州 | 1533.19 | 681.71 | | 内江市 | 1411.75 | 243.39 |
| | 攀枝花 | 1173.52 | 137.85 | | 泸州市 | 1694.97 | 411.86 |
| | | | | | 宜宾市 | 2026.37 | 416.02 |

数据来源：2018 年四川省各市州统计公报。

表 10 对由于地区间经济发展差距而导致的各地公共服务资源不同程度的共享水平进行了具体说明。在基础公共服务资源方面，就燃气普及率来看，普及程度从高到低依次为成都平原经济区、川东北经济区、川南经济区、川西北经济区和攀西经济区。其中，以资阳、雅安、遂宁、绵阳、德阳为代表的成都平原经济区的燃气普及率高于其他经济区。总体来看，此种资源虽达到了较高的共享水

平，但凉山州、达州等地的共享程度仍然不足，短板尚未补齐。人均道路面积和公路总里程在不同地级市、州之间存在着较大的差异。从总体上看，农村电视覆盖率各经济区差别不大，四川省内基本实现了农村电视的全覆盖。在社会公共服务资源方面，以高校师生比为代表的教育资源在总体上达到了较高的共享水平，不同经济区之间的差异较小。而以文化站藏书量为代表的文化资源呈现出较大的区域差异，成都平原经济区的藏书量显著高于其他经济区，特别是成都、德阳和绵阳等地，成都市的藏书量是川南经济区下自贡市的13.2倍。以医院床位数和卫生院床位数为代表的医疗资源，其共享情况也显示出较大的区域差异。以成都为代表的成都平原经济区医疗资源共享情况显著高于其他经济区，川东北和川南经济区的医疗资源也表现出较好的流动性，而攀西和川西北经济区医疗资源的共享存在较为明显的阻碍。

**表10 四川省各地市州公共服务资源共享情况**

| 区域 | 市、州 | 燃气普及率（%） | 人均道路面积（平方米） | 公路总里程（千米） | 农村电视覆盖率（%） | 高校师生比 | 文化站藏书量（千册） | 医院床位数（张） | 卫生院床位数（张） |
|---|---|---|---|---|---|---|---|---|---|
| 成都平原经济区 | 成都市 | 93.72 | 14.06 | 26292 | 99.99 | 16.87 | 2546 | 110480 | 16965 |
| | 德阳市 | 99.53 | 14.81 | 8221 | 98.93 | 19.93 | 1047 | 15571 | 6067 |
| | 绵阳市 | 99.56 | 18.26 | 20171 | 99.52 | 18.68 | 1740 | 23645 | 11487 |
| | 遂宁市 | 99.76 | 19.24 | 8942 | 99.05 | 21.55 | 384 | 13655 | 5173 |
| | 乐山市 | 92.04 | 14.21 | 12042 | 98.84 | 18.53 | 627 | 16111 | 4822 |
| | 眉山市 | 96.08 | 18.06 | 7847 | 99.90 | 22.64 | 263 | 12663 | 5481 |
| | 资阳市 | 100.00 | 16.59 | 12338 | 98.24 | 20.30 | 522 | 10984 | 6372 |
| | 雅安市 | 99.96 | 14.70 | 6620 | 98.35 | 15.92 | 460 | 10460 | 1759 |
| 攀西经济区 | 凉山州① | 59.37 | 9.09 | 27610 | 93.67 | 16.50 | 1849 | 18854 | 6824 |
| | 攀枝花 | 91.70 | 12.02 | 4815 | 98.51 | 22.53 | 209 | 9005 | 650 |
| 川西北生态经济区 | 阿坝州② | 72.28 | 13.46 | 13454 | 98.03 | 20.78 | 338 | 3308 | 1068 |
| | 甘孜州③ | 81.74 | 11.98 | 38489 | 96.00 | 21.63 | 448 | 3339 | 1397 |
| 川东北经济区 | 广元市 | 96.72 | 13.34 | 19949 | 98.66 | 22.85 | 843 | 15312 | 4926 |
| | 达州市 | 62.30 | 2.25 | 19578 | 95.54 | 19.56 | 1332 | 18807 | 10041 |
| | 南充市 | 98.46 | 14.62 | 22572 | 98.73 | 19.56 | 936 | 29686 | 8734 |
| | 广安市 | 99.94 | 25.40 | 12757 | 99.71 | 19.20 | 483 | 12566 | 4954 |
| | 巴中市 | 90.64 | 4.13 | 17191 | 98.96 | 19.80 | 1199 | 12019 | 6268 |

① 由于数据欠缺，凉山州数据以康定市的相关数据为代表。
② 由于数据欠缺，阿坝州数据以马尔康市的相关数据为代表。
③ 由于数据欠缺，甘孜州数据以西昌市的相关数据为代表。

续表10

| 区域 | 市、州 | 燃气普及率（%） | 人均道路面积（平方米） | 公路总里程（千米） | 农村电视覆盖率（%） | 高校师生比 | 文化站藏书量（千册） | 医院床位数（张） | 卫生院床位数（张） |
|---|---|---|---|---|---|---|---|---|---|
| 川南经济区 | 自贡市 | 87.08 | 14.65 | 6537 | 99.48 | 19.01 | 193 | 15197 | 3780 |
| | 泸州市 | 87.51 | 10.49 | 13825 | 99.42 | 20.18 | 609 | 20052 | 7362 |
| | 内江市 | 98.03 | 9.11 | 11393 | 97.95 | 19.38 | 519 | 16080 | 6160 |
| | 宜宾市 | 79.28 | 10.37 | 19306 | 95.70 | 18.75 | 802 | 24117 | 7129 |

数据来源：2018年四川省各市州统计公报。

3. 行政分割诱发地区竞争行为

四川省在一定程度上存在着行政分割现象，各地方政府出于保护本地产业和市场的考虑，可能会对资金、人才、技术等资源的自由流动进行行政干预。如战略性新兴产业投资发展中的各自为政和严重的产能过剩；劳动力在地区之间的移动受到户籍、福利、医保、社保、养老制度的限制，在资本流动方面，企业异地间收购兼并往往受地方政府阻挠；在基础设施建设投资领域也存在着严重的跨地区互不配套、不衔接、不畅通等问题。由此，市场机制作用难以得到充分发挥，资源配置效率大大降低，这影响了整个区域公共服务资源的共享和经济的协调发展。这种因行政分割而导致的资源流动受阻也会进一步加剧地方竞争。如四川省除成都市以外，绵阳、德阳、宜宾、南充、泸州等市的资源禀赋和地区生产总值水平差距并不大，但资源供给总量和资源的流动性均有限。因此，在竞争四川省经济副中心的压力下，各地的竞争关系与合作关系相比会更为突出。

4. 公共服务资源存在侵吞现象

在资源区域共享的实际执行过程中，面临着部门或个人利用职权非法占有侵吞公共服务资源或凭借资源的控制权谋取不正当利益的行为。这些不良行为一方面滋生了贪污腐败或权钱交易等负面现象，另一方面也打击了资源供给主体参与共享的积极性，破坏了健全的共享制度，从而形成了阻碍公共服务资源在区域间共享的现实难题。

（四）公共服务资源共享动力不足

1. 供给主体缺乏共享激励机制

共享激励机制的缺乏主要表现为两个方面。一是政府部门的绩效考核主要以经济指标为主，缺乏对公共服务资源共享的绩效考核，即使一些地方政府制定了这种标准，也存在着标准模糊、制定程序不透明、修正标准不及时等问题。此外，在以经济增长为主要考核指标的考核体系中，一些地区为了追求地区生产总值的增长，将有限的资源投入到能够促进短期经济增长的相关事项中，压制了推进公共服务资源共享的投入。二是公共服务资源共享需要耗费一定的人力与财力，在促进公共服务资源跨区域共享时，公共服务资源供给主体所承担的共享成本往往高于其得到的共享收益，从而使得在缺乏激励机制的前提下，供给主体缺乏公共服务资源跨区域共享的意愿。

2. 部分公共服务资源竞用性明显

部分公共服务资源存在明显的竞用性，如医疗资源、教育资源等。区域内部资源竞争格局比较明显，各地区均优先满足本地人生活和经济发展的需要，在教育、医疗、社会保障等稀缺公共服务资源方面会存在一定的“本位主义”思想，认为本地公共服务资源优先供本地使用，缺乏推进公共服务资源区域共享的动机。推进这部分公共服务资源进行共享的过程中，势必会对以往享受此类公共服务的群体产生影响，导致既得利益群体享受公共服务过程中的成本上升，该现象在公共服务资源相对缺乏的四川省内表现更为突出。这种由于共享公共服务资源而产生的外部性会导致公共服务资源的共享受阻，致使供给主体缺乏共享动力。

## 三、四川省公共服务资源区域共享对策建议

依托省委构建“一干多支、五区协同”区域发展新格局的重大决策部署，四川目前在推动公共服务资源共享领域已进行了诸多尝试和实践，并取得了一定的成果。然而也能看到，目前的资源共享是不成体系、难言高效的，在实现区域协同发展的大目标下，如果按照现有的共享方式和机制，很难实现既定的政策目标。因此，立足公共服务资源共享的现实问题，以“愿意共享、能够共享、高效共享”为基本目标，可提出如下对策建议。

### （一）多管齐下增强共享意愿，多路并进强化共享动力

公共服务资源的区域共享，首先要考虑的是资源供给主体的意愿问题。调动不同区域间资源供给主体的共享积极性，破除阻碍资源共享的现实问题，是保障公共服务资源共享高效、优质推进的前提，也是建立长效资源共享机制的必然要求。

1. 淡化公共服务资源的竞用性特征

与公共产品不同，公共服务资源作为一种有限供给的共有资源，存在着竞用性和非排他性的特征，即一个主体对其的使用可能会造成另一主体的损失。在此前提下，不同区域间的公共服务资源的共享可能面临“资源在位者阻碍资源流动”的难题。因此，应在不改变资源归属和不增加资源规模的前提下扩大其使用范围，通过提高资源利用率增加社会福利。具体来说，要明确各地区各主体对于教育、卫生等资源的归属权，同时允许各地区各主体以多种方式灵活参与共享资

源的建设，既可以采取股权方式也可以采取债权方式，既可以投入资金设备和原材料等，也可以投入技术、人力、品牌等非物质要素。

2. 建立健全资源供给主体间的激励机制

扭转当前各区域被动完成考核任务或强制执行行政命令的消极局面，化被动为主动，化客观要求为主观能动性，将资源共享的发展成果纳入各级政府部门的考评体系，同时建立科学合理又极富吸引力的激励机制，充分调动各地区、各级政府组织的积极性和创造性，依托衔接紧密、行之有效的服务体系，提高公共服务资源的利用效率，释放资源共享的红利。

在激励机制的制定过程中，要将共享成果纳入考虑因素范围。将区域内和区域间各县区各部门之间的共享举措、共享规模和共享效益等以评估指标的形式固定下来，并在年度考评期间进行综合评价，对共享工作取得明显成效的主体给予荣誉称号和物质奖励，对共享工作较为落后的主体及时进行监督和提醒，以激发四川省各市（州）县单位参与公共服务资源共享的积极性和创造性。

3. 联合打造良性区域竞争协作环境

在省委的牵头指导下依托各政府组成部门开展工作，健全全省的共建共享机制，坚决杜绝恶性抢夺公共服务资源或恶意竞争的行为，发挥成都作为核心城市的辐射发散作用和成德绵工业区的协同效应，同时最大化利用宜宾、乐山、自贡、内江等市的产业、资源、技术基础，合理进行产业链分工，在全省营造良性的协同竞争环境，推动资源要素在全省范围内的流动。

（二）扫清资源共享障碍，优化资源共享结构

1. 着力扫清区域资源共享的制度障碍

首先，利用全社会的智力资源，为教育、卫生等公共服务资源共享制定科学的发展规划。组织相关各方的专家学者研究公共资源共享问题，深入分析四川省教育、卫生等社会公共资源共享的现实状况，辩证分析各种优势条件和制约因素，集中探讨解决突出问题的合理对策。其次，深化公共服务资源管理体制改革，省、市、部门“三级联动”，集中有限的资源要素，统一协调公共服务资源投入，将资源共享情况作为重大公共资源项目立项的重要依据。

2. 打击公共服务资源的侵吞行为

对公共服务资源的利用和处置进行严格的监督管理，资源的流向要有据可依、有据可查，严厉打击某些部门或市县侵吞公共服务资源的行为，根除某些公共部门凭借资源控制权进行的寻租行为，实现公共服务资源流动和共享的公开化、透明化，自觉接受社会公众的监督。

除了道德约束和制度规范外，还需要加强法律法规配套措施的建设。一方

面，对非法破坏和非法占有公共基础设施的行为要明确其法律责任，依法严肃处理；另一方面，对于非法利用公共服务资源获取利益的行为，也要以法律条文的形式进行明确，并加强普法教育宣传，如有违反，应严格依据法律规定进行处罚。

3. 破解资源共享的城乡二元结构困局

城乡二元结构的现实问题是公共服务资源区域共享过程中不得不考虑的现实问题。资源分配不均导致城乡间的发展差距，这使得资源区域均衡分布的目标难以实现，而促进四川省公共服务资源要素的跨区域流动和多样化共享，恰恰有助于解决这一难题。

要解决城乡二元结构带来的共享障碍，首先必须坚持农业农村优先发展的总方针，把基础设施和公共服务建设的重点放在乡村，统筹公共服务资源在城乡间的均衡配置，建立全民覆盖、普惠共享、城乡一体、均等服务的基本公共服务体系。让公共财政的阳光更多地普照广大农村老百姓，让他们共享改革开放发展的伟大成果，让他们的获得感、幸福感、安全感更加充实、更有保障、更可持续。

同时，可以看到的是资源要素的单向流动是低效且不可持续的，因而，要建立城乡要素双向流动机制，加快形成城乡要素均衡配置格局。长期以来，农村各种要素单向由农村流入城市，造成农村严重“失血”，这个问题不解决，乡村振兴、城乡融合发展就无从谈起。当前，城乡之间要素合理流动机制还存在缺陷。必须围绕强化要素供给，抓住关键环节，坚决破除一切不合时宜的体制机制障碍，推动城乡要素有序自由流动、平等交换，积极引导城市人才、资本、技术下乡，激活乡村一池春水，汇聚乡村建设强大合力。

（三）创新政策方案与技术手段，保障资源共享高质量推进

公共服务资源的区域共享，其次要考虑的是如何实现共享的问题。通常意义的资源共享表现为以行政因素主导的资金、信息、人才等的流动和重新配置，然而单一的资源共享方式产生了不科学的共享结构，共享质量也难以保证。因此，通过应用创新性政策工具和高效的技术手段，可有效降低资源共享的应付成本，保证充足的资源供给规模，扩大公共服务资源共享共建体系的覆盖范围，使全省共享发展成果。

1. 扩大公共服务资源供给总规模

区域共享实现的前提是资源供给总量能满足且超出区域自身的基本需求，因而，省、市及各级单位都应不断加大投入，改革公共服务资源管理和应用机制，提高要素利用率，使区域内的资源总规模维持合理水平。

2. 运用新型政策工具和技术手段

从区域内的资源分布来看，优质公共服务资源主要集中于大城市的主城区，

普通群众为了享受优质服务往往涌进大城市，加剧了“大城市病”现象，而优质公共服务资源分配却存在刚性行政壁垒，区域间的刚性利益政治边界难以打破，要实现优质资源的均衡配置成本高、难度大。随着大数据应用与移动互联网的不断发展完善，可通过利用“互联网+”的新型技术手段，将互联网与区域公共服务资源配置结合起来，可有效打破政府在资源配置中的行政壁垒，缓解传统政策工具在公共服务资源配置中的低效率，降低资源均衡配置的高成本，形成政府与居民双赢的局面。除此之外，新型政策工具的应用也为公共服务资源区域共享提供了全新的思路。各级政府部门应发挥创新精神，结合区域发展需求及资源流出区域的基础条件，统筹考虑，形成科学高效的共享机制。以乐山市为例，为促进区域内教育资源共享，乐山市实施“9+3”免费教育计划，使少数民族地区的适龄学生既能享受到9年义务教育，又能获得三年的免费中职教育。这一政策不仅有助于从根源解决偏远少数民族脱贫难的问题，而且大大促进了教育资源的均衡分配，同时培养了一批优质的专业技术人才。

3. 弥补公共服务资源同质化缺陷

各区域应立足自身的产业基础和区位优势，在省级部门的指导和协调下实施差异化发展战略，培育公共服务资源的异质性特征，形成区域特色和弥补因资源同质性过强带来的要素流动阻塞或停滞的不良现象。同时，在推进资源共享的过程中更应注意同质化特征后隐藏的巨大风险，即罔顾地区实际状况、承接超越自身承载力的资源要素，可能会适得其反，增加财政负担，催生一批低效率的建设项目。在共享的实际操作过程中各级政府和部门更应谨慎选择，切实落实，确保基层群众享受公共服务资源共享的红利。

（四）建立长效运行共享机制，打造政策评估追踪体系

公共服务资源的区域共享，最后要考虑的是政策机制的落实问题。政策的立足点和出发点总是有效且善意的，然而政策的传导过程和落实过程却可能使得良性政策产生“非良性影响”。政策的实施不是“一发了之”，缺乏评估和追踪机制的政策很难达到预想效果，反而会成为“一纸空文”。除此之外，可从决策、服务、监督等环节入手，建立能够常态化、长效化运行的共享机制，保障政策能够切实有效的落实。

1. 建立长效运行机制

推动公共服务资源的区域共享是实现四川省区域协同发展的重要举措，但该资源的共享并非自然实现的，可靠有效的共享机制的建立是促进公共服务资源区域共享的关键。因此，可从影响公共服务资源区域共享的不同环节入手，在建立持久有效的动力机制的基础上，配合综合长效的决策机制、畅通灵活的信息传递与交流机制及高效完备的服务机制来实现共享。与此同时，还应建立客观公正、

上下畅通的监督机制和权威完善的政策保障机制，确保共享真正落实到位。

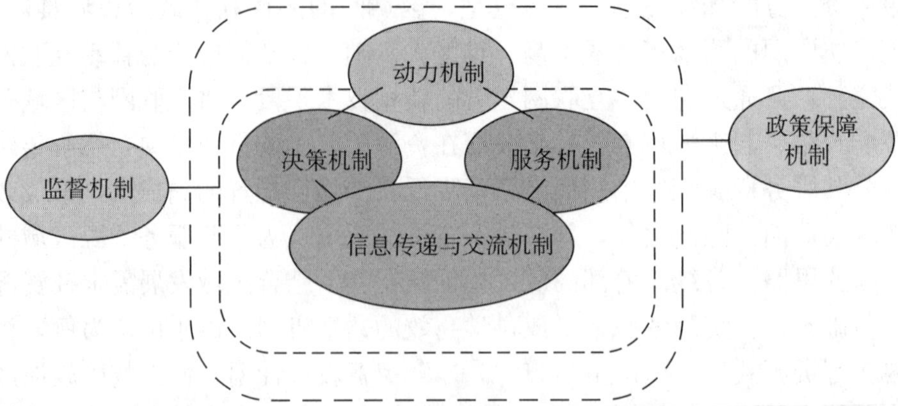


**图 1　公共服务资源区域共享机制**

而其中，监督机制对于政策的执行起着关键性的作用。因此，一方面，要设立专门的监督部门对公共资源相关决策制定过程、项目审批过程以及多方利益主体协商等过程进行监管、审查，如发现问题，应及时进行纠正和处理。另一方面，要健全公共服务资源共建共享的社会监督机制。社会监督主体可以是普通公民，也可以是社会组织。除此之外，利益相关主体可通过实名举报、现场举报、书信举报、网络举报等多种方式，保障社会公众监督权利和便利。另外，要落实公共资源公平共享的法律监督机制。法律监督是保证其他监督有效运行的基石，制定相关的法律监督机制，可以对企图在公共服务资源方面贪污腐败、权力寻租、谋取私利的人员形成威慑作用，同时能更好地保障社会公众行使监督权，而不至于出现妨碍监督的不良现象。

2. 切实保障政策落实

实现政策落实的长期追踪反馈。政策从制定、实施到生效会经历较长的时间周期，要了解政策的有效性、科学性、稳定性，需从每一环节入手，通过定期反馈与及时追踪，进行补充或修正，并不断完善配套措施，确保政策执行不偏离，政策工具不滥用，最大限度地发挥政策本身的正向效应。

建立政策实施的评估机制。科学合理的政策执行评估机制在检验政策的落实情况和政策制定的科学性方面有着非常关键的意义。首先，应形成完整的公共服务资源区域共享考核指标体系，将资源共享指标化、体量化，使得每一类型的公共服务资源都有指标可依，有数据可考。其次，积极推动第三方政策评估制度的应用。由第三方专业机构对政策执行情况和实施效果进行分析、判断和评估，不仅更加中立、客观和专业，也更具公信力。因此，要积极推动第三方评估制度化、规范化，明确第三方政策评估的范围、内容、流程、方法和要求，切实推进这一制度的应用。最后，要高度重视评估结果的应用，强调强化评估结果的约束力。对于评估报告中提出的问题及建议，要尽快落实责任，抓紧整改；对于现存的优势，要努力保持，总结先进经验，以更好地指导现实工作。

开展政策解读与宣传活动。政策执行是否到位，与政策的覆盖广度和理解程度有着直接关系。因此，应通过多种渠道、多样化的方式进行政策宣传，确保各级机关、各个主体都能及时获取相关信息，明确自身责任，并在政策允许的范围内获取或维护其合法权益，享受政策红利。另外，对于专业性较强或者操作要求较高的政策机制，要定期开展政策解读活动，通过专题讲座或团体培训等多种方式，帮助其理解政策内涵，提高政策的可操作性。

负责人：杨　艳（四川大学）
成　员：段海英（四川大学）
路　征（四川大学）
车　明（四川大学）
余茄怡（四川大学）
赵晓龙（四川大学）
宋思学（四川大学）
兰　想（四川省统计局）
周作昂（四川省统计局）

# 乡村振兴背景下四川新型城镇化路径研究

## 一、绪论

党的十九大报告首次提出“乡村振兴战略”，与党的十八大报告中提出的新型工业化、城镇化、信息化和农业现代化“四化同步”发展战略相比，针对性更为强，精准性更加突出。在这一战略背景下，农村现代化与新型城镇化之间的关系应当被重新审视。将城镇化与农业农村现代化纳入同一个视野进行系统研究，对于推进新型城镇化建设和实施乡村振兴战略都具有重要的理论价值和现实意义。

### （一）选题的背景和意义

乡村振兴与新型城镇化之间的关系是当前研究城乡问题必须首先厘清的理论问题。“三农”问题不只局限于乡村，城镇化问题也不局限于城市，城镇化的最终目的之一也是从根本上破解“三农”问题。因为乡村与城市之间存在着千丝万缕的联系，必须将二者放在统一的框架下进行研究、系统谋划。这个道理说起来简单，但是在实际中往往不容易做到。例如，在遵循经济规律方面，都知道城市发展必须遵循规模效应、比较优势等基本的经济规律，但是在制定农村发展战略时，却仍然秉持的是一些不符合经济规律的观念，例如生产分散、居住分散、场镇建设分散、基础设施和公共服务投资分散，都是不经济的做法，这样的农村发展模式怎么能与城市进行资源竞争？在规划方面，长期以来城乡实行的是有差别的规划编制体系，形成城乡规划二元格局，重城镇规划，轻村庄规划，城镇规划较为完善，乡村规划类型混乱，缺乏与城镇控制性详细规划相衔接的规划层次，难以将城、镇、村纳入统一的规划管理平台。在土地制度方面，城乡实行的是二元土地权利体系，城乡土地拥有不同的配置方式，土地增值收益在城乡之间分配严重不公，土地制度性缺陷造成城乡严重的不均衡发展。在人力资源开发方面，农村形成的优质劳动力通过升学或外出务工不断单向流入城市，农村人力资本表现出对城市巨大的外溢效应，但是没有形成城市人力资源对农村经济发展的有效反馈机制。仅以上几例就说明，以往的发展战略采取的是城乡隔离的思路，这既是“三农”问题的根源也是传统城市化问题的根源。因此，设计新型城镇化高质量发展的路径，首先需要重新定义乡村发展的地位（当然也不能单纯为了突出乡村振兴而导致城乡发展的低水平均衡），离开了农业农村现代化的城镇化称不上高质量发展，也无所谓新型城镇化。

城镇化选择什么样的路径直接关系到发展质量的高低。以下几条路径正在被实践证明是不可持续的。一是优先发展工业、促进农民城市化的现代化路径，目标是在基本完成工业化时农村户籍人口减少到15％以下。目前四川整体上处于工业化中后期阶段，但农村户籍人口比例远没有达到预期目标。由于受高端制造业发展严格的要素约束，80％左右的县域经济只可能发展一般制造业，而一般制造业已经开始出现全球性产能过剩。继续走大规模圈地建工业园区，发展一般制造业的思路难以为继，通过优先发展工业来带动城镇化不再是一条现实的路径，而且工业主导下的城镇化还会加剧劳动力城镇化与人口城镇化的分离。二是以政府为主导的城镇化推进方式能够集中大量的资本、人力和物力，调动多方面资源在短时间内实现城镇化的发展目标，但是政府主导力量过强，资源要素过多地配置到城镇地区，农村市场运行效率低下。随着城镇化的深入推进，城镇化可持续发展的动力不足等问题逐渐凸显。如何厘清乡村振兴战略与新型城镇化战略推进过程中政府与市场的关系，明晰政府与市场的边界，已成为处理好农村与城市关系领域的焦点问题之一。三是牺牲农业和粮食安全、生态环境为代价的粗放型城镇化，成本高和代价大。以往的城镇化由于与传统的经济发展方式直接相关，其粗放型扩张的特点比较突出，以大规模政府投资、土地批租和农村劳动力转移作为基本手段，加快做大城市经济总量，在快速提高城市化率的同时也带来一系列问题，例如土地利用效率低、耕地大规模减少、环境承载力减弱、地方政府负债率居高不下、地方经济对房地产业依赖度高等，城市继续依靠大规模举债维系城市经营的旧路子也已经过时。因此，在乡村振兴背景下，需要重新系统设计新型城镇化的发展模式和具体路径。

### （二）研究的主要范围及思路

本课题以新型城镇化与乡村振兴的关系作为切入点，重点探讨新型城镇化的核心问题，即如何更好地实现人的城镇化。传统城市化不可持续正是误解了城镇化的根本出发点和落脚点。总结起来，传统城市化的误区突出表现在三个方面。一是土地城市化，该思想认为将农地转为城镇用地，农村地区自然就变成了城市。于是城市化就表现为城市建成区的规模扩张，见物不见人，兴城不兴业，城镇化简单化为土地硬化和城市建成区扩张，甚至往往表现为房地产城镇化，而人力资源则较少被制度性关照。二是劳动力城市化，该思想认为将农村劳动力转化为城镇人口就实现了城市化，在这种思想指导下，往往通过人为设置城市化率（城镇人口占总人口的比例）指标来加快推动城市化进程。事实上，城市化的本质是改变传统社会的生产生活方式，提高劳动生产率和生活水平，城市化不只是将人口单向迁移到城市这样一条路径，农村劳动力就地就近转移也是城镇化的路径之一。三是功能城市化，该思想认为城市化就是使城市功能更加强大，将产业和公共服务在城市进行集聚以提高经济效益的过程。在这一思想的指导下，大量的优质资源向城市单向集中，造成乡村与城市之间的差距进一步加剧，农村的地位更加弱势。上述问题的存在，就是没有很好地把握城镇化的真谛，在实践过程中出现了误区。

城镇化不外乎是人口、土地、产业三个层面的问题。新型城镇化的核心问题是解决人的问题，实现人的全面发展才是新型城镇化的出发点和落脚点。研究城镇化就应该围绕农业转移人口这一基本主体，因为所有城乡要素之间的互动都是人口流动后出现的。这就需要弄清楚：农村到底还有多少人？还有多少劳动力？这些劳动力在年龄结构上是如何分布的？这些人口将何去何从？这是制定城镇化战略回避不了的基本问题。如果在农村人口基本去向上的判断出现了大的偏差，就可能产生城镇建设跟不上城镇人口增加的需要，结果是在城镇规划建设中出现重大失误；也可能出现对农村未来发展预测定位不准确，造成农村建设投资巨大的资源浪费。前些年因农村“空心化”导致农村学校布局和教育资源错配现象，以及近年来部分地区扶贫开发、新农村建设中忽视未来农村人口转移趋势而导致的大量资源浪费问题就是很典型的教训。

本课题以新型城镇化与乡村振兴之间的内在联系作为理论基础，在深化对新型城镇化本质认识的基础上，结合乡村振兴对城镇化提出的新要求，以农村劳动力转移为侧重点分析四川城镇化现状、特征和趋势，剖析当前城镇化面临的新问题，在准确研判国家城镇化发展理念、战略布局、政策导向的基础上，结合省情研究新型城镇化高质量发展的基本内涵、总体要求、预期目标，并提出乡村振兴背景下新型城镇化高质量发展的路径选择和对策措施。

## 二、新型城镇化高质量发展的理论逻辑

乡村振兴战略与新型城镇化战略都是推进现代化、解决“三农”问题的重要途径。推进乡村全面振兴需要放在城镇化的进程中统筹安排，新时代推进城镇化高质量发展也不可能忽视乡镇振兴战略的基本要求。如何在乡镇振兴与新型城镇化之间找到关键的结合点，这是必须探讨的首要的理论问题。

### （一）乡村振兴战略对城镇化提出了新课题

#### 1. 乡村振兴战略的内涵及基本要求

乡村振兴是党中央着眼于推进“四化同步”、城乡一体化发展和全面建成小

康社会作出的重大战略安排，是加快农业农村现代化、提升农民获得感幸福感的必然要求，是新时代“三农”工作的总抓手。根据《中共中央国务院关于实施乡村振兴战略的意见》文件精神，乡村振兴的总要求是“产业兴旺、生态宜居、乡风文明、治理有效、生活富裕”这二十个字。在实践中，推进乡村振兴必须体现农村优先原则，把大力发展农业生产力放在首位，拓宽农民就业创业和增收渠道。

乡村振兴最终体现为农业农村发展与乡村现代化。现代化是以现代工业、科学和技术革命为推动力，实现传统农业社会向现代工业社会转变的历史进程。从社会转型的角度讲，现代化不单是实现人口在城市的集聚发展，也不是城市简单取代农村，更不是城市完全占有农村的资源和要素，农业农村现代化也是不可或缺的组成部分。习近平总书记在 2018 年中央政治局第八次集体学习时强调，农业农村现代化是实施乡村振兴战略的总目标。目前，农业农村现代化仍然是“四化同步”的短板，必须加强农业农村基础工作，围绕推进农业供给侧结构性改革主线，提高农业发展质量效益和竞争力，加快推进农业农村现代化。

乡村振兴战略的核心是产业振兴和人才振兴。产业兴旺是乡村振兴的物质基础，是解决农村一切问题的基本条件。实现乡村振兴，需要坚持“以农为本”发展乡村产业的方向，大力推动农村一、二、三产业融合发展，拓宽农民增收空间，促进农村产业提质增效。产业振兴的关键又在于人才振兴。人以业聚，业以人兴。产业发展无非是人、财、物、技术等要素的投入，但首先是有人才，财物技术都是跟着人才走。人才振兴的根本在于留住青壮年劳动力，使优质人力资源扎根于农村。习近平总书记说，人才振兴是乡村振兴的基础，要创新乡村人才工作体制机制，充分激发乡村现有人才活力，把更多城市人才引向乡村创新创业。

2. 乡村振兴要求重塑城乡发展格局

城乡关系问题是城镇化进程中没有处理好的一个难题。众所周知，“三农”问题的实质是城乡结构问题，主要表现为城乡发展过度不均衡。以往的农村政策将农村放在城市的从属位置上，更多的是围绕工业化、城市化对农村的需求来制定政策，往往忽略乡村自身发展的需要。即使党的十六大提出实施城乡统筹战略以来，在实践中仍然秉承的是“以城统乡”思路，城乡分隔发展的格局没有根本改变。随着工业化、城镇化的快速推进，城乡“剪刀差”问题仍然存在，农业生产效益低下，城乡居民收入、基础设施和公共服务差距没有得到根本改观，城市越加繁荣，乡村更加萧条。

城乡融合发展体现了乡村振兴的本质要求，也是实现乡村振兴战略的根本路径。中国城乡关系在经历单向城市化以后，正在转向城乡互动阶段，人口、土地和资本从单向配置城市势必需要转向城乡两个空间的相互流动和配置。中央提出城乡融合发展，体现出对以往“以城统乡”思路的积极转变。国家乡村振兴战略规划（2018—2022 年）提出“我国城镇化进入快速发展与质量提升的新阶段，城市辐射带动农村的能力进一步增强，但大量农民仍然生活在农村的国情不会改变，迫切需要重塑城乡关系”。因此，农村发展不平衡不充分的矛盾必须放在城乡一体化的格局下解决。

城乡融合首要的是实现城市和农村两个空间的发展权平等。乡村振兴的前提是改革现行的导致乡村失去发展机会的机制，打破政府单一主体的资源配置格局，从根本上改变城乡产品价格、土地价格、工资收入、融资成本“剪刀差”状况，让市场在资源配置中发挥基础性作用，优化农村外部发展环境，更好地激发农村内部发展活力，推动人才、土地、资本等要素在城乡双向流动，为乡村振兴注入新动能。特别是在产业发展、基础设施、公共服务、资源环境保护这些领域，需要进一步促进城乡一体化发展，形成城乡产业发展互补、基础设施互联、公共服务均等、资源能源共享、生态环境互促的格局。

### （二）新型城镇化的本质及基本要求

#### 1. 新型城镇化内涵探讨

新型城镇化是我国城市化发展进入特定历史时期后提出的城镇化升级转型方略。城镇化是人类生产和生活方式由乡村型转向城市型的自然历史过程，是人类社会发展的客观趋势，是国家现代化的重要标志。城镇化的实质是经济结构、社会结构和空间结构的变迁，在整个城镇化过程中社会应有三个最基本的转变，即产业非农化、人口市民化和生活方式城镇化。新型城镇化是与传统城镇化相比而言的，传统城镇化实行城市偏向政策，不惜牺牲农村、农民利益发展城市，导致发达的城市与凋敝的乡村并存；新型城镇化强调城镇建设应当从过度关注城镇规模扩张转变为强调人的全面发展，其本质是以人为核心的城镇化。通过着力在城乡规划、基础设施、公共服务等方面推进城乡一体化，促进城乡要素平等交换和公共资源均衡配置，最终实现城乡经济社会协调发展。新型城镇化具有以人为本、内涵集约、产城融合、城乡一体和绿色发展等基本特征。推进新型城镇化是我国经济社会发展中必须长期坚持的一项重大战略。

#### 2. 新型城镇化的基本要求

新型城镇化是推动质量、效率和动力三大变革的重要抓手，实现高质量发展对城镇化提出新的更高要求，主要体现在四个方面：

一是加快农业转移人口市民化。广义的农业转移人口是指农业人口向农业内部各系统的转移或向农业系统外的其他部门或行业转移，狭义的农业转移人口主要指由农村向城镇第二、三产业转移的人口，也就是通常所说的农民工。改革开放以来，大批农民进城务工，为推动工业化、城镇化作出了巨大贡献。在过去，进城务工的农业转移人口往往享受不到城市人口基本的、公平的待遇，从城镇化的本义来看，只有劳动力的非农业化和劳动力的空间转移不是真正意义上的城市化，仅有人口的集聚和产业的优化，而不能让进城农民享有基本的公共服务，没有生活质量的提升、人居环境的改善也称不上高质量的城镇化。现在新型城镇化就是要弥补这一缺陷，大力推动农业转移人口市民化。

二是推动城乡的融合发展。目前，城乡要素流动不顺畅、公共资源配置不合理等问题依然突出，影响城乡融合发展的体制机制障碍尚未根本消除。《中共中央国务院关于建立健全城乡融合发展体制机制和政策体系的意见》提出："坚持农业农村优先发展，以协调推进乡村振兴战略和新型城镇化战略为抓手，以缩小城乡发展差距和居民生活水平差距为目标，以完善产权制度和要素市场化配置为重点，坚决破除体制机制弊端，促进城乡要素自由流动、平等交换和公共资源合理配置，加快形成工农互促、城乡互补、全面融合、共同繁荣的新型工农城乡关系，加快推进农业农村现代化。"城乡融合发展就是要推进城乡规划、基础设施和公共服务一体化，实现城乡要素平等交换和公共资源均衡配置。推进新型城镇化，要努力在改革攻坚中破解深层次矛盾，破除以往重城市轻农村、简单将农民搬进城市就自然实现城市化的观念和做法，使过去的"城里人"、新转入城里的人和留在农村生活的人在收入水平上没有太大差距，享受的公共服务没有太大差别，生活品质没有太大区分，都能够实现自由而全面地发展。

三是以城市群为主体构建大中小城市和小城镇协调发展的城镇格局。从世界城市化发展所形成的城市格局规律看，城市群是各国城市化的主体空间形态，都以较少的国土空间聚集了较多的人口和要素，形成较大的产出，是空间资源利用效率最高的地区，也是最具创新活力和竞争力的地区。党的十九大报告提出，要以城市群为主体构建大中小城市和小城镇协调发展的城镇格局，这是我国未来城镇化的路径和方向。发展城市群可以妥善解决特大城市、中小城市、小城镇、乡村合理布局和融合的问题，实现城镇化和农业现代化的良性互动。

四是建设智慧、人文、生态、宜居的城市。亚里士多德说："人们来到城市，是为了安全地生活；人们留在城市，是为了更好地生活。"以我们今天的语境来说，推进新型城镇化最终的目的是为城乡居民创造更美好的生活场景。《国家新型城镇化规划（2014—2020 年）》提出了新型城市建设的三大理念，即加快绿色城市建设，推进智慧城市建设，注重人文城市建设，使当代城市更适宜人们居住和生活。

### （三）新型城镇化战略中的乡村关怀

新型城镇化本质上要求首先处理好城乡关系，或者说必须将解决城乡人口问题作为出发点。2013 年李克强总理在国家粮食局科学研究院考察调研时指出："推进城镇化，核心是人的城镇化，关键是提高城镇化质量。要走集约、节能、生态的新路子，着力提高内在承载力，不能人为'造城'，要实现产业发展和城镇建设融合，让农民工逐步融入城镇。要为农业现代化创造条件、提供市场，实现新型城镇化和农业现代化相辅相成。”新型城镇化通过以工促农、以城带乡，促进城市现代化的要素更好地配置到农村和农业当中，引导一、二、三产业深度融合，形成城乡融合发展态势，有力推动乡村产业发展，有力地支撑乡村振兴战略的实施。具体来说，新型城镇化任务中直接关系农业农村发展的有以下几个方面：

1. 新型城镇化的首要任务是推进农业转移人口市民化

城镇化质量不高的突出问题是农业转移人口市民化滞后，这部分群体在城镇地区的经济融入、政治融入、社会融入和文化融入方面还存在种种困难，而造成这种局面的因素主要有户籍和公共服务门槛、现行农村土地制度、不合理的财税体制等。近年来，通过全面落实户籍制度改革，大多数城市已经放宽落户限制，许多中小城市基本实现落户零门槛；通过探索推进农村土地“三权”改革和建立自愿有偿退出机制，加快城镇基本公共服务覆盖常住人口步伐，以居住证为载体的城镇基本公共服务提供机制基本建立，农业转移人口市民化制度性通道基本打通。下一步，就是要更好地落实这些政策，并且进一步深化农村土地制度改革，激发农村要素活力，促进有能力在城镇稳定就业和生活的农业转移人口举家进城落户。

2. 新型城镇化要成为农业农村现代化的重要引领和支撑

农业现代化最基本的特征是农业生产的规模化、市场化和社会化，这几个特征都离不开城镇化的大力发展。大量的农村富余人员转入城镇，加速土地向专业户集中，可以较大提高农村劳动生产率，提高农民收入。同时，大量农民进入城镇，增加了城镇人口对农产品的需求量，有利于农产品价格稳中趋涨，也将增加农民的收入。再者，新型城镇化强调劳动力在城乡间有序流动，高素质劳动力向乡村流动有利于促进农业生产规模化和机械化，提高农业现代化水平和农民生活水平。

3. 县城、小城镇、农村社区建设是新型城镇体系的重要组成部分

在新型城镇格局中，量大面广的小城市是城镇体系金字塔的底座和基础，也是联通城乡、推动乡村振兴的关键节点。2014 年国务院《关于调整城市规模划分标准的通知》将城区常住人口 50 万以下的城市界定为小城市，因此绝大部分县城和部分规模较大的场镇都属于小城市的范畴。小城市的发展不仅是新型城镇化的重要载体，更是当前乡村振兴战略的重要依托，即使将来城镇化率达到 75%，四川还有 2000 多万人生活在乡村，推动小城市（镇）发展可以提升对乡村的辐射和带动作用，有利于推动农民就地实现非农化，是加快乡村振兴战略实施的有效抓手。农村社区建设是推进新型城镇化的配套工程，新型农村社区既不

同于传统的行政村，也有别于城市社区，它是由一个较大的行政村建设而成的，或由若干行政村组合起来，统一规划、统一布局、统一建设而成的。就县域经济或广大农村来说，新型城镇体系是以区域中心城市为依托，以县城为主体，以小城镇为骨干，以新型农村社区为基础的全域城镇化或城乡一体化。

## 三、新形势下四川城镇化现状及主要问题

### （一）城镇化发展现状

1. 处于城市化中期阶段，户籍人口城市化水平滞后于常住人口

根据城市化率的变化，城市化进程大致分为三个阶段，一般认为，城市化水平在30％以下为初期阶段，30％～70％为中期阶段，70％以上为后期阶段。[①] 截至2018年，四川省常住人口为8341万人，比2000年增加97.2万人，城镇化率达到52.3％，处于城市化中期阶段。户籍人口为9121.8万人，比2000年增加714.3万人，户籍人口城镇化率为35.9％，比常住人口城镇化率低16.4个百分点。

**表1　2000—2018年四川城镇人口和城镇化率变动情况**

| 年份 | 城镇人口（万人） | | 城镇化率（％） | | |
|---|---|---|---|---|---|
| | 常住人口 | 户籍人口 | 常住人口 | 户籍人口 | 差距 |
| 2000 | 2201.1 | 1565.0 | 26.7 | 18.6 | 8.1 |
| 2001 | 2214.9 | 1622.1 | 27.2 | 19.2 | 8.0 |
| 2002 | 2287.0 | 1677.6 | 28.2 | 19.8 | 8.4 |
| 2003 | 2461.0 | 1795.2 | 30.1 | 21 | 9.1 |
| 2004 | 8090.0 | 1914.3 | 31.1 | 22.3 | 8.8 |
| 2005 | 2516.0 | 2013.8 | 33.0 | 23.3 | 9.7 |
| 2006 | 2802.0 | 2070.8 | 34.3 | 23.7 | 10.6 |
| 2007 | 2893.2 | 2140.0 | 35.6 | 24.3 | 11.3 |
| 2008 | 3043.6 | 2203.4 | 37.4 | 24.7 | 12.7 |
| 2009 | 3167.6 | 2286.3 | 38.7 | 25.4 | 13.3 |
| 2010 | 3232.8 | 2355.2 | 40.2 | 26.2 | 14.0 |
| 2011 | 3365.0 | 2462.7 | 41.8 | 27.2 | 14.6 |
| 2012 | 3513.1 | 2512.0 | 43.5 | 27.6 | 15.9 |
| 2013 | 3640.0 | 2632.4 | 44.9 | 28.8 | 16.1 |

① 谢文蕙、邓卫编著：《城市经济学》，北京：清华大学出版社，1996年版。

续表1

| 年份 | 城镇人口（万人） | | 城镇化率（%） | | |
|---|---|---|---|---|---|
| | 常住人口 | 户籍人口 | 常住人口 | 户籍人口 | 差距 |
| 2014 | 3769.0 | 2694.0 | 46.3 | 29.4 | 16.9 |
| 2015 | 3913.3 | 2785.2 | 47.7 | 30.6 | 17.1 |
| 2016 | 4065.0 | 2997.5 | 49.2 | 32.8 | 16.4 |
| 2017 | 4217.4 | 3116.3 | 50.8 | 34.2 | 16.6 |
| 2018 | 4361.5 | 3271.5 | 52.3 | 35.9 | 16.4 |

数据来源：历年《四川统计年鉴》。

2. 城镇化率低于全国平均水平，与东部发达地区相比差距更加明显

从国际比较看，2018年发达国家城镇化率超过75%，中等收入国家平均城镇化率为65.5%，高收入国家平均城镇化率为81.5%，同期我国城镇化率为58.5%，比世界平均水平高3.7个百分点，但与处于相同发展阶段的上中等收入国家平均水平相比，低了近7个百分点，与高收入国家差距更大。而四川省2018年的城镇化率只有52.3%，比全国平均水平低6.2个百分点，东部经济发达地区如上海、浙江、江苏等省城市化率都超过60%，因此我省城镇化水平还有较大发展空间。

3. 省内地区之间的城市化水平差异明显，成都市远远高于省内其他地市

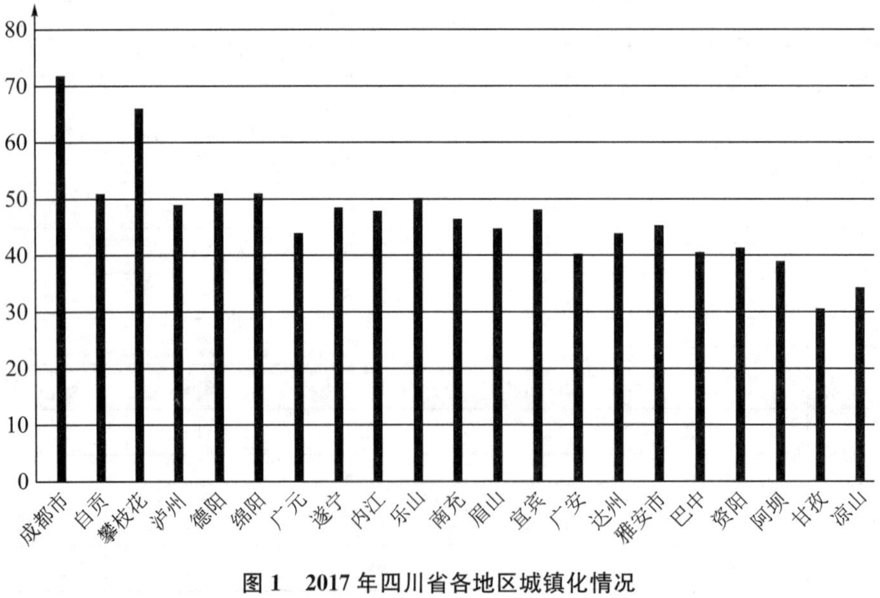


**图1　2017年四川省各地区城镇化情况**

数据来源：《四川统计年鉴（2018）》。

从图 1 可以看出，四川省各地区城镇化率差距很大，除甘孜、凉山、阿坝三州之外，遂宁、乐山、内江、南充、眉山、宜宾、广安、达州、雅安、巴中、资阳这些地区的城镇化率都低于 50%。这些地区都属于四川经济欠发达地区，人口大量流出。而成都城镇化率突破 70%，已进入了城镇化后期阶段，说明成都作为省会城市的人口集聚效应非常明显。

（二）农村劳动力现状描述及变动趋势预测

1. 农村劳动力抽样调查特征描述

这里使用原国家卫生和计划生育委员会组织实施的“2016 年流动人口卫生计生服务流出地监测调查”中的四川省数据。选择该调查中同时具有以下特征的样本作为分析对象：（1）年龄在 15～59 岁，这一年龄段的人口处于劳动年龄（不区分性别，男女均选择相同年龄段）；（2）户籍性质为农村，即仅将目前尚留在农村的劳动力作为调查对象。通过分析可以发现以下的现象。

近半数农村劳动力年龄大于 45 岁。农村劳动年龄人口平均年龄为 40.2 岁，以 5 岁为间距进行分组，可以发现样本人口年龄组向中老年偏向分布，这与农村劳动力以中老年劳动力为主的整体特征相符。其中，15～24 岁占 15.8%，25～34 岁占 15.9%，35～44 岁占 23.5%，45 岁以上的占 44.8%，说明农村劳动力老龄化现象严重。

表 2　被调查对象年龄结构

| 年龄段 | 数量（人） | 占比（%） |
|---|---|---|
| 15～19 | 341 | 8.8 |
| 20～24 | 269 | 7 |
| 25～29 | 336 | 8.7 |
| 30～34 | 277 | 7.2 |
| 35～39 | 273 | 7.1 |
| 40～44 | 634 | 16.4 |
| 45～49 | 704 | 18.2 |
| 50～54 | 584 | 15.1 |
| 55～59 | 443 | 11.5 |

数据来源：2016 年全国流动人口卫生计生服务流出地监测调查（四川部分）。

从文化结构来看，农村劳动年龄人口受教育程度较低，平均受教育年限仅为 7.9 年，较 2015 年 1%人口抽样调查数据中四川省平均水平低 0.5 年。从人口分布来看，农村劳动力受教育水平以小学、初中为主，呈现正偏态分布。其中，小学和初中教育水平人口占比分别为 36.3%、42.2%，而接受高等教育的人群仅占比 2.9%。

表 3 被调查对象年龄结构

| 受教育程度 | 数量（人） | | 占比（%） | |
|---|---|---|---|---|
| | 农村劳动力 | 四川平均 | 农村劳动力 | 四川平均 |
| 未上过学 | 244 | 63104 | 6.4 | 8.1 |
| 小学 | 1395 | 257884 | 36.3 | 33.3 |
| 初中 | 1622 | 262618 | 42.2 | 33.9 |
| 高中/中职 | 471 | 105731 | 12.2 | 13.7 |
| 大专 | 78 | 46107 | 2.0 | 6.0 |
| 本科 | 33 | 36964 | 0.9 | 4.8 |
| 研究生 | 0 | 2082 | 0.0 | 0.3 |

数据来源：2016 年全国流动人口卫生计生服务流出地监测调查（四川部分）；2015 年 1%人口抽样调查数据。

从事农业与从事非农业的人口收入差距大。调查结果显示，农业劳动年龄人口人均收入为 11751 元，较 2015 年农村居民人均纯收入高 1504 元。其中无收入个体占 22.4%，以农业收入为主要来源的个体占 36.2%，以非农收入为主要来源的个体占 41.5%，且非农收入是农业收入均值的 5 倍。

表 4 样本人群主要收入来源

| 主要收入来源 | 数量（人） | 占比（%） | 均值（元） |
|---|---|---|---|
| 无收入 | 862 | 22.3 | 0 |
| 农业收入 | 1397 | 36.2 | 4630.1 |
| 非农收入 | 1599 | 41.5 | 24305.8 |
| 样本平均 | 3858 | 100.0 | 11750.9 |

数据来源：2016 年全国流动人口卫生计生服务流出地监测调查（四川部分）。

注：老人为 60 岁及以上人口，少儿为 14 岁及以下人口。

以农业纯收入作为主要收入来源的家庭所占比重小。耕地作为农村重要资源，超过 91%的家庭有承包土地。然而土地对家庭收入的贡献已经减弱，样本家庭收入统计显示，人均承包地面积为 7.9 分/人，农业收入仅占总收入的 11.5%。不到 12%的家庭主要收入来源于农业收入，超过 45%的家庭主要收入来源于同吃同住的家庭成员工资性收入，42.8%的家庭主要依靠外出打工家庭成员的给付。

农村劳动力向城市继续转移流动的意愿较弱。目前留在农村的劳动力向县区外转移就业的意愿相当低。本次调查中，针对农村劳动年龄人口流动意愿（以工作生活为目的离开本县区），设置了“离开”“不离开”“没想好”3 个选项，统计结果表明，被调查对象选择“离开”的有372人，占9.7%；选择“不离开”的有2866人，占74.6%；选择“没想好”的有605人，占15.7%。可见，农村劳动力向县区外转移就业的意愿相当低。从打算转移的时间分布来看，多数人口选择将在半年内离开，占比46.6%，即短期规划更为明确；其次是打算离开但是并未计划好时间点的群体，占比19.9%；选择长期规划离开的样本群体较小，计划三年以上离开的占总体样本的8.4%。

2. 农村劳动力变动趋势预测

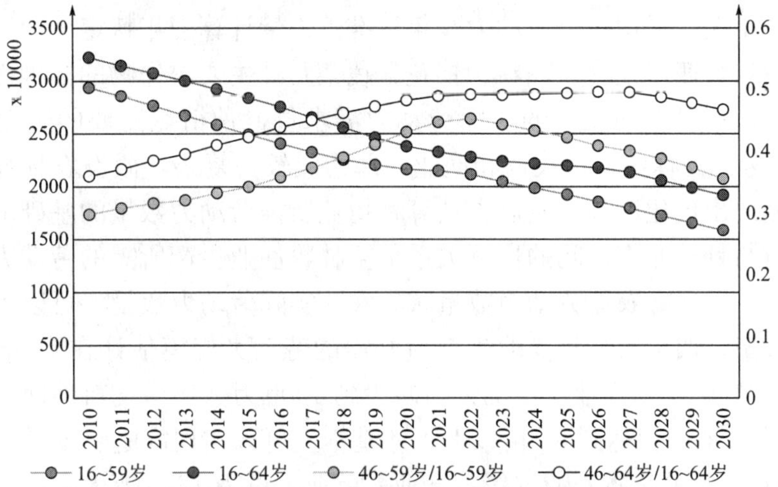

图2 四川省农村劳动力变动趋势预测

数据来源：数据来自本课题组预测。

据2015年全国1%人口抽样调查，四川省乡村常住人口为4292万人，占总人口的52.3%，比2010年减少599万人，比重下降7.5个百分点。利用四川省2010年人口普查数据，采用年龄移算法对农村人口进行预测，结果显示，“十三五”时期16～59岁劳动年龄人口将从2407万人减少到2165万人，到2030年进一步减少为1588万人；如果将劳动年龄人口的上限提高到64岁，农村人力资源将从2839万人减少到2381万人，到2030年进一步减少为1921万人。

再从农村人口年龄结构看，到2030年，全省农村65岁以上老年人所占比例将达到37%，15岁以下青少年所占比例为12%，16～64岁劳动年龄人口所占比例大致为农村人口的一半，而46～64岁人口又占到劳动年龄人口的48%，45岁以下青壮年劳动力在农村人口中将只占25%。

（三）现阶段城镇化面临的新情况

1. 从人口总量和结构看，农村人口存在需要继续向城市转移和实际转移难的突出矛盾

从人口统计数据上看，农村常住人口规模虽然持续减少，但是农村人力资源

存量依然较大，农村人口尚有较大转移空间。2018年四川乡村常住人口为3979万人，假如到2050年四川人口城镇化率达到70%左右，城镇化率还有近20个百分点的上升空间，预计到2050年乡村人口将减少为2544万人，农村还有大量的人口需要转移。

从农村劳动力的需求角度看，农村劳动力总量依然过剩。2017年全省实有耕地面积672.6万公顷，按照农村常住人口计算，人均耕地面积只有2.5亩，人均一亩三分地的状况没有发生根本性改变。农业（农林牧渔业）劳动力有效需求以种植业生产实际所需劳动力数量为基础进行推算。假定将一个劳动力年标准工作量设为251天，采用每个劳动力一年标准工作量计算当年特定生产面积下所需的劳动力数量。四川粮食、油料、棉花、蔬菜几种主要农作物的播种面积除以每亩用工面积，可以得到相应的实际劳动力需求量，种植业需要的劳动力大约为541万人。考虑到林业、畜牧业和渔业内部构成较为复杂，假设农林牧渔业劳动力配置遵循产出优化原理，然后在估算种植业所需劳动力数量的基础上，按照林牧渔业产值与种植业产值间的比例关系估算林牧渔业生产所需的劳动力数量，需要494万人。用现有农业劳动力数量减去农业实际劳动力数量，可以得出农业剩余劳动力数量，四川农林牧渔业生产所必需的劳动力规模估计在1000万人左右（如果将农村实际参与农业生产的人口减少到1000万人，劳均耕地面积可以达到10亩，户均耕地面积达到30亩以上，才基本上可以实现家庭农场需要的最低土地经营规模），目前全省农业（第一产业）就业人员为1793万人，农业剩余劳动力还有近800万人。从实现土地适度规模经营和提高农村劳动生产率的角度讲，仍然需要继续向城镇转移剩余劳动力。

再从农村劳动力的年龄结构和素质看，农村劳动力已经出现转无可转、难以再转的局面。农村以老年劳动力为主，继续向城市转移就业面临较大困难。在城镇化的进程当中，乡村劳动力的老龄化现象严重，留下的普遍是老人甚至是高龄老人，这部分人的身体状况和经济实力都不足以支撑他们继续向城镇流动。2016年流动人口卫生计生服务流出地监测调查数据显示，近半数农村劳动力年龄大于45岁，他们是转无可转的一代人。再以预测数据来看，到2020年46～59岁的劳动力将占农村劳动力的43.1%，46～64岁的劳动力将占16～64岁人口的49.0%，说明农村劳动力老龄化现象会越来越严重。农村劳动力受教育水平以小学、初中为主，其中小学和初中教育水平人口所占比例分别为36.3%和42.2%，而接受高等教育的人群仅占2.9%，低学历、低技能的农村劳动力进城务工也只能从事低端行业，难以在城市立足。调查还显示，不到10%的农村剩余劳动力愿意离开当地，也就是说目前留在农村的劳动力向县域外转移就业的意愿已经相当低。

2. 从传统城镇化动力看，农村人口向城市迁移的规模减少、速度放缓，依赖“劳动力转移”所推动的城镇化动力不足

四川省已经过了依靠农村剩余劳动力大量转移来快速推动城镇化的阶段。2018 年四川省转移输出农村劳动力达到 2534 万人。从历年农村劳动力转移情况看，1990—2000 年农民工共增加 920 万人，年均增速高达 18.80%；2000—2010 年农民工共增加 1125.9 万人，年均增速达 7.21%；2010—2018 年我省转移输出农村劳动力共增加 288.1 万人，年均增速达 1.52%，尤其是近 5 年来，转移输出农村劳动力共增加 79 万人，年均增速为 0.64%，总体呈平稳小幅增长态势。2019 年全省农民工转移就业总量 2480 万人，与上年同期相比减少约 2.1%，主要原因是全省农村劳动力总量减少（2018 年 8 月以来，全省年满 60 周岁农村劳动力退出数据库达 116 万）。这表明近年来我省农民工增长速度已大幅下降，数量基本趋于平稳，或将下降。大部分青壮年劳动力已经转移到城镇，目前农村留守主力已经不再是青年劳动力，随着这一群体逐渐老去，农村剩余劳动力将日趋枯竭。可以说，原有的城镇化动力正在逐渐减弱，原有的模式——依靠农村廉价劳动力支撑城镇化发展的动能已经不足。

3. 从人口流动规律看，主流尽管还是从农村向城镇流动，但城乡流动正在逐步增多，城乡之间资源双向流动将更加普遍

根据户籍身份和城乡分类维度，人口流动的模式分为乡城流动、乡乡流动、城城流动、城乡流动四种。过去农村劳动力的转移基本是一种单向运动，从产业上看主要是由第一产业向第二、三产业转移；从区域看主要是从县（市、区）向大中城市，尤其是省会城市、北上广深等特大城市转移；从身份上看，从农村户籍转变为城镇户籍。根据 2014—2017 年四川省流动人口动态监测数据，当前流动人口还是以乡城流动为主体，所占比重超过 70%，农村人口向城市流动依然是主要方向，但是由城到乡的流动开始增多。

**表 5　2014—2017 年四类流动人口分布情况**

单位：%

| 年份 | 乡乡流动 | 乡城流动 | 城乡流动 | 城城流动 |
|---|---|---|---|---|
| 2014 | 8.3 | 74.0 | 0.2 | 17.5 |
| 2015 | 6.4 | 75.8 | 0.5 | 17.3 |
| 2016 | 6.3 | 77.1 | 0.7 | 15.9 |
| 2017 | 8.0 | 71.5 | 3.3 | 17.2 |

数据来源：2014—2017 年四川省流动人口动态监测数据。

近年来，四川省适应农村劳动力转移的趋势变化，着力积极引导农业转移人

口返川就业创业。2019年新增返乡农民工2.7万人、返乡创业企业（含合作社、家庭农场等）9025家，带动11.58万人成功就业，城乡人口流转呈现多种模式。当然，也有一部分农民回到乡村并非因为他们在城市待不下去，而是乡村出现了更好的发展机会，是他们追求美好生活的理性选择。在政府引导、市场驱动和社会参与的多元化作用影响下，城市资金、技术、人才、项目下乡的节奏会越来越快，工商资本的双向流动、城乡居民的双向流动将成为新的主流趋势。从趋势上预判，从今往后制造业对劳动力的需求量会继续下降，现代农业会成为吸纳劳动力的重要领域，农村劳动力回流现象会比较明显。

4. 从农村经济发展看，农村劳动力已进入结构性短缺阶段，突出表现为青壮年劳动力的短缺和“三农”人才的缺乏

青年劳动力尤其是人才匮乏成为乡村人才振兴的重要瓶颈。乡村振兴人才匮乏，尤其缺乏生产经营、创新创业、公共服务以及乡村治理等领域的核心人才。劳动者老龄化和技能素质普遍偏低是农业发展的重大障碍，更突出的矛盾还在于农村人才奇缺。种养殖能手、农产品加工能手、农村经纪人、农技人员、非物质文化传承人等农村实用人才存在总量不足、质量不高的问题，现有人才队伍不够稳定，作用发挥不充分。现代农业发展不仅仅需要具有农业知识的专业人才和农业技能的技术人才，更需要懂技术、善经营的新型职业农民，而且一、二、三产业融合发展的趋势越来越明显，乡村旅游、“互联网＋”等新兴知识型人才需求更加迫切，医疗卫生、金融、法律和文创等专业人才在农村更是凤毛麟角，创新创业能力不强，示范带动作用不明显，满足不了乡村振兴所需的人才支持。

5. 从城市经济发展看，制造业对农村劳动力数量需求减弱，素质要求提高，传统工业主导下的城镇化路径不可持续

传统制造业是将大批量、标准化的工业品生产集中在一起，形成内部或外部规模经济，这是工业集中在城市的主要原因，也是工业化与城镇化相融合的重要原因。与传统制造业对劳动力数量需求相适应，农村转移劳动力往往都是集中在劳动密集型行业或低端服务业，收入非常有限。然而，工资上涨速度快于劳动生产率的速度导致单位劳动成本提高，也就意味着中国劳动密集型制造业的比较优势在快速丧失。目前，四川整体上处在工业化中后期阶段，这一阶段的特征是制造业内部将由轻工业快速增长转向重型工业快速增长，资本密集型产业占据优势。并且，随着新技术、新产业、新业态的发展，新一轮科技革命、网络经济、智能制造等推动传统制造业转型升级，机器排挤工人的现象进一步加剧，第二产业对于农村转移劳动力吸纳力的边际递减效应越来越明显。工业化中后期阶段的另一特征是第三产业开始迅速发展，第三产业将成为农村劳动力转移的最主要领域。这两种趋势都对农村转移劳动力的素质提出了越来越高的要求，这会增加农

村劳动力转移就业的风险成本。

6. 从农村变化看，交通、电信等基础设施和公共服务向农村延伸，为城乡融合发展创造了有利条件

随着脱贫攻坚的大力推进，四川已经实现了乡乡通油路、村村通硬化路的目标，电力、电信和光纤也向乡村延伸，农村的交通和通信等基础设施得到极大改善，据四川省第三次全国农业普查主要数据，99.3%的村通公路，16.7%的村内主要道路有路灯。农村教育、医疗卫生、文化等社会事业快速发展，2016 年末，93.6%的乡镇有幼儿园、托儿所，98.8%的乡镇有小学，99.9%的乡镇有医疗卫生机构，94.7%的乡镇有执业（助理）医师，56.6%的乡镇有社会福利收养性单位，85.4%的村有卫生室。平均每百户农户拥有小汽车 20.0 辆，摩托车、电瓶车 58.9 辆，淋浴热水器 51.5 台，空调 32.9 台，电冰箱 82.5 台，彩色电视机 105.5 台，电脑 17.9 台，手机 246.7 部。尤其是生活方式城镇化和人口城镇化分离，就地就近城镇化已成为现实。邻乡之间和邻村之间的交通变得更加便利，也为加强农村社区建设，推进农村城市化创造了良好的条件。

（四）传统城镇化存在的主要问题及原因分析

1. 农村人力资本持续单向外流，产生劳动力老龄化、农业副业化和农村空心化等社会经济问题

传统农业的微利性和弱质性特征是导致农村人力资源流失的根本原因。尽管农村改革发展取得了突出成效，但农业是弱质产业、农民是弱势群体、农村是弱势地区的总体格局仍未得到有效改变。农业产业体系不够健全，市场体系不完善，农产品区域布局和资源禀赋不匹配、粮经饲结构不合理、产加销脱节；生产经营方式整体还比较落后，土地仍然处于分散经营为主的状态，农民合作社、龙头企业、家庭农场整体规模较小，农业生产规模化效益不高；农村基础设施配套不全，机械化、标准化生产水平低，科技创新和推广应用能力不强。因此，目前从事农业生产的总体劳动生产率不高，大量耕地亩均产值仍然很低，从事农业生产的风险高、收益低，农业农村对人力资本投资缺乏吸引力。

从农村流向城市的都是具有相对较强竞争力、受过一定教育并掌握相应技能的青壮年劳动力，留在农村的人口逐渐以老年人、少年儿童和多病者为主。乡村人口统计时将外出不到半年的人员，或者在外居住时间虽然在 6 个月以上但收入主要带回农村的人也算作乡村常住人口，这一统计方法将大量实际已经不在农村生产生活的劳动年龄人口统计为农村人口。事实上，目前农村已经很难看见 50 岁以下的劳动力，主要是 50～70 岁的老年农民在田间劳作。

农业谁来经营、土地谁来耕种是亟待解决的现实难题，农村人力资本的流失影响到农业和农村现代化发展。农户兼业化是随着工业化和城镇化进程的提速，

大量农业劳动力转移到城市二、三产业务工但又不放弃农业生产所形成的一种亦工亦农的生产状态。随着大量农村劳动力向非农产业转移就业，农业生产所占时间和农户从农业经营中获得收入的比重大幅度下降，农户兼业化成为一大趋势。农户家庭承包的土地要么自家耕种，要么撂荒或转租，而且农户耕种土地往往只是满足家庭人员的口粮所需，农业经营收入在农户家庭收入中所占比重越来越小。农户兼业化在一定程度上限制了土地配置效率的提高，而且还造成农业副业化的不良后果。随着大量农村人口向城镇聚集，农村空心化现象日益突出，农村耕地荒芜、人去屋空的情形随处可见。

2. 农业生产资源流失，粮食安全面临一定的隐患

其一，传统城镇化在一定程度上对耕地保护存在负面作用。随着城镇化的粗放型推进，城镇建设用地需求也在不断扩张，加之生态退耕、农业产业结构调整等众多因素，耕地面积不断减少。即使不考虑耕地总量上的减少，由于“占补平衡”多流于形式，地方政府通过平整土地、复垦荒地，增加了部分耕地面积，但与建设用地所占用的优质高产耕地相比，通过复垦等方式补充的耕地一般来自未利用过的山地、废弃土地、农村废弃宅基地等，整体质量在下降。其二，单向的劳动力输出导致种植业劳动力结构性短缺。随着工业化和城镇化的发展，农村青壮年劳动力不断向城市和非农部门转移，农业劳动力呈“老龄化”特征。第三次农业普查结果表明，四川农业生产经营人员中，年龄35岁及以下人员占14.6%，年龄在36至54岁之间人员占47.3%，年龄55岁及以上人员占38.1%（全国农业经营人员中55岁及以上人员占33.6%），比全国整体老龄化更为严重。农村劳动力的老龄化导致粮食生产粗放化发展，部分地区出现现代农业发展不足与传统精耕细作农业衰落两种趋势并存的挑战。其三，在产业政策引导方面，农村粮食种植长期缺乏政策规范和引导。农业生产结构雷同、经营模式单一，加之缺乏完善的农业社会化服务体系，城乡产业很难实现互补与深度融合。缺乏对农业新型经营主体的支持，传统的生产模式已经快速瓦解，但种粮大户、粮食合作社等新型经营主体发展较慢，仍然以农户自体经营为主，而这制约着农业生产率的提高。其四，尤其是种粮收益非常低，韩俊在2014年曾评估过，三大主粮的平均收益仅为223.43元/亩，农民的收入一大半来源于工资性收入，纯粹的农业收入无法满足生活的需要，这导致农民种粮积极性下降，“商品型”种粮向“自给型”种粮倒退。

3. 农业转移人口融入城市还面临较多困难，“半城市化”问题突出

有学者认为，农业转移人口市民化是农民工以家庭为单位、以进城务工为起点，按照收益最大化和现实可行的经济理性，逐渐获取城镇生活要素，自觉自愿实现定居落户的过程。党的十九大报告提出，到2035年基本实现社会主义现代

化目标，按照这一目标，需要持续推进农民工及其随迁家属在城镇落户，对未落户的也要逐步赋予平等的市民权益。目前，四川常住人口城镇化率仅为52.29%，而户籍人口城镇化率仅为35.87%，这表明还有相当比重的农业转移人口没有实现市民化，主要体现为在城镇地区的经济融入、政治融入、社会文化融入存在不同程度的困难。大部分农业转移人口虽然在城市里务工，但劳动关系并不稳定，他们在城市中享受不到均等的基本公共服务待遇，工资不足以支撑整个家庭在城市立足，使得他们难以在城市长期居住下去。为了方便照顾老人、孩子，这部分农业转移人口通常到了50岁左右就退出城镇劳动力市场。

制约农业转移人口市民化最根本的制度性障碍还是城乡户籍制度、农村土地制度以及财政税收政策。第一，户籍门槛与福利差距是农业转移人口进城落户难的壁垒。城镇户籍背后附带着几十种权利和福利，覆盖了劳动就业、收入、住房、教育、医疗、养老等各个领域。尽管户籍制度改革一直在探索中推进，已建立起城乡统一的户口登记制度和各具地方特色的居住证制度，但这些制度依旧保留了计划经济体制的一些痕迹，没能从实质上突破户籍所包含的利益固化问题。例如近年来许多一线城市实行积分落户，表面上看为农民工落户城市提供了可能性，但积分在短期很难达到，即使可以达到，也多是农村户籍中的精英分子，比例非常小。第二，农村土地制度改革滞后也阻碍着农业转移人口市民化。农村居民土地承包经营权和宅基地使用权的退出机制没有建立，目前农用地已实行了“三权分置”改革，但是宅基地怎么改还不明确，农村“三块地”等优质资源没有真正盘活，既不利于增加农民的财产性收入，也不利于资本、人才与土地进行组合，难以吸引城市的企业家、回乡创业者、干部、教师、科研技术人员以及城市居民流入农村，成为乡村振兴的有生力量。农村土地“退出权”缺失使得农业转移人口无法获得农村土地的财产性收益，降低了农业转移人口市民化的能力。另一方面，由于农村土地没有合适的退出机制，以农业机械化、农业规模化发展来提升农业劳动生产率受到土地分散经营的现实制约，规模化路径在实践中难以取得预期效果。第三，巨额的市民化公共成本支出是阻碍农业转移人口市民化的财政因素。据测算，每个农业转移人口的进城落户成本为13万元，其中义务教育、养老保险、医疗卫生、住房保障成本分别为3.67万元、3.72万元、3.32万元、2.13万元，如此算来，四川的进城落户公共成本超过千亿元。此外，中小城镇普遍存在缺乏产业配套支持的现实困境，就业承载能力和城镇可持续发展动力严重不足，有城无产导致农业转移人口的谋生途径极为有限，生存质量远低于城镇居民。

#### 4. 过度人为推动的城镇化有悖于经济和社会发展规律，不符合高质量发展的要义

过度人为推动的城镇化突出表现在三个方面：一是人为设定城镇化率增长目

标。周其仁说："城市化趋势不可逆转，但在推进城市化过程中，人为设定发展目标同样不可取。"尽管中央三令五申，强调推进新型城镇化不能靠行政命令、搞运动式，但地方政府仍然层层分解城镇化指标、调整统计口径，甚至通过撤县设区，将郊区大量农村人口全部统计为城镇户籍人口，存在人为推高城镇化率的数字乱象，影响新型城镇化水平与质量持续提高。二是政府通过"征地安置"，实现农民身份的"农转非"。这个过程中，农民只是被动地接受城镇的户籍身份和城镇的生活生产方式，政府过度主导的城镇化进程中农民的自我发展能力弱，就业存在着不稳定性，难以转化为稳定的产业工人。有研究表明，近年来的城镇化中约16%为城市人口自然增长，5%是农转非人口，26%来自农民工，53%则来自所谓的就地转移。可以说，在过去的城镇化过程中，由于过度干预，土地的城镇化进度大于人的城镇化进度。三是土地财政和人为造城。一些地方过度依赖土地出让和土地抵押，导致土地的利用效率低下，加剧了农村耕地的迅速流失，加大了地方政府的债务风险。此外，政府行政干预下的投融资制度、金融制度、财税制度等方面也存在着明显的城乡失调，深刻影响着城乡融合发展进程。

## 四、乡村振兴背景下新型城镇化路径优化的思考

### （一）新型城镇化高质量发展的基本理念

#### 1. 充分遵循社会发展规律和基本经济规律

城镇化有其内在的运行规律。推进城镇化必须遵循规律，城镇化不需要机械地按照城市人口比重来人为推动农村人口进城落户。因势利导，根据产业、自然资源、人口等城镇化要素的发展条件，制定适宜的城镇化发展目标和对策，改变以往主要依靠行政命令和凭借主观愿望推进城镇化的做法，取消对各级各部门以城镇化率为导向进行目标考核，回归城镇化发展的自然状态，给新型城镇化和乡村振兴留足时间和空间，防止出现为了城镇化而城镇化的现象。正确处理好政府和市场的关系，选择政府调控下的市场主导型城市化模式，让市场机制在资源配置方面发挥决定性的作用，让城市和农村发展符合经济资源集聚、效率和节约的基本要求，促进各种资源要素在城乡之间高效配置。注重发挥政府的引导作用，尤其要重视规划的作用，通过规划引导城市化健康发展。

#### 2. 树立新型城镇化高质量发展思想

高质量发展已经成为中国经济发展的基本价值取向，高质量的城镇化应该满足以下几个标准：一是新型城镇化应该以人为本，把促进人的全面发展作为新型城镇化的根本出发点和落脚点，避免重"物"的城镇化而轻"人"的城镇化，避免高楼林立而居民幸福感下降。二是城镇化发展应有产业支撑，防止有城无业的

城镇化。三是城镇化的规模和速度要与城镇吸纳人口的能力相适应，防止出现超越承载能力的“过度城镇化”。四是城镇化要走可持续发展的道路，防止城镇化的“房地产化”，避免过高的地价推高房价，陷入土地财政陷阱。五是走生态型城镇化道路，实行绿色发展战略，推行绿色生产、生活和消费方式，推进土地、能源、水资源等的集约利用，促进人口与产业协同集聚，建设资源节约型、环境友好型、绿色低碳型城市。

3. 构建新型的城乡关系

坚持乡村振兴与新型城镇化协调联动、相互促进、融合发展。城镇化不是去乡村化，也不是消灭农村，没有农村的城镇化是单调的、缺乏基础的。提高中小城市和小城镇人口吸纳和服务功能，使农村富余劳动力在大中小城市有序流动，均衡分布，形成城乡人口协调分布的格局。改善农村贫穷落后面貌，提升农民技能素质，积极发展现代农业，让留在农村的人口也能享受到城市的生活品质，走就地就近城镇化道路。引导城市资本和人才下乡，有了城市的人到农村定居，才有城市人才流入农村，带来城市人力资本、现代文明的生活方式和乡村文化繁荣。

### （二）新型城镇化高质量发展的主要路径

1. 以城市群为主体构建大中小城市和小城镇协调发展的城镇格局

建立健全城市群发展协调机制，推动跨区域城市间产业分工、基础设施、生态保护、环境治理等协调联动，实现城市群一体化高效发展。特大城市要促进生产力要素灵活流动和重组，过分集中的功能应进行有机疏解。地级城市是区域的中心，区域中心城市注意找准自身在城市群中的定位，避免同质化竞争，实现和特大城市错位发展。围绕区域中心城市的县城可发展成为三级城市，县城既是县域内城镇体系的节点，又是中心城市的支撑点。县城周边的小城镇可发展成为四级城市，小城镇不是指建制镇，而是指建制镇的镇区和有一定规模的集镇，是农村地区的经济中心、文化中心和服务中心。根据小城镇周边人口数量和产业状况，还应规划建设一定数量的农村社区。

2. 提升县域经济发展实力和小城市品质

县域经济发展有两个重点：城市提质和乡村振兴。一是提高县城发展的质量。县城要主动对接城市群和中心城市规划，强化基础设施互联互通，推进城乡公共服务一体化发展，优化城市投融资、经营和生态环境，全面提升综合承载能力，争取发展成为市域副中心，增强对新兴高端产业、优质企业、高技术人才的核心吸引力。提升县城和县域经济发展对农村经济发展的辐射能力，以及对农业转移人口的承载能力，激励农业转移人口的就地城镇化，避免小城市因人口过度流失而空心化。二是大力发展现代农业。农业现代化是乡村振兴的基本路径，要从根本上解决“谁来种地”的问题，需要积极将现代工业成果、科学技术、经济管理有机融入农业生产，大力推广农业机械化，积极培育新型农业经营主体，适应四川丘陵山区地块零散的地形特点，正确处理好发展适度规模经营和扶持小农户的关系，以“农户+”为方向，推进农业适度规模经营，家庭农场规模在30～50亩，用适合小农需求的现代装备、技术、信息、组织来积极引导发展现代农业产业体系，有效降低小农户与村社生产体系和社会化服务体系的对接成本，减少单位农地的劳动投入，增加亩均产值，实现农户家庭年收入达15万～30万元的目标，让农民不能太辛苦，让从事农业生产也具有更高的经济效益，增强农村对人力资本的吸引力。

3. 因地制宜优化乡村发展布局，积极推进农村城镇化

实施合乡并村工程，改善农村杂乱无章的分布格局，做大做强中心镇和重点村，促进农村居民生产生活适度集中，打造现代化的新农村。一是合理确定乡镇和行政村的规模。在深入调查研究的基础上，着眼于乡村振兴和新型城镇化的长远发展，充分考虑自然地理条件、社会发展水平、城镇建设、行政管理以及历史沿革和群众生产生活习惯、意愿等方面因素，并在广泛征求各方面意见的基础上，制定科学合理的乡村行政区划调整方案，较大幅度减少乡镇及行政村建制。合并后，各县乡镇减幅30%～50%，行政村减幅50%以上，达到平均每个乡镇面积在60～100平方千米，每个行政村面积在4～8平方千米。平原区行政村人口2500～3500人，丘陵区行政村人口2000～3000人，山区行政村人口1000～2000人。二是顺应村庄发展规律和演变趋势，分类推进乡村振兴。打破传统的小散乱集镇功能定位，按照市场经济规律重新定位小城镇功能，将部分中心镇打造为县域副中心，发展较弱的场镇建设成农村社区，对空心村、空心集镇，通过裁并整合，以聚合人口的方式振兴乡村。城郊农村应规划引导融入县城；形成集约效应、具有开发价值的村庄发展成为中心村，是人口和产业和农村公共服务集聚区，可向田园综合体、特色小镇、养老和休闲区发展，以发展现代农业和观光农业的方式振兴乡村；占农村60%以上比重的空心村应引导人口向中心镇、中心村聚集；对于古村落，则应进行文化保护和旅游资源开发。三是大力提升农村基本公共服务均等化和方便可及的商业服务水平。只有让农民享受到与城市居民基本均等的社保、教育、医疗、文化等公共服务和方便可及的商业服务、娱乐，才能让农村真正变得更宜居，真正让人才留得长久。要高标准科学制定乡村振兴规划，加大乡村基础设施和公共服务设施投入力度，推动公共服务向农村延伸、社会事业向农村覆盖，不断改善乡村人居环境。尤其是适应农村老龄化高速发展的形势，高度重视农村养老服务体系建设，在中心镇、农村社区和中心村加大养老机构和服务设施建设力度，重点鼓励和支持社会力量在农村投资兴办面向失能、失智、失独、高龄老年人的医养结合型养老机构、护理型养老床位。

4. 科学把握城镇化推进的速度和节奏，引导农村人口向城镇合理有序流动

将农村劳动力转移放在经济社会改革发展的大局中去系统谋划，该进城的进城，该出城的出城，既不能让城市全部消化农村富余劳动力，也不能为了强调乡村振兴，违背经济规律大规模引导城镇人口返乡下乡。一是转变农村劳动力转移的思路，变单一的第一产业向二、三产业转移为农村劳动力在一、二、三产业兼业，变单向的农村劳动力输出为人力资本在城乡之间双向流动，通过推进农业现代化，加快建设小城镇，发展县域经济，为农业富余劳动力开辟更多的生产和就业门路，将就地就近转移作为进一步推进农村劳动力转移的主要方式，降低农民户籍和就业身份转移要求，把县城、小城镇作为转移的主战场。二是依据农民的意愿、生存发展能力和经济实力，按照“能进城不入镇，能进镇不住村，能集中不散居”的原则，引导农村劳动力及其供养的农村人口就近循序迁入县城、中心镇、农村社区或中心村就业和定居，从而减少农村人口。三是以农村新成长劳动力为重点开展农民工职业技能提升计划，促进农业劳动力向外转移就业、农村人口向城镇迁移定居是大的趋势，针对农村劳动力转移就业特点设置培训项目，改进培训补贴方式，切实提高农民向非农产业转移就业的能力。四是适应劳务输出形势新变化，建立和完善职业培训、就业服务、劳动维权“三位一体”的工作机制，将稳定农民工在城市就业作为工作的重心，降低农业转移人口在城市落户定居的成本，积极促进农民工融入城市和市民化。五是优化农村人力资本开发环境，积极吸引城市资本和人口返乡下乡。人才作为生产要素，总是循着“人往高处走”的规律，要使农村人才留得住、引得来、干得好，必须改善农村生产生活条件，努力提高农村人力资本投资收益。注重农村人力资本开发环境的营造，不断优化有利于乡村人才振兴的制度环境、经济环境、文化环境、生活环境，吸引人力资本要素向乡村流动。继续鼓励和引导人才向艰苦边远地区和基层一线流动，解决农村缺乏专业人才的问题。完善科技人才创新激励机制，畅通智力、技术、管理等下乡通道，建立乡村人才集聚合作机制，建立县级政府与农业科研院校长期合作关系，支持农业企业与国内外高新技术团队开展农业技术合作。进一步解放思想，加大农村改革力度，以农村优质资源为载体，以乡情乡愁为纽带，吸引和支持城市各类人才通过多种方式参与乡村振兴事业。承认农民身份的多元性，推动农村劳动力的新型兼业转移，拓宽农民增收渠道，促进农民收入持续增长。

5. 健全城乡融合发展的体制机制

一是建立城乡统一规划的机制，统筹确定人口在城乡之间的空间布局。二是建立城乡统一的要素市场，坚决破除妨碍城乡要素自由流动和平等交换的体制机

制壁垒，促进资金、技术、人才、劳动力、产业、信息的双向流动。三是强化产业融合，推动一、二、三产业融合发展，承载新型产业格局和转移模式。四是深化户籍制度和农村土地制度改革，探索建立农村居民土地承包权和宅基地使用权退出机制，在严格用途管制、规划管制的前提下，扩大农村土地尤其是宅基地的流转范围和流转权利，有序推进农村闲置宅基地的整合利用，赋予下乡到农村居住的城市人口一定的土地权利。五是根据乡村振兴的新要求，重新审视现行的各种产业政策，在绿色、生态的前提下，废除一切不利于乡村振兴的各种政策法规。

负责人：蒋　华（四川省人口学会）
成　员：唐　青（四川省人力资源社会保障科研所）
车茂娟（四川省统计局）
丁　娟（四川省统计局）
刘雨叶（四川省人口学会）
梅　晗（四川省人口学会）

# 科技支撑四川乡村振兴研究

实施乡村振兴战略本质是推进农业农村现代化，农业农村现代化的关键在于科技进步。四川要高质量推进乡村振兴，必须充分发挥科技对乡村振兴的支撑作用，走内涵式发展道路。科技支撑四川乡村振兴，既要走好“最先一公里”，更要走好“最后一公里”，还要畅通“中间过程”。本文主要从加快推进全省乡村振兴的角度，分析全省农业科技创新存在的问题和下一步的着力点与主要内容，并提出相应的对策建议。

## 一、理论概述

### （一）农业科技创新理论

1912年美籍奥地利经济学家熊彼特通过他的著作《经济发展理论》提出“创新”的概念，首次明确将经济发展与创新结合起来，正式提出了技术创新理论。自熊彼特提出创新理论后，国外技术创新理论的研究和发展形成了以索洛为代表的新古典学派、以卡曼和施瓦茨为代表的新熊彼特学派、以戴维斯和诺斯等人为代表的制度创新学派、以弗里曼为代表的国家创新系统学派四大理论流派。其中，科斯、布坎南、诺斯等制度学派人物都认为，制度决定了效率，制度机制安排至关重要。

国外农业技术创新的理论发展主要始于20世纪60年代。舒尔茨在《改造传统农业》中指出，改造传统农业的一个关键环节是要引入新的生产要素，农业经济取得的增长和发展在一定程度上取决于农业技术进步的发展，其中主要原因是技术进步可以提高农业生产要素效率和农业产出收益率。随后，速水佑次朗和费农拉坦在《农业发展》中提出诱导性农业技术创新理论；格里克斯提出农业科技创新的市场诱导假说，认为市场盈利性是影响农业技术创新的主要因素。国内专家学者对农业科技创新的研究主要集中在宏观层次上的农业科技创新研究和微观创新主体的创新采纳决策、创新行为及其影响因素的研究两个方面，并根据相关结论给出合理化的对策建议，对驱动农业科技创新运行的意义重大。

根据已有研究，本文认为农业科技创新的含义可以从狭义和广义两个方面界定。狭义的农业科技创新是指农业科技研发，主要强调农业科技创新研发、开展区域性试验直到取得农业科技成果，以满足农业生产需求，实现农业技术与农业经济相互促进和转化。广义的农业科技创新指从农业科研基础研究、应用研究、示范推广研究直到创新成果转化的全部过程，即从农业科技创新资源投入、成果产出到最终转化为现实生产力的全过程，是科学、技术等要素相互作用、协同互动的系列结果。

因此，农业科技创新是一个复杂的过程，包括促进农业科技新思想的产生，把农业科技研究、开发的物化技术运用和扩散到生产并产生效益等一系列的活动。农业科技创新包括农业科技需求拉动、科技研究水平的提高、科技转化推广的扩大、生产应用和产生效益的增强以及保障和支撑几个组成部分。农业科技创新可以简化为如图 1 所示的过程：

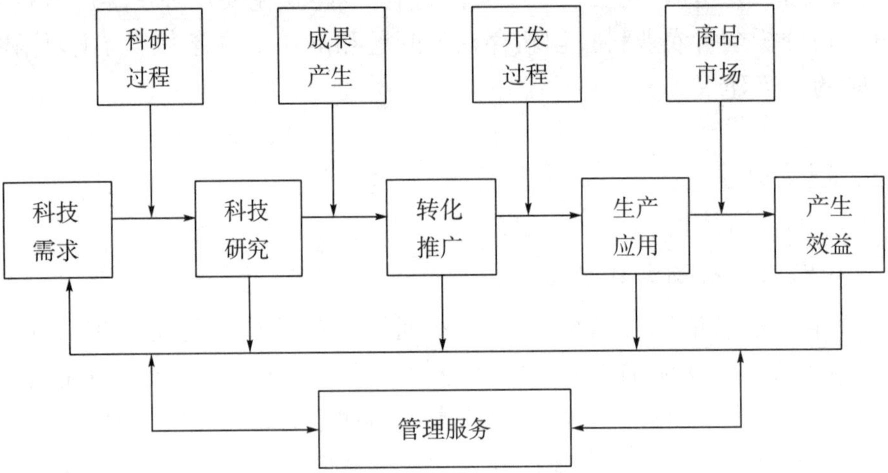


**图 1　农业科技创新示意图**

当然，上图只是一个简化了的概念模式，现实中的农业科技创新影响因素很多，过程远比其复杂。农业科技创新是一个持续的过程，而不是停留在某一时间点或瞬间的活动，各组成部分之间并不完全是一种简单的流线型关系，而是彼此渗透。从农业科技创新过程可以看出：一是农业技术研究为农业科技创新提供了科技储备，是农业科技创新的源泉和稳定发展的基础；二是农业科技推广应用是农业科技成果转化为现实生产力的条件，只有科技成果被市场采用，才能实现科技创新能力对经济的增长作用。

（二）乡村振兴战略

党的十九大报告指出，要将农业农村的发展摆在首位，提出坚持农业农村优先发展，要按照产业兴旺、生态宜居、乡风文明、治理有效、生活富裕的总要求，全面实施乡村振兴战略。乡村振兴上升为国家发展战略，不仅凸显了乡村在国家现代化建设中的重要价值，而且也意味着乡村建设将成为今后一段时期内国家现代化建设的重点。

乡村的衰落与振兴并不是现今才有的问题，也不是仅仅发生在中国的问题。从纵向上看，乡村成为中国社会兴衰更替的缩影，不同时代的发展特点在乡村社会打下了深深的烙印。从横向上看，日本、英国、德国、法国等发达国家在其发展过程中也曾面临乡村衰落的难题，也曾采取了一系列措施以促进乡村的振兴与发展。

从乡村振兴战略的理论渊源看，主要有马克思和恩格斯的农村发展理论、中国共产党历届领导集体的乡村发展思想。马克思、恩格斯认为工商业劳动和农业劳动的分工引起城乡的分离对立，分工深化的根源是生产力的进一步发展，而生产力的发展是乡村衰落和城乡分离对立的根本原因。中华人民共和国成立后，历届中央领导集体把握基本国情，继承和发展了马克思、恩格斯农村发展理论，形成了中国特色的乡村发展思想。

乡村振兴战略的实施是一个不断积累、不断丰富的过程。随着我国经济社会发展进入新时代，特别是当人民日益增长的美好生活需要和不平衡不充分的发展之间的矛盾已经上升为新时代建设与发展中的主要矛盾后，乡村发展的宏观与微观环境发生了变化，乡村发展的重要性和价值得到提升，这为乡村振兴创造了条件。党的十六届五中全会提出建设社会主义新农村的重大历史任务，提出“生产发展、生活宽裕、乡风文明、村容整洁、管理民主”的具体要求。从这一方面看，乡村振兴战略是社会主义新农村建设的升华版。从总要求来看，乡村振兴用“产业兴旺”替代“生产发展”，要求在发展生产的基础上培育新产业、新业态和完善产业体系，使农村经济更加繁荣；用“生态宜居”替代“村容整洁”，要求在治理村庄脏乱差的基础上发展绿色经济、治理环境污染并进行少量搬迁，使农村人居环境更加舒适；用“治理有效”替代“管理民主”，要求加强和创新农村社会治理，使农村社会治理更加科学高效，更能满足农村居民需要；用“生活富裕”替代“生活宽裕”，要求按照全面建成小康社会奋斗目标和分两步走全面建设社会主义现代化强国的新目标，使农民生活更加富裕、更加美满；“乡风文明”四个字虽然没有变化，但在新时代，其内容进一步拓展、要求进一步提升。同社会主义新农村建设相比，乡村振兴战略的内容更加充实，逻辑递进关系更加清晰，为在新时代实现农业全面升级、农村全面进步、农民全面发展指明了方向和重点。

## 二、四川推进乡村振兴对科技支撑提出新要求

近年来，四川坚定贯彻中央重大决策部署，坚持把“三农”工作作为全省工

作的重中之重，认真践行新发展理念，统筹推动各项重点工作，全省农业农村发展取得了历史性成就，发生了历史性变革，为实施乡村振兴战略奠定了坚实的基础。以建基地、创品牌、搞加工为重点，深入推进农业供给侧结构性改革，农民收入和生活水平明显提高，农业强省建设取得重要进展。加强城乡统筹发展，农村发展新动能不断涌现，农村人居环境持续改善。但从总体上看，四川人口多、底子薄、不平衡、欠发达的基本省情没有根本改变，全省农业大而不强、农村广而不美、农民多而不富问题仍然突出。从农业科技创新角度来看，四川乡村振兴在以下几个方面还需要科技支撑。

（一）推进农业转型升级对科技支撑提出更高要求

四川是农业大省，但离农业强省还有较大差距，要实现农业转型升级，推进农业供给侧结构性改革，实现农业高质量发展面临着多重障碍。一是四川农业整体竞争力不强。“川字号”特色农产品虽然独具优势，发展也有一定成效，但总体水平仍然不高，农业标准化程度较低，离优、大、强的要求还有很大差距，市场竞争力不足，“川字号”农产品品牌影响力总体有限。二是四川农业产业同构化潜藏着较大的风险。许多地方的产业发展不仅缺乏特色优势甚至缺乏地域适应性，这一点在种养殖业和乡村旅游发展方面表现得尤为明显，不仅蔬菜、水果等经济作物的产业同构现象严重，而且乡村旅游、康养民宿的同质化也日益明显，产业同构化的过度扩张无疑潜藏着巨大的风险。当前，四川农业经济发展的主要矛盾在于供求之间的结构性错位，农业供给体系无法适应需求体系的快速发展和变化，突出表现为农产品阶段性供过于求和有效供给不足并存。这种情况下，需要通过科技创新全面提升农业供给体系的品质质量，以高质量、规范化发展模式代替过去低端业态和产品同质化的散乱局面，发展生态高效种植制度、绿色安全农产品和多层次农产品。

（二）破解生产要素制约对科技支撑提出更高要求

从四川农业生产基本要素看，总体供给质量还不高。地形、土壤、水源、天气等自然条件是农业生产面临的首要的资源约束。四川各地的土地、水、资源、气候条件差别很大，一些地区因为自然条件的约束使农业生产受到限制。以农村土地为例，全省人均耕地面积依然偏小，只有 1.12 亩，低于全国人均耕地 1.52 亩的平均水平。同时，全省耕地细碎分散，土地资源等分散化、细碎化的特征明显，而且坡耕地面积比重高，平原仅占 7.7%，山地、丘陵地难以实施机械化耕种。四川土地流转因收益偏低而难以实现，全省土地适度规模经营的水平较低，到 2017 年年底，全省家庭承包耕地流转面积占比为 33.8%，比全国平均水平 35.1%低 1.3 个百分点；四川土地适度规模经营的质量不高，农村许多耕地为亲戚邻里之间的代耕代种，具有经济意义的适度规模经营占比低，单个经营主体

30 亩及以上的面积仅 1365.9 万亩，只占承包耕地总面积的 23.5%。受资源禀赋、成本上涨、价格天花板效应等因素制约，四川省必须依靠科技创新，提高资源利用率、土地产出率和劳动生产率来缓解全省农业发展中的资源禀赋约束问题，支持实现全省农业由生产劣势向生产优势转变，走内涵型发展之路。

**表 1　2017 年四川与部分省（市）农户经营耕地规模情况比较**

| 地区 | 10 亩以下 | 未经营耕地 | 10～30 亩 | 30～50 亩 | 50～100 亩 | 100～200 亩 | 200 亩以上 |
|---|---|---|---|---|---|---|---|
| 全国（万户） | 23098.00 | 2011.20 | 2864.00 | 722.80 | 267.50 | 93.30 | 41.30 |
| 比重（%） | 79.38 | 6.91 | 9.84 | 2.48 | 0.92 | 0.32 | 0.14 |
| 江苏（万户） | 1413.30 | 194.10 | 87.70 | 18.70 | 7.70 | 4.20 | 1.60 |
| 比重（%） | 81.82 | 11.24 | 5.08 | 1.08 | 0.45 | 0.24 | 0.09 |
| 山东（万户） | 2050.60 | 193.10 | 173.10 | 22.40 | 8.10 | 2.50 | 1.40 |
| 比重（%） | 83.66 | 7.88 | 7.06 | 0.91 | 0.33 | 0.10 | 0.06 |
| 河南（万户） | 1837.90 | 54.60 | 226.20 | 43.70 | 11.80 | 3.60 | 1.70 |
| 比重（%） | 84.33 | 2.51 | 10.38 | 2.01 | 0.54 | 0.17 | 0.08 |
| 重庆（万户） | 675.40 | 63.20 | 33.50 | 5.60 | 1.70 | 0.80 | 0.50 |
| 比重（%） | 86.51 | 8.10 | 4.29 | 0.72 | 0.22 | 0.10 | 0.06 |
| 四川（万户） | 1939.40 | 95.00 | 88.00 | 27.20 | 8.00 | 1.90 | 1.50 |
| 比重（%） | 89.75 | 4.40 | 4.07 | 1.26 | 0.37 | 0.09 | 0.07 |

数据来源：《中国农村经营管理统计年报 2017》。

### （三）加快农业绿色发展对科技支撑提出更高要求

四川农业发展方式转变虽然取得了长足进步，但从本质上讲大多数是依靠拼资源拼消耗实现数量增长，自然资源和环境容量已经接近警戒红线，长期积累的环境欠账亟待解决，倒逼全省必须加快转变农业生产方式，缓解农业资源环境要素压力，加快发展资源节约型、环境友好型农业，走高质量绿色发展道路。2012 年以来，全省化肥总施用量基本维持在 250 万吨左右，基本实现了化肥使用量“零增长”目标，但全省化肥使用强度依然比较高，达到 370 千克/公顷，单位面积化肥、农药施用量均超出了全国平均水平。全省大约 50%的畜禽废弃物未得到资源化利用和无害化处理，局部地区耕地土壤污染点位超标率达 34.3%，几乎是全国平均水平的 2 倍。全省农业种养脱节的现状难以在短时间内扭转，秸秆综合利用率不高、产品开发与价值挖掘不够的问题仍未得到根本解决，畜禽粪便资源化利用的任务仍很艰巨，残留农膜回收机制还不够完善、覆盖面窄，土壤重金属等污染治理受到资金、技术等多方面制约，持续推进治理的难度不小。这些问题不仅制约着全省农业自身的健康可持续发展，而且还对农村生态环境质量产生了不容小觑的负面影响。减少化肥、农药等投入品施用量，减少温室气体排放，发展低碳高效农业，实现农业绿色发展已刻不容缓。应通过科技创新，积极研发推广应用农业保护性耕作、农业废弃物还田、农林复合系统、土壤固碳及节水灌溉等低碳高效农业技术，减少农业面源污染，提高农业资源利用效率，改善农村人居环境。

（四）促进乡村人才振兴对科技支撑提出更高要求

从四川农村人力资源看，全省劳动力不完全退出与高素质劳动力进入不充分并存，新型职业农民培养速度赶不上高素质农业劳动力转移速度，农业劳动力整体素质下降，农业兼业化、副业化趋势加重。第三次全国农业普查数据显示，四川农村老龄化程度和增速明显高于全国平均水平，四川农村 60 岁以上老年人口所占比重超出全国平均水平 4.3 个百分点；农户受教育程度偏低，高中及以上文化水平比重比全国低了 3 个百分点。四川是劳动力输出大省，除了成都平原外，绝大多数农村地区的青壮年劳动力外出务工，截至 2017 年年底，全省转移输出农村劳动力达到 2504.9 万人，占乡村人口总数的比重高达 58.4%。而且农村人口典型的非均衡流动态势仍在发展，流失的都是乡村“优质”甚至是“精英”资源，留下的都是老弱妇孺，务农劳动力“老龄化”甚至“高龄化”不断加剧，极个别地方出现了“61、99、250”农业人口，“谁来种地”成为越来越普遍的挑战性矛盾。虽然农民工返乡和城里人下乡的城乡人口对流机制正在形成，但现实中表现出显著的区域差异，在大多数传统农区和贫困地区，农村内部优质人才流失矛盾仍在加重，农村外部优秀人才的进入还面临诸多障碍，乡村振兴普遍面临经营人才、技术人才、管理人才严重不足的困扰。与此同时，返乡创业农民对农业科技的需求更加强烈，而现有农业科技推广服务尚未跟上。更为重要的是，乡村人才的缺失对于乡村衰退的影响是全面性和系统性的，直接关系到乡村振兴的基础性支撑。在四川的乡村振兴中，人才振兴极为关键，这就需要通过对农业经营主体进行科技培训，不断提高他们的农业经营素质。

（五）实现乡村治理有效对科技支撑提出更高要求

农村具有很强的熟人社会特征，而且在相对封闭的运行环境下，通过村规民约进行自我管理、自我服务的成本低、效率高。但是，一方面，随着农村人口外流不断增加，乡村精英流失、新乡贤缺失，自我社会修复和调适的能力降低，依靠激发农民群众内生动力化解各种矛盾的难度显著加大，往往需要外部力量强制性推进。新村建设、产业发展、精准扶贫等“三农”工作都需要自上而下动员，这种外部性高成本治理模式不仅增大了乡村发展的被动依赖性，而且在一定程度上付出了削弱乡村内生社会功能的较大代价。另一方面，在城乡开放度不断扩大的条件下，农民工返乡和城里人下乡的规模也在同步增长，农村社会的封闭性不断打破，农村利益主体呈现出多元化特征，农村熟人社会的特征趋于弱化。在此背景下，农村内部资源争夺加剧，利益冲突增多，传统治理模式和治理机制受到冲击。因此，要积极运用现代科技手段创新治理模式，提高乡村治理的效率、降低乡村治理的成本。在新的时代条件下加强乡村治理，应充分发挥信息技术、人工智能等现代科技手段的作用，将技术优势与制度优势结合起来，推进乡村治理智能化，不断提升乡村治理效能。

## 三、四川农业科技支撑乡村振兴的现状与存在的问题

### （一）四川农业科技支撑乡村振兴的现状

四川坚持把解决好“三农”问题作为工作的重中之重，高度重视农业农村科技创新工作，农业农村科技水平大幅提高，粮食安全的科技支撑进一步增强，主要农作物良种实现全覆盖，农业高新技术产业不断壮大，农村新产业新业态蓬勃发展。全省农业农村科技发展取得的重大成就和积累的丰富经验，为创新驱动乡村振兴发展奠定了良好的基础。

#### 1. 全省农业科技创新体系不断完善

四川省有四川省农科院、四川省畜科院、四川农业大学等涉农院校 30 多个，有 2000 多名农业科技研究人员，涌现了一批以两院院士、杰出青年基金获得者、长江学者为代表的农业科技创新领军人才和团队。四川省有省级以上重点实验室、工程技术研究中心、产业技术研究院等农业科技创新平台 100 多个，其中省级以上（含省级）涉农重点实验室 35 个、工程技术研究中心 56 个、产业技术研究院 10 家，建设省级以上（含省级）农业科技园区 93 个（其中国家级 9 个）、科技部备案星创天地 71 家。建成“四川科技扶贫在线”信息服务平台，建立省市县平台运管中心 103 个，覆盖全省 12 个市（州）、88 个重点贫困县。

#### 2. 农业科技自主创新成果丰硕

四川种业自主创新能力位居全国前列，“十二五”以来，育成农畜新品种 630 个、获品种权 170 项，育成品种数量和质量持续居全国前列，育种创新水平总体处于国内第一方阵。水稻、玉米、小麦和生猪、肉鸡等部分研究领域实现了从“并跑”向“领跑”的历史性跨越，水稻川优 6203、玉米荣玉 1210、川藏黑猪、大恒肉鸡等优质高效品种广泛应用于省内外，终结了“蜀中无好米”的时代，打破了国外畜禽品种一统天下的格局。四川已成为全国三大育种制种基地省之一。“十二五”以来，累计获得省级一等奖以上科技奖励 38 项、国家级科技奖励 19 项，在水稻广谱抗稻瘟病研究、野生羊肚菌人工驯化栽培技术等方面取得重大突破，农业科技综合创新能力居西部第一、全国前列。

3. 农业科技成果转化推广成效显著

“十二五”以来，坚持把科技成果转化作为农业科技工作的重要抓手，大力实施科技成果转移转化行动，推动1000余个（项）新品种、新技术、新产品、新工艺、新模式在田间地头、企业车间示范应用，培育壮大了川粮、川猪、川茶、川果等一批优势特色产业。2017年，四川主要农作物、畜禽、林木良种覆盖率分别达96%、90%、60%，主要农作物耕种收综合机械化率达60%，农业科技进步贡献率达58%，高于全国平均水平。

4. 农业科技创新的体制机制不断创新

全省以县、乡为主体的基层公益性农技推广机构为主导，引领和带动农业产业化龙头企业、农民专业合作社、适度规模经营大户等积极参与农业科技服务，新型农业科技推广服务体系逐渐形成。全省农业科技人员创新创业蓬勃发展，省委全面深化改革小组研究出台45个涉农改革方案，在21家科研院所、62个县（市、区）开展农业科技体制改革试点，激发农业科技人员创新创业活力，充分调动了广大科技人员扎根基层、服务一线的工作热情。

5. 科技支撑幸福美丽新村建设作用显著

全面实施扶贫解困、产业提升、旧村改造、环境整治、文化传承“五大行动”，在全省累计建成幸福美丽新村23160个、省级“四好村”3481个。2017年，全面实施3700个贫困村新村扶贫，推动产村相融发展，全省幸福美丽新村示范县连片发展种植业195万亩，规模养殖1.4万户，发展省级以上龙头企业80个，注册家庭农场2495个。示范推广“产业推动、企业带动、校（院）地联动、在线互动、创业拉动”的科技扶贫“五动”模式，有力助推全省幸福美丽新村创新发展。

（二）四川农业科技支撑乡村振兴存在的问题

1. 农业科技有效供给与现代农业发展需求相比存在差距

全省农业科技供给数量、质量和效率远不能满足新时代社会经济发展需求。全省农业自主创新能力不强、核心技术缺乏，农业科研多数仍属于“跟踪式”“模仿式”或“转化式”研究，重点领域突破性、重大成果少，跟跑性、一般成果多。产前、产后及生态环境修复与保护等成果少，产中成果多；综合性、配套系列技术成果少，单项技术成果多。农业技术创新的靶向性不强，理论成果多、但用在农业生产中解决实际问题的成果少，基于用户导向的技术成果偏少，成果不接地气。农业高新技术、基础研究和应用基础研究水平不高，前瞻性技术储备不够，解决瓶颈问题的核心技术不强。科技支撑格局与全省五大经济区自然地理特征不协调，“川字号”特色优势农产品关键技术成果少，拥有自主知识产权的蔬菜、花卉等经济作物品种严重不足。全产业链技术体系建设不足，品种、栽培、病虫防控、加工等研究缺乏有效衔接与配合，难以提升品牌影响力。

全省综合集成技术提供不足。目前，四川各环节农业技术的发展是不平衡的，对耕作、栽培技术的重视程度远不如品种技术，产后技术发展大大滞后于生产技术的发展，这已明显制约了四川农产品品质的提升和产销的有效衔接。因此，需要加强农业综合技术的整合集成创新，针对不同品种、不同地区的生产特征推进，从设施保障、品种选育到全生育期、全产业链的高产高效综合集成技术开发应用，构建良种良法、农机农艺、产前产后有机结合的农业产业技术体系。

2. 农业科技成果推广转化力度有待增强

全省农技推广体系“一主”活力不足、“多元”尚未形成，农业科技成果应用不充分，成果转化平台数量不足。全省农业科技成果转化率仅为40%，远低于美、日70%～80%的农业科技成果转化率水平，更低于德、法、以色列等国家90%的转化率水平。全省每万名农村人口中科技人员数量低于全国平均水平，农业科技队伍专业结构、知识结构、年龄结构不合理，无法适应农业科技成果推广的需要。农业科技推广体系不适应现代农业发展变化，科技服务体系不健全，成果推广转化呈现区域性不平衡，农业“良种、良技、良法、良具”配套技术推广应用步伐迟滞，缺乏以市场为导向的农业科技成果转化推广综合服务平台，重科研、轻推广的现象一定程度存在，农户接受新技术的效果不明显。

3. 农业科技创新的激励机制有待完善

全省涉农科技力量尚未得到有效整合，资源共享、联合协作的新格局尚未形成，不能有效地促进创新主体之间的横向联系和不同区域农业科研单位之间联合攻关，服务产业发展的集成创新合力不足。多主体协调统一和分工明确的推进机制不够，影响了多样化科研创新分工合作和跨域合作与协同、联合攻关能力的发挥和集成配套技术体系创新能力的提升。基层农技推广人员待遇差、工作条件差、职称评聘难，难以有效调动和激发其工作热情，不利于农业科技成果的落地推广。与此同时，全省现有人事管理、薪酬等制度很难激发公益性农业科研机构的活力。把专家当党政领导干部管理、实行固化的绩效工资制度，这种对科技人员僵化的捆绑式管理挫伤了骨干农业科技人员创新创业的积极性，阻碍了农业科技成果的转化与推广。同时，知识产权和农业科技成果的使用、处置、收益等管理制度尚不能适应新时代的需求，农业科技人员创新创业的内在动力尚未得到有效激发，改革创新意识有待加强。

4. 农业科技投入强度有待加强

全省持续加大对农业科技的投入力度，2013—2017年，四川农业科技创新投入稳步增长，省本级财政农业科技投入累计达到12.57亿元，2017年省本级财政农业科技投入达3.30亿元，占省本级财政科技总投入的13.75%。但从总体上看，农业科技投入总量仍然严重不足。2017年，全省农业科技投入强度仅为0.29%，低于0.77%的全国平均水平，更低于世界粮农组织确定的1%的农业研发强度适当标准。农业研发投入占全省总研发投入的比重偏低，研发投入随财政收入的增加而同步增长的制度还需健全，与加快农业大省向强省跨越战略要求不协调。与此同时，农业科技投入主体单一，企业尚未成为研发投入主体。加之农业知识产权保护机制、风险投资与回报机制、金融服务和企业科技投入激励机制、非盈利科技捐助机制不完善，多元化科技投入体系尚未形成。

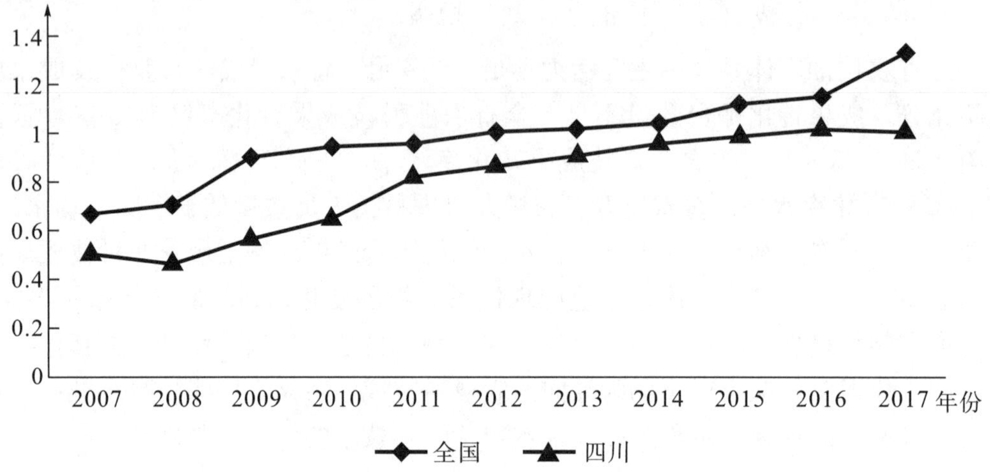


**图2　2007—2017年四川与全国平均水平财政支农相对程度年度比较**

## 四、科技支撑四川乡村振兴案例研究

### （一）四川省农业科学院科技支撑乡村振兴的主要做法

四川省农业科学院前身为1938年成立的四川省农业改进所，1964年正式建制为四川省农业科学院。四川省农业科学院是省政府直属的农业科研事业单位，是全省农业科技进步的排头兵、全省农业科技创新的主力军、全省“三农”工作的重要智库。全院现设有作物所、土肥所、植保所、生核所、遥感所、信息所、测试中心、园艺所、茶叶所、水稻所、经作所、蚕业所、水产所、加工所等14个研究所（中心）和1个服务机构。全院设有粮食和经济作物育种、种植制度、资源环境、生物技术、信息技术、蚕桑、水产等60多个学科和专业。近年来，先后建设了四川国家水稻区域技术创新中心、国家农作物改良中心成都玉米分中心等一批国家级研究平台和国际合作中心（实验室）。全院现有在职职工1166人，其中博士154人、硕士290人；有高级职称368名，国家有突出贡献的中青年专家12人，国务院政府特殊津贴专家31人，农业农村部国家现代农业产业技术体系岗位专家16人、试验站长18人，国家现代农业产业技术四川创新团队首席专家7人、岗位专家42人。“十三五”以来，全院承担国家、部省、横向课题等共计2667项，到位科研经费达4.85亿元；高质量示范推广“四新”（新品种、新技术、新模式、新机制）科技成果面积2.42亿亩，新增粮食64.66亿千克，新增产值117.26亿元。

四川省农科院始终坚持“课题从生产中来，成果回到生产中去”的工作理念，紧紧围绕乡村振兴战略，针对农业农村发展需求，在实施乡村振兴战略过程中，主动作为，加速科研创新和成果转化，深化创新创业改革，积极服务乡村振兴，助力乡村振兴成效显著。

1. 找准在乡村振兴中的定位

围绕全省乡村振兴的需求，四川省农业科学院提出了争当科技助力乡村振兴的排头兵、争当服务农业农村现代化的领头雁、争当农业农村新型智库的主力军、争当新时代“三农”方针政策的宣传队、争创农业科技全域开放的主阵地“五个争当（创）”新时代的发展定位。同时做到“四个转变”：一是由农业生产服务向全产业链科技支撑转变，二是由现代农业发展向全面推进乡村振兴转变，三是由保障粮食安全向全面保障农产品供给转变，四是国际交流合作由单向“请进来”向“请进来”“走出去”双向转变。不断深化科技创新理念，推动“创新转化一条线、专家农民面对面”拓展提升为“创新创造创业一体化、耕耘农业农村现代化”。

2. 积极提高科技创新能力

四川省农业科学院围绕全省供给侧结构性改革，不断深化农业科技创新，积极为擦亮农业大省金字招牌、推动农业强省建设提供强有力的科技支撑。聚焦全省调结构、转方式，促进农业转型升级发展，进一步调整学科布局，优化资源配置，以承担国家、部省重大项目为抓手，以承建国家、部省科技创新平台为载体，以优秀人才和创新团队建设为支撑，突出产业发展需求导向、突出绿色发展理念、突出成果转化应用目标，加大科技创新力度，推动农业实现优质、高效、安全和绿色发展。全院育成了以川优6203、旌优127、川油36、荃玉9号、川羊肚菌1号、川绿11号、泸糯9号、天府2号等一系列优质、抗病粮经作物新品种，为转方式、调结构提供了良种支撑；攻克了水稻、小麦、玉米全程机械化生产、柑橘留树保鲜提质增效、瓜类蔬菜双断根嫁接等一批重大关键技术，为推进供给侧结构性改革提供了技术支撑。

全院自主创新能力不断增强。2018年，全院获得省级科技成果奖22项；30个主要粮食作物新品种通过国、省两级审定（认定或登记），占四川主要育种攻关单位审定品种数的46.2%。在世界上首次突破羊肚菌营养生长向生殖生长转化瓶颈，发现羊肚菌外源营养供给的特殊方式，发明羊肚菌营养转化袋技术，创建羊肚菌人工驯化栽培新方法，在国内外率先实现羊肚菌可重复稳定出菇。聚焦农业高质量发展，优质高产育种成效显著，2018 年申请植物新品种权 35 个，获得植物新品种权 18 个；获得专利授权 89 件。其中，20 余个优质高产水稻品种通过国家、四川省审定。聚焦绿色高效农业发展，绿色高产高效栽培技术取得重大突破，小麦播种机研制取得重大突破，彻底解决了稻茬小麦播种难题；玉米全程机械化及旱地新两熟生产技术日趋成熟，实现了丘陵旱地粮油生产全年、全程机械化生产，有效提高了旱地劳动生产效率和种植效益。

3. 积极服务地方经济社会发展

四川省农业科学院围绕全省农业生产重大科技需求，不断加大科技成果示范转化力度。提升农业科技有效供给，加大科技成果在生产上的大面积推广应用，是提升产业发展水平和竞争力的有效手段。四川省农业科学院通过大力实施现代农业科技成果示范转化工程、科技成果中试熟化工程、院地（企）合作共建专项等，研发的新品种、新技术、新产品、新模式“四新”成果年推广面积 8000 万亩以上，有力促进了农业增效、农民增收。全院科技推广由单个产业示范向创建整村成果转化模式转变，成果转化机制模式实现新突破。探索形成现场会、学徒制、讲习所“三位一体”成果转化新模式，脱贫攻坚产业发展“能人引领＋联户合作＋帮扶贫困户”“项目引＋新型经营主体带＋农民学”新机制等，实现了由单打独斗向院内外紧密合作的新突破，社会影响力和示范带动效果明显提升。其中周年增粮增收模式、粮经复合增产增效模式、种养循环绿色高产高效模式在全省适宜生态区大面积推广应用，为促进农业增效、农民增收发挥了重要支撑作用。搭建研发平台、技术中心、乡村讲习所等基地平台 14 个，为四川企业或单位提供技术服务超过 6000 次。2018 年，在 15 个试点县启动了“乡村振兴现代农业科技引领示范行动计划”，探索整村推进科技支撑模式，围绕“质量兴农、绿色兴农、效益优先”，集成示范周年增粮增收、粮经复合增产增效、绿色种养高产高质高效技术模式近 20 项，建成整村推进示范基地 15 个。

围绕脱贫攻坚，扎实推进科技精准扶贫。深入推进农业科技进“三区”行动计划，以“绣花”功夫推进科技精准扶贫。加强与省级牵头部门责任单位衔接，围绕主导产业，开展全方位的科技服务，将科技成果逐步向 12 个市（州）、88 个贫困县（区）推广应用，为全省扶贫脱贫奔小康做出新样板，创造新经验。在少数民族地区建立了“五级三方”“四院六方”的科技合作机制，组织专家前往木里、旺苍、金川等 11 个重点贫困县开展科技脱贫工作，每县重点帮扶 2～3 个主导产业，推动品种技术更新换代、产业层次提档升级。2018 年，全院实施成果转化项目 39 个，新建核心示范基地 39 个，核心示范区面积 2.1 万亩，引进示范新品种 136 个、新技术 77 项，经济效益达 6377.8 万元，直接增收 4506.3 万元。定点帮扶木里县簸箕箩村，派出4名青年科技人员作为驻村工作队队员，负责各项帮扶措施落地落实，2018年该村村民人均可支配收入达到6500元，全村如期脱贫“摘帽”，簸箕箩村也成为“木里县农业科技脱贫核心示范村”。

4. 建好服务乡村振兴新型智库

四川省农业科学院依托乡村振兴研究中心，打造乡村振兴智库平台，积极咨政建言当好乡村振兴参谋助手。依托院乡村振兴研究中心的智库平台功能，进一步聚合院内外研究力量，建立开放式、社会化、创新型的乡村振兴智库。针对全省乡村发展中的热点、焦点问题，向省委省政府提交专项报告，积极建言献策，提供解决方案。重点围绕乡村振兴战略的实施开展政策应用研究。突出专业特色，重点聚焦产业兴旺。聚焦深度贫困，加大精准脱贫攻坚工作的研究。依托“中国农业科学院海外农业研究中心西南智库分中心”建设，积极开展全省参与“一带一路”农业合作研究。持续支持在省财政创新能力提升工程项目“公益性研究深化工程”中设立的“农业农村智库”建设专项，对开展全省农业农村发展研究项目实施稳定支持。

5. 积极深化农业科研管理机制改革

按照省委的统一安排部署，四川省农业科学院积极深化事业单位分类改革，推进全院各项事业健康快速发展。制定了激励科技人员创新创业专项改革试点实施方案，明确了公益一类成果转化范围，规范了成果转化收益分配办法，建立了把成果转化业绩作为重要指标的人才评价体系。结合省创新创业十六条，修订完善了改革方案，出台了一系列改革举措，激发了“双创”活力，创新转化成效显著。同时，全院进一步加大研发经费投入力度，既提升基础研究水平，又重视针对全省产业发展的实用技术研发，整合产前、产中、产后各环节，注重单项技术突破和系统集成，构建技术链、支撑产业链、实现价值链。不断推动科技力量整合和资源共享，谋划四川农业科技创新联盟建设，围绕全省农业发展需求、生态条件和资源禀赋，积极开展协同创新。

（二）四川省农业科学院科技支撑乡村振兴的经验

一是农业科研单位仍然是全省农业科技创新的重要原动力。无论是从全国来看，还是从四川涉农企业的发展现实来看，企业尚未成为农业科技创新的主体，农业科研单位仍然是全省农业科技创新的主力军。因此，要完善农业科技管理体制，深化科研院所改革，进一步发挥农业科研单位农业科技创新主力军的作用，充分激发广大科研人员创新创业活力，为推动乡村振兴作出新的更大贡献。

二是要围绕乡村振兴的新要求调整科技创新方向，加强高水平科技成果供给。要按照“三个面向”的要求，立足四川农业特色，瞄准世界农业发展趋势，强化农业科技自主创新，提升科技创新能力，加强高水平科技成果供给，提升现代农业科技水平，加快科技与农业农村发展的深度融合，让更多的农业科技成果转化为现实生产力。

三是加强成果转化与应用，打造成果展示与示范样板，提升科技服务效果。科技成果的价值主要体现在产业应用上。农业科研单位是科技服务与成果示范的重要主体，要将农业科研单位的新品种、新产品、新技术、新模式、新机械等科技成果进行集中展示示范，让企业、农民等新型农业经营主体全面了解最新成果和技术，为成果推介和示范推广提供现实依据。

四是要积极培育新型农业经营主体，为农村留下人才。充分发挥科技人员了解农村、熟悉农民的优势，积极开展农业技术培训、专业知识讲座、示范推广等工作，加强对基层农技人员、新型农业经营主体的培训，培养“懂农业、爱农村、爱农民”的乡土人才，大力培育地方特色优势产业的“土专家”“田博士”。

## 五、四川科技支撑乡村振兴的主要内容

科技支撑四川乡村振兴，既要走好“最先一公里”，以需求为导向强化科技创新，又要走好“最后一公里”，搭建好科技支撑四川乡村振兴的平台，还要畅通“中间过程”，健全科技支撑四川乡村振兴的人才队伍、激励机制和要素配套。

### （一）立足四川乡村振兴需求，强化农业科技创新

科技创新工作必须围绕乡村振兴的需求来展开。目前在农业科技支撑四川乡村振兴中，存在供需不配套、方向不明确、上下不适应、有劲使不上的情况，农业科技支撑乡村振兴的渠道不畅通。一方面，农村需要的农业科技，上级单位没有研究、没有储备；另一方面，科研单位研究开发的农业科技沉不下去，有的用不上。产业兴旺是乡村振兴的首要任务，也是科技支撑乡村振兴的重点领域。要将农业科技成果的产生与实际需求进行对接，提高农业科技研发活动的针对性，确保农业科技成果供给从顶层和源头上符合实际需求。全省农业科技创新工作要以习近平总书记提出的农业科研要面向世界农业科技前沿、面向国家重大需求、面向现代农业建设主战场的要求，按照生产、生态、生活协调发展的理念，围绕乡村振兴对科技的迫切需求，围绕解决制约全省乡村振兴的重大技术瓶颈问题，着力创新一批关键核心技术，形成一批原创性农业科技成果，集成应用一批先进实用科技成果，示范推广一批农业可持续发展模式，强化技术集成创新和成果转化应用，推动形成乡村振兴科技供给新体系，增强全省农业科技供给能力，强化科技支撑乡村振兴。要建立科学的科技成果评价体系和科技成果转化激励体系，搭建高效的农业科技成果转化平台，畅通农业科技成果转化渠道，让农业科技成果真正从实验室走向田间地头，解决“最后一公里”的问题。

（二）搭建四川农业科技支撑乡村振兴的平台

随着产业界限的日趋模糊，未来农业将成为多学科协同、多产业融合的综合性大农业，这就需要有平台做基础，优化创新创业载体，增强创新驱动能力。要加快自主创新基础平台建设，推动涉农重点实验室、工程技术研究中心和企业研发中心创新能力的提升，夯实农业科技自主创新的物质技术基础。要积极发展不同类型的农业科技创新平台与载体，大力建设农业科技园区、现代农业园区、乡村振兴科技引领示范村（镇），打造一批乡村振兴的科技引领示范区。要建设好现代农业园区和农业科技园区，使其成为科技支撑乡村振兴的集中点；建设好农业科技专家大院，使其成为科技支撑乡村振兴的结合点；建立好“互联网+”平台，使其成为科技支撑乡村振兴的发散点；建设好乡村振兴讲习所，使其成为科技支撑乡村振兴的传播点；发挥好基层农技站、基层供销社的平台作用，使其成为科技支撑乡村振兴的供应点。要大力发扬大联合、大协作的协同创新精神，扎实推进科技力量整合和资源共享，探索建立需求导向、资源共享、创新驱动的协同创新体制机制，突破创新主体间的组织壁垒，充分释放“人才、资本、信息、技术”等创新要素活力，加快构建地方政府、高等院校、科研院所、产业企业的深度融合协同平台。

（三）构建科技支撑乡村振兴的人才队伍体系

人才是乡村振兴的第一资源，实施乡村振兴战略，要培养造就一支懂农业、爱农村、爱农民的“三农”工作队伍。推动乡村人才振兴，把人力资本开发放在首要位置，强化乡村振兴人才支撑，激励各类人才在农村广阔天地大施所能、大展才华、大显身手。要把增强对农业的认同感、对农村的亲切感、对农民的亲近感作为抓好乡村振兴人才队伍建设的重要工作任务，把肯下基层作为评价农业科技人才的重要因素，真正让农业科技创新人才在乡村振兴中想下去、下得去、留得住、用得好。实行更加积极开放有效的人才政策，加强农村科技人才、专业人才、乡土人才、职业人才“四类人才”队伍建设。要加大对高等院校、科研院所，特别是涉农高校和科研院所的支持力度，为其发挥人才培养、教育培训、科技创新、社会服务优势提供支持。构筑“内外”结合、多层次的人才梯队，激发农业龙头企业、新型农业经营主体科技创新活力，加强基层农业科技人才、职业农民、新型农民的培训，建立政府主导、部门协作、统筹安排、产业带动的培训机制，造就更多乡土科技人才。要营造良好环境，支持各类人才返乡、下乡创业兴业。

（四）完善科技支撑乡村振兴的制度激励机制

科技支撑乡村振兴必须要有制度激励机制做保障。应当有正向的激励机制，激励农业科技研发者、推广者、使用者投身乡村振兴事业。建立财政资金稳定投入机制，加大政府对公益性农业科研机构的支持力度，保障有足够的资金支持科技支撑乡村振兴，减少“争课题、跑项目”的时间和精力耗损，使科技支撑乡村振兴的资金投入力度和方向更加有效。探索建立事业导向、利益驱动并重的人才激励新机制，对职务发明、知识产权转让和成果转化的收益，科技人员和其团队应具有话语权和支配权，以最大限度激发科技人员创新创业的活力。建立合理的农业科技创新引导机制和成果评价机制，改变农业科研课题立项与农业产业发展实际脱节、科研成果评价重论文轻转化的问题，使农业科研项目盯紧市场、瞄准需求，解决农业产业发展的关键技术问题；建立科学的评价机制，使评价机制更有利于科技人员投身和献身乡村振兴，而不是追求论文和职称等。完善有力的保护机制，包括产权保护机制和容错纠错机制，保护好知识产权，要允许科技人员在科技乡村振兴中摸索做、试着干。深化农业科技体制机制改革，优化政府职能，促进从科技计划管理向科技创新治理转变，实现有的放权、有力管控、有效服务，增加创新供给、减少创新束缚，以管理创新推动农业科技创新。

（五）健全科技支撑乡村振兴的要素配套体系

从目前看，科技支撑乡村振兴更好发挥作用，还需要做好农业适度规模经营和生产性服务两个重要的配套要素发展工作。一是加快推进农业适度规模经营。积极深化农村土地“三权分置”改革，落实所有权、稳定承包权、放活经营权，切实提高土地的生产效率和农业劳动生产率，调动农业生产者的生产积极性。放活土地经营权，让土地承包户有权在国家规定经营的范围内自主行使土地的经营权，包括对生产经营的产品的处置和收益权，转让、出租（转包）、互换、入股或其他方式流转承包地的收益权，承包土地的抵押权，经营主体的自主经营权，流转合同到期后经营主体按同等条件续租承包土地的优先权。二是大力支持融入科技创新的生产性服务业发展。科技创新是通过一系列市场化、专业化的服务体系、服务性机构服务“三农”发展的，要体现生产—服务—市场的全链条设计，市场化引导各类科技服务类生产性服务业发展。这既包括各类提供生产性农技服务的农机合作社等社会化服务组织，也包括开展技术支持、技术转移、技术咨询、技术中介、技术服务、技术孵化、创新融资和创业管理的科技中介机构。

## 六、推进科技支撑四川乡村振兴的对策建议

### （一）提高农业科技支撑乡村振兴作用的认识

1. 加强对农业科技创新工作的组织领导

加强顶层设计、统筹协调和政策配套，成立省级乡村振兴科技支撑工作领导小组，组长由分管农业和科技的领导担任，成员由科技厅、农业农村厅、财政

厅、发改委、农业科研院所和高校组成，推动跨部门协同，形成多部门联动机制。组织协调全省有关政府部门、科教系统、企业、新型农业经营主体和农户等共同参与科技支撑乡村振兴工作。坚持党对农业科技支撑乡村振兴的领导，五级书记一起抓，做到科技支撑乡村振兴工作年初有计划、年中有调整、年末有检查，工作前有准备、工作中有跟进、工作后有回复总结。加快编制完成“乡村振兴科技创新专项规划”，明确科技创新支撑乡村振兴战略的总体思路，对创新驱动乡村振兴发展作出阶段性谋划，确定工作原则，部署重点工作任务，细化实化政策措施，分类有序推进创新驱动乡村振兴实施。

2. 加强对农业科技创新工作的宣传

及时解读乡村振兴科技创新政策，大力宣传科技支撑乡村振兴的先进人物、典型案例和成功经验，讲好创新驱动乡村振兴。要加强农业科技支撑乡村振兴重要性的宣传、重点工作的宣传、重要适用技术的宣传，拓宽宣传的受众面，使普通老百姓都能认识到科技对乡村振兴的作用，这种认识不能仅停留在口头上，要“落实在行动上、融化在血液中”。要充分利用传统黑板报、橱窗、科技场会等接地气的中老年农民喜闻乐见的宣传渠道。要继续发挥好电视、报刊、广播、手机等传播媒体的作用，特别是要发挥好微信、App、电子商务平台等新媒体在农业科技支撑乡村振兴中的作用，筑牢农业科技支撑乡村振兴的群众基础。

（二）大力提高全省农业科技创新能力

1. 强化主要农产品有效技术供给

加强农作物及畜禽育种攻关，以高产、优质、抗逆性强、适宜机械化种植为导向，加快培育具有自主知识产权的突破性新品种，提高农业品种源头创新供给能力。要围绕以川粮油、川猪、川茶、川菜、川酒、川竹、川果、川药、川牛羊、川鱼十大优势特色产业和现代农业种业、现代农业装备、现代农业冷链物流三大先导性支撑产业为主体的现代农业“10＋3”产业体系，强化全省农业科技创新。以机械化、标准化、精准化为目标，加强制约全省农业产业发展的“天花板”“卡脖子”等关键共性技术研究，保障粮食安全和农产品有效供给。

2. 构建绿色农业和智慧农业科技支撑

农业科技创新的方向和重点在确保产量的同时，更要着力推进绿色、优质、高效、安全生产。围绕绿色、生态、高效、优质安全的科技需求，重点突破节水农业、循环农业、面源污染治理、重金属污染农田综合防治与修复、化学肥料和农药减施增效、农林防灾减灾以及农产品绿色物流等关键技术研究，加快形成资源高效利用、生态系统稳定、产地环境良好、产品质量安全的农业发展新格局。围绕集约、高效、安全、持续的现代农业发展需求，重点开展智能农机装备与高效设施、农业智能生产和农业智慧经营等技术和产品研发，实现传统精耕细作、现代信息技术与物质装备技术的深度融合，构建信息化、智能化的农业生产经营体系，转变农业发展方式。

3. 围绕产业融合开展农业科技创新

要尽快探索适应“三农”新产业新业态的新品种、新模式、新机制、新产品，为乡村振兴一、二、三产业融合发展提供科技支撑。充分发挥“科技+”的动力优势，开发农业多种功能，培育发展“农业+”新兴产业和新型业态，拓展农业发展新空间。推进“互联网+”，开发适合农业农村特点的信息化技术和电商模式，促进新型农业经营主体、加工流通企业与电商企业全面对接融合。加强农村信息化建设，夯实农业电商发展的技术基础。加强技术集成，集成推动产业提质增效的配套新技术，大力发展适宜农户需要的集成技术。从注重生产环节向注重科技服务、绿色、生态、宜居等技术环节转变，更加注重实用技术、傻瓜技术、低成本技术的推广与适用。以科技提升品牌价值，培育农业“高精尖”产业，为现有品牌“插上科技的翅膀”，打造一批现代农业产业链和农业中高端品牌，显著提升全省涉农产业附加值和社会贡献度，增强四川涉农产业在成果、标准、规范、品牌、商业模式等方面的示范引领作用。

（三）加快全省农业农村科技成果转化应用

1. 深化农业科技服务体系建设

强化公益性农业科技推广在农业科技体系转化推广中的基础性地位，建立公益性和市场化相结合的农业科技成果转化推广体系。不断壮大社会化科技服务主体，形成农业科技成果转化推广的强大合力，加大对科技成果转化推广的扶持力度，破除瓶颈制约，促进创新资源集聚运用和创新成果转化，实现科技成果的快速、高效、精准供给，推动农村创新创业，为乡村振兴提供新动力。充分发挥市场在资源配置中的决定性作用，以社会化力量为主促进农村创新创业与市场需求和社会资本有效对接。加强政策引导，通过市场化机制、专业化服务和资本化途径，有效集成农村科技服务资源，增强科技支撑乡村振兴能力。要推进良种、良法、农艺、农机、现代农业技术与经营模式的相互结合，提高农业科技成果的综合效益。

2. 强化农业科技支撑乡村振兴的典型示范

打造科技支撑乡村振兴的示范平台，建设一批农业科技示范基地、农业科技园区、农业综合改革试验区、农业高新技术产业示范区，建设一批推动农村产业兴旺的科技引领示范村（镇），凸显农业科技创新对乡村振兴的引领作用。在产业基础好、代表性强、地方政府积极性高的区县，先行融入现代生物技术、大数据技术、3S高新技术、信息技术及智慧农业与装备，为农业科技支撑乡村振兴提供样板。积极打造一批星创天地，以全省各地农业科技园区、新农村发展研究院、重点实验室、工程技术研究中心、高等学校、科研机构、职业院校、科技型企业、龙头企业、科技企业孵化器、科技特派员创业基地、农民专业合作社等为载体，面向科技特派员及其他创新创业主体，集中打造一批融合科技示范、技术集成、成果转化、融资孵化、创新创业、平台服务于一体的农业农村领域的众创空间。

3. 加强知识产权保护，促进农业成果转化

实施知识产权全程管理制度，探索知识产权管理融入科技项目的立项、实施、成果推广等整个科技创新过程的知识产权全链条管理服务新模式。知识产权交易工作要从推动现有高等学校、科研院所同农民专业合作社、龙头企业、农户开展多种形式技术合作入手，建立新的激励机制，鼓励研发机构与农业生产经营单位进行技术合作。鼓励和支持研发机构与农业生产流通企业创新合作方式，根据市场需求共同确定技术研发项目，由企业投资运作，研发机构进行研究开发，取得的科研成果直接用于农业生产、加工、储运和销售过程，实现创新成果与农业生产经营的无缝对接，降低技术成果转化周期和成本，提高成果转化效率。知识产权工作部门要发挥自身优势，建立健全农业知识产权市场，建立健全知识产权交易市场，有效沟通研发机构、推广部门、农业企业以及农民间的联系，促进农业知识产权的交易转化。

（四）强化推进全省农业科技协同创新

农业科技创新涉及多个领域和多学科交叉，需要加强政府、企业和学校的联系，建立四川农业科技创新联盟，从而使各方资源得到整合利用，推动乡村技术、人才、资源等各方面的深入融合，为乡村振兴战略的实施奠定基础。统筹优化政府、科教单位、中介机构和企业等各类主体的资源配置，进一步凝聚全省现代农业科技创新与产业发展资源，构建以知识产权为纽带的产学研用合作机制与利益共享机制，协同建立公共研发服务平台，开展联合攻关，推动成果转化，优化行业服务，重点突破现代农业全产业链制约瓶颈，提高不同农业科技创新主体的协同创新能力。

（五）深化科研院所改革，激发科技人员创新创业活力

要以管理创新推动农业科技创新，深化农业科技体制机制改革。按照事业单位分类改革要求，充分考虑农业科技的“公益”特性，以“三个面向”为指导，优化农业科研机构改革方案，加快建立现代农业科研院所制度。把科技与产业的关联度、科技自身的创新度、科技对产业的贡献度作为评价标准，推进科研机构和科技人员分类评价机制改革。建立以增加知识价值为导向的分配机制，激发科技人员面向市场的创新活力。鼓励农业科技人员离岗创业，通过带科研项目和成果、保留基本待遇到企业开展创新工作或创办企业。以兼职取酬、股权期权等多

种形式，鼓励农业科研人员在企业和科研院校之间兼职兼薪、顺畅流动。对职务发明、知识产权转让和成果转化的收益，科技人员和其团队应具有话语权和支配权，以最大限度激发科技人员创新创业的活力。

（六）加快培育科技应用能力强的新型农业经营主体

要积极培育新型农业经营主体，大力培养新型职业农民、家庭农场主和各类农业经营管理人才，提高其承接科技成果的能力。充分利用各类农业高校、职业院校、科研院所，通过举办各种农技培训，为农业科技人才接受培训提供平台，培养更多新型职业农民，提高他们掌握新政策、新事物、新技能的能力。要把培育本土人才与引进外来人才相结合，让愿意留在乡村、建设家乡的人留得安心、充满信心。以专业大户、家庭农场经营者、农民合作社带头人、农业龙头企业负责人和农业社会化服务组织负责人等为培训对象，重点培训提高其综合素质和职业能力。以中等教育及以上学历的返乡下乡创业青年、中高等院校毕业生、退役士兵以及农村务农青年为对象，加强培训指导、创业孵化、认定管理、政策扶持，吸引年轻人务农创业，提高其创业兴业能力。以产业发展带头人、大学生村官等为主要对象，培养和树立一批适应现代化农业发展要求的典型，按照“村庄是教室、村干部是教师、现场是教材”的培养模式，通过专家授课、现场教学、交流研讨，不断提高农村带头人增收致富本领和示范带动能力。

（七）加大对农业科技支撑乡村振兴的投入

针对农业科研基础性、公益性、社会性和长期性的特点，进一步加大公共财政对农业科技创新的投入力度，建立农业科技创新财政投入稳定增长机制。加大乡村振兴科技支撑的政策和项目支持力度，健全政府支持、企业配套、社会参与的多元化科技投入体系，持续推进乡村振兴战略的实施。拓展多层次资本市场支持创新的功能，充分发挥科创基金作用，引导带动社会资本投入农业农村领域，吸引企业、金融机构、风险投资、社会团体等与科研院校紧密合作，联合开展乡村振兴科技支撑行动。探索农业科技创新风险补偿和融资风险分担政策，鼓励保险机构开展农业科技保险创新。同时，要打破行政主导和部门分割局面，改进现有财政科研项目与经费管理制度，加强对农业科研经费的监督管理，简化农业科研经费财政拨款的审批发放流程，构建新型科研项目经费审批发放反馈系统，积极实施公告、公示制度，使得农业科研经费能够快速在农业科技创新工作中发挥基础保障作用，促使科技创新效率的提升。

（八）积极推进乡村治理智能化应用

要按照建立健全党委领导、政府负责、社会协同、公众参与、法治保障、科技支撑的现代乡村社会治理体制的要求，合理运用智能化手段推动乡村治理体系架构、运行机制、工作流程的智能化再造，在促进现代科技与社会治理深入融合中提升社会治理的智能化水平。加快推动“互联网＋政务服务”的应用，促进农村综合治理能力现代化。坚持硬件建设和软件升级并重，在建设信息化治理平台的同时健全规章制度，加强人员培训，营造良好环境，夯实自治基础，推进乡村治理体系和治理能力现代化。深入开展科普下乡行动，利用信息化等技术丰富文化表现形式，传承农村优秀传统文化。

负责人：刘宗敏（四川省农业科学院）
成　员：王自鹏（四川省农业科学院）
蔡　臣（四川省农业科学院）
汪　闵（四川省农业科学院）
王藜桐（四川省农业科学院）
车茂娟（四川省统计局）
贺　嘉（四川省统计局）

# 四川农业农村优先发展的体制机制研究

## 一、引言

在中国特色社会主义发展进入新时代、国内国际环境发生重大变化的背景下，农业农村发展不充分不协调问题已到了非解决不可的历史关头，解决这一问题的关键是实施“农业农村优先发展战略”。以习近平同志为核心的党中央从十九大以来对实施农业农村优先发展战略做出了若干布置，提出农业农村优先发展要满足“四个优先”：干部配备上优先考虑，要素配置上优先满足，财政投入上优先保障，公共服务上优先安排。在这样的背景下，要确保农业农村优先发展，首先要创新优先发展的体制机制，特别是围绕“四个优先”，建立健全体制机制。因此，本课题组紧紧围绕“四个优先”，对四川农业农村优先发展的体制机制展开分析，以“四个优先”为划分标准，着重讨论了行政管理体制、资源要素配置机制、财政投入机制以及公共服务供给机制。

## 二、四川农业农村优先发展体制机制现状分析

要实现农业农村优先发展，必须打破资源要素从农业农村流入工业城市的单向格局，实现城乡要素双向流动，与此同时，要使要素资源更多地向农业农村倾斜。要实现要素资源优先流向农业农村，则必须破解当前我省农业农村优先发展的体制机制弊端。本课题组坚持问题导向的基本原则，从行政管理、资源要素配置、财政投入及公共服务供给四个方面对四川农业农村优先发展的体制机制现状进行分析，找出四川农业农村优先发展体制机制存在的问题。

### （一）行政管理体制现状分析

在农业农村优先发展的体制机制中居于首位的是行政管理体制构架，宏观的行政管理体制构架情况直接决定着中观和微观的执行与落实情况，且行政管理体制与干部配备密切相关，分析行政管理体制构架情况对促进四川农业农村优先发展具有重要作用。

1. 行政管理体制构架

四川省农业农村厅于2018年进行了改革，将原省委农村工作委员会、原省农业厅的职责，以及省发展和改革委员会的农业投资项目、省财政厅的农业综合开放项目、原省国土资源厅的农田整治项目、省水利厅的农田水利建设项目管理职责整合，组建省农业农村厅。在省农业农村厅设立省委农村工作领导小组办公室。2018年11月12日，四川省农业农村厅正式挂牌，领导班子和综合处室实现了集中办公。2019年1月15日，农业农村厅正式收到省委省政府批复的农业农村厅“三定”方案，抓紧组建了中层结构。四川省农业农村厅成立后，各市州根据机构改革方案，将市委农村工作委员会、市农业局及市发改委等部门与农业相关的职责整合，组建市农业农村局，各市州机构改革在2019年3月底前全部完成。

2. 行政管理体制现状

(1) 全面完成机构设置和人员转隶

原省委农工委内设处室11个，原农业厅内设处室25个，共计36个，进行改革后减少6个处室。农业农村厅现有30个处室，核定行政编制230名；有50个事业单位，在职事业人员2060人，其中参公单位8个，参公人员157人；机关事业单位离退休人员2155人。从省直有关部门划入编制23个、人员14名，其中，行政编制7个、行政人员6名；划出编制140个、人员124名，其中，事业编制131个、事业人员116名。

(2) 统筹事业单位改革

按照机构改革部署，把省草科院、省草原监理站两个事业单位整体划转到省林草局。把省水产局、植物检疫站、农经总站、农能办、种子站、农机监理总站6个事业单位承担的行政职能划转到了渔业渔政管理处、种植业与农药肥料处、农村合作经济指导处、科技教育处、种业发展处、农药机械化处6个行政处室。

(3) 全面完成30个行政处室干部配备

按照“三定”方案的规定，对照新时期好干部标准，配备机关序列内处室正处级领导干部30名，副处级领导干部27名，基本完成处级领导干部的优化组合。目前，机关36名处长（含3名稽查专员和3名挂牌处长）中，“70后”有11名，“80后”有2名。原农业厅25名处长全是“60后”。

可以看到，我省农业农村厅的机构设置全面，内设行政处室30个，涉及农业农村的各个方面，行政编制230名；干部配备方面进行了优化改革，行政管理构架更为优化，共计有处级领导干部57名，机关处长36名。

（二）资源要素配置机制现状分析

伴随工业化、城镇化的发展，劳动力、资本、土地等资源要素不断从农业农村流入工业城市，农民用以耕种、建设基础设施和发展乡村产业的资源要素得不到保障，致使农民增收困难、农业农村发展滞后。四川省委、省政府高度重视资源要素在城乡、区域、行业之间的合理配置，不断完善资源要素配置机制，取得了一定成效，但资源要素配置不均衡、效率低等问题依然存在。

1. 劳动力要素配置机制不断深化

（1）劳动力要素配置机制

要实现农业农村优先发展，必须让人才“流”入乡、留在乡，以高素质、懂技术的劳动力作为农业农村优先发展的支撑主体。因此，为强化农业农村优先发展的人才支撑，四川省一直将推进农业农村劳动力配置机制改革作为工作重点来抓。一是完善农村干部人才配备体系，完成农业农村厅处级领导干部的优化组合，逐渐扩大青年干部的配备比例；深入贯彻落实“第一书记”进基层党建工作的战略部署；2018 年招募 1502 名“三支一扶”人员到农村基层服务。二是改革户籍制度，放开城镇落户限制，促进农村劳动力转移就业；2018 年转移输出农村劳动力 2511.6 万人，比上年增加 6.6 万人。三是完善返乡创业机制，为下乡人才提供创业培训服务和一系列创业优惠政策；2018 年促进农民工回乡创业 6.3 万人，创办企业 2.3 万户，创造产值 189 亿元。四是完善农业农村人才培养机制，加大对新型职业农民培育、农业科技人才培养和农村实训人才培训的力度；2018 年累计培训新型职业农民 22 万人。

（2）劳动力要素配置现状

四川省农业从业人员“妇女化、老龄化、低文化”现象较为普遍，2016 年四川农业生产经营人员中女性占比 49.1%；年龄在 36～54 岁的居多，55 岁及以上的占比达到 38.1%；58.1%的农业生产经营人员文化水平为初中及以下水平，高中及以上的仅占 5.2%；从事行业结构单一，主要从事农业行业中的种植业（见表 1）。

**表 1　2016 年四川农业生产经营人员结构**

单位：%

| 性别 | | | 受教育程度 | | | | |
|---|---|---|---|---|---|---|---|
| 男 | | 女 | 未上过学 | 小学 | 初中 | 高中或中专 | 大专及以上 |
| 50.9 | | 49.1 | 9.0 | 49.1 | 36.7 | 4.3 | 0.9 |
| 年龄 | | | 主要从事农业行业 | | | | |
| 35 岁及以下 | 36～54 岁 | 55 岁及以上 | 种植业 | 林业 | 畜牧业 | 渔业 | 农林牧渔服务业 |
| 14.6 | 47.3 | 38.1 | 93.5 | 2.7 | 3.2 | 0.3 | 0.4 |

数据来源：四川省第三次全国农业普查主要数据公报（第五号）。

从文化技术培训结业人数来看，2017 年之前四川省农村成人文化技术培训结业生数一直呈减少趋势，2017 年有所回升，比 2016 年增加了 19.65 万人次，但仍比2013年少1.06万人次；同时2013—2017年，四川省农村成人文化技术培训结业生数占乡村就业人员的比重一直低于全国平均水平。从文化技术培训教职工数来看，在全国农村成人文化技术培训教职工数总量减少的情况下，四川省仍保持了教职工总数的缓慢增加，但四川每万名乡村就业人员拥有的农村成人文化技术培训教职工数却一直低于全国平均水平（见表2）。

**表2 四川和全国农村成人文化技术培训结业人数、教职工数**

| 年份 | 农村成人文化技术培训结业生 | | | | 农村成人文化技术培训教职工 | | | |
|---|---|---|---|---|---|---|---|---|
| | 四川 | | 全国 | | 四川 | | 全国 | |
| | 结业人数（万人次） | 占乡村就业人员比重（%） | 结业人数（万人次） | 占乡村就业人员比重（%） | 教职工数（万人） | 教职工数/万人 | 教职工数（万人） | 教职工数/万人 |
| 2013 | 205.21 | 6.17 | 3416.04 | 8.82 | 0.76 | 2.29 | 16.73 | 4.32 |
| 2014 | 198.31 | 6.01 | 3270.28 | 8.62 | 0.79 | 2.38 | 15.84 | 4.17 |
| 2015 | 191.40 | 5.83 | 3124.52 | 8.44 | 0.81 | 2.47 | 14.94 | 4.03 |
| 2016 | 184.50 | 5.66 | 2978.76 | 8.23 | 0.84 | 2.56 | 14.05 | 3.88 |
| 2017 | 204.15 | 6.32 | 2970.36 | 8.44 | 0.85 | 2.64 | 12.85 | 3.65 |

数据来源：农村成人文化技术培训结业生及教职工数来源于《中国教育统计年鉴》，四川和全国乡村就业人员数分别来源于《四川统计年鉴》和《中国农村统计年鉴》。

2. 资本要素配置机制不断健全

（1）资本要素配置机制

有效的资本投入将为农业农村优先发展注入强大动力，四川省委、省政府不断完善农业农村优先发展资本要素配置机制。改革农业农村投融资机制，支持农业农村项目以PPP等融资模式吸引社会资本投入。加大涉农信贷支持力度，创新涉农贷款监管考核机制，加大对涉农贷款投放情况的监测分析，同时按照涉农与非涉农机构分类，对银行业的农村金融服务工作开展机构自评和监管评价，对涉农贷款投放情况开展考核。稳步推进“三权抵押”贷款试点，将“双基合作”惠农贷款模式推广情况纳入涉农银行工作考评指标。建立健全农村普惠金融体系，抓好金融机构空白乡（镇）覆盖、农村基础金融“村村通”工作，加大对涉农惠农工程的金融服务支持力度。

（2）资本要素配置现状

从资本投入行业来看，2013—2017年，四川农林牧渔业固定资产投资总额呈逐年增加趋势，2017年达到1491.9亿元，年均增长率为29.68%；占全社会固定资产投资总额的比重也呈递增趋势，2016年之前低于全国平均水平，2016

年起超过全国平均水平，2017年达到4.68%，但这一比重仍然较低，说明我省近年来对农林牧渔业投资情况向好，但力度仍待提高。同时，对农产品加工业、休闲农业、乡村旅游等新产业、新业态投资较为明显，2017年乡村旅游投资金额达到231.1亿元，成为全省资金最多的旅游投资项目。

从资本投入主体来看，四川和全国农村住户受资金规模限制，固定资产投资额占全社会固定资产投资额比重低，不足3%，且近年来一直呈下降趋势；四川农户固定资产投资额占全社会固定资产投资额比重从2013年的2.81%下降到2017年的2.09%，下降了0.72个百分点，但一直高于全国平均水平（见表3）。

**表3　四川和全国按行业和主体分固定资产投资**

| 指标 | | 农林牧渔业固定资产投资（亿元） | 占比（%） | 农村住户固定资产投资（亿元） | 占比（%） | 固定资产投资（不含农户）（亿元） | 占比（%） | 全社会固定资产投资（亿元） |
|---|---|---|---|---|---|---|---|---|
| 四川 | 2013 | 527.6 | 2.60 | 570.8 | 2.81 | 19755.3 | 97.19 | 20326.1 |
| | 2014 | 608.9 | 2.61 | 656.4 | 2.81 | 22662.1 | 97.18 | 23318.6 |
| | 2015 | 868.7 | 3.40 | 560.3 | 2.20 | 24965.6 | 97.80 | 25525.9 |
| | 2016 | 1190.0 | 4.13 | 582.2 | 2.02 | 28229.8 | 97.98 | 28812.0 |
| | 2017 | 1491.9 | 4.68 | 666.2 | 2.09 | 31235.9 | 97.91 | 31902.1 |
| 全国 | 2013 | 13478.8 | 3.02 | 10546.7 | 2.36 | 435747.4 | 97.64 | 446294.1 |
| | 2014 | 16573.8 | 3.24 | 10755.8 | 2.10 | 501264.9 | 97.90 | 512020.7 |
| | 2015 | 21042.7 | 3.74 | 10409.8 | 1.85 | 551590.0 | 98.15 | 561999.8 |
| | 2016 | 24853.1 | 4.10 | 9964.9 | 1.64 | 596500.8 | 98.36 | 606465.7 |
| | 2017 | 26708.0 | 4.17 | 9554.4 | 1.49 | 631684.0 | 98.51 | 641238.4 |

数据来源：历年《中国统计年鉴》。

2013—2017年，四川人均农村住户固定资产投资额和人均农林牧渔业固定资产投资额均呈增加趋势，2017年分别达到1630.4元/人和1797.04元/人。在此期间，四川省人均农村住户固定资产投资额和人均农林牧渔业固定资产投资额均低于全国平均水平，但差距均在逐渐缩小；其中人均农村住户固定资产投资额从2013年的相差339.77元/人缩小到2017年的124.29元/人，人均农林牧渔业投资差距缩小更为明显，2013年相差397.30元/人，2017年则仅相差26.15元/人（如图1所示）。

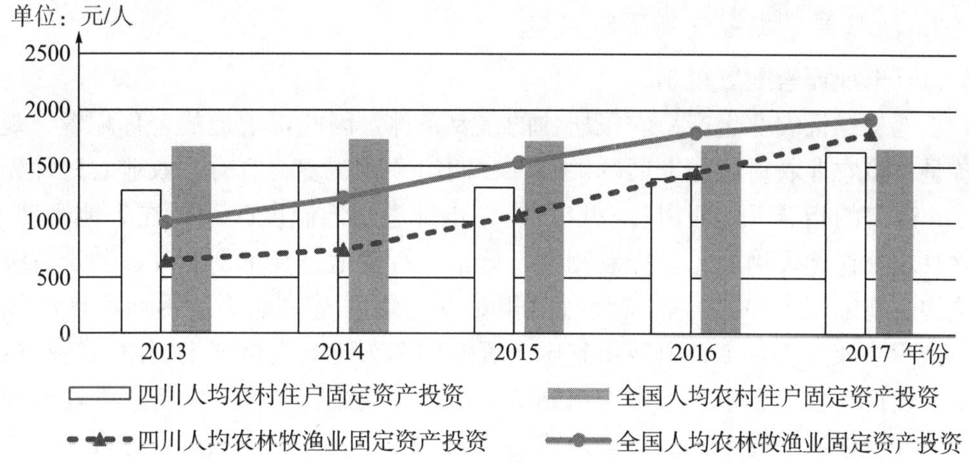


**图 1　四川和全国人均农村住户固定资产投资及人均农林牧渔业固定资产投资**

数据来源：历年《中国统计年鉴》，其中人均农村住户固定资产投资采用农村人口平均，人均农林牧渔业固定资产投资采用总人口平均。

从投资构成来看，房屋建设占农户投资的比重呈下降趋势，但仍超过 50%，房屋投资仍是农户投资的主要方向；农林牧渔业投资增长较快，2017 年投资额达 141.1 亿元，比上年同期增长 41.24%，占农户固定资产投资额的比重达 21.18%，比 2013 年提高 6.36 个百分点。从资金来源看，没有国家预算资金和外资，金融部门贷款和农户之间的借贷也不多，农户用于固定资产投资的支出大部分是多年收入积累，以自筹资金为主，虽然近年有所下降，但 2017 年比重仍高达 87.36%，国内贷款比重仅为 0.51%，其他方面的资金占 12.13%，仍表现为自筹资金占主导地位、其他资金为补充的格局（见表 4）。

**表 4　四川省农村住户固定资产投资构成及资金来源**

单位：%

| 指标 | | 2013 年 | 2014 年 | 2015 年 | 2016 年 | 2017 年 |
|---|---|---|---|---|---|---|
| 投资构成 | 农林牧渔业 | 14.82 | 10.04 | 17.54 | 17.16 | 21.18 |
| | 房地产业 | 75.11 | 81.05 | 77.26 | 74.58 | 68.46 |
| | 其他 | 10.07 | 8.91 | 5.19 | 8.26 | 10.36 |
| 资金来源 | 国家预算资金 | 0.00 | 0.00 | 0.00 | 0.00 | 0.00 |
| | 国内贷款 | 0.89 | 1.80 | 1.77 | 2.85 | 0.51 |
| | 利用外资 | 0.00 | 0.00 | 0.00 | 0.00 | 0.00 |
| | 自筹资金 | 95.39 | 92.57 | 77.04 | 73.22 | 87.36 |
| | 其他资金 | 3.71 | 5.64 | 21.19 | 23.93 | 12.13 |

数据来源：根据历年《中国农村统计年鉴》中相关数据计算得到。

3. 土地要素配置机制不断完善

（1）土地要素配置机制

土地是保证农业生产、农民居住的重要条件，因此，土地的合理配置、规范流转是保障农业农村优先发展的关键。在四川省委、省政府有关农业农村优先发展工作部署的指导下，四川省农口系统稳步推进用地制度改革。在土地管理上，建立县域农村建设用地总量控制制度，严格执行耕地占补平衡制度；制定省级人地挂钩实施细则，2017 年，推动省内相对发达地区签约承接贫困地区增减挂钩节余指标共计 2.7 万亩；由四川省国土资源厅牵头统筹安排国土资源系统高标准农田建设目标任务和永久基本农田划定工作。土地流转层面，坚持适度规模的原则，引导土地适度集中，建立土地流转“一站式”服务平台和流入方资格审查机制，指导各地对土地流转实行县、乡分级审查。

（2）土地要素配置现状

2017 年，四川省家庭承包耕地流转率为 36.7%，比上年提高 2.9 个百分点；但仍低于 37%的全国平均水平，同时比耕地流转率最高的上海低了 38.7 个百分点。签订书面流转合同的规模流转面积占流转总面积的 59.06%，土地流转逐步规范，但也仍低于 68.3%的全国平均水平。2017 年四川以出租和转包方式进行耕地流转的面积分别占流转总面积的 50.11%和 31.15%，土地股份合作发展速度较快，同比增长 12.29%。流转去向中农户仍占大头，占流转总面积的 44.56%；流向合作社的面积增长最快，占流转总面积的 23.17%，高出全国平均水平 0.47 个百分点。①

由表 5 可见，近 5 年来，四川土地资源利用情况表现为：农用地不断减少、建设用地不断增加，用以生产人们基本生存所需粮食的耕地数量也在不断减少。四川省人均农用地面积从 2013 年的 7.84 亩/人减少到 2017 年的 7.61 亩/人，年均增长率为－2.93%；人均建设用地面积从 2013 年的 0.30 亩/人增加到 2017 年的 0.34 亩/人，年均增长率为 13.33%，这主要是由于城镇化、工业化建设占用了大量农用地。总体来看，四川人均农用地面积高于全国平均水平，但从农用地中的耕地面积来看，四川人均耕地面积一直低于全国平均水平，且呈下降趋势，2017 年仅为 1.22 亩/人，比全国平均水平 1.46 亩/人少了 0.24 亩，比世界人均耕地面积 2.89 亩/人②少了 1.67 亩。

① 数据来源：中国农村网《2017 年农村家庭承包耕地流转情况》。

② 数据来源：中商产业研究院数据库。

表 5　四川和全国土地利用变动情况分析

单位：亩/人

| 年份 | 人均农用地面积 | | 人均耕地面积 | | 人均建设用地面积 | |
|---|---|---|---|---|---|---|
| | 四川 | 全国 | 四川 | 全国 | 四川 | 全国 |
| 2013 | 7.84 | 7.24 | 1.25 | 1.49 | 0.30 | 0.36 |
| 2014 | 7.80 | 7.09 | 1.24 | 1.48 | 0.32 | 0.41 |
| 2015 | 7.71 | 7.04 | 1.23 | 1.47 | 0.33 | 0.42 |
| 2016 | 7.65 | 7.00 | 1.22 | 1.46 | 0.33 | 0.42 |
| 2017 | 7.61 | 6.96 | 1.22 | 1.46 | 0.34 | 0.43 |

数据来源：历年《中国统计年鉴》。

（三）财政投入机制现状分析

长期以来形成的工业城市发展倾向使财政资金在农业农村和工业城市的分配上严重不均，农业的弱质性、农村的落后性特征决定了在自由竞争的市场经济条件下资源要素必然会流向回报率高的工业城市。因此，政府对农业农村的财政投入是支持农业农村优先发展的重要资金来源，四川省近年来不断改革财政支农机制、逐步建立涉农资金统筹整合机制，并取得了一定成效。

1. 财政支农投入机制不断改善

四川省财政部门按照“十三五”财政支农工作规划，在坚持把农业农村作为财政优先保障领域思想的指导下，不断改革农业农村优先发展财政支农投入机制，深入推进财政支农方式创新，提升农业财政管理水平。深入推进农业专项资金分配管理改革，认真落实统筹整合、简政放权、转变方式、绩效管理的要求，压缩省级财政农业专项预算，集中财力办大事；坚持放权赋能，实行资金、任务、权力、责任“四到县”；扎实开展“五补五改”，促进财政资金由“直接投”向“间接引”转变，引导资金要素“留在农村、流回农村”。

从财政支农资金[①]投入总量上来看，2013—2017 年，四川省财政支农资金呈逐年递增趋势，从 741.78 亿元增加到 1023.13 亿元，年均增长率为 8.37%，低于同期 9.42%的全国平均水平；同时，四川省近五年来财政支农资金增长率呈现出递减趋势，2017 年仅增长 3.48 个百分点。从财政支农资金投入占公共财政支出比重的情况来看，2013—2017 年，四川省一直高于全国平均水平，但财政支农支出占公共财政支出的比例同其他支出相比仍然不高，仅占到四川地方公共财政支出的 12%左右；且从 2016 年开始，占比还呈现出下降趋势，2017 年仅占到 11.77%。总体来看，四川省用于农业发展的财政投入总额增加，但占整个财

① 本文中的财政支农资金数据用《中国统计年鉴》中“农林水支出”科目的数据表示。

政支出的比重仍不高（见表6）。2018年，全省中央和省级财政转移专项资金投入465亿元，用于惠农补贴、农业产业发展、建设幸福美丽新村、省级“四好村”奖补和农村综合改革。

表6　四川和全国财政支农资金及占公共财政支出的比重

| 年份 | 四川 | | | 全国 | | |
|---|---|---|---|---|---|---|
| | 地方公共财政支出（亿元） | 财政支农资金（亿元） | 占比（%） | 地方公共财政支出（亿元） | 财政支农资金（亿元） | 占比（%） |
| 2013 | 6220.91 | 741.78 | 11.92 | 119740.34 | 12822.64 | 10.71 |
| 2014 | 6796.61 | 826.59 | 12.16 | 129215.49 | 13634.16 | 10.55 |
| 2015 | 7497.51 | 926.65 | 12.36 | 150335.62 | 16641.71 | 11.07 |
| 2016 | 8008.89 | 988.71 | 12.35 | 160351.36 | 17808.29 | 11.11 |
| 2017 | 8694.76 | 1023.13 | 11.77 | 173228.34 | 18380.25 | 10.61 |

数据来源：历年《中国统计年鉴》。

2. 涉农资金统筹整合机制逐步建立

近年来，四川省委省政府不断增加涉农资金投入，并开始探索建立涉农资金统筹整合机制以提高涉农资金的利用效率；颁布了《关于探索建立涉农资金统筹整合长效机制的实施意见》，提出以“大专项＋任务清单”模式管理涉农资金。同时，加强对行业内农业投资项目资金的统筹整合；衔接行业间各类涉农资金规划。2018年，全省88个贫困县纳入统筹整合范围，涉农资金总规模达到348亿元。

目前，四川省财政支农资金使用和管理仍然较为分散，从横向来看，直接分配与管理支农资金的有财政、农业、林业、水产畜牧、水利等多个部门，造成财政支农资金“多头管理”问题突出；同时由于各类支农资金来源不同，管理方式各异，在利益的驱动下各部门无法协调统一使用涉农资金，以至于许多农业项目在不同部门重复申报，直接增加了运行成本，造成支农资金严重浪费，导致效率变低。从纵向来看，多层级的资金分配结构，加之资金使用监督体系不健全，使得支农资金往往滞留在省市级部分政府部门，真正下达到各县村上的支农资金极少。

（四）公共服务供给机制现状分析

农业农村优先发展与农业农村的公共服务建设分不开。改革开放以来，随着工业化的推进，城镇取得了较快发展，公共服务建设发展较好；而乡村的公共服务建设却始终难以提升，要实现农业农村优先发展，必须将农业农村公共服务建设作为重点来抓。公共服务主要包括水、电、交通、教育、文化、医疗、卫生等公共事业，本文将公共服务分为基础公共服务和社会公共服务，对公共服务的供给机制现状进行介绍和分析。

1. 基础公共服务供给机制得到优化

基础公共服务是人民生活的最基本保障，基础公共服务的发展在一定程度上体现了农业农村发展的水平，本文着重分析了农业农村重要的基础公共服务：水利、电力和交通。

（1）基础公共服务供给机制

水利建设制度安排：水利建设不仅直接关系到农民的日常生活，也关系到农业生产，属于基础公共服务中的重要板块。2017 年，四川省实施“十三五”水利发展规划，对水利发展与建设作出了安排与部署。在水利法制方面，水利法制建设取得新进展，四川省水利厅完成了《四川省水利工程管理条例》的立法修订工作并颁布实施。在水利规划方面，四川省水利厅组织编制完成了《都江堰供水区水资源配置专题》，提出了都江堰供水区水资源优化配置方案。在防汛抗旱方面，四川省水利厅坚持依法防汛，全面落实防汛责任制度，并将责任制度具体落实到各市州，省政府与 21 个市（州）政府签订了《四川省 2017 年防汛抗旱工作清单责任书》。在农田水利灌溉方面，四川省水利厅推动省政府建立四川省高效节水灌溉建设工作联席会议制度，督促各市（州）比照落实，加强组织领导，《四川省“十三五”高效节水灌溉实施方案》得到省政府批复，同时颁布《关于下达 2017 年高效节水灌溉建设任务的通知》，切实完善政策体系，优化管理效率，提升管理水平。

电力建设制度安排：四川省地方电力坚持治水与办电相结合的原则，使农村水电行业得到稳步发展。在电力安全监管方面，四川省按照水利部、省政府和水利厅的部署和安排，认真开展汛前安全生产大检查等安全生产活动，对各市（州）地方电力安全生产大检查情况进行了督查，各项安全生产指标均在控制指标以内。在水电站建设方面，继续加大农业农村水电站建设与投资，与此同时，在优化农村水电站方面作出具体安排。在电网改造方面，政府组织国网四川省电力公司推进农网改造升级和小城镇、贫困村电网改造升级项目建设，推动社会主义新农村建设。

基础交通建设制度安排：省委省政府对农村公路建设尤为重视，积极推进农村硬化路改革，力争实现农村硬化路全覆盖。2016 年 3 月，省政府办公厅印发了《渡口改桥 2016—2020 年建设推进方案》，计划实施渡改公路桥 223 座、90936 延米，估算总投资为 91.9 亿元。在基础交通建设政审批制度改革方面，加大简政放权力度，省、市、县三级行权事项分别精简 78%、43%、31%。在交通法制管理方面，颁布《四川省农村公路条例》，以法治强化交通管理。

（2）基础公共服务现状

水利建设现状：从自来水普及率来看，2017 年，农村自来水普及率达 73.36%，全省农村水质合格率较 2016 年增加 2.26 个百分点，超额完成 2017 年农村饮水安全巩固提升建设任务。从防汛抗旱来看，四川省水利厅坚持提前部署，加强对汛情的检测与预报，成功应对 20 次明显降雨，组织转移群众 5.6 万人次，抗旱浇地 43 万亩，解决了 21 万人因旱造成的饮水困难。从农田水利灌溉面积来看，由表 7 可知，四川省的有效灌溉面积逐年增长，由 2013 年的 3924.75 万亩增长至 2017 年的 4309.65 万亩，年均增长率为 1.89%，全国的有效灌溉面积由 2013 年的 95210.0 万亩增长至 2017 年的 101723.4 万亩，年均增长率为 1.33%，四川省农田有效灌溉面积的增长率大于全国平均水平。

**表 7　四川和全国水利灌溉面积及增长率比较**

| 年份 | 四川 | | 全国 | |
|---|---|---|---|---|
| | 灌溉面积（万亩） | 增长率（%） | 灌溉面积（万亩） | 增长率（%） |
| 2013 | 3924.75 | −0.70 | 95210.0 | 1.57 |
| 2014 | 3999.45 | 1.90 | 96809.3 | 1.68 |
| 2015 | 4102.65 | 2.58 | 98808.9 | 2.07 |
| 2016 | 4220.40 | 2.87 | 100710.9 | 1.92 |
| 2017 | 4309.65 | 2.11 | 101723.4 | 1.01 |

数据来源：历年《四川农村统计年鉴》。

电力建设现状：在农村电网改造方面，2017 年，国网四川省电力公司投资 99.18 亿元，共计新建及改造 110 千伏变电站 12 座，改造线路 163.3 千米，完成贫困村农网改造升级专项工程总投资 3.19 亿元，改造农户 4439 户。农网供电可靠率由 2016 年的 99.76%提高到 2017 年的 99.78%，综合供电电压合格率由 99.5%提高到 99.85%，城乡居民生活用电量由 393 亿千瓦·时提高到 423 亿千瓦·时。在水电站个数方面，由表 8 可知，四川省的水电站个数逐年上升，由 2013 年的 4871 台上升至 2017 年的 4982 台，千人均个数逐年上升，且与全国平均水平相差不大；就水电站装机容量来看，近年来四川省的农村千人均装机容量高于全国平均水平。

**表 8　四川省与全国水电站建设情况**

| 年份 | 四川 | | | | 全国 | | | |
|---|---|---|---|---|---|---|---|---|
| | 水电站个数 | 千人均个数 | 装机容量（万千瓦） | 千人均装机容量 | 水电站个数 | 千人均个数 | 装机容量（万千瓦） | 千人均装机容量 |
| 2013 | 4871 | 7.5 | 1029.1 | 1.6 | 46849 | 7.4 | 7118.6 | 1.1 |
| 2014 | 4917 | 7.6 | 1076.1 | 1.7 | 47073 | 7.6 | 7322.1 | 1.2 |
| 2015 | 4948 | 7.8 | 1110.3 | 1.8 | 47340 | 7.8 | 7583.0 | 1.3 |
| 2016 | 4987 | 8.1 | 1162.2 | 1.9 | 47529 | 8.1 | 7791.1 | 1.3 |
| 2017 | 4982 | 8.3 | 1179.2 | 2.0 | 47498 | 8.2 | 7927.0 | 1.4 |

数据来源：历年《中国农村统计年鉴》。

基础交通设施现状：由表 9 可知，2016 年，全省共建成渡改公路桥 62 座，完成投资 18 亿元，分别占总计划的 27.8%和 19.6%。2017 年，全省共建成渡口改公路桥 45 座，完成投资 20 亿元。四川省农村公路逐年递增，但新建农村公路的速度减缓，乡镇公路硬化率及建制村公路硬化率都在 95%以上，乡镇公路硬化率达 99%，基本实现全覆盖，农村公路渡改桥稳步推进，投资额逐年增加，达到计划目标。

**表 9　四川农业农村交通基础设施建设**

| 年份 | 新建农村公路（千米） | 农村公路总里程（万千米） | 乡镇硬化路率 | 建制村硬化路率 | 农村公路渡改桥（座） | 农村公路渡改桥投资（亿元） |
|---|---|---|---|---|---|---|
| 2015 | 25994 | 23.43 | 90.0% | 68.0% | 133 | — |
| 2016 | 23000 | 26.03 | 97.6% | 95.2% | 62 | 18 |
| 2017 | 21708 | 28.20 | 99.0% | 97.3% | 45 | 20 |

数据来源：历年《四川农村年鉴》。

2. 社会公共服务供给机制逐步完善

社会公共服务由政府提供，用于满足人们对物质文化的需求，社会公共服务同样与农业农村优先发展分不开，本文分析了主要的社会公共服务领域，有教育、文化、医疗、卫生、就业及社会保障。

（1）社会公共服务供给机制

教育制度安排：2017 年 9 月 12 日，四川省教育厅等 7 部委联合印发《四川教育脱贫攻坚（2017—2020 年）实施方案》。该方案明确到 2020 年，重点解决贫困地区的教育发展问题，要显著提升贫困地区的教育发展总体水平，对贫困地区的特困人口要实现基础教育等基本公共服务全覆盖。省委省政府把大力发展农村基础教育作为保障和改善民生的重要内容，采取多项措施，促进农村基础教育事业的发展。

文化制度安排：2017 年，中共四川省委宣传部颁布《关于传承发展中华优秀传统文化的实施意见》，加大对优秀传统文化的发展宣传力度，并构建有效的传承体系，加强乡镇文化站建设。同时，加强涉农广播的开展活动，各级广播电视播出机构开展对农广播电视节目的宣传报道，因地制宜开设涉农节目，大力宣传国家的对农政策，启动为期四年的“万千百十”文学扶贫活动，以文化带动四川农业农村优先发展。

医疗制度安排：2017 年，四川省以乡村振兴战略为指导，坚持“保基本、强基层、建机制”的基本原则，颁布了《四川省“十三五”健康扶贫规划》，加强对乡村医疗卫生服务体系的建设。在财政投资方面，中央和四川省级财政累计投入 24.5 亿元，支持乡镇医院的基础设施建设。在医疗制度改革方面，积极推进农村医疗制度改革，对农村医保支付方式、异地住院结算等进行了深入改革，新增30家医院为跨省定点医疗机构。在专项补助方面，对基层医疗卫生机构的经常性收支差额给予专项补助，保障乡镇医疗卫生机构医疗服务收入，提高乡镇医疗服务水平。

卫生制度安排：2019年3月四川省委省政府印发《关于坚持农业农村优先发展推动实施乡村振兴战略落地落实意见》，对“厕所革命”的具体实施和落实作了相关部署并提出指导意见。该意见指出，不同地区的卫生厕所标准和技术模式应有所区别，要因地制宜推广适用的厕所改进方案，并结合农村公共服务中心，在各地区修建农村公共厕所。在环境整治方面，省委省政府颁布《四川省农村人居环境整治村庄清洁行动方案》，把农村人居环境作为重点来抓，切实优化农村人居环境。

就业保障安排：为促进乡村人口就业，有效解决农村低文化、高年龄、无技术的乡村人口就业问题，四川省委省政府颁布了《四川省贯彻国务院〈“十三五”促进就业规划〉的实施意见》，该意见明确指出农村农民将是四川省就业工作新的拓展方向，并提出争取到2020年全省农村劳动力转移就业2300万人左右。

社会保障体系安排：在农村人口养老方面，四川省民政厅组织开展“民政为民民政爱民”大调研，确立了推动敬老院转变的具体思路和方法，试点推进农村养老服务的工作思路。在农民最低生活保障方面，四川省在其他省份之前率先在省级层面制定了《四川省最低生活保障工作规程》《四川省特困人员救助供养工作规程》《四川省临时救助工作规程》等三项工作规程，以制度化方式不断促进全省最低生活保障工作规范化建设。

（2）社会公共服务现状

基础教育现状：由表10可知，从学校数量上来看，四川和全国的小学及初中学校数量都在减少，四川的小学个数由2015年的5719所下降至2017年的4883所，三年间减少836所，初中数量减少163所；从生师比来看，四川由于学校数量的减少，小学生师比下降，初中生师比上升，四川的小学生师比在17∶1左右，全国的生师比在15∶1左右，四川的初中生师比在12∶1左右，全国的初中生师比在11∶1左右，四川的生师比总体高于全国平均水平。2018年，四川有幼儿园、托儿所的乡镇共4168个，占乡镇总数的90.4%，乡镇开办幼儿园、托儿所情况全国领先。

表 10　四川和全国农村基础教育情况比较

| 年份 | 四川 | | | | 全国 | | | |
|---|---|---|---|---|---|---|---|---|
| | 小学（个） | 在校学生（万人） | 专任教师（万人） | 生师比 | 小学（个） | 在校生数（万人） | 专任教师（万人） | 生师比 |
| 2015 | 5719 | 419 | 19.52 | 21.47∶1 | 118000 | 2965.9 | 203.6 | 14.57∶1 |
| 2016 | 5199 | 420.19 | 24.77 | 16.97∶1 | 106000 | 2891.7 | 197.5 | 14.64∶1 |
| 2017 | 4883 | 408.07 | 24.9 | 16.39∶1 | 96000 | 2775.4 | 177.2 | 15.66∶1 |
| 年份 | 初中（个） | 在校学生（万人） | 专任教师（万人） | 生师比 | 初中（个） | 在校学生（万人） | 专任教师（万人） | 生师比 |
| 2015 | 3432 | 182.81 | 17.51 | 10.44∶1 | 16991 | 702.5 | 64.5 | 10.89∶1 |
| 2016 | 3380 | 180.24 | 15.03 | 11.99∶1 | 16171 | 667 | 60.8 | 10.97∶1 |
| 2017 | 3264 | 179.92 | 14.9 | 12.07∶1 | 15288 | 643.4 | 57.5 | 11.19∶1 |

数据来源：历年《四川农村年鉴》、历年《中国农村统计年鉴》。

文化站建设现状：从涉农广播与电视工作来看，2017 年完成了 140 万户电视户户通工程（其中 25 万户为贫困户）、22 个县的应急广播平台建设，改善了高山无线广播电视发射台站的工作生活条件，提供基本广播电视服务。从乡镇文化站的个数来看，从图 2 可知，四川省的乡镇文化站个数由 2013 年的 4369 个减少至 2017 年的 4267 个。全国乡镇文化站也在逐年减少，由 2013 年的 34343 个减少至 33997 个。四川和全国的乡镇文化站个数都在减少，但四川的乡镇文化站人均占有量高于全国平均水平。2018 年，四川共有乡村图书馆文化站 40179 个，农民业余文化组织 28823 个。

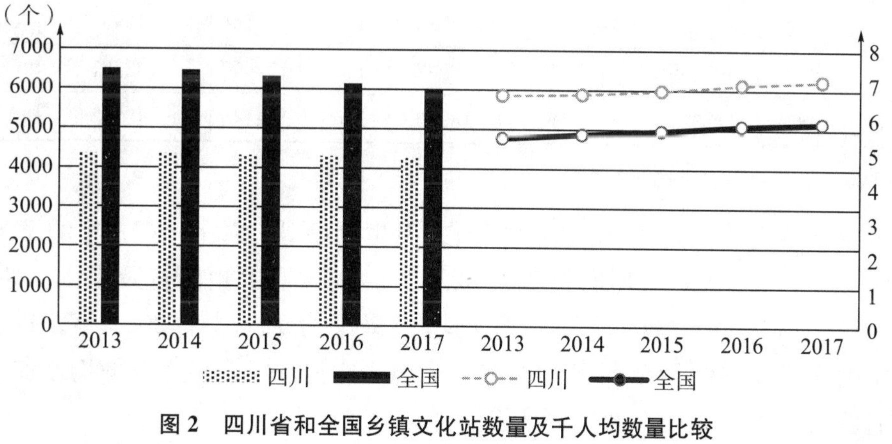


图 2　四川省和全国乡镇文化站数量及千人均数量比较

数据来源：历年《中国农村统计年鉴》。

医疗设施现状：四川乡镇卫生院个数逐年减少，由 2013 年的 4597 个减少至 2017 年的 4466 个，但卫生人员数和床位数却在逐年增加，这说明四川在精简机构数量的同时扩大了现有医疗机构的规模。进一步看，四川的人均乡镇卫生院占有数量较多，但人均占有卫生人员数及床位数却不及全国平均水平（见表11）。从城市和农村医疗机构情况来看，四川农村医疗机构多于城市，但农村医院的床位数、医疗卫生技术及管理人员的数量远不及城市医院的水平（见表12）。2018年，四川共有农村医院1188个，村卫生室56019个，农村医疗服务和疾病预防控制体系进一步完善。

**表11　四川和全国农村医疗设施服务情况**

| 年份 | 四川 | | | 全国 | | |
|---|---|---|---|---|---|---|
| | 乡镇卫生院（个） | 卫生人员数（人） | 床位数（个） | 乡镇卫生院（个） | 卫生人员数（人） | 床位数（个） |
| 2013 | 4594 | 73907 | 114388 | 37015 | 1233858 | 1136492 |
| 2014 | 4575 | 97671 | 117042 | 36902 | 1247299 | 1167245 |
| 2015 | 4509 | 100033 | 119088 | 36817 | 1277697 | 1196122 |
| 2016 | 4490 | 104671 | 120279 | 36795 | 1320841 | 1223891 |
| 2017 | 4466 | 108961 | 127062 | 36551 | 1360272 | 1292076 |

数据来源：历年《中国农村统计年鉴》。

**表12　四川城市和农村医疗机构情况比较**

| 年份 | 城市 | | | | 农村 | | | |
|---|---|---|---|---|---|---|---|---|
| | 机构数（个） | 床位数（个） | 卫生技术人员（人） | 管理人员（人） | 机构数（个） | 床位数（个） | 卫生技术人员（人） | 管理人员（人） |
| 2013 | 819 | 156647 | 143475 | 10979 | 891 | 132375 | 105278 | 7277 |
| 2014 | 857 | 172397 | 156061 | 12007 | 965 | 146758 | 114807 | 8284 |
| 2015 | 912 | 185623 | 167730 | 12223 | 1030 | 160168 | 122951 | 8017 |
| 2016 | 975 | 199751 | 176982 | 12987 | 1092 | 175957 | 132881 | 8271 |
| 2017 | 1060 | 217768 | 191524 | 13950 | 1159 | 194143 | 142263 | 8532 |

数据来源：历年《四川统计年鉴》。

卫生整治现状：由图3可知，四川省卫生厕所普及率由2013年的71%增长到2017年的83.4%，年均增长率为32.7%；全国卫生厕所普及率由2013年的74.1%增长到2017年的81.7%，年均增长率仅为19.7%。2015年之前，四川省卫生厕所普及率低于全国平均水平，但年均增长率高于全国平均水平，2016年以后四川省卫生厕所普及率高于全国平均水平。

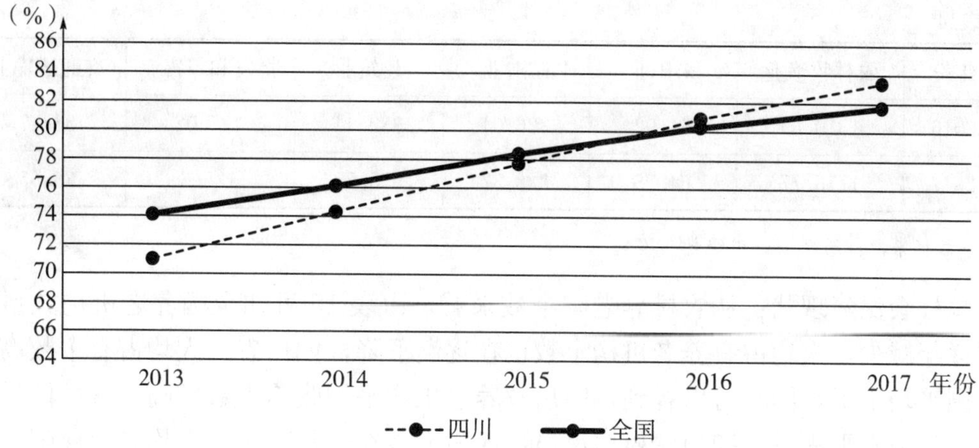


图 3　四川与全国农村卫生厕所普及率

数据来源：历年《中国农村统计年鉴》。

就业保障现状：由表 13 可以看到，城镇就业人员的增长率较高，由 2013 年的 770.32 万人增长至 2017 年的 816.11 万人，年均增长率为 1.2%，而乡村就业人员自 2013 年开始就一直处于负增长状态。同时由表 14 可以看到，四川乡村就业人员中，尽管农林牧渔业所占的比重最高，但其所占比重逐年下降，就业人员由第一产业流向了其他产业。

表 13　四川城镇与乡村就业人员及增长率比较

| 年份 | 城镇个体私营企业就业人员（万人） | 增长率（%） | 乡村就业人员（万人） | 增长率（%） |
|---|---|---|---|---|
| 2013 | 770.32 | 2.84 | 3324.3 | 0.57 |
| 2014 | 699.73 | −9.16 | 3302.0 | −0.67 |
| 2015 | 740.53 | 5.83 | 3281.0 | −0.64 |
| 2016 | 872.92 | 17.88 | 3257.0 | −0.73 |
| 2017 | 816.11 | −6.51 | 3230.0 | −0.83 |

数据来源：历年《四川统计年鉴》。

表 14　按行业分乡村就业人员

单位：万人

| 年份 | 农林牧渔业 | 采矿业 | 制造业 | 建筑业 | 批发和零售业 | 交通运输业 |
|---|---|---|---|---|---|---|
| 2013 | 1939.71 | 68.25 | 309.88 | 329.54 | 114.72 | 37.32 |
| 2014 | 1888.77 | 70.18 | 299.12 | 316.09 | 129.67 | 37.22 |
| 2015 | 1853.69 | 65.47 | 313.64 | 332.36 | 116.35 | 31.51 |

续表14

| 年份 | 农林牧渔业 | 采矿业 | 制造业 | 建筑业 | 批发和零售业 | 交通运输业 |
|---|---|---|---|---|---|---|
| 2016 | 1810.69 | 64.92 | 326.04 | 332.44 | 125.02 | 33.17 |
| 2017 | 1775.77 | 64.28 | 328.32 | 335.78 | 125.6 | 33.65 |

数据来源：历年《四川统计年鉴》。

社会保障现状：从农村养老院个数来看，由表15可知全国养老机构数量都在逐年减少，人均占有养老机构个数也在逐渐下降，四川省的人均占有个数高于全国平均水平，同时可以看到，四川省养老机构平均收养人数较高。从居民最低生活保障水平来看，四川农村居民最低保障人数在逐年减少，人均最低保障支出逐年递增，但四川的人均最低保障支出水平与全国平均水平相比差距仍然较大，且增长速度较慢，增长幅度小（见表16）。

**表15　四川省和全国农村养老机构数和收养人数比较**

| 年份 | 四川 | | | | 全国 | | | |
|---|---|---|---|---|---|---|---|---|
| | 养老机构个数（个） | 千人均占有养老机构个数（个） | 年末收养人数（人） | 每个养老机构平均收养人数（人） | 养老机构个数（个） | 千人均占有养老机构个数（个） | 年末收养人数（人） | 每个养老机构平均收养人数（人） |
| 2013 | 2831 | 4.36 | 256482 | 91 | 30247 | 4.80 | 2012116 | 67 |
| 2014 | 2783 | 4.30 | 265175 | 95 | 20261 | 3.27 | 1556517 | 77 |
| 2015 | 1955 | 3.09 | 186929 | 96 | 15587 | 2.58 | 1151825 | 74 |
| 2016 | 1925 | 3.14 | 182818 | 95 | 15398 | 2.62 | 1132253 | 74 |
| 2017 | 1877 | 3.13 | 157827 | 84 | 15006 | 2.60 | 1013356 | 68 |

数据来源：历年《中国农村统计年鉴》。

**表16　四川和全国农村居民生活保障情况比较**

| 年份 | 四川 | | | 全国 | | |
|---|---|---|---|---|---|---|
| | 农村居民最低生活保障人数（万人） | 农村最低生活保障支出（亿元） | 人均最低生活保障支出（元） | 农村居民最低生活保障人数（万人） | 农村最低生活保障支出（亿元） | 人均最低生活保障支出（元） |
| 2013 | 439.5 | 56 | 86.15 | 5388 | 866.9 | 137.69 |
| 2014 | 425.3 | 54.4 | 84.14 | 5207.2 | 870.2 | 140.66 |
| 2015 | 405.5 | 59 | 93.40 | 4903.6 | 931.5 | 154.36 |
| 2016 | 356.7 | 72.4 | 117.92 | 4586.5 | 1014.5 | 172.55 |
| 2017 | 366.3 | 72.9 | 121.56 | 4045.2 | 1051.8 | 182.41 |

数据来源：历年《中国农村统计年鉴》。

## 三、四川农业农村优先发展体制机制存在的问题及原因分析

近年来，四川省委、省政府从体制机制层面不断创新农业农村优先发展路径，坚持顺体制、活机制的基本原则，促进了四川省农业农村优先发展。但在实际运行过程中还存在着体制机制间横向协调性不强、纵向传递性较差和具体体制机制不完善、执行困难等问题，导致四川省农业农村发展过程中农村劳动力素质不高、农业农村投资较少、农用地非农化、公共服务发展不均、供给结构不平衡、供给行为不规范等问题依然突出。

### （一）体制机制协调传递存在的问题及原因分析

#### 1. 体制机制的横向协调性不强

针对如何实现农业农村优先发展，四川省已配套建立相关体制机制，并不断深化改革原有体制机制、创建新的体制机制。但由前文分析可知，在具体实践过程中，体制机制间横向协调性不强问题突出。农业政策的实施需要财政厅、科技厅等相关部门与农业农村厅积极合作、共同完成，而当前我省农业农村厅与其他部门的联系沟通少、协调性不强，如省财政厅对农业农村厅的拨款不及时、手续繁杂等问题依旧存在；科学技术厅、人力资源与社会保障厅、住房城乡建设厅等部门主动与农业农村厅开展的合作较少，对农业农村优先发展的支持性不强。此外，体制机制在具体落实过程中存在利益冲突（如财政资金优先保障对象不清、公共服务供给主攻方向不明确），利益的争夺往往会导致两败俱伤的局面，体制机制在整合运行过程中的效果大大减弱。

导致我省农业农村优先发展体制机制不协调的原因包括：一是目前我省还没有建立一套系统的农业农村优先发展体制机制协调体系，体制机制在运行前缺乏统筹规划，各体制机制分散运行，关联性弱；二是现行农村工作领导体制中，有关政府各部门职责的界定多为宏观描述，落实到具体问题上时，往往会存在职能交叉重叠、权责不明晰、部门利益冲突不断、体制机制运行缺乏实施主体和多主体领导等现象；三是监督检查和责任追究机制不健全，由于不需对自身行为负责或惩罚力度不够，各部门往往会以自身利益为导向，着重畅通本部门体制机制的运行，而不考虑其他部门体制机制的运行。

#### 2. 体制机制的纵向传递性较差

从前文分析中可以看到，四川省农业农村优先发展体制机制在不断建立健全，但体制机制的整体运行效果并没有达到预期，这与当前我省体制机制在宏观、中观、微观三个层级的传递性较差密切相关。从上至下看，上级部门建立的体制机制多为宏观统筹，在具体落实过程中可能与实际情况不符；多层级的传递

层次使得上级部门要求各级地方政府部门执行落实的体制机制的内涵、形式等在传递过程中可能已被扭曲。从下至上看，各级地方政府部门针对农业农村优先发展提出的体制机制完善意见在向上级审批备案的过程中程序复杂、审批时间长；同时，体制机制的运行效果在向上级反馈时往往得不到重视。最后，处在上下级体制机制传递过程中的中间管理部门不仅没有发挥好桥梁作用，还在一定程度上加大了体制机制传递的难度。

四川省农业农村优先发展体制机制在宏观、中观、微观三个层级传递性较差主要有以下两方面原因：一是缺乏有效的沟通机制，多层次的管理体系使上下级信息传递困难，上级部门建立的体制机制在具体落实过程中与乡镇政府部门实际情况不符，同时乡镇政府部门在向上级反馈体制机制运行效果时得不到重视；二是缺乏合理的政策运行效果评价机制，上级政府部门较少对政策实施效果进行切实检验，较少深入基层实地调研政策落实情况，因而无法保证政策力度不减地贯彻执行下去。

### （二）行政管理体制存在的问题及原因分析

#### 1. 干部激励机制不健全，激励力度不足

从前文的行政管理体制构架及现状来看，政府对农业农村干部的激励机制不健全。一方面，缺乏对新任干部的激励机制，没有对新任干部的激励进行量化规定，同时并未出台相关配套政策吸引优秀村干部；另一方面，对现有村干部的激励力度不够，导致村干部缺乏工作积极性，进一步阻碍了农业农村优先发展。要实现农业农村优先发展，在干部配备上优先满足，不能只靠政府指定或者任命干部到农村，而要建立有效的干部激励机制，提高对优秀干部的激励力度，吸引优秀的干部主动投身到农村。

干部激励机制不健全，激励力度不足主要是政府对农业农村干部激励的财政拨款不够，资金上的激励力度较小，村干部的基本工资在2000元以下，少数偏远地区村干部工资甚至只有几百元；管理体制固有的弊端使行政岗位有限，无法为村干部提供足够的上升空间。

#### 2. 缺乏绩效评估机制，政策实施效果差

四川省农业农村厅行政管理构架并没有设立专门的政策绩效监督及评估机制。绩效评估机制的缺乏导致了政策实施效果差，主要表现在部分地方政府存在寻租行为，或部分地方官员为达到自身的绩效评估，不惜牺牲农民群众或其他主体的相关利益，导致民众逐渐对政府失去信心，阻碍农业农村优先发展。

政府绩效评估机制缺乏、政策实施效果差的原因主要是政府对乡村绩效评估的体制机制不重视，同时对绩效评估体系的设计不全面。一方面，基层政府官员的管理能力不强，自身专业知识的限制导致其考虑问题不全面，对绩效评估机制

的重视度不够；另一方面，乡村缺乏专业的管理人才，要考虑到农业农村发展的方方面面，设计出完善的绩效评估机制较难。

（三）资源要素配置机制存在的问题及原因分析

1. 人才管理机制不科学，人才培养力度不够

从前文分析可知，四川省人才管理机制不科学，主要表现在人才工作格局不合理，从事农村成人文化技术培训的教职工较少，2017 年每万名乡村就业人员仅拥有 3 名教职工；农业从业人员“妇女化、老龄化、低文化”现象依然普遍。同时也缺乏相关政策鼓励农村劳动力自主接受成人文化技术培训，全省农业科技服务业人才力量薄弱，农业科技服务人才仅占全省科技服务人才总量的 3%。

人才管理机制不科学、人才培养力度不够的主要原因有以下三点。一是人才管理机制僵化，人才培养主要是依靠政府相关政策措施，企业和社会力量较弱，人才管理缺乏效率。二是人才培养、激励保障机制不健全，没有针对各地区设置强制性的农业农村人才培养指标，人才培养政策落实效果差；留住农村人才和吸引人才回流农业农村的激励力度不高且缺乏可持续性。三是用于农业农村人才培养的资金不到位，使得人才管理机制运行困难。

2. 投融资机制不健全，投融资结构不合理

四川省农业农村优先发展的资本配置机制不断健全，但由前文分析可知，农业农村投资仍然较少，资本严重稀缺。这与四川省农业农村投融资机制尚不健全密切相关，具体表现为资本投资结构不合理、融资方式单一。首先，资本投资结构依然呈现出明显的重工业城市、轻农业农村的特征，投入到农林牧渔业的资本虽有增加但占全社会总投资比重不足 5%；农村住户固定资产投资仅占全社会固定资产总投资的 2%左右，且有下降趋势，资本投入农业农村的力度明显不强。其次，全省农村住户固定资产投资资金筹集模式单一，仍表现为自筹资金占主导地位、其他资金为补充的格局，筹措的资金极为有限且无规模效应，不利于四川省农业农村优先发展。

导致四川省农业农村投融资机制不科学的主要原因有以下几个方面。一是目前四川省投资主体缺位，各级政府部门权责不明晰，对农业农村投资往往采取“不得已而为之”的策略，只有当农业农村出现困境时才增加投资，一旦有所好转则又减少投资。二是资本使用监管机制不健全，地方政府部门为完成 GDP 任务，将筹集的资本投入周期短、回报高的项目。三是资本使用评价机制未建立健全，相关政府部门、投资机构无法实现投资资本利用效率最大化。四是缺乏配套的金融信贷政策，从金融机构的角度来看，农业生产仍面临较高的自然风险和市场风险，金融支持政策的不完善使得金融机构面临的风险较大，其自然不愿意将资金投入农业农村发展建设；从农业生产经营者的角度来看，银行借贷、民间借

贷等外部融资的成本较高，融资手续复杂，加之自身管理水平不高、证件不齐全，很难取得有效的农业经营产权进行抵押贷款，外部融资极为困难。

3. 土地流转和利用机制不完善，土地流转利用不规范

虽然四川省近年来不断深化农业农村土地制度改革，完善土地要素配置体制机制，但从前文土地要素配置现状中可以看出，四川省土地流转和利用机制尚不健全，土地流转利用不规范问题突出。2017 年，四川省土地流转书面合同签订率比全国平均水平低 9.24 个百分点，且土地流转价格公开透明度低、信息不对称，导致土地流转过程中农民权益频频受损；流转仍以出租和转包为主，占 81.26%，土地股份合作较少。同时，土地利用规划监督审核体系不健全，导致部分地方政府为追求 GDP 等政绩考核任务不断增加建设用地面积，人均耕地面积不断减少，2018 年我省人均耕地面积仅为 1.21 亩/人，比上年减少 0.01 亩/人。

四川省土地流转机制还不完善、土地流转不规范的原因有：首先，四川省部分地区尤其是偏远山区、贫困地区的农村土地流转风险保障机制还未建立，受传统思想的束缚，农民担心土地流转之后会失去维持基本生存需要的来源，不愿主动进行土地流转；而政策支持力度不够，农业又仍然是一个低收益、高风险的产业，使得企业也不愿参与土地流转。其次，土地流转还未形成规范化的市场运作机制。

四川省土地利用机制不完善、土地利用不合理的原因则主要是：部分地方政府为完成政绩考核任务，表面上通过出台相关文件合理配置城乡土地以及建设用地和农用地的数量，实则却在不断增加城市土地面积和建设用地面积；同时缺乏严格的土地使用后续监管机制，出现部分企事业单位在得到用地审批后私自改变土地使用用途的情况。

（四）财政投入机制存在的问题及原因分析

1. 财政支农资金投入机制不健全，支农力度不够

由前文对四川省农业农村财政支农资金投入情况的分析可知，目前四川省财政支农资金投入机制还不健全，具体表现为支农力度不够。首先是支农资金总体投入力度不够，虽然四川省近年来不断增加财政支农资金投入，但增长率却呈现出下降趋势，2017 年仅增长 3.48 个百分点；同时，财政支农资金占公共财政预算支出的比重不高且也呈下降趋势。其次是农业科研投入力度较弱，2017 年全省农业科研投入强度仅为 0.29%，低于 0.77%的全国平均水平，更低于世界粮农组织确定的农业研发强度适当标准 1%。①

① 数据来源：《四川农业科技竞争力提升调研报告》。

四川省财政支农资金投入机制不健全、支农力度不够的主要原因有：首先，当前四川省还未配套建立健全财政支农资金稳定增长机制，未设定财政支农资金增长幅度硬性指标，缺乏对财政支农资金投入额的强制性要求，使得各级政府部门为促进当地经济发展，更多地把资金投入工业等高回报产业，降低了对农业的投入力度；其次是缺乏财政支农项目资金使用监管机制，监管不到位使得财政支农资金使用透明度低，部分地方政府部门出现挤占挪用财政支农资金的情况，使得财政支农资金名义上增加，实则并未增加。

2. 财政支农资金统筹整合机制不完善，资金效率低

由前文分析可知，虽然四川省在不断增加财政支农资金投入总额，但由于目前还处于涉农资金统筹整合机制的初步探索建立阶段，财政支农资金统筹整合机制还不完善，支农资金较为分散，支农效果不明显。财政支农资金统筹整合机制不完善体现在：整合对象、范围和投向不明晰；缺乏以主导产业和项目打造的有针对性的支农资金整合平台；资金使用管理制度不统一、支农资金统筹使用管理协调机制缺乏，而支农资金整合涉及的部门又较多，导致支农工作缺乏效率。

阻碍财政支农统筹整合机制运行的原因有：部门利益分割，中央、省级、县级各部门追求的目标利益不同，导致财政支农资金在整合时缺乏统一的规划；现行支农资金管理制度不完善，支农资金整合缺乏制度支撑，资金分配、使用和管理制度间互相矛盾和交叉重叠现象普遍存在，导致各级财政部门资金分配不规范、使用范围不明晰、管理监督不严格、职责效能不统一。

（五）公共服务供给机制存在的问题及原因分析

1. 公共服务供给机制不均，社会公共服务较差

从前文分析可以看到，在基础公共服务建设方面，四川省农村自来水普及率虽已达 73.36%，但相较于全国平均水平（81%）仍然较低，湖北、广东等地的自来水普及率分别已达 90%、88.89%；尽管四川省水利灌溉面积增长率高于全国平均水平，但总体来说，四川省水利灌溉面积增长率仍然较低。基础公共服务中水电站的建设以及农村交通基础设施建设的发展相对较好，2017 年乡镇公路硬化率已达 99%，农网供电可靠率达 99.78%。在社会公共服务建设方面，四川省的农村学校数量少、学校专任教师较少、生师比较高等问题突出，农村基础教育的质量不及全国平均水平。四川省的医疗设施建设情况与全国平均水平还有一定差距，卫生人员数以及床位数都不及全国平均水平，但近几年的医疗设施水平已有提高，政府政策在保持原有政策力度的前提下，没有进一步加强政策的执行和实施力度。四川省人均最低保障支出也仅有 121.56 元，远低于全国平均水平的 182.41 元。

由此可见，四川农业农村公共服务发展参差不齐，基础公共服务和社会公共

服务的发展各有不同，总体来看，四川省农业农村基础公共服务的发展情况较好，而社会公共服务发展较差，尤其是教育和医疗。而导致公共服务资源供给不均等，公共服务发展参差不齐的原因是公共服务供给机制存在不均，政府对公共资源并没有进行合理利用和配置，对公共服务的重点方向和重要领域并未加以重视。具体来看，自来水普及率较低的原因是政府对农民的补贴机制欠缺，对农民的补贴不足，很多农民不愿意自掏腰包安装自来水，而水利灌溉面积增长速度缓慢则是政府对农田水利灌溉的建设不够，体制机制及相关政策没有完全到位。教育作为一项重要的公共服务资源，其发展主要由政府的体制机制决定，现在四川省的教育资源不足，一是由于教育资金的投入不到位，二是由于教育部政策制定及执行方面尚有不足。

2. 公共服务供给机制结构失衡，城乡供给差距大

从前文的分析可以看出，四川公共服务供给机制出现结构失衡，主要表现在以下两个方面。一是城乡公共服务提供情况相距甚远。以医疗卫生服务供给为例，2017 年每万乡村人口平均拥有卫生技术人员 35 位，而每万城镇人口平均拥有卫生技术人员 45 位；从就业人员保障来看，尽管四川省出台了多项政策促进农村人员就业，但在该过程中也会导致农村人员的流失，且从前文分析可以看出，四川从事农林牧渔业的农村人员占总就业人员的比重在逐渐下降。二是公共服务的供给与需求不均衡。主要表现在政府公共服务资源的错配，对与农民生活息息相关的就业、保险及医疗问题并未足够重视，却不遗余力地提供有利于政府绩效的公共服务，进而导致了公众对公共服务的需求与政府提供的公共服务不匹配问题。

公共服务供给结构失衡，城乡供给差距大的原因是城乡二元经济结构的问题，“重城抑乡、重工轻农”的非均衡发展战略导致城乡公共产品供给失衡。具体来看，医疗卫生方面主要是政府对全国医疗卫生资源的配置不公以及政府政策的执行力度不够，就业方面则是政府没有制定专门的农业农村就业部，对就业创业的类型未加限制，且对乡村人员的流出并未做出补救和防止措施。

3. 公共服务监管机制不完善，供给行为不规范

从前文体制机制安排情况以及相关公共服务的发展现状来看，政府对相关公共服务做了安排，并优化了相关的体制机制，但部分公共服务的发展情况并未得到改善，公共服务供给行为不规范现象依然突出。如农村养老及农村社会最低保障水平，尽管农村养老机构在进一步优化，平均收养人数在逐步减少，但与全国平均水平相比仍有较大差距；又如政府对农村基础公共教育的投入逐年增加，但农村基础公共服务的教育水平和教育质量并未得到显著提升。综合分析其原因，主要是监管机制的缺乏导致部分地方政府存在寻租行为，如在一些贫困落后地区

也大力兴建农贸市场、休闲广场、豪华办公楼等。

监管机制不完善、供给行为不规范的原因，一是由于农村公共服务供给几乎属于监管的真空地带，政府投入到农村的财政资金没有得到有效监管，村干部有投机的可能，村干部是否切实按照上级政府的制度及政策贯彻落实得不到有效证实，监管机制的缺乏使村干部的公共服务供给开展情况不透明，其可以按照自己的意愿对公共服务资源进行配置，而合理与否以及规范与否得不到保障；二是由于缺乏对村干部的绩效考核，政府政策的执行力度与执行效果都较差。

## 四、四川农业农村优先发展体制机制创新的对策建议

四川农业农村优先发展的体制机制在逐步建立健全，但其在运行过程中存在的不协调、传递性差、不科学、不合理等问题使运行效果较差。当前要实现四川农业农村优先发展，必须着力破除体制机制障碍，从行政管理、资源要素配置、财政投入以及公共服务供给等方面创新四川农业农村优先发展的体制机制，并探索建立体制机制间有效协调和传递的优化路径，进一步理顺体制、畅通机制，以科学合理的体制机制支撑四川农业农村优先发展。

### （一）构建有效的沟通协调反馈体制机制

#### 1. 建立协调有效的横向沟通机制

当前四川省各部门的配合程度低、沟通交流少，应根据平等性、公共性、共赢性和复合性的部门合作特征，建立有效的水平式沟通机制：一是利益或者职能相关的部门通过协调达成协议，以明确相互间的边界；二是在部门共同参与的领域，成立诸如专门委员会、联席会议等组织机构进行协调，推动部门间的合作；三是根据组织领导原则，指定某个机构来协调特定范围内所有部门的活动等。

#### 2. 建立传递有效的纵向反馈机制

配套官民定期沟通协商制，定期开展政府与村民的沟通协商，保证村民民主意见有效输出；加强农民自主治理机制，对一些村集体的财产或者土地，村集体有自主决策和使用权，政府不得干涉；建全政策运行效果评价机制，省农业农村厅与市农业农村局应定期安排人员到基层实地调研，并根据调研结果对农业政策效果作出评价，对相关人员给予奖惩；健全权力制约监督机制，合理分权的同时完善党内监督，强化党政干部监督意识；完善法律治理体系，加强民主监督，依法监督党内行政人员，严格追究责任。

### （二）强化行政管理体制机制

#### 1. 强化干部激励机制

农业农村优先发展离不开干部的作用，而要促使村干部真正为农民干实事，

切实把农业农村优先发展作为重点来抓，必须建立集选拔任用、培养评价与激励于一体的正向激励机制。农业农村优先发展，“优先”不能仅仅停留在口头上，要在激励机制中体现出来。要把“懂农业、爱农村、爱农民”作为基本选拔条件，注重选拔政治过硬、能力过硬的干部，对优秀大学生村官及返乡干部给予奖励；参照农民收入增幅和当地经济发展水平建立工资逐年增长制度；对工作能力强、政绩突出的村干部实行政治激励，提供更大的上升空间。营造一个“进有路、退有保、报酬较高”的工作环境，让村干部真正安心从事农村工作，为广大农民群众谋福利。

2. 建立高效的绩效评估机制

体制机制的制定及政策的实施效果等都与绩效评估机制分不开，面对四川省政府缺乏绩效评估机制，进而导致政策实施力度不强、效果不好等问题，必须建立高效的绩效评估机制。首先，要引入相关重要指标，把财政支农投入增幅、缩小城乡居民收入差距、生态环境等体现农业农村优先发展的指标列入政府绩效考核体系。其次，在优化指标选举后，要建立健全农业农村优先发展指标考核体系，在考核时注意考核主要领导干部的政策实效，尽量采用量化的指标，每次干部考核的结果应保留，可利用这些绩效考核结果来选拔优秀干部。最后，紧跟党中央对乡村振兴战略及农业农村优先发展提出的新要求，实时更新绩效评估机制。

（三）优化资源要素配置机制

1. 构建科学高效的人才管理机制

人才管理机制是决定人才资源配置效果的重要因素，构建科学高效的人才管理机制是改变人才从农业农村向工业城市单向流出格局，实现城乡人才资源要素双向流动的重要举措，是四川省农业农村优先发展人才支撑的重要保障。

首先，要创新农业农村人才工作格局。因地制宜，合理分配人才资源，将有经验的老干部、有干劲的青年干部和有技术的人才优先配备到农业农村，尤其是农村一线；鼓励在城市工作的高素质人才利用空闲时间到周边农村就近兼业，改变只有居住在农村的居民才在农业农村就业的工作格局。

其次，建立健全农业农村人才评价机制。一是分类对各级干部制定农业农村优先发展绩效考核指标，以指标完成度对干部人才进行评价，督促各级干部将农业农村优先发展落到实处；二是依托设立新型农民资格证，初、中、高级农业技术资格证等，鼓励农业生产经营人员通过考证提升自身农业技能水平。

最后，完善农业农村人才引进、培养和使用机制。增设农村成人文化技术培训学校，提高农村成人文化技术培训教职工的福利待遇，吸引更多有知识的人从事农村成人文化技术培训；在高校设立有关农业农村发展专业的免费师范生，规定就读者毕业后需在农村就业一定年限；在各村镇上设立农业技能培训组织机构，改造传统农民，使之向新型职业农民转变；和科研院所、企业、高校对接，将其培养的人才引进农业农村发展事业建设中；给予对当地农业农村发展做出贡献的人才一定的奖励。

2. 建立科学合理的投融资机制

融资难、投资不合理使得四川省农业农村优先发展缺乏必要的资金支持，要拓宽资金来源渠道、提高资金使用效率，必须建立科学合理的投融资机制。首先，应建立起基于大数据分析的农业农村固定资产投融资决策框架。以大数据综合测算结果，因地制宜，确定最优的农业农村固定资产投资总额、投资结构及融资方式，使资金使用效率达到最大化。

具体从投资来看，要健全投资机制，明确各级政府部门的权利和责任，将年度农业农村优先发展投资指标划分到各级地方政府部门，并以投资带来的农民收入增长、农村环境改善及农业经济增长结果作为政府部门的考核内容。从融资来看，要建立起多元化的农业农村融资机制，制定系列配套政策鼓励社会资本投入农业农村，如给予税收优惠、财政补贴等；完善农业农村投融资风险控制机制，通过农村信用担保基金、融资担保基金等为涉农贷款提供风险保障；鼓励商业银行和政策性银行加大对投资农业农村发展项目的企业授信额度，适当放宽固定资产贷款抵押担保条件。

3. 健全土地流转和利用机制

土地规范有序地流转以及合理高效地利用，将为农业农村优先发展提供重要的土地要素支撑，因此必须尽快健全土地流转和利用机制，引导新型农业经营主体发展现代农业，促进规模化经营，提高农业劳动生产率，保护农用地尤其是关乎粮食安全的耕地面积。

健全土地流转机制，首先，要建立完善的土地流转风险保障机制。对进行土地流转的农民和企业给予资金、技术等方面的支持；建立土地流转服务平台，为农民提供公开、透明的土地流转市场；完善土地退出保障机制，在土地确权的基础上，制定合理的土地权益补偿额度，保证农民在放弃土地时能得到应有的补偿；建立健全农民工失业保障体系，削弱土地作为农民工最后保障的功能。其次，要创新土地流转形式。通过广泛宣传、重点地区示范向农民推广股份合作的土地流转方式。最后，要建立起规范化的土地流转市场运作机制，加大对土地流转的监管力度，督促农民通过签订书面流转合同进行土地流转。

健全土地利用机制，要建立健全土地使用管理制度，在土地使用审批环节实施严格的用地审批标准，加强对各级地方政府部门土地利用规划的审批力度；在土地使用过程中，加强对土地使用的监管力度，不定期抽查各地土地使用用途是否与申报时相符；建立对土地使用的评价指标体系，以合理安排土地使用，提高土地使用效率。

（四）完善财政投入机制

1. 健全财政支农资金稳定增长机制

保持财政支农资金稳定增长，是促进农业农村优先发展的有力支撑，因此，必须健全财政支农资金稳定增长机制。首先，要将财政支农资金的数量和增量提高到法律层面，通过省人大立法的形式规定每年财政支农资金的金额及增幅，可参照国家财政教育支出，以国内生产总值（GDP）为基准（国家规定财政教育支出必须保持在 GDP 的 4%以上）。其次，要逐步制定科学合理的财政支农资金使用评价机制，督促各级地方政府部门将财政支农资金真正落到实处。最后，要构建客观公正的财政支农政策监督体系，对滞留财政支农资金、挤占挪用财政支农资金等行为给予严厉的处罚；同时，建立举报激励机制，鼓励各级部门互相监督，保证财政支农资金的投入落到实处。

2. 建立涉农资金统筹整合长效机制

以“聚好钱、用好钱、管好钱”为基本原则，因地制宜搭建优势产业、重大项目等统筹整合平台；构建省、市、县级部门三方联动的资金统筹整合沟通机制；加强规划引领，事前开展民意调查，精准定位整合后的涉农资金投向；明确各地任务清单，充分赋予县级“自主权”，允许县级在完成约束性任务的前提下，结合当地发展的实际情况，采取“截长补短”模式，适当调整使用涉农资金；强化激励约束机制，对统筹整合试点工作推进成效显著的给予奖励，对工作开展不足的追究责任。

（五）创新公共服务供给机制

1. 优化公共服务供给分配机制

公共服务所涉及的方面众多，农业农村优先发展应有所侧重，针对四川农业农村公共服务发展参差不齐的现象，应明确公共服务供给的主攻方向，优化公共服务供给分配机制，重点突破公共服务的关键领域和薄弱环节。

水利建设是一项重要的民生工程，不仅关系到农业，也关系到农村，更关系到农民的日常生活。要实现农业农村优先发展，必须重视农业农村水利建设工程，政府应将水利建设工程作为重要公共服务来抓，进一步提高农村自来水普及率，加强对自来水安装工程的监督力度，保证农民的用水安全问题。对农田水利灌溉建设，政府可通过全面普查四川省农田，根据农田的不同特性来实施有针对性的农田水利建设，根据实际情况制定匹配的体制机制，进而将这些民生工程落到实处，推动农业农村优先发展。

医疗卫生也是关系农民基本生活的重要公共服务，针对四川省农村医疗卫生机构数量多而不精、地理位置较分散、医护专业人员缺乏等问题，政府可强化对农村医疗机构的补偿机制，并对农村医疗机构进行整改，如适当精简农村卫生院个数，集中医护专业人员，提升农村医疗卫生机构的整体水平。考虑到农村地理位置偏远，对农村偏远医疗单位提供交通支持，如给予补贴让其多配置医疗救护车，为提高医护人员水平，可制定政策对其进行定期培训。

2. 拓展多元公共服务供给模式

针对公共服务供给结构不均衡问题，可以拓展多元公共服务供给模式，因地制宜制定相关体制机制及政策。

对城乡供给结构不均衡问题，我国目前的公共服务并没有充分考虑城乡差异和地区统筹，是一种非均等化的公共服务，制度障碍是公共服务非均等化的根源。因此，在制定公共服务供给制度时，应拓展公共服务供给模式，将公共服务与扶贫政策、城镇化政策等结合起来，统筹城乡公共服务，调节公共服务在城乡之间的配置，达到城镇带动农村，公共服务资源优先偏向农村的政策效果。

针对公共服务的供给与需求不匹配问题，采用多元公共服务供给模式，对农民的公共服务需求做详细的调研和调查，通过多种方式提供相应的公共服务，满足农民对公共服务的需求。由于信息不对称，政府难以兼顾各个群体的需求，因此应审慎界定直接由政府提供的公共服务的内容和范围，对公共服务中的具体事务，社会和市场能做到的，应交由社会和市场来做。建立以政府为主导，企业、社会组织等主体参与的公共服务供给机制，依据各主体的不同特点和优势构建多层次、多样化的公共服务供给内容。通过政府的普惠性服务、企业的层次性服务和社会组织的协调性服务充分满足各个层次群体的不同需求，在“保基本”的同时建立差异化、高质量的公共服务供给体系。

3. 健全公共服务供给监督机制

对政府公共服务供给行为不规范等问题，可以通过建立政府公共服务监督机制来解决，从源头上制止和解决公共服务供给不规范等问题。综合运用社会监督、行政监督、法律监督，创设常任制的行政监察委员会，对地方行政机关出台的相关政策进行实时监督；为公民针对地方政府某些不当行政行为的维权行动创造良好的制度条件，降低公民社会监督成本；构建一个从政府机构独立出来，由委员会（由行业技术、法律和一般大众的意见领袖等各方人才共同构成）集体领导的农业农村公共服务供给监管机构。

负责人：曾令秋（四川师范大学）
成　员：丁　娟（四川省统计局）
周　怡（四川省统计局）
鞠中芳（四川师范大学）
田　嫒（四川师范大学）
王　芳（西南财经大学）
张智棱（四川师范大学）

# 四川丘区现代农业发展研究

四川丘陵地区（简称丘区）是四川四大类别地区（平原、丘陵、高原和山区）中耕地面积最大、农业资源最丰富、农业产值最多的地区，丘区现代农业发展在全省现代农业发展中具有引领和核心作用。本文以四川 69 个丘陵县（市、区）农业发展相关统计数据为基础，结合射洪、武胜、梓潼等丘陵县实地调研情况，对四川丘区现代农业发展现状和特点进行总结，找出四川丘区现代农业发展面临的困难和存在的问题，并提出有针对性的建议。

## 一、现代农业的基本内涵和现实意义

### （一）现代农业的基本内涵

现代农业是指广泛应用现代科学技术、现代工业提供的生产资料和科学管理方法进行生产的社会化农业。发展现代农业，就是以资本、物质和技术等先进要素为基础，对传统农业进行升级改造，以工业化的生产手段装备农业，以先进的科学技术提升农业，以社会化的服务体系支持农业，以科学的经营理念管理农业，最终实现农业增长方式的根本转变，实现农业生产的规模化、专业化、科学化。

### （二）现代农业发展的迫切要求和现实意义

1. 加快现代农业发展是当前四川所处经济阶段的客观要求

当前四川正处于工业化中期的后半阶段，工业化、城镇化、信息化都呈加快发展趋势，而农业现代化发展相对滞后，农业仍然是经济社会发展的短板。农业现代化是一个地区现代化的基础和支撑，直接关系到工业化、城镇化的顺利推进。对四川这样一个农业大省而言，农业发展质量高不高、竞争力强不强，在很大程度上影响着现代化的整体进程。特别是在经济新常态下，加快推进农业现代化，对四川经济社会持续稳定增长和与全国同步建成小康社会具有重大意义。因此，必须按照党的十八大和十九大的要求，深化农业供给侧结构性改革，加快转变农业发展方式，推进四川工业化、信息化、城镇化和农业现代化同步发展。

2．加快现代农业发展是四川转变经济增长方式的迫切要求

四川是传统农业大省，受土地资源、地形地理和发展历史的限制，现代农业发展水平相对较低，与东部发达地区相比差距还比较大。同时，省内各地区农业资源禀赋和经济基础不同，各地区农业发展也同样存在较大差异。因此，要因地制宜，加快调整农业发展结构，转变农业经济增长方式，提高现代农业装备和产业化水平，全面推进各地各具特色的现代农业建设。

3．加快现代农业发展是四川实现乡村振兴的基本要求

党的十九大报告指出，要注重乡村的发展，实施乡村振兴战略，进一步推进农业农村现代化的建设，坚持农村农业优先发展。产业振兴是乡村振兴的基础，四川作为农业大省，要实现乡村振兴，由农业大省向农业强省跨越，必须大力推进农业现代化建设。近年来，四川认真贯彻习近平总书记对四川“三农”工作的重要指示精神，初步走出了一条符合四川实际的现代农业发展路子，《四川省乡村振兴战略规划（2018—2022）》指出，要念好“优、绿、特、强、新、实”六字经，加快转变农业发展方式，构建现代农业产业体系、生产体系、经营体系。下一步，要继续发挥比较优势，加快建设现代农业“10＋3”产业体系，确保乡村振兴战略不断取得新成效，擦亮四川农业大省金字招牌，推动四川由农业大省向农业强省跨越。

四川发展现代农业，丘区是重点。丘陵是五大陆地基本地形之一，海拔大致在500米以下，相对高度一般不超过200米，起伏不大，坡度较缓，地面崎岖不平，相对应的耕地较为分散，破碎化程度较高。四川丘区共有69个丘陵县，辖区面积8.9万平方千米，占全省面积的18.4％，常住人口4381万人，占全省的52.5％，地区生产总值17536.6亿元，占全省的43.1％，在四川经济发展中处于重要地位。四川丘区多为农业大县，农业资源丰富、农业产值大，耕地面积396.1万公顷，占全省耕地面积的58.9％，乡村劳动力2493.8万人，占全省的60.1％；第一产业增加值2539.3亿元，占全省的57.4％。加快丘区现代农业发展，提升四川丘区竞争力，是实现四川乡村振兴，促进四川经济加快发展，推动治蜀兴川再上新台阶的客观要求。

## 二、四川丘区现代农业发展现状

### （一）农业生产能力稳步提升

一是农业生产规模不断扩大。2018年丘区实现第一产业增加值2539.3亿元，占全省的57.4％，比上年提高0.3个百分点。

二是特色效益农业加快发展。丘区川粮（油）、川猪、川茶、川薯、川药、

川桑、川菜、川果、川鱼、川竹十大特色产业加快发展。2018年，丘区粮食作物产量2258.1万吨，占全省的64.6%，薯类345.4万吨，占全省的63.8%，油料作物产量257.5万吨，占全省的71%，蔬菜产量2483万吨，占全省的55.9%，茶叶产量13.5万吨，占全省的44.9%，水果产量615.2万吨，占全省的56.9%，肉猪出栏头数4142.9万头，占全省的62.4%。

（二）农业生产条件逐步改善

一是土地资源保持基本稳定。2018年年末，丘区实有耕地面积396.1万公顷，占全省耕地面积的58.9%，比2017年少0.5万公顷；耕地灌溉面积174.5万公顷，比2017年多2.7万公顷。

二是农业机械化水平明显改善。在发展现代农业过程中，四川各地认真落实各级农机补贴政策，加大对先进适用农机具的示范推广，农业生产条件和机械装备明显改善，农业机械化作业水平不断提高。截至2018年年末全省农业机械总动力4658.7万千瓦，主要农作物耕、种、收综合机械化水平达到59%。农机专业合作社发展较快，农事社会化服务水平不断提高，出现了一批拥有一定规模和实力、经济效益良好的农机服务公司，以射洪县为例，创新了“家庭农场+农事服务超市”产业化运营模式，全县已培育农事服务超市4家，农机服务超市28家，全县各类农机总量达到16.6万台（套），主要作物农机耕种收机械化水平超过57%。射洪县太乙海阔农机专业合作社总投资800余万元，拥有联合收割机、大型拖拉机、插秧机、旋耕机、机动喷雾器等550余台套。承包800余亩土地，全程托管服务种植大户土地13000余亩，进行代耕、代种、代管、代收、代购、代销服务，可为种植户节约成本约400元/亩，2018年实现农机服务作业面积15万亩，实现服务总收入600余万元。

三是农村基础设施不断完善。四川加快农村基础设施补短板，着重抓好农村交通运输、农田水利、农村饮水、宽带网络等基础设施建设，为现代农业发展提供基础保障。2018年丘区自来水受益村15559个，比2017年增加1958个，占全省的48.1%；通宽带村数达24533个，比2017年增加2099个，占全省的59.2%。

四是农业信息化水平快速发展。四川高度重视农业农村信息化建设，加快推动物联网、移动互联网、二维码等信息技术在生产加工和流通销售各环节的推广应用，大力推动农业全产业链改造升级。例如，作为中国安全蛋品的领航者，梓潼县圣迪乐村率先运用现代科技，引进BigDutchman全自动成套养殖加工设备，从种苗繁育、饲料加工，到蛋鸡养殖、蛋品加工，打造全产业链，一排6万多只鸡的鸡舍只需要1名饲养员，添饲料、加水、清理鸡粪、收鸡蛋、通风换气、降温等工作全部实现了机械自动化。同时，通过全自动化的加工设备对鸡蛋进行清洗，经过超声波检测裂纹、用紫外线消毒，消灭大肠杆菌、沙门氏菌等病菌，最后通过自动化设备按照重量和外壳质量进行自动分级、喷码、包装，大大提升了产品综合效益。

五是农业科技水平不断提升。四川加强农业科技服务体系建设，大力普及推广良种、配套施肥、地膜覆盖、模式化栽培、农作物病虫害防治等使用技术，主要农作物品种不断优化、良种覆盖率不断提高，促进农产品产量和质量进一步提升。目前四川省育种创新水平处于国内第一方阵，育成品种数量和质量持续居全国前列，2018 年，全省主要农作物、畜禽、林木良种覆盖率分别达 96%、90%、60%，果茶菜、肉蛋奶、蜂蜜、鱼等大宗农产品例行监测总体合格率 99.3%，快速抽检合格率 99.99%。

（三）农业适度规模经营有序推进

一是土地流转规范有序。四川是全国农村改革的重要发源地之一，近年来继续深化新一轮农村改革，全面落实承包地三权分置，推进宅基地制度改革、农村土地征收、集体经营性建设用地入市等改革试点，推行出租、转包、转让、互换、股份合作等多种土地流转形式，为发展农业适度规模经营提供了有力保障。截至 2018 年年底，全省家庭承包耕地流转面积为 2298.6 万亩，流转率达 39.5%。

二是新型经营主体快速发展。推进规模经营是发展现代农业的必然趋势，但四川丘区耕地较为分散，大规模、大机械的农业规模经营模式在四川丘区不具有普适性。考虑到四川丘区的实际，各地应推行适度规模经营模式。在各级政府的大力推动下，丘区农业大型龙头企业、农民专业合作社、家庭农场等规模经营主体快速发展。以射洪县为例，截至 2017 年年底，射洪县已培育发展县级以上农业产业化龙头企业 106 家，其中，国家级 1 家、省级 7 家、市级 47 家，培育县级以上专合组织 455 个、种养殖大户 2983 户、家庭农（牧）场 173 个，其中省部级 2 家，各类经营主体带动农户 20 余万户。

三是合作经营模式不断创新。经过多年的实践，四川各地区根据实际情况探索出“公司＋农户”“公司＋基地＋农户”“公司＋合作组织＋农户”“公司＋合作组织＋基地＋农户”“公司＋农户＋村委会”“公司＋合作组织＋超市＋农户”“公司＋家庭农场＋合作社＋政府”“科研院所＋公司＋基地＋农户”等多种农业产业化合作经营模式，强化新型经营主体和农民的利益联结，让农民既有农民的身份，又有股东、工人或服务人员的身份；既有种养生产环节的收益，又有加工销售环节的收益；既有土地流转租金收益、土地入股分红，又有劳务收入收益，从而实现农民持续增收。例如射洪金柠农业开发有限责任公司采取“公司＋基地＋专合社＋农户”的产业发展模式，先后成立了“射洪县柠巨力柠檬专业合作社”和“射洪县柠檬专业技术协会”，在万林乡、陈古镇等柠檬主产乡镇设立了服务网点 10 个，增强产业服务功能，辐射带动全县 8 个乡镇 30 个行政村近 2 万户种植柠檬2万余亩，产量2万余吨，年销售收入超1亿元，户均增收超3000元。

（四）农业产业化发展加快

一是现代农业基地加快建设。截至2018年年底，全省共获批创建国家级现代农业产业园4个，其中丘区1个，即蒲江县现代农业产业园；国家级现代农业示范区13个，其中丘区6个；创建国家级农业科技园区9个。

二是农产品加工业较快发展。农产品加工业包括农副食品加工业，食品制造业，酒、饮料和精制茶制造业以及烟草制品业等。四川丘区各地大力推进特色、优势、支柱农产品原料基地建设，不断扩大农业资源优势、产业基地发展规模和产能产量，提高农产品加工能力。例如武胜县出台《促进工业招商引资十条措施》等政策，在企业入驻、生产经营、技改扩能、金融扶持等方面给予奖励或补助，先后引进展华食品、重庆财牛等多个农产品加工企业，共计规模以上农产品加工业近50户，实现年产值160亿元以上，农产品初加工能力达到10万吨。

三是休闲农业、乡村旅游等新业态蓬勃发展。四川是中国农家乐的发源地，休闲农业和乡村旅游发展引领全国，近年来丘区积极探索特色农业与旅游、教育、文化、康养等产业深度融合的农业发展新型业态，取得了显著成效。截至2018年年底，全省有48个中国乡村旅游示范村，其中丘区有16个，占全省的1/3；全省有19个全国休闲农业与乡村旅游示范市县，其中丘区有8个。例如射洪县借助农环线产业和旅游元素多样优势，深度挖掘农旅融合潜力，已初步形成了“中华侏罗纪探秘旅游区”“沱明路乡村旅游示范带”“饶益寺—沱牌工业旅游区”“中国花海—柳湖景区—青堤古镇”旅游环线，打造了螺湖半岛休闲观光农业主题公园、官升荷花文化节、洋溪桃花节等乡村旅游项目，2017年全县乡村旅游收入达26.82亿元。又如武胜县将乡村旅游与现代农业相结合，建成国家AAAA级旅游景区、中国农业公园、全国休闲农业与乡村旅游示范点：白坪—飞龙乡村旅游度假区，景区建有文化中心、乡村嘉年华、乡村文化驿站、民俗客栈、文化院子、绿色园子、生态池子、景观林子、游乐坝子等特色项目，建设30千米环线绿道，将“种庄稼”与“种风景”并重，实现产区变景区、产品变礼品、劳动变运动、一业变多业，形成“诗画田园乡”乡村品牌，武胜县成为全国休闲农业与乡村旅游示范县、四川省旅游强县、四川省乡村旅游强县。

四是优质品牌不断涌现。四川丘区经过多年的努力，培育出一批具有一定全国知名度和地域影响力的优质品牌，为打响“川字号”品牌做出了重要贡献。2018年四川省农产品优秀区域公用品牌10个，四川省优质品牌农产品50个，其中，丘区有15个，包括金堂羊肚菌、梓潼蜜柚、射洪清见、安居沙田柚、威远泡菜和花生糖、隆昌豆干、安岳薯类产品、犍为茉莉花茶、仁寿枇杷、西充大米、高县茶叶、宣汉香菇黑木耳、渠县黄花、武胜藏香黑猪肉制品、邻水柑橘等。

（五）农业绿色发展成效显著

一是推进化肥农药减量增效。丘区各地积极推进农业绿色发展，农药、化肥施用量逐年降低，减少对土壤和环境的破坏，推动生态农业发展。2018年，丘区化肥施用量149.6万吨，占全省的63.6%，比2017年少3.5万吨；农药使用量5.1万吨，占全省的60.2%，比2017年少0.3万吨。以射洪县为例，全县2018年实施化肥减量增效示范28万亩，测土配方覆盖率达93%；主要作物病虫害绿色防控推广面积31.12万亩次，覆盖率达41.92%，专业化统防统治面积71.55万亩次，农残抽样检测合格率达100%。整体认定无公害农产品产地3.85万公顷，培育“三品一标”获证农产品83个，11家企业44个品牌农产品纳入“遂宁鲜”区域农产品公用品牌许可。

二是推广生态循环农业模式。各地大力推广种养结合、立体农业、轮种间作、节水节肥节药、废物综合利用等多种生态循环农业模式，推动绿色农业、生态农业发展。例如梓潼县严格控制5头生猪（或30只小家禽）配套1亩种植用地的科学标准，确定以20万亩蜜柚、5万亩水稻制种、50万头生猪、300万只高品蛋鸡为主导产业，在全县范围内发展种养结合型生态循环农业。梓潼县科学划定了禁养区、限养区、宜养区，实行雨污分流、干稀分离、沼气净化、种养结合的循环利用模式。针对大量新建的生猪代养场，配套建设相应的集粪池、沼气沉淀池、曝气池、稀释池、污水灌溉管网等粪污处理设施，安装固液分离机。通过种养结合，梓潼县基本实现了“猪粪—干稀分离—沼气净化—干粪还田—沼液灌溉—沼渣还田”的生态循环模式。[①] 又如射洪县以“一控二减三基本”为总目标，重点开展农业废弃物资源化利用、农业投入品减量增效和耕地土壤污染治理，全力打好农业面源污染防控攻坚战。射洪县稳步推进循环生态农业建设，2018年秸秆综合利用率超过86%。生态循环农业模式的典范如射洪县农业产业化重点龙头企业超强农业公司，该公司拥有生猪养殖圈舍20000余平方米（年出栏仔猪33000头）、肉鸭养殖圈舍10000余平方米（年出栏肉鸭240000只）、水产养殖鱼塘5个（有效水面120亩，年产成鱼10万千克），公司的种植项目包括粮食及饲料种植面积2500余亩、蔬菜种植200余亩、水果栽植1000余亩。该公司将废弃资源综合利用，配套建立大型沼气和污水处理系统，养殖板块的畜禽粪污通过沼气系统形成了沼气和沼液，部分沼气可用于生活用气，富余部分可用于发电满足生产用电，沼液、沼渣用作蔬菜、粮油作物和速生丰产林的有机肥料，污水处理站处理临时消纳不完的养殖废水，形成了“种植粮油→加工饲料→养殖畜禽→粪污发酵→沼液沼渣还田→培肥地力→种植粮油”的循环模式，真正体现了种养结合、生态循环、良性发展的理念。

---

① 《因地制宜　梓潼趟出丘区现代农业发展新路》，四川在线绵阳频道，2018年8月7日。

## 三、四川丘区现代农业发展存在的问题

尽管四川丘区现代农业发展取得了显著成绩，但仍然存在一些问题，主要表现在以下几方面。

（一）资源制约问题较为突出

一是土地制约问题。第一，农地抛荒较为严重。四川近60%的耕地集中在丘区，丘区人均耕地面积为1.4亩，低于山区和民族地区，且土地较为分散，坡地较多，土壤较贫瘠，耕作不便，小农户种植收益不高，大量农民放弃土地耕种而选择外出务工，土地抛荒较为严重，为了激励农民保护耕地，国家给予农户140元/亩的耕地保护补贴。由于补贴金额较少，农户缺乏积极性，同时，在政策执行中并未将抛荒2年以上的面积扣除，导致多年“休耕”的荒地仍领补贴，此项补贴政策效果甚微。据估计，部分丘区的坡地约有50%抛荒，土地资源没有得到有效利用。第二，土地租期不稳定。农业投入产出周期往往较长，由于存在农民坐地起价或收回土地等毁约风险，企业不敢投入大量资金，影响企业发展。第三，部分农业用地规划不合理。对设施农业用地按农用地进行管理，对附属设施和配套设施用地规模进行控制，多家龙头企业反映其生产经营和办公用房建设比例仅占6%左右，远不能满足企业发展需求。第四，标准农田建设滞后。部分地区高标准农田占基本农田比率偏低，例如射洪县高标准农田仅占50%。

二是资金不足问题。首先，财政资金投入不足。对农业的扶持政策主要依托项目给予财政补贴支持，例如射洪县对农业产业园区的项目连续3年每年补贴500元/亩，但项目以外的均不能获得补贴。由于每年支农资金总量不多，农业园区、示范基地、农业基础设施等各类项目获得的补贴支持有限，项目建设进度较慢，影响了现代农业发展成效。由于农业项目投资大，部分龙头企业因资金紧张而拖欠土地租金，例如2018年射洪县有8家龙头企业拖欠租金400多万元。其次，新型经营主体、农业企业融资难问题未得到有效解决。由于现行金融政策规定，企业、家庭农场、专合组织等在租赁流转的土地上建设的固定资产和兴建的种养基地没有独立产权，加之经营权和收益权均不能作为抵押资产获得贷款，而农业是一项投资大、收益慢的特殊行业，没有足够的金融支持将影响企业的长期稳定发展和扩大再生产。

三是劳动力成本不断上升。近年来，乡村劳动力资源呈下降趋势，2018年年底，四川丘区乡村劳动力资源总数为2493.8万人，占全省劳动力资源的60.1%，比2017年减少24.8万人，乡村就业人员数达2311.1万人，占全省就业人员总数的60.4%，比2017年减少28万人。乡村劳动力资源减少导致劳动力价格上升，使得农业企业的用工成本不断攀升，影响经营效益。

（二）软硬件设施建设相对滞后

一是农业机械化水平还不够高。受地理环境的影响，四川丘区农业机械化生产水平长期滞后。由于丘区地块狭窄、坡地较多且土地整理不够，农业机械作业条件差；加之对适应四川丘区地理条件的农业机械等设施设备的研发不足，市场上现有农业机械种类不能完全适应耕作的需要。近年来随着农村劳动力成本的上升，对农业机械化的需求不断增加，有一定经营规模的新型经营主体对农业机械的需求很迫切，但由于农业机械价格昂贵、种类多、投资大，而政府给予农业机械装备和服务的扶持力度较小，农业经营主体对农业机械的投入不足。此外，由于目前农村仍以小农户经营为主，经营规模狭小，使用农业机械的成本较高，仍以人力耕作为主。以上几方面的因素导致丘区整体农业机械化水平偏低。例如，射洪县作为全国“平安农机”示范县，其主要农作物农机耕种收机械化水平不到60%。

二是农业基础设施建设滞后。现代农业发展需要互联互通的基础设施和高效的公共服务。但受地理环境因素的影响，许多农村地区供水、供电、供气条件差，道路、网络通信、仓储物流设施落后，涉农公共服务供给不足，无法满足现代农业发展的需要。例如射洪县水库、山坪塘基础设施综合完好率不足40%，农机作业道、下田道与田间路网适配率仅10%。

三是农业信息化建设还比较薄弱。前沿科技、市场供求、病虫害及气象预报等信息对农业产业化发展至关重要，但由于部门、行业之间信息沟通渠道不畅，农业信息化人才短缺，农村网络基础设施建设滞后，农产品信息市场发展滞后，信息咨询、信息服务等不能满足农户的需求，农产品滞销等现象较为突出。目前四川各地区的农业信息化建设尚处于起步阶段，例如射洪县正在建设农业智慧平台，第一阶段的目标是通过大数据分析，实现科学种植、确保高品质农产品。有关农产品市场供需的信息尚未纳入建设计划。

（三）农业科技普及推广不足

一是基层农技推广有待加强。虽然四川丘区农业技术推广取得了较为显著的成效，但由于基层农技推广体系尚不健全，农技服务中心经费短缺、缺乏激励机制，农技推广服务能力有限。各地推行的专家大院、农业专业技术服务中心、院校地方合作等模式更多地服务于农业企业、专合社等新型经营主体，而大量小农户缺乏对农业技术的认识，不利于现代农业的发展。

二是农业标准化建设缓慢。首先，农业标准化体系建设滞后。由于标准化建设周期比较长，而农业发展的速度又比较快，出台的标准化体系难以满足农业发展的需要。例如成都蔬菜标准化建设虽然已经相对比较全面，但是随着蔬菜产业的不断发展，不断出现新问题、新情况，标准化体系建设无法及时更正。其次，农业科技含量不高、农民素质偏低等因素使得标准化农业实施难度较大。例如在农药控制方面，虽然明确规定农业减少农药使用，但是在实践中，由于农户相关知识缺乏，加之监管不力，导致部分农户仍然大量使用农药。

（四）农业生产经营风险较大

一是政策风险。部分农业支持政策不明朗，政策覆盖面较小，补贴基本上依托农业项目，政策的稳定性较差，补贴标准经常变化，有的不能落实，对龙头企业、专合组织等新型经营主体的政策扶持力度不够，对农业机械设施装备购买和农事服务的补贴力度较小，补贴不具有普遍性，有的有补贴，有的没有，补贴政策有待进一步细化。例如射洪县对农机装备的补贴最高不足20%，对农机社会化服务的补贴仅为5元/亩。此外，“大棚房”排查清理整治工作在各地执行过程中出现的“一刀切”“扩大化”现象，导致一些合规的经营性房舍也被整改清理，给农民、创业者、农业企业造成巨大损失，打击了新型农业生产者的积极性。

二是市场风险。部分丘区缺乏高水平的农产品电子商务平台和市场信息平台，农产品供给端和消费端无法有效连通，导致供需错配、市场价格扭曲，给农民和企业收益带来很大不确定性，制约新型经营主体做大做强。此外，农业保险市场发展还有待进一步完善，农业保险品种有限。

三是自然风险。部分地区自然灾害频繁，干旱、洪涝等不可抗自然灾害往往会给农业生产经营者造成巨大的损失。同时，自然风险防范意识薄弱、保险市场自然灾害险品种少、宣传不到位等问题也加大了农业生产的自然风险。

（五）生产经营主体培育不够

一是新型经营主体培育迟缓。一方面，新型农业生产经营人才缺乏。随着城镇化和工业化进程的不断推进，农村劳动力大量外流，妇女与老人成为农业生产的主力，农村劳动力老龄化、低素质化现象突出。同时，由于农村生活环境、生活质量、公共服务相对较差，且农业经营性、财产性收入低，对人才的吸引力不足，造成了职业农民、技术人才、管理人才严重缺乏。另一方面，有带动能力的新型经营主体较少，部分新型主体成长慢、创新能力较差，不具备开发新业态、新产品的能力。

二是小农户融合度低。四川丘区地块零散，在当前和今后很长一段时期，小农户家庭经营将是四川丘区现代农业的主要经营方式。但受丘区农业生产规模小、效率低、收入少等因素影响，大多数小农户生产经营的积极性不高，与新型经营主体农户之间、与产业组织之间融合发展程度不足。

三是利益联结机制不紧密。新型经营主体与农户间“有组织无合作”、部分合作社和家庭农场“空壳化”问题、农户违约风险等问题仍较为突出，龙头企业与基地、农户、市场之间结合不紧密，以“订单农业”为主要利益联结方式比较脆弱，影响农户参与的积极性和稳定性。

（六）产业化发展程度不高

一是农产品市场竞争力不高。四川丘区农产品经济附加值总体偏低。在种植业上，农产品大多以产地原产品的方式进行销售，产地初加工比例较低，尤其是蔬菜产品产地预冷、烘干、储藏等初加工发展滞后，精深加工能力不足，产品附加值低。且已有加工厂存在基础差、技术设备落后、加工转化率低等一系列问题，深层次加工产品欠缺，不能满足个性化的市场需求。在畜牧业上，以养殖生产为主，但大多集中在初加工环节，精深加工还未形成规模。同时，农产品流通方式落后，冷链物流体系不健全，现代营销方式应用不普遍，运输流通成本高、损失大，不利于农业现代化的发展。

二是产业融合不够。虽然四川丘区各地大力推进农业融合示范园区建设，但总体上还处于起步阶段，产业融合度有待提升。配套的农产品初加工、精深加工、冷链、物流等无法满足需求，导致部分农产品出现“产量增收入减”现象，打击了农民的种植积极性。同时，休闲农业、乡村旅游等新业态得到了一定发展，但由于产业融合程度低，农产品附加值得不到有效增加，“留不住客”现象较为突出，对酒店和餐饮业的带动作用有限。

## 四、政策建议

（一）因地制宜做好产业布局

一是科学布局发展区域。要立足丘区不同的海拔高度、气候特点、农业生产条件和资源禀赋，发挥不同地区农业比较优势，充分挖掘各地发展潜力，因地制宜确定农业产业的发展方向，统一进行区域布局，进一步优化产品结构、产业结构和区域结构。二是加强区域协同发展。打破区域分割，立足各地优势资源，大力开发区域特色农产品，建设特色农业产业带，发展特色农业产业集群，避免同质化竞争，加强分工合作，做大做强特色农业，努力打造区域特色知名品牌。

（二）强化农业生产资源保障

一是着力解决土地资源制约问题。参照工业企业招商引资政策，对经营主体实行低地租优惠，凭借租赁凭据，政府给予经营主体土地补贴，降低经营主体的土地成本。进一步完善设施农用地政策和管理办法，适当提高设施农用地规模，切实保障各经营主体合理用地需要。完善租赁农地风险防范机制，规范土地租赁合同，明确各方违约责任，保障农户和各经营主体合法权益。二是着力解决农业生产资金问题。进一步加大对农村农业的财政投入，加大对农业经营者的生产、研发等方面的奖励和补贴。加大对新型农业经营主体的税收优惠，对从事创意农业、休闲农业、高科技农业、涉农电商、会展农业等新业态新模式的农业企业给予一定的免税期。发展农村普惠金融，探索研究允许农村土地经营权、企业经营收益、农民住房财产权进行抵押贷款的相关政策。在现有农业保险产品的基础上，在更广领域探索建立农业保险新品种、新模式，如农业机械维修险，蔬菜、水果、生猪等价格指数险，降低农业经营者风险，从而鼓励更多经营主体投入农业现代化建设。

（三）加强农业基础设施建设

一是继续加强农村土地整治和农田水利基础设施建设，改造提升中低产田，全力推进高标准农田建设。二是加快研发适合四川丘区地理特征的农机产品和设施装备，推广应用面向小农户的实用轻简型装备和技术，提高丘区农业机械化水平。三是加快建设农业物联网等信息化基础设施建设，加快完善农产品流通配套服务设施，减少农业科技创新、成果转化、农技推广、农民培训与农业生产等环节的信息不对称现象。四是加快完善农村水、电、路、通信、网络等基础设施，加快完善休闲农业和乡村旅游停车场、游客接待中心等配套设施。

（四）提升农业科学技术水平

一是强化农业产业技术体系建设，开展涵盖品种筛选、种植和养殖、病虫害防控、粪污废物利用、冷链物流等全产业链关键技术研发，建立具有高科技含量的标准化农业生产体系。二是加强农业科研基础平台建设，健全基层农技推广体系，整合农业科技资源，创新农村科技服务方式，大力推行科技特派员、专家大院、农业专业技术服务中心、院校地方合作等服务模式，全面提升基层农业技术推广服务能力。三是建立健全农业科技创新成果转化的利益分配和保障机制，根据农业科技成果转化的特殊性，研究农业科技成果转化的特殊政策和专门条例，破除科技创新成果转化的机制体制障碍，激发科技创新主体的创新活力。四是大力推广生态循环农业生产模式，提升优质绿色安全农产品供给能力。

（五）进一步推动适度规模经营

一是继续深化农村土地制度改革，引导农民依法自愿有序流转土地经营权，鼓励农民通过互换承包地、联耕联种等多种方式，实现打掉田埂、连片耕种，解决土地细碎化问题，积极推动通过土地流转、土地托管、土地入股等多种形式发展适度规模经营。二是鼓励更多分散的小农户组织起来开设家庭农场、农民合作社等多种形式的新型经营主体，实现规模化生产和经营。三是完善家庭农场、专合社等新型经营主体扶持政策，支持新型经营主体参与当地主导产业，开展农产品初加工。

（六）培育生产经营主体

一是加大农村实用人才带头人、现代青年农场主、农村青年创业致富“领头雁”和新型经营主体带头人培训力度，构建新型职业农民队伍。二是重点培育一批技术含量高、竞争力强、带动力强的农业现代化龙头企业，发挥企业家整合资源的优势，加快建立完善农产品质量、安全、生产等标准体系，带动农户提高生产标准，提升产品品质。三是积极培育专合社、家庭农场等多种形式的新型农业经营主体，组织农民进行专业化生产、规模化经营，提高对农户的带动力。

（七）大力提升现代农业产业化水平

一是做大做强现代农业产业园区，加快现代农业示范园区建设，努力打造一批产业特色鲜明、种养循环发展、示范效应明显、产业深度融合的示范典型，发挥积极引导带头作用。二是进一步推进农产品加工业由初加工向精深加工迈进，提升农产品经济附加值。三是发展农业生产性服务业，鼓励新型生产经营主体开展专业社会化服务，大力发展农村电子商务，建立健全跨区域农产品冷链物流、直销配送体系，促进产销衔接。四是大力发展休闲农业、乡村旅游、森林康养、创意农业、农村电商、农业服务超市等新产业新业态。五是积极探索农村一、二、三产业融合发展模式，推进农业与旅游、文化、生态等产业深度融合。

负责人：徐　莉（四川师范大学）
成　员：周　怡（四川省统计局）
雷文杰（四川师范大学）
王　凤（四川师范大学）
谭　曌（四川师范大学）
贺　嘉（四川省统计局）

# 四川“藏粮于地、藏粮于技”路径研究

粮食事关国运民生，粮食安全是维系社会稳定的“压舱石”，是国家安全的重要基础。确保重要农产品特别是粮食的供给，是实施乡村振兴战略的首要任务。四川集农业大省、产粮大省与人口大省、粮食消费大省、粮食调入大省于一体，实施“藏粮于地、藏粮于技”不仅事关四川粮食增产、农业增效和农民增收，更事关国家粮食安全大局。本文通过统计调查，掌握四川省粮食安全保障及耕地保护现状，深入分析粮食生产中存在的问题，提出四川省“藏粮于地、藏粮于技”的有效路径，形成如下研究报告。

## 一、“藏粮于地、藏粮于技”的提出背景及含义

### （一）“藏粮于地、藏粮于技”的提出背景

近年来，国家出台了一系列强农、惠农、富农政策，我国粮食生产连创新高，加之国际竞争力不足，呈现出生产量、库存量和进口量“三量齐增”态势，带来了巨大的资源闲置并产生了高昂的仓储成本，粮食供给侧结构性改革势在必行。借鉴国际组织和发达国家粮食安全战略的有益经验，新时期必须立足耕地产能保育和农业科技创新，深入实施“藏粮于地、藏粮于技”战略，真正把“中国人的饭碗任何时候都要牢牢端在自己手上”。

习近平总书记说实现“藏粮于地”，就是要守住管好天下粮仓，科学合理利用耕地资源。我国是一个13亿人口的大国，吃饭问题始终是头等大事，只有坚持把保障粮食安全作为首要任务，毫不放松地发展粮食生产，才能确保饭碗永远端在自己手上。然而，当前我国除了“人多地少”之外，还存在耕地质量偏低、污染损毁严重等问题。这些问题严重制约了粮食安全。因此，牢固树立“坚守耕地红线就是守住13亿人的口粮底线”的观念，全面开展永久基本农田划定，确保耕地数量不减少。科学合理利用耕地资源，促进种地养地结合。统筹考虑种养规模和环境消纳能力，积极开展种养结合循环农业试点示范，使“藏粮于地”的方针真正落到实处。

科技是农业现代化的重要支撑，粮食生产的根本出路在科技进步。习近平总

书记也曾经说过："农业出路在现代化，农业现代化关键在科技进步。我们必须比以往任何时候都更加重视和依靠农业科技进步，走内涵式发展道路。"当前，我国的农业发展已经到了需要更多依靠科技突破资源环境约束、实现持续稳定发展的新阶段。因此，不但要向土地要粮，还要向科技要粮，走依靠科技进步、提高单产的内涵式发展道路。通过研究开发粮食科技，用科技手段维持粮食供求平衡。根据粮食市场的平衡状态，适时地采用相应的技术，始终保持科学技术的接续能力。通过涵养土壤、推广优良品种、采取标准化高产高效绿色技术模式等，提高粮食生产效率和水平，只有这样才能给农业插上腾飞的翅膀。

在此背景下，2018 年年底召开的中央经济工作会议指出："要坚持农业农村优先发展，切实抓好农业特别是粮食生产，推动藏粮于地、藏粮于技落实落地。"2019 年中央一号文件再次强调："毫不放松抓好粮食生产，推动藏粮于地、藏粮于技落实落地。"实施"藏粮于地、藏粮于技"战略是保障国家粮食产能和安全的必然选择，体现了党中央和国务院对保障我国粮食安全问题的高度重视，这不仅是对我国粮食生产、农业发展形势的准确判断，也是保障我国粮食安全和农业绿色持续发展长效机制的科学途径。

四川既是全国的粮食主产区，也是粮食的主销区，每年从省外调入或国外进口的粮食约占全省消费总量的三分之一。利用现阶段国内外市场粮食供给宽裕的时机，四川推动"藏粮于地、藏粮于技"落实落地，一方面实行轮作休耕，推动耕地休养生息和农业可持续发展，平衡粮食供求矛盾，稳定农民收入，减轻财政压力，实现"藏粮于地"；另一方面促进粮食综合生产能力的提升，在划定永久基本农田、确保耕地数量的基础上保证粮食产量持续稳定增长，提高粮食生产效率和水平，不断创新粮食增产技术，实现"藏粮于技"。

### （二）"藏粮于地、藏粮于技"的含义

实施"藏粮于地、藏粮于技"的关键是要保障耕地数量和提升耕地质量。耕地是粮食生产和粮食安全的根基和载体，是最重要的生产要素和农业可持续发展的核心基础。为此，"藏粮于地、藏粮于技"是指通过提升耕地质量和土地生产力，实现粮食稳产高产，在粮食生产相对充足的情况下，有效地调整土地产业结构，将部分土地改作种植经济作物或从事其他经营，让过度消耗的耕地得到休养生息的机会，从而保障和提升耕地地力；当出现粮食紧缺的时候，可很快恢复耕地生产能力，满足国内粮食需求。实施"藏粮于地、藏粮于技"的短期目标是调整种植结构，提升耕地地力，降低国内粮食库存量，以减轻国家仓储补贴负担，促进农业供给侧结构性改革；长期目标是提高土地综合生产能力，促进农业可持续发展，保障国家粮食稳定供给和安全。

## 二、实施“藏粮于地、藏粮于技”的重大意义

### （一）稳定粮食生产能力，保障国家粮食安全

四川是全国十三个粮食主产省之一，集农业大省、产粮大省与人口大省、粮食消费大省、粮食调入大省于一体，粮食安全在全国既具有典型性，也具有代表性。四川的粮食生产对国家粮食安全具有重要战略意义。

### （二）守住粮食产能底线，推进农业供给侧结构性改革

推进农业供给侧结构性改革必须确保粮食生产能力不降低。四川要做好农业供给侧结构性改革，首要和关键是要做好粮食生产，要在粮食生产能力不降低的前提下进行农业供给侧结构性改革。

### （三）缓解农业生态压力，促进农业可持续发展

实施“藏粮于地、藏粮于技”，对那些地力严重透支、水土流失、土壤退化、面源污染加重区域的耕地给予休养生息的机会，通过发展资源节约型、环境友好型生产技术，以缓解农业资源环境压力，实现农业可持续发展。

### （四）提升耕地产出效益，促进农民增收

实施“藏粮于地、藏粮于技”，在充分保障粮食供给的前提下，使农民能够根据市场需求合理调整生产结构，提升耕地产出效益，增加农民收入。

## 三、四川省粮食安全保障及耕地保护现状

### （一）粮食安全保障现状

#### 1. 四川粮食生产布局加速完善

保持粮食稳定发展、保障粮食安全的关键在主产区，基础在产粮大县，全国粮食产能正在向主产区和产粮大县集中。四川正加快打造 90 个粮食生产重点县以及 75 个优质稻发展重点县、20 个青贮饲用玉米重点县、20 个优质小麦发展重点县、18 个酿酒专用高粱发展重点县和 35 个薯类基地重点县，促进粮食生产布局进一步优化，具体可见表 1 和表 2。

**表 1　四川省粮食生产重点县**

| | |
|---|---|
| 成都经济区（34 个） | 成都市（10 个）：崇州市、邛崃市、彭州市、金堂县、双流区、郫都区、大邑县、新都区、都江堰市、简阳市 |
| | 德阳市（5 个）：中江县、绵竹市、广汉市、什邡市、旌阳区 |
| | 绵阳市（6 个）：三台县、安州区、盐亭县、游仙区、梓潼县、江油市 |
| | 遂宁市（4 个）：安居区、射洪县、蓬溪县、大英县 |
| | 乐山市（2 个）：井研县、犍为县 |
| | 眉山市（3 个）：仁寿县、东坡区、彭山区 |
| | 资阳市（3 个）：雁江区、安岳县、乐至县 |
| | 雅安市（1）：汉源县 |
| 川南经济区（20 个） | 自贡市（3 个）：荣县、富顺县、沿滩区 |
| | 泸州市（6 个）：泸县、合江县、叙永县、古蔺县、纳溪区、江阳区 |
| | 内江市（4 个）：威远县、资中县、东兴区、隆昌市 |
| | 宜宾市（7 个）：叙州区、高县、江安县、长宁县、翠屏区、兴文县、南溪区 |
| 川东北经济区（27 个） | 广元市（3 个）：剑阁县、苍溪县、旺苍县 |
| | 南充市（8 个）：仪陇县、西充县、阆中市、蓬安县、嘉陵区、南部县、营山县、高坪区 |
| | 广安市（4 个）：岳池县、邻水县、武胜县、广安区 |
| | 达州市（7 个）：通川区、达川区、大竹县、宣汉县、渠县、万源市、开江县 |
| | 巴中市（5 个）：巴州区、恩阳区、南江县、通江县、平昌县 |
| 攀西经济区（9 个） | 凉山州（9 个）：会理县、会东县、西昌市、冕宁县、盐源县、昭觉县、布拖县、德昌县、越西县 |

数据来源：四川省农业农村厅。

**表 2　四川省优质专用粮油基地建设重点县**

| | |
|---|---|
| 优质稻发展重点县（75 个） | 彭州市、崇州市、邛崃市、简阳市、新都区、大邑县、都江堰市、富顺县、荣县、沿滩区、泸县、合江县、纳溪区、江阳区、叙永县、中江县、广汉市、绵竹市、什邡市、旌阳区、三台县、安州区、江油市、游仙区、梓潼县、盐亭县、苍溪县、剑阁县、安居区、蓬溪县、射洪县、隆昌市、东兴区、资中县、威远县、犍为县、井研县、营山县、仪陇县、南部县、阆中市、蓬安县、嘉陵区、西充县、高坪区、仁寿县、东坡区、叙州区、江安县、翠屏区、长宁县、南溪区、高县、兴文县、岳池县、邻水县、广安区、武胜县、渠县、达川区、大竹县、宣汉县、开江县、通川区、万源市、平昌县、通江县、南江县、巴州区、恩阳区、安岳县、雁江区、乐至县、西昌市、冕宁县 |
| 青贮饲用玉米重点县（20 个） | 洪雅县、宣汉县、金堂县、三台县、安州区、剑阁县、安岳县、乐至县、平昌县、长宁县、蓬安县、南部县、泸定县、甘孜县、南江县、开江县、峨眉山市、雁江区、汉源县、渠县 |

续表2

| | |
|---|---|
| 优质小麦发展重点县（20个） | 金堂县、简阳市、邛崃市、中江县、广汉市、绵竹市、安州区、江油市、三台县、盐亭县、安岳县、雁江区、乐至县、苍溪县、剑阁县、南部县、阆中市、西充县、射洪县、仁寿县 |
| 酿酒专用高粱发展重点县（18个） | 龙马潭区、江阳区、泸县、合江区、纳溪区、古蔺县、江安县、长宁县、叙州区、高县、翠屏区、南溪区、富顺县、荣县、沿滩区、大安区、贡井区、平昌县 |
| 薯类基地重点县（35个） | 盐源县、昭觉县、布拖县、越西县、喜德县、汉源县、峨边县、马边县、渠县、宣汉县、万源市、通江县、平昌县、叙永县、合江县、筠连县、珙县、北川县、平武县、朝天区、岳池县、金堂县、简阳市、仁寿县、安岳县、雁江区、荣县、贡井区、安居区、射洪县、西充县、中江县、资中县、威远县、犍为县 |

数据来源：四川省农业农村厅。

2. 四川粮食“紧平衡”特征十分明显

2014年四川结束粮食总产量“七连增”历史，比2013年减产11.5万吨。2018年，四川粮食产量3493.7万吨，仅占全国粮食总产量的5.3%，粮食总产量排名也从2006年的第5位下降到2018年的9位。2006—2018年，全国粮食累计增长率为32.1%，而四川粮食累积增长率为22.2%，由此可见，四川粮食累计增幅低于全国平均水平。

**表3 四川与全国粮食总产量比较**

| 年份 | 全国粮食产量（万吨） | 全国粮食增长率（%） | 四川粮食产量（万吨） | 四川粮食增长率（%） | 四川粮食产量在全国的排名 |
|---|---|---|---|---|---|
| 2006 | 49804.2 | 2.9 | 2859.8 | −16.1 | 5 |
| 2007 | 50413.9 | 1.2 | 3032.7 | 6.0 | 5 |
| 2008 | 53940.9 | 6.0 | 3111.0 | 2.6 | 5 |
| 2009 | 55911.3 | 0.9 | 3120.4 | 0.3 | 5 |
| 2010 | 58849.3 | 3.7 | 3182.8 | 0.9 | 5 |
| 2011 | 61222.6 | 5.3 | 3249.5 | 2.0 | 5 |
| 2012 | 63048.2 | 4.0 | 3271.3 | 0.7 | 6 |
| 2013 | 63048.2 | 3.0 | 3336.1 | 2.0 | 6 |
| 2014 | 63964.8 | 1.5 | 3324.6 | −0.3 | 7 |
| 2015 | 66060.3 | 3.3 | 3394.6 | 2.1 | 7 |
| 2016 | 66043.5 | −0.03 | 3469.9 | 2.2 | 5 |
| 2017 | 66160.7 | 0.2 | 3488.9 | 0.5 | 8 |
| 2018 | 65789 | −0.6 | 3493.7 | 0.1 | 9 |
| 2006—2018年累计增长率 | | 32.1 | | 22.2 | |

数据来源：2018年《中国统计年鉴》，2018年《四川统计年鉴》，《国家统计局关于2018年粮食产量的公告》。

从粮食单产来看，2006—2018年，四川粮食播种面积一直稳定在9500万亩左右，在全国居第六位左右，波动幅度很小，但四川粮食单产水平不高，2018年四川省粮食单产量为5576千克/公顷，仅排在全国第17位，低于全国粮食的平均单产量。可见，播种面积对四川粮食产量的影响很小，近年来四川粮食总产量下滑受单产下降的影响较大，有研究表明播种面积对四川粮食产量的影响仅占一成左右，“种懒庄稼”等原因对单产下降的影响则占九成左右（郭晓鸣等，2015）。因此，要增加四川粮食供给能力，在防止粮食播种面积减少的同时，更为重要的是通过提高科技水平、开展适度规模经营等提高粮食的单产水平。

**表4　2018年四川与全国粮食单产比较**

| 地区 | 播种面积（千公顷） | 单产量（千克/公顷） | 单产量排名 |
|---|---|---|---|
| 全国总计 | 117037 | 5621 | |
| 上海 | 130 | 7988 | 1 |
| 新疆 | 2220 | 6777 | 2 |
| 江苏 | 5476 | 6684 | 3 |
| 吉林 | 5600 | 6487 | 4 |
| 湖南 | 4748 | 6367 | 5 |
| 山东 | 8405 | 6329 | 6 |
| 辽宁 | 3484 | 6293 | 7 |
| 浙江 | 976 | 6140 | 8 |
| 北京 | 56 | 6137 | 9 |
| 河南 | 10906 | 6097 | 10 |
| 天津 | 350 | 5988 | 11 |
| 福建 | 834 | 5982 | 12 |
| 江西 | 3721 | 5887 | 13 |
| 湖北 | 4847 | 5858 | 14 |
| 西藏 | 183 | 5688 | 15 |
| 河北 | 6539 | 5660 | 16 |
| 四川 | 6266 | 5576 | 17 |

数据来源：《国家统计局关于2018年粮食产量的公告》。

3. 四川粮食供需总量基本平衡，但自求平衡压力较大

2018年全省粮食播种面积9398.4万亩，粮食总产量3493.7万吨，粮食消费量5311.6万吨，产销缺口达1817.9万吨。粮食自给率由2017年的72.4%下降到2018年的65.8%，产需矛盾进一步加大。2018年全省粮食供给总量

5457.7 万吨，需求总量 5456.5 万吨，供需总量基本平衡。由于粮食产销缺口扩大，2018 年从省外净调入粮食 1758.9 万吨，同比增加 15.32%。

从品种来看，口粮基本能满足，加工转化用粮缺口大。2018 年全省稻谷总产量 1478.6 万吨，消费量 1746.9 万吨，产销缺口 268.3 万吨，自给率$^1$为 85.2%（自给率$^2$为 84.6%）；小麦总产量 247.3 万吨，消费量 690.5 万吨，产销缺口 443.2 万吨，自给率$^1$为 37%（自给率$^2$为 35.8%）；玉米总产量 1066.3 万吨，消费量 1971.2 万吨，产销缺口 904.9 万吨，自给率$^1$为 54.1%（自给率$^2$为 54.1%）；大豆产量 121.5 万吨，消费量 265.6 万吨，产销缺口 144.1 万吨，自给率$^1$为 31.8%（自给率$^2$为 45.7%）；其他粮食产量 580 万吨，消费量 637.4 万吨，产销缺口 57.4 万吨，自给率$^1$为 93.1%（自给率$^2$91.0%）。

从消费结构来看，随着城镇化进程的持续推进，农村人口持续向城镇转移，加上生活水平的提高和膳食结构的改善，居民消费从“吃得饱”向“吃得好”“吃得健康”转型，虽然人均口粮消耗量呈下降趋势，但需粮食转化而来的肉、蛋、奶等消费需求增加，加上对粮食等食品的品质要求不断提高，粮食保障压力进一步加大。2018 年四川省的城镇化率为 52.3%，比 2006 年提高 18 个百分点，并形成了一般用粮外调而高品质口粮和加工专用粮缺乏的格局。以宜宾为例，作为全国大型酿酒基地，全市规模以上白酒企业年产量在 40 万吨以上，每年粮食需求在 120 万吨以上，大量从省外调进或国外进口。

**表 5　2018 年四川粮食供需状况**

| 类别 | 生产数量（万吨） | 消费数量（万吨） | 自给率$^1$（%） | 自给率$^2$（%） | 缺口（万吨） |
|---|---|---|---|---|---|
| 粮食 | 3493.7 | 5311.6 | 65.8 | 65.8 | 1817.9 |
| 其中：稻谷 | 1478.6 | 1746.9 | 85.2 | 84.6 | 268.3 |
| 小麦 | 247.3 | 690.5 | 37 | 35.8 | 443.2 |
| 玉米 | 1066.3 | 1971.2 | 54.1 | 54.1 | 904.9 |
| 大豆（豆类） | 121.5 | 265.6 | 31.8 | 45.7 | 144.1 |
| 其他粮食 | 580 | 637.4 | 93.1 | 91.0 | 57.4 |

注：生产数量数据由四川省发改委农经处提供，其中其他粮食含薯类，系根据总产量减去稻谷、小麦、玉米和大豆计算得出；消费数量数据来源于“四川省重要农产品保障供给对策研究工作座谈会交流材料”；自给率$^1$来源于“四川省重要农产品保障供给对策研究工作座谈会交流材料”，自给率$^2$为计算所得，自给率$^2$＝生产数量/消费数量；缺口＝消费数量－生产数量。

### （二）耕地保护的主要做法

近年来，四川省通过建设粮食生产功能区和重要农产品生产保护区，实施土地整治项目，大力推进高标准农田建设，着力加强耕地数量、质量、生态“三位一体”保护，在促进全省耕地保护、助力乡村振兴、推动治蜀兴川再上新台阶方面发挥了重要作用。

1. 以“两区”[①] 建设为抓手，积极引导粮油生产

为了稳步提升全省粮食综合生产能力，有力保障粮食等重要农产品有效供给，四川积极落实《国务院关于建立粮食生产功能区和重要农产品生产保护区的指导意见》。一是集中力量，统筹协调抓“两区”。建立了“两区”建设工作联席会议制度，定期研究落实方案编制、政策支持导向、工作督促考核等方面的内容，制定完善考核评价体系，督促各地层层分解工作责任和划定任务，做好综合组织、工作协调、督促检查。二是有序推进，科学合理规划“两区”。将“两区”任务重点布局到全省 90 个粮食生产重点县、46 个产油大县。坚持平原地区不低于 500 亩、丘陵地区不低于 50 亩、盆周山区不低于 10 亩的“三个不低于”集中连片标准，优先把光、热、水、土条件好的优质地块，产粮大县的耕地，已建成的高标准农田，具有较大生产潜力的地块划入“两区”。三是着眼长效，整合资源建“两区”。积极探索政府和社会资本合作（PPP）模式等“两区”建设投融资新机制，吸引金融资本、社会资本投入，通过“两区”基础设施条件的改善带动农耕农艺措施、管理服务设施的配套完善，促进“两区”标准化、规模化、机械化生产。

2. 以建设高标准农田为目标，不断提升耕地质量

四川省国土、农业、发改、财政、水利等相关部门在推进实施土地整治、农业综合开发、小型农田水利等项目建设高标准农田时，以着力提升耕地质量为主要目标。一是优化项目布局。由省发改委牵头的高标准农田规划设计中，统筹衔接相关部门规划，充分征求农民群众意见，优化土地利用结构和工程布局，增加土层厚度，提升地力肥力，完善灌溉排水、田间道路基础设施，增强田间道路的灌溉排水能力和交通条件。二是持续增强耕地项目建设资金投入力度。如近三年宜宾市实施的土地整治项目中，为保证项目建设质量，新增耕地亩均投资逐步增加，从最初 9000 元增加至 16000 元，确保土地整治核心区域的耕地质量至少提升 1 个等别，核心区域以外的耕地质量有所提升。三是严格规范项目管理。在项目施工阶段，强化实施监管，严格按照规划设计施工建设，禁止擅自变更规划设计，确保项目建设质量达到设计要求；在以土地整治为主的补充耕地项目验收前，按项目管理要求进行耕地质量等别评定及工作，没有进行耕地质量等别评定的补充耕地项目不能组织开展验收。

① 指粮食生产功能区和重要农产品生产保护区。

3. 探索建设占用耕地耕作层剥离利用，着力提高耕地质量

省内各地结合实际情况，将建设占用耕地耕作层土壤进行剥离并用于土地整治、高标准农田建设、增减挂钩、工矿废弃地复垦等项目，增加了土层厚度，改善了土壤结构，补充了耕地数量，提高了耕地质量。如2010年以来，绵竹市在灾后重建中使用建设占用耕地剥离的耕作层土壤近100万立方米，用于废弃宅基地复垦项目，复垦后的耕地土壤质地良好，达到中产良田标准，有机值含量丰富，提高了保土、保水、保肥能力，其产出能力也明显增加。经走访群众了解，复垦耕地每年油菜产能达到280千克/亩，相较于不使用剥离耕作层复垦的耕地可增加产能45千克/亩。

4. 加强监测评价，及时掌握耕地质量动态变化

依据《农用地质量分等规程》和年度土地变更调查成果，全省各地按要求开展系统性耕地质量等别调查评价及监测工作，全面及时掌握和更新耕地质量等别状况。各地建立了与土地变更调查配套的耕地质量等别数据库，对因实施补充耕地项目、土地利用现状变化以及其他土地利用行为等带来的耕地质量等别变化情况及时开展耕地质量等别评价和监测试点，实现动态更新，及时掌握耕地质量动态变化，为针对性实施耕地质量建设提供了重要技术支撑。

5. 优化产业结构布局，提高耕地产出率

在项目建设中，紧密结合产业规划进行统筹规划和实施，通过田型调整，配套灌溉排水沟、田间道路工程突出产业的发展利用。项目建设完成后，积极引入产业，实现项目区土地流转和规模化经营，带动效应突出，保证了土地合理利用，切实发挥项目的综合效益。如2017年巴中市恩阳区青木片区高标准农田示范片引进种植业主，规模发展葡萄1600亩、芦笋400亩、优质稻3000亩、蔬菜340亩。项目完工后，作物复种指数明显提高，由原来的2.07增加到2.20，耕地利用率超过85%。与实施前三年平均产量相比，完工后新增粮油及蔬菜产量73.28万千克，亩均增产124.80千克。

## 四、目前四川粮食生产中面临的主要问题

### （一）耕地面积减少，耕地质量退化

1. 耕地面积绝对减少

2014年以来，每年因建设占用、灾毁、生态退耕等原因减少的耕地面积超过20万亩。2017年土地利用变更调查数据显示，2017年全省因建设占用、灾毁、生态退耕等原因减少耕地面积1.52万公顷；通过土地整治、农业结构调整

等增加耕地面积1.05万公顷；年内净减少耕地面积0.47万公顷。与2013年相比，2017年年末，全省耕地面积净减少了17.7万亩。2017年四川省人均耕地1.22亩，低于全国1.46亩的平均水平；2018年四川人均耕地面积1.21亩，比2017年减少0.01亩，人地矛盾突出。

**表6 四川省耕地面积变化情况**

| 年份 | 年末实有耕地面积（万公顷） | 减少耕地面积（万公顷） | 增加耕地面积（万公顷） | 净增加/减少耕地面积（万公顷） |
|---|---|---|---|---|
| 2013 | 673.77 | 1.27 | 1.83 | 0.56 |
| 2014 | 673.42 | 1.54 | 2.11 | 0.57 |
| 2015 | 673.61 | 1.66 | 1.19 | −0.47 |
| 2016 | 673.54 | 1.65 | 1.58 | −0.07 |
| 2017 | 672.59 | 1.52 | 1.05 | −0.47 |

数据来源：2018、2019年《四川统计年鉴》，2014、2015、2016、2017年《四川省国土资源公报》。

2. 耕地质量退化

四川省通过实施土地整治项目，大力推进高标准农田建设，着力加强耕地数量、质量、生态“三位一体”保护，在促进全省耕地保护、助力乡村振兴、推动治蜀兴川再上新台阶方面发挥了重要作用。但因人多地少的基本省情未变，耕地质量总体水平不高，且不同区域分布不均，在建设用地需求持续增大和自然灾害损毁、土地污染影响情况下，全省耕地保护特别是耕地质量提升与保护面临严峻挑战。

根据四川省自然资源厅公布的2017年土地利用变更调查数据，四川省耕地质量国家利用等别为3～13等。按照1～4等为优等地，5～8等为高等地，9～12等为中等地，13～15等为低等地的分类标准，四川省优等地占耕地总面积约0.1%，高等地占28%，中等地占71%，低等地占约1%。总体来看，四川省的耕地质量等别程度不高，平均等别为9.33等，中低产田面积较大，中低产田与高产田比例为7∶3，6°～25°耕地面积较多，占全省耕地面积的近70%。

一是四川总体耕地质量等级不高。根据原国土资源部发布的《2016年全国耕地质量等别更新评价主要数据成果的公告》，截至2015年年末，四川土地主要为7、8、9、10、11等地，1～3等地没有，4～6等地也极少。

表7　2015年四川省耕地质量状况

| 耕地等级 | 面积（万亩） | 占比（%） |
|---|---|---|
| 1等 | 0 | 0.0 |
| 2等 | 0 | 0.0 |
| 3等 | 0 | 0.0 |
| 4等 | 3.31 | 0.0 |
| 5等 | 52.16 | 0.5 |
| 6等 | 180.02 | 1.8 |
| 7等 | 785.99 | 7.8 |
| 8等 | 1997.75 | 19.8 |
| 9等 | 2518.61 | 24.9 |
| 10等 | 2761.78 | 27.4 |
| 11等 | 1298.98 | 12.9 |
| 12等 | 435.86 | 4.3 |
| 13等 | 62.7 | 0.6 |
| 14等 | 0 | 0.0 |
| 15等 | 0 | 0.0 |
| 总计 | 10097.16 | 100.0 |

注：数据合计数由于单位或小数位取舍而产生的计算误差，均未作机械调整。

二是耕地占补平衡中的土地质量差异问题。多年来，虽然我国采取了最为严格的耕地保护政策——"占补平衡"，对减缓耕地数量的减少发挥了重要作用，但是这种"占补平衡"大多局限在数量上的平衡，在质量上很难实现平衡。各种非农建设占用的耕地大多是城郊的良田和菜地。而新开发的耕地质量和产出率却往往相差几倍，一般3亩新地才能抵得上1亩熟地。农田综合生产能力的提高面临着严峻挑战，高标准农田建设十分迫切。

三是土壤退化问题。我国土壤安全形势十分严峻，土地资源相对紧张，其中肥力低下、难以被农林牧业利用的土壤占土地总面积的1/4。总体上看，当前我国耕地质量呈现出"三大""三低"态势。"三大"指中低产田比例大，中低产田面积占比超过70%；耕地质量退化面积大，全国耕地退化面积占比超过40%；污染耕地面积大，全国耕地土壤污染点位超标率达到19.4%。"三低"指的是有机质含量低、补充耕地等级低和基础地力低。根据《第一次全国水利普查水土保持情况公报》，我国土壤侵蚀总面积294.91万平方千米，共占我国陆地面积的30.7%。根据《第五次中国荒漠化和沙化状况公报》，我国荒漠化土地总面积261.16万平方千米，占国土总面积的27.2%；沙化土地总面积172.12万平方千米，占国土总面积的17.9%；全国具有明显沙化趋势的土地面积30.03万平方千米，占国土总面积的3.1%。根据《全国土壤污染状况调查公报》，在调查的约630万平方千米土壤中，总的点位超标率达16.1%，其中耕地土壤点位超标率为19.4%。四川旱地有机质含量普遍低于1%，水田有机质普遍低于1.5%，半数以上耕地缺乏微量元素。全省耕地土壤点位超标率达到34.3%，明显高于全国耕地土壤点位超标率19.4%。高产稳产的高标准农田面积仅占四川省耕地总面积的30%左右，中低产田土占耕地的近60%。

四是土壤酸化问题。我国耕地存在的另一个重要问题是耕地酸化凸显。我国障碍农田比例高，酸性土、盐碱土等占耕地的60%以上。以成都平原为例，在2008年时，土地大部分是中性，现在土地偏酸性，pH值平均二十年期间下降0.5到1个单位。自然界在酸化过程中下降1个单位需要2.9万年；人类活动导致的酸化，pH值下降一个单位只需要两三年。四川酸性和微酸性土壤比例已占50%。

五是土壤对粮食生产适宜性降低。由于过度利用等因素影响，四川耕地质量退化加速，耕地肥力水平总体较低，并且由于种粮效益相对较低，农户改种非粮食作物后，引起土壤酸碱度、矿物质比例等发生变化，虽然这种变化适宜非粮食作物的种植，但是会降低粮食作物的产量与适宜性。

3. 后备耕地资源不足

目前，四川省可开发复垦的后备耕地资源潜力极为有限，2016年宜农未利用地仅有346.35万亩，可开发为耕地的仅有235.35万亩，仅占全国的2.9%。基于四川省第二轮耕地后备资源评价统计数据库的进一步研究表明（谭旭等，2018），四川省耕地后备资源和可开垦土地资源集中于四川西南部，可复垦土地集中于四川东部，但可复垦土地资源数量较少，对耕地后备资源数量影响较小。耕地后备资源多分布于中海拔地区，高海拔和低海拔地区分布较少。耕地后备资源在平原区、丘陵区和高原区分布均较少，在山地区分布不均匀；耕地后备资源在耕地资源多的地区分布较少，四川盆地区耕地面积较大，该地区自然条件优越，人口、经济、城镇密集，产业基础雄厚，土地利用程度高，未利用地较少；川西地区未利用地特别是草地资源较多，但受生态环境、水热条件、土壤质地和交通区位的影响，适宜开发为耕地的土地资源较少。耕地后备资源在城镇化水平较高和较低地区的数量均较低，大部分区县城镇化水平和耕地后备资源均较低。原因是城镇化率高的地方土地开发程度高，未利用地较少；城镇化水平低的地方自然环境恶劣，适宜耕作的土地资源少。

（二）农业基础设施建设水平不高

四川耕作条件较差，农机化水平整体较低。2018年，四川农机总动力达到

4603.88万千瓦，位居全国第八位，但主要农作物耕种收综合机械化率却位列全国倒数，低于全国平均水平近10个百分点。四川现有的农机装备供给问题表现为：动力机械多、配套作业机械少，低档次机具较多、高技术含量机具少。据2017年四川农机统计，动力机械和配套作业机具之比为1∶0.76（作业机具未含耕整地机具），其中大中型动力机械（36.7千瓦及以上）仅占9.7%；粮食作物机具和经济作物机具比为11∶5。现有的农机具中，像精量播种机、植保无人机、智能化谷物联合收获机等非常少。四川农机供给结构不合理的原因主要在于农田基本建设滞后，农艺多样性与农机具功能单一性之间矛盾突出，农机农艺有效融合不够。四川属典型的丘陵山区地带，耕地田块小且不规则，农田基本建设工程复杂，需要协同水网、路网、田网、林网“四网”配套建设，但进度缓慢，加上人多地少、土地肥沃、气候特殊等原因，土地利用率较高，复种指数大，农作物间套作普遍，作物成熟度不一致，而现有农机具中复式作业机具少，功能单一，造成现有农业机械难以适应四川农业生产方式，农机农艺很难有效融合，农机供给矛盾突出。

近年来，四川在农田水利建设上投入了大量资金，完成了一大批农田水利项目，对稳定和增加粮食产量发挥了重要作用。但是，目前全省的农田水利设施水平与“藏粮于地、藏粮于技”战略的要求相比、与现代农业发展和保障国家粮食安全的要求相比还有很大的差距，很多地方农田水利设施年久失修，损毁严重，基本不能发挥作用，区域性、季节性缺水问题严重，农田灌溉面积占比仍然较低。2018年末全省耕地有效灌溉面积4389万亩，高标准农田面积3426.7万亩，分别占全省耕地面积的43.4%、33.9%。总体来看，四川省农田有效灌溉面积增速缓慢，占比偏低，尤其是2013年以后，四川耕地灌溉面积占耕地面积的比例大幅下降，已低于全国平均水平。这表明四川省农田水利基础设施薄弱，抵御自然灾害的能力不强。

**表8　四川与全国耕地灌溉面积占比情况比较**

| 年份 | 四川耕地面积（万公顷） | 四川耕地灌溉面积（万公顷） | 四川占比（%） | 全国耕地面积（万公顷） | 全国耕地灌溉面积（万公顷） | 全国占比（%） |
|---|---|---|---|---|---|---|
| 2006 | 391.66 | 248.7 | 63.5 | 12177.6 | 5575.1 | 45.8 |
| 2007 | 394.59 | 250 | 63.4 | 12173.5 | 5651.8 | 46.4 |
| 2008 | 395.95 | 250.7 | 63.3 | 12171.6 | 5847.2 | 48.0 |
| 2009 | 397.61 | 252.4 | 63.5 | 12198.5 | 5926.1 | 48.6 |
| 2010 | 401.07 | 255.31 | 63.7 | 12225.9 | 6034.8 | 49.4 |
| 2011 | 398.34 | 260.1 | 65.3 | 12259.2 | 6168.2 | 50.3 |

续表8

| 年份 | 四川耕地面积（万公顷） | 四川耕地灌溉面积（万公顷） | 四川占比（%） | 全国耕地面积（万公顷） | 全国耕地灌溉面积（万公顷） | 全国占比（%） |
|---|---|---|---|---|---|---|
| 2012 | 399.15 | 256.62 | 64.3 | 13515.9 | 6249.1 | 46.2 |
| 2013 | 399.38 | 261.65 | 65.5 | 13516.3 | 6347.3 | 47.0 |
| 2014 | 673.42 | 266.63 | 39.6 | 13505.7 | 6454.0 | 47.8 |
| 2015 | 673.61 | 273.51 | 40.6 | 13499.9 | 6587.3 | 48.8 |
| 2016 | 673.54 | 281.36 | 41.8 | 13492.1 | 6714.1 | 49.8 |
| 2017 | 672.59 | 287.31 | 42.7 | 13488.1 | 6781.6 | 50.3 |
| 2018 | 673.53 | 292.6 | 43.4 | 13518.9 | 6853.6 | 50.7 |

数据来源：2018年《中国统计年鉴》，2018年《四川统计年鉴》，《2018年国民经济和社会发展统计公报》，《2018年四川省国民经济和社会发展统计公报》，国家统计局四川调查总队。

### （三）粮食生产意愿降低

#### 1. 耕地“非农化”“非粮化”问题

务农种粮的人工成本、生产资料、土地租金等高位运行，粮食价格“天花板”封顶，导致种粮微利性与增收的矛盾更加突出，耕地“非粮化”倾向明显。2017年四川水稻、油菜、小麦、玉米等粮油作物的亩均纯收益分别为261.9元、80.4元、−68.3元、117.9元，远低于种植柑橘、茶叶、烤烟等经济作物。由于粮食比较效益低下，地方政府抓粮积极性不高，导致经营者耕地“非农化”“非粮化”问题严重。四川粮食播种面积在农作物总播种面积中的占比持续降低，2017年仅为65.7%。同时，工商资本下乡进一步加剧了耕地“非农化”“非粮化”倾向。工商资本下乡，大多进入果蔬、中药材、养殖业等附加值更高的行业，更有甚者打着休闲农业、观光农业的旗号改变土地用途，导致用于粮食生产的耕地大量减少。特别是一些地方政府为了吸引资本，存在监管不力的现象，加剧了这一问题。

**表9　2006—2017年四川粮食播种面积占比情况**

| 年份 | 农作物总播种面积（万公顷） | 粮食播种面积（万公顷） | 占比（%） |
|---|---|---|---|
| 2006 | 953.08 | 644.9 | 67.7 |
| 2007 | 925.24 | 643.46 | 69.5 |
| 2008 | 929.47 | 640.88 | 69.0 |
| 2009 | 915.78 | 621.3 | 67.8 |
| 2010 | 915.87 | 619.51 | 67.6 |

续表9

| 年份 | 农作物总播种面积（万公顷） | 粮食播种面积（万公顷） | 占比（%） |
|---|---|---|---|
| 2011 | 921.54 | 619.67 | 67.2 |
| 2012 | 931.96 | 625.56 | 67.1 |
| 2013 | 937.17 | 626.99 | 66.9 |
| 2014 | 937.77 | 624.96 | 66.6 |
| 2015 | 945.11 | 628.61 | 66.5 |
| 2016 | 949.38 | 629.13 | 66.3 |
| 2017 | 957.51 | 629.2 | 65.7 |

数据来源：2018年《中国统计年鉴》，2018年《四川统计年鉴》。

2. 耕地抛荒问题

近三年，四川省撂荒问题较为严重，丘陵区和山区部分区市县常年撂荒比例为5.5%～35%，还有进一步增加的趋势。尽管有的丘陵地区土地并不十分贫瘠，但由于耕作成本较高（如旱地），许多地区交通不便，农业基础设施较差，种地的收益大大低于从工或从商的收益，因此大量农民外出务工，导致从事农业生产的劳动力严重不足。因此，丘陵地区抛荒现象较严重，抛荒比例在5%左右，旱地抛荒可达30%左右。四川山区土地较贫瘠，有的土地完全不适宜耕种，这些地区农业基础设施普遍较差，灌溉等得不到保障，土地的产出率很低，加之地处偏僻，交通不便，农产品的商品化程度很低，农民种地的收益无法提高，因此农地抛荒严重，通常在10%～15%。例如，四川省凉山州属于高海拔山区，州内大部分地区土地贫瘠、气候条件恶劣，许多土地不适于耕种，抛荒主要是由于自然条件所限或基础设施太差。在抛荒耕地中，季节性抛荒所占比例较大。从全国范围来看，各地水田种植两季改为一季的现象非常普遍，冬闲田利用率低，季节性抛荒比例较高。

此外，随着农村改革的深入和经济发展，农村产业结构发生了巨大变化，大量农业劳动力外出务工，转向二、三产业，以获得更大的经济效益。留在农村的多为老人、小孩和体弱者，导致从事农业生产的劳动力严重缺乏，大量耕地无人耕种或无法耕种，加上土地流转不畅，许多耕地只好抛荒。由劳动力外出打工所致的耕地抛荒已经成为耕地抛荒的重要原因。耕地连续多年撂荒后，复耕难度极大，即便复耕后粮食单产也会大幅下降。因此若撂荒问题进一步恶化，将直接大幅度降低四川省有效耕地面积和单位耕地粮食产能，严重威胁四川省粮食安全，与党中央严守耕地红线和藏粮于地的理念相违背。

（四）粮食生产核心关键技术有待突破

在耕地面积有限甚至播面下降的情况下，保障粮食安全必须稳定和提高单产水平。目前四川省粮食单产提高极为缓慢，单产突破极为艰难。2018 年四川粮食单产仅仅提高了 2.1 千克/亩。“十二五”以来，四川省粮油品种选育数量居长江上游第一位，但突破性新品种少，品种同质化严重，种业企业自主创新能力弱。2011 年以来，国家和省级审定二级以上优质稻品种湖南有 31 个、广西有 26 个，四川仅有 17 个，2017 年国审水稻两系品种有 107 个，四川省仅有 2 个。同时，优质绿色机械化生产技术、绿色健康现代节水农业技术、农业面源污染治理技术、重金属污染耕地修复治理与安全利用技术、重大自然和生物灾害绿色防控等粮食生产核心关键技术都有待突破。

（五）粮食生产主体的技术响应能力缺乏

1. 农业科技进步贡献率仍然偏低

尽管四川粮食生产条件的土地、水资源、机械化水平不断改善，但是粮食产量的增长水平仍较低，表明传统农业的精耕细作达到较高水平之后，单纯依靠改善粮食生产条件来提高粮食产量的作用有限。农业科技转化机制不畅，部分农业技术成果质量不高，供需不对路，农技推广体系不健全，加之农户户均经营耕地面积少、比较效益低，对农业新技术的需求主动性普遍不高，导致农业技术推广难。2017 年全省农技推广机构编制空缺率为 13.4%，其中甘孜、阿坝、凉山三个州县级空编率为 30.2%；农技推广人员素质不高，专科及以上仅占 59.2%，中级及以上职称仅占 36.3%。2017 年全省农业科技进步贡献率达到 58%，比浙江低 5 个百分点，比江苏低 9 个百分点。因此，应以新技术的应用解放和发展生产力，同时使粮食生产条件的土地、水资源、农业机械等进一步优化配置。

2. 粮食生产缺乏高素质劳动力

农村转移输出劳动力大，高素质农村劳动力严重不足，农民对新技术的接受能力不强。2017 年，全省农村劳动力转移输出规模占总量的 59.7%，在家务农的教育程度在初中及以下的占 95%。据 2017 年省委农工委蹲点调研县统计，近 5 年县域输出大中专学生 41190 人，毕业返乡从事农业农村工作的 6290 人，仅占 15.3%。2019 年初眉山市彭山区针对 22038 名春节返乡的彭山籍农民工进行问卷调查，结果显示，有返乡意愿的受访者 3290 名，仅占 15%。高素质劳动力的缺乏导致农民对新品种、新技术、农业机械等现代生产要素的接受和使用能力不足。

## 五、四川“藏粮于地、藏粮于技”的有效路径

### （一）对策建议

1. 严守耕地保护红线，稳定耕地数量和质量

以保障国家粮食安全、农产品质量安全和农业生态安全为目标，落实最严格的耕地保护制度，树立耕地保护“量质并重”和“用养结合”理念，坚持生态为先、建设为重，以新建成的高标准农田、耕地退化污染重点区域和占补平衡补充耕地为重点，做到开发与保护并重，实施耕地结构调整，实现耕地总量的动态平衡，确保耕地质量的维护和提高。依靠科技进步，加大资金投入，推进工程、农艺、农机措施相结合，依托新型经营主体和社会化服务组织，构建耕地质量保护与提升长效机制，守住耕地数量和质量红线，奠定粮食和农业可持续发展的基础。

细化耕地治理与修复工作。建立耕地分类清单，明确优先保护类、安全利用类和严格管控类区域、面积及污染因子，分别采取相应管控措施，保障农产品质量安全。针对不同污染类型的耕地细化治理与修复工作任务，建立典型污染土壤综合治理技术示范区。深入解析区域土壤复合污染形成机制、土壤圈污染物的迁移转化过程、土壤污染调查监测和风险评估方法、建立污染土壤环境基准和标准体系。研发系列污染土壤修复产品、治理关键技术与装备，形成区域性土壤污染治理系统性技术方案，建立典型污染土壤综合治理技术示范区。

2. 加强“两区”建设，推动高端高效高质生产

按照统筹规划、因地制宜、集中连片、旱涝保收、稳产高产、生态友好的要求，切实加强“两区”综合生产能力建设。“两区”实现田成方、渠相连、路相通、涝能排、旱能灌，地力等级较高，适合大中型农业机具作业，成为稳定提升全省粮食产能和保障油菜籽等重要农产品供给的有力支撑。以“两区”为平台，大力培育种粮大户、家庭农场、农民合作社、产业化龙头企业等新型经营主体，鼓励采用土地股份合作、土地托管、代耕代种等多种方式发展适度规模经营。构建覆盖全程、综合配套、便捷高效的农业社会化服务体系，重点加强育秧中心、粮食收储中心、加工中心和社会化服务主体建设，提高粮油产前、产中、产后综合社会化服务水平，推动粮油产业向前端延伸，推进规模经营、结构调整，向后端延伸，配套烘干、物流仓储等设施，走精品路线、高端路线、品牌路线，将“两区”建设成为引领全省现代农业全产业链发展和转变农业发展方式的驱动引擎。

3. 夯实粮食生产基础，建好高标准粮田

建设一批稳定的具有明显优势、抗灾能力较强和农业生产基础良好的高标准粮田是确保粮食产能的重要措施，也是实施“藏粮于地、藏粮于技”战略的基础。为建好高标准农田，需要大规模开展田网、渠网、路网“三网”配套和耕地地力建设，积极推进机械化、规模化、标准化“三化”联动。根据高标准粮田的分布和地理条件，加强全省农田水利建设，主要是加快大中型灌区建设及续建配套与节水改造、大型灌排泵站更新改造，完善小型农田水利设施，重点加强水源建设、节水灌溉建设，改善现有的农田灌排条件，建成一批控制性水源工程，增强水资源控制能力，不断提高粮食生产抗御自然灾害的能力。深入开展耕地质量保护和提升行动，加大测土配方施肥、秸秆还田、增施有机肥、绿肥种植、绿色防控等技术推广力度，促进化肥农药减量增效，保护和提升耕地质量。通过努力实现农田排灌能力、农机作业能力、耕地生产能力“三力”提升，确保耕地持续、高效产出，稳定提升粮食产能。

4. 加强粮食科技创新，突破核心关键技术

农业科技研发与推广既要服务于农业生产，更要领先于农业生产。凭现代科技来武装现代农业，才能真正发挥科技是第一生产力的巨大作用，真正实现“藏粮于技”的后发优势。四川应从本地实际出发，重点抓好粮食绿色增产模式攻关、粮食超高产栽培技术、粮食生产抗灾减灾技术、粮食质量安全生产技术、粮食高效种植模式技术、粮食轻简化栽培技术、粮食全程机械化配套生产技术、粮食测土配方施肥技术、粮食病虫草害绿色防控技术、生态农业优化模式与技术、粮食储藏与加工利用技术、粮食轮作休耕免耕少耕栽培技术等创新、试验、示范、推广和储备。粮食安全的可持续保障也离不开种子、农药、肥料等农业生产资料的稳定可靠供给，还需要加强优良的专用型粮食品种、高效低毒低残留农药、低污染可缓释高效肥料等新型农业生产资料的研发和推广应用。

在从事农业生产的劳动力大幅减少、农业劳动力成本居高不下的背景下，农业生产“机进人退”是必然的选择。因此应加强装备更新，坚持研发与引进并重、科研与推广同抓、专业化攻关与社会化服务共进、大型全自动化机械与小型半自动化机械并上、农机与农艺融合，通过引进、研发、贮备、推广新型农业机械，如涉及粮食生产的播种、耕作、移栽、灌溉、植保、施肥、收获、烘干、加工、包装全系列广适应高效率自动化机械产品，用农业机械化来提高农业生产效率，降低农业用工成本。同时，为了避免农产品生产、存储和流通环节的资源浪费，还应强化信息对接，由政府牵头、企业组建、农户参与，逐步增大投入，从硬件和软件两方面着手，加强和完善立体式农业网络化体系建设，用农业网络化来降成本、省资源、保质量、去库存、提效益。

为了更好地发挥农业科技对粮食生产的支撑作用，还必须进一步加大人、财、物的投入力度，强化农业科技创新体系建设。重点是统筹协调各类农业科技资源，建立协同创新机制，构建高效创新体系，促进产学研、农科教紧密结合；深化农业科技创新体制改革，完善符合农业科技创新规律的基础研究机制，建立差别化农业科技评价制度，落实科研成果转化及农业科技创新激励相关政策；建设“星创天地”、科技特派员站点、产业技术服务中心、专家大院等成果孵化转化平台，加速农业科技成果转移转化；建立全域覆盖、运转高效的新型农村科技服务体系和基层农技推广体系；对基层农技推广公益性与经营性服务机构提供精准支持，引导高等院校、科研院所开展农技服务。

5. 加强粮食政策扶持，提高粮食生产意愿

严格执行粮食补贴的有关规定，即原流转户原则上只能获得相应的流转金，补贴资金应当直接补贴给实际种粮户。明确撂荒的、改变用途等的耕地不能纳入补贴范围。用于支持粮食适度规模经营的补贴资金要重点向种粮大户、家庭农场、农民合作社和农业社会化服务组织等新型经营主体倾斜，并通过贴息、现金直补、农业信贷担保、重大农业技术推广补助等多种方式，解决其“融资难、融资贵”的问题，提高粮食生产集约化、社会化水平，转变粮食生产发展方式。在坚持现有粮食补贴“普惠制”的基础上，可再细化为种植面积、粮食产量及质量等级补贴，给予种植面积大、产量高、质量高的农户更多资金支持和物质奖励。四川省作为国家粮食主产区之一，还可考虑实行重中之重，对于主产区中的那些重点产粮区域，在原补贴额度基础上增加补贴力度。

推进农村土地流转有利于减少农村的撂荒土地，提升农业的效益，激发农民的生产热情。各级政府和土地管理部门应逐步建立不同级别的集土地流转的交易中心、流转地块的信息交流平台、土地流转的中介服务机构、土地流转银行和土地价格评估机构等于一体的土地流转交易市场服务体系和服务机制，为土地的合理、高效、快速和公平流转提供合理的市场化土地流转平台和服务机构，积极引导土地流转到想种粮、会种粮的大户、家庭农场、农民合作社手中。

6. 建立职业粮农队伍，提升科学种粮能力

“藏粮于地、藏粮于技”战略的实施，离不开一支高素质的新型农业生产经营者队伍，必须靠高素质的新型职业农民主体发挥作用。四川作为农业农民大省，农民整体科技素质和文化水平较低，从事粮食生产的劳动者多是留守农村的老人、妇女，迫切需要制定扶持职业粮农的政策，在资金信贷、培训、土地流转、农业保险、农机服务等方面给予政策支持；鼓励、吸引更多的农业科技人员、返乡农民工、工商业主、回乡创业大学生投身到粮食生产经营中来，形成良好的激励机制，营造良好的职业氛围。

（二）支持保障

1. 加强组织领导

各级党委、政府应高度重视粮食生产，把实施“藏粮于地、藏粮于技”保障粮食安全放在经济社会发展的突出位置，作为保障民生工作的基本任务，常抓不懈，毫不动摇。切实加强组织领导，实行重点重抓，加大粮食生产指导、重大技术推广、土壤监测治理、质量安全监管、农业投入品监管等方面的工作力量。建立粮食安全目标管理制度，市、县（市、区）每年分解落实保障粮食安全相关任务，并层层签订责任状，强化责任落实，细化职责分工，确保粮食安全各项工作任务落到实处。

2. 加强政策支持

重点整合省发改、财政、农业、国土、水利等部门的涉农项目资源，切实提升农田基础设施配套水平，大力推进高标准农田建设，全面提升耕地质量。同时整合各类专项支农资金，加大对粮食生产重大技术攻关、集成、推广及种粮大户、家庭农场、专业合作社等适度规模经营主体的扶持力度。切实提高基层农技人员待遇，加强服务体系建设，真正为“藏粮于技”提供队伍和人才保证。不断扩大农业保险覆盖面，减低受灾损失。推进农村金融改革创新，探索担保机制，简化贷款程序，扩大授信额度。各级财政应研究出台含金量高、激励性强的扶持政策，支持粮食生产。

3. 加强绩效考核

把粮食安全的相关具体工作和指标任务列为四川省党委、政府督查和“三农”工作综合考核内容。建立粮食安全工作绩效考核机制，制定具体监督考核办法，定期对各县（市、区）落实粮食安全责任制情况进行督查考核，对成绩突出的给予表扬和奖励，对不合格的予以通报批评，责令整改，确保责任落实到位。

负责人：熊　鹰（四川省农业科学院）
成　员：杜兴端（四川省农业科学院）
赵颖文（四川省农业科学院）
赵　剑（四川省农业科学院）
王丹美亚（四川省统计局）
丁　娟（四川省统计局）

# 四川高端装备制造业区域优化布局研究

作为制造业的基础和核心，高端装备制造业在制造业中具有相当的技术含量，位居制造业中高端领域。四川实现从制造业大省到强省的跨越，必然要求装备制造业实现转型升级，要求产业发展实现从要素投入驱动向质量效率驱动的转变，着力提升产业效率成为推动装备制造业高质量发展的重要方向。在提升装备制造业产业效率，推动装备制造业高质量发展的过程中，因地制宜，发挥全省各区域的比较优势和产业基础优势，实现四川省高端装备制造业区域布局优化成为全省装备制造业高质量发展的关键。

## 一、四川省高端装备制造业发展及布局现状

作为传统装备制造业大省，近年来四川省出台了一系列政策文件，助力本省高端装备制造业的培育与发展。四川省着眼于本省装备制造业已有基础，因地制宜地布局培育高端装备制造业，遴选了航空航天与燃气轮机制造业、轨道交通装备制造业、智能制造装备制造业、油气钻采及核技术应用装备制造业等作为重点发展领域。

### （一）四川省高端装备制造业发展成绩

#### 1. 轨道交通装备制造业实力雄厚

四川省经过几十年发展，已拥有从事轨道交通产业的相关单位约100家，数量位居全国第二，装备制造板块实力雄厚。四川拥有中车资阳、中车眉山、中车成都、成都中车四方和新筑股份等整车装备制造企业，具备了铁路客货运机车和现代有轨电车、地铁的整车生产能力；拥有眉山中车制动和紧固件、成都中车电机、中铁装备、中铁科工、中铁隆昌、天马轴承、成都铁通、运达科技、许继电气与中电子、中电科在川单位等配套装备和机电制造企业，其相关装备和产品在国内市场拥有较大份额；攀钢集团钢轨制造技术位于国际前列，钢轨产量国内第一，国内市场占有率在30%以上，出口份额占全国的70%以上。四川省在轨道交通装备制造业领域的产业集聚初步显现，已建成或正在建设轨道交通高科技产

业园、中车成都轨道交通产业园、新津轨道交通装备产业园、资阳机车产业园、铁建重工西南产业园、眉山机械产业园，初步形成了成都、资阳、眉山轨道交通产业聚集区。

2. 航空航天与燃气轮机制造业具备一定竞争力

四川在国产大飞机、无人机、重型燃油机领域具备产品竞争力，并依托原有军民融合基础，在国产大飞机机头、综合航电系统、机载系统及设备、结构模锻件等多项关键设备领域均占有国内绝对技术优势。此外，在城市规划、电力巡线等领域，“四川造”垂直起降固定翼无人机也享有极高的市场占有率；在重型燃气轮机领域，四川初步建立了燃机研发体系和试验验证平台，力争实现 50MW（兆瓦）燃机示范运行，着力突破关键技术与核心部件，构建完善的重型燃气轮机产业创新链。

3. 油气钻采及核技术应用装备制造业具有传统优势

四川省拥有全国重大技术装备制造业基地——德阳，已基本建成“世界级先进装备制造产业集群”，取得了“地壳一号”万米钻机、国内首台再热垃圾发电汽轮机等装备制造成果。目前，四川省以德阳为依托，已形成发电设备和石油钻采设备为主的产业集群，依托“三线建设”以来形成的传统优势，培育了二重、东汽、东电、东锅、科工宏华等一批世界知名的龙头企业，形成了以石油钻采设备为主的现代先进装备制造产业集群，是中国重大技术装备制造基地和全国三大动力设备制造基地之一。在核技术应用领域，四川拥有完整的核工业体系，已成为全国核技术产业发展的大省。

4. 智能制造装备制造业具备发展潜力

随着四川经济的发展，省内智能制造装备行业取得了一定的成就，如中国兵器集团自动化研究所是四川唯一入选全国首批智能制造系统解决方案供应商推荐目录的单位。该所广泛开展智能制造技术攻关、工艺装备研制、应用示范和成果转化等，为很多传统行业和企业输出智能制造管控技术。

（二）四川省高端装备制造业区域布局现状

为引导四川各地优化产业布局，推动工业高质量发展，形成支撑“一干多支”发展战略的产业格局，四川省对辖区内高端装备制造业区域布局进行了一系列优化安排，从宏观上区分出核心发展区和重点拓展区，并依据各地市已有的装备制造业产业基础，对产业门类进行了进一步细分。

核心发展区。成都依托高新技术产业开发区、经济技术开发区、青羊工业集中发展区、新都工业集中发展区、双流西航港经济开发区等成熟工业园区，布局军用、民用整机及关键部件、航空航天产品，并以产学研结合为途径，积极开展空天技术研究，推进卫星及应用产业化。在原有产业留存的基础上，布局轨道交通装备和材料的研发及制造，发展智能制造装备产业，使成都成为国家重要的民用航空高技术产业基地、航空航天装备制造基地、轨道交通装备制造基地和智能制造装备基地。德阳依托高新技术产业开发区，布局航空装备、智能制造装备、现代轨道交通等产业。绵阳依托科技城，布局航空装备制造、卫星应用、智能制造装备产业。三地产业布局各有侧重，又形成产业链耦合，以期建设成德绵航空产业集聚区。

重点拓展区。自贡、泸州、达州、眉山、资阳等地则依托各地优势产业园区，重点发展轨道交通、航空航天、海洋工程、智能制造、智能电网、高性能液压件、油气钻采等高端装备制造产业，配合核心发展区的下游产业承接，形成保障有力、完备多元的高端装备产业集群。

此外，着眼于五大经济区协同发展的目标，四川省还发布了《关于优化区域产业布局的指导意见》，对产业布局进行了合理的补充，完善了产业细分，内容见表1（成都平原经济区分为成都市与环成都经济圈两部分单列）。

**表1　四川省装备制造产业布局**

| 经济区 | | 装备制造产业布局 | 地方性阐述 |
|---|---|---|---|
| 成都市 | | 传统汽车、新能源与智能汽车、轨道交通、航空发动机、航空与燃机、航天装备、节能环保、智能装备、医疗设备及器械 | 根据《成都市装备制造业集群发展规划》，将汽车、航空航天、电子信息三大产业作为装备制造业的发展重点 |
| 环成都经济圈 | 德阳 | 发电设备、输变电装备、油气化工与海洋工程装备、航空与燃机、智能装备、轨道交通 | 根据《中国制造2025德阳实施方案》及《德阳市高端装备创新工程专项实施方案》，着力提高高端装备成套能力和基础零部件及材料配套能力 |
| | 绵阳 | 传统汽车、新能源与智能汽车、节能环保、核技术及应用装备、智能装备、航空发动机 | 以航空装备制造、卫星及应用、轨道交通装备、智能制造装备等为高端装备制造产业发展为主攻方向，并培育了无人机、机器人、增材制造、高档数控机床等新兴产业领域 |
| | 乐山 | 节能环保、核技术及应用装备 | 按省委省政府《关于优化区域产业布局的指导意见》进行布局 |
| | 雅安 | 汽车零部件、新能源与智能汽车 | 围绕新能源汽车“三电”核心零部件产业链条，推动原有零部件企业技术创新、转型发展 |
| | 眉山 | 轨道交通、工业机器人、医疗设备与器械、机械零部件、节能环保 | 积极承接北向装备制造配套与产业转移 |
| | 资阳 | 轨道交通、传统汽车、智能装备 | 发展高速动车、地铁轻轨等轨道交通领域及新能源汽车等非轨交领域 |

续表1

| 经济区 | | 装备制造产业布局 | 地方性阐述 |
|---|---|---|---|
| 川南经济区 | 自贡 | 节能环保、航空与燃机、电力装备 | 重点发展节能环保装备制造 |
| | 泸州 | 航空航天与燃机、汽车零部件、工程机械、医疗设备及器械 | 以“汽车及零部件、工程机械及液压元件、石油钻采装备”为重点 |
| | 内江 | 汽车零部件、轨道交通、节能环保 | 以汽车零部件功能配套产业发展为重点 |
| | 宜宾 | 轨道交通、新能源与智能汽车、通用航空 | 以智能装备和关键零部件为重点 |
| 川东北经济区 | 南充 | 传统汽车、新能源与智能汽车、精密零部件、农业机械 | 重点发展真空设备制造、特种装备制造、精密智能制造产业 |
| | 广安 | 轨道交通、节能环保、汽车零部件 | 发挥交通优势，以轨道交通、高端机械设备、智能设备、机器人等行业为发展重点 |
| | 达州 | 汽车零部件、农业机械 | 以清洁能源客车和特种专用车制造、高端模具、工业机器人、节能型变压器、超速农机等为重点 |
| 攀西经济区 | 攀枝花 | 工程与矿山冶金装备、轨道交通、节能环保、医疗康复器具 | 发挥钒钛钢铁优势 |
| 川西北生态示范区 | | 无 | |

## 二、四川省高端装备制造业困境分析

目前，四川省装备制造产业规模以上企业实现利润增速要比全省、全国工业平均水平低10个百分点以上。亏损企业占比高出全省、全国工业平均水平。作为装备制造业的升级版，高端装备制造业依赖于原有传统产业的科研投入增加及设备更新，而行业不景气局面将严重制约四川省高端装备制造业的后续发展。因此，高端装备制造业发展的任务紧迫而艰巨。

### （一）总体发展困境

总体而言，一方面四川高端装备制造业不优不强，科技创新能力不高，研发投入占主营业务收入比例低于全国平均水平，工业化、信息化融合滞后；另一方面生产性服务业发展不足，大部分企业处于价值链微笑曲线的底部加工环节，研发设计和销售服务等价值链高端环节缺乏有效介入。

1. 产业发展质量较低

从产品可靠性而言，四川较大比例的装备制造产品具有“廉价质低”的特点。随着我国人口红利的逐渐丧失，省内企业同质化竞争严重，装备制造企业盈利能力明显下降，部分出现经营困难。与发达地区相比，四川在关键核心技术、基础配套能力、高端制造装备等方面还存在明显不足和重大短板，仍然需要加倍努力、攻坚突破。平均利润率等指标与发达地区的平均水平相距甚远。从总体产值来讲，1—6月，全省装备制造产业实现营业收入3777.3亿元，同比仅增长2.1%；实现利润217.6亿元，同比增长5.7%。总体产值下滑主要受汽车行业拖累，高端领域发展受市场波动出现一定程度的负面影响，且利润增速在五大现代产业当中居于最后，产业体质增效遭遇一定瓶颈。

2. 研发能力存在短板

四川装备制造业多年来拘泥于需求侧发展模式，被动接受订单要求，缺乏探索开发先机、研发新型零件和原材料的主观能动性，使得单机制造能力较强，但基础理论研究不足，核心共性技术积累不足。高端装备材料与零部件的自给率均不高，存在供不应求的现象，产品配套能力低下，在建设大型主机及全套设备时存在诸多瓶颈。人才缺失问题依然存在。近年来随着职业教育的普及，制造业人才培养规模不断提升，但高端专业人才依旧缺口严重，结构性用工矛盾凸显。

3. 产业规模化效果不佳

当前，四川高端装备制造业集群发展规模较小，集群化程度不高，布局零散，地级市各自为政，难以形成发展合力。一是省内装备制造企业之间的关联度不高。大部分企业只是简单地呈现出空间布局的规模化，未形成分工协作的企业网络，未形成优势互补、相互依存的企业群体。二是部分企业产品结构同质化严重，无优势，无特色，存在严重的资源浪费和重复建设现象。三是省内高端装备制造的集群内部，不同规模、性质的企业未能形成发展合力。在全省乃至全国的装备制造行业当中，一直存在某些隐形壁垒。民营企业相对于国有企业而言承受了更多的市场准入、融资歧视等压力。政策落实也向龙头企业倾斜，加剧了产业链发展的不平衡态势。民营企业与国有企业大多为上下游产业链供应关系，未能发挥良好的辐射带动作用，以核心企业为主导发展的产业集群难以形成，不利于产业集群的均衡发展。

4. 行政影响失当

通常情况下，政府在高端装备制造业培育之初，在资金扶持、行政管理、要素配置等方面起到了奠基作用。然而随着产业发展的推进，政府意志过于突出会使得市场运作出现偏离，不利于产业的长远发展。一是金融支持不足。从补贴额度和方式来说，四川和全国的高端装备制造业的扶植资金主要包括财政资金投入、税收优惠和财政补贴等。政府给予高端装备制造业的研发投入逐年增加，但是依然落后于高端装备发展的速度，省内财政分拨到高端装备制造业上的资金较为有限。二是政府的财政补贴形式较为单一，多是一次性拨发现金，没有充分发挥资金补助对于企业及研发人员的激励作用，缺乏长效的激励机制。三是行政与市场边界模糊，存在边界划分不清的问题，部分企业和园区建设存在职责越位、缺位的现象。

（二）重点行业困境

1. 航空航天存在技术制约，燃气轮机海外竞争力偏弱

四川省航空航天技术在国内处于领先水平，但国产大飞机项目目前还处在首飞试验阶段，诸多技术攻关亟待破解。在中美贸易战背景下，国产大飞机作为全球化分工程度极高的领域，未来是否存在外部技术及零部件限制有待商榷。航空航天产业作为高端装备制造业当中的技术集聚领域，需要与之配套的新材料、飞控程序编写、气动布局设计等各项跨学科研究成果的共同突破，所受到的技术制约也随之增多。燃气轮机制造业则面临较大的“走出去”压力，需要进一步面向新兴市场，克服成本上升压力，充分迎合海外客户需求，随之而来的管理成本、咨询成本及金融支持亟待解决。

2. 轨道交通产业链分割，缺乏统筹

整体而言，四川省由于科技研发、勘察设计、工程建设、运营维护、装备制造产业链各环节条块分割、统筹力度不够，缺乏全产业链协同创新体制机制。一是从装备制造板块来讲，市场主体规模偏小、竞争力不强，与科研设计实力不匹配。二是从科技研发方面讲，四川缺乏全产业链协同创新体制机制，科研与制造脱节，成果就地转化率不高。三是从资源整合力方面讲，产业链各环节条块分割、统筹力度不够，央地协同推进机制不完善。四是从区域位置方面讲，四川处于内陆腹地，成为中国高铁和城市交通“走出去”前沿基地的难度加大，同时，轨道交通产业市场竞争也异常激烈。五是就国际市场而言，一些经济实力雄厚和技术平台先进的跨国公司利用知识产权、技术标准、品牌和资本优势，挤压我国轨道交通产业发展空间。六是从国内看，轨道交通传统产业格局已经形成，电力机车、动车组、地铁整车研制生产基地主要布局在长春、唐山、青岛、株洲等地，同质化竞争激烈，挑战巨大，四川想要在该领域获得突破的难度极大。

3. 智能制造缺乏龙头，关键领域受制于人

高档数控机床、工业机器人等智能装备是智能制造的重要基础，也是当前四川省高端装备制造业的短板之一。2018 年四川省规模以上智能关键技术装备相关生产企业 308 家，主要为中小企业，缺乏龙头企业支撑。四川普什宁江机床有限公司是我省机床行业规模最大的企业，但去年主营业务收入尚未突破 7 亿元。

308家相关企业去年实现主营业务收入590亿元，仅占全省装备制造业的6.5%。此外，四川省智能制造的关键共性技术、先进工艺、核心组件、基础原材料依然受制于人，进一步发展的困难较多。高端数控机床、高端工业机器人、增材制造装备、智能传感及检测设备以及电子生产成套设备、激光生产成套设备等先进装备基本处于缺失状态。

4. 油气钻采需求疲软，核技术应用市场化程度低

油气钻采业在国内长期受制于石油行业的垄断壁垒，并由于全球经济复苏乏力，海外能源需求市场较为疲软，钻采行业整体不景气，订单不足、产能过剩的情况较为普遍。在核技术应用方面，四川虽然拥有完整的核工业体系，但在技术水平和产业规模上与核产业领先省份相比仍有一定差距，多年来一直处于“技术实力强、市场拓展慢、产业未做大”的局面。究其原因，一是在于过去对该行业发展前景认识不深、重视不够、缺乏专项政策扶持和规划、科研投入相对不足；二是核科研技术领域存在条块分割、力量分散，未能充分发挥人才学科优势；三是核领域应用型技术人才短缺，技术创新激励不足，成果民用转化较为缓慢；四是四川核技术领域缺乏有力的市场主体，没有龙头企业做牵引。

## 三、四川省高端装备制造业优化布局与发展的对策建议

### （一）高端装备制造业优化布局思路

从现有的空间布局来看，经过中华人民共和国成立以来数十年的发展，四川装备制造领域有了一定的产业基础，形成了较为齐全、配套体系完善、有一定技术积累的装备制造工业体系。面对全球经济复苏乏力、海外产业转移节奏加快等情况，应当进一步践行新发展理念，适应新常态所表现出的经济特征，以科研基础、领军企业、军民融合等为布局优化思路，夯实高端装备制造业的高质量发展基础。

1. 以科研能力为先导，合理规划产业布局

当前，四川省装备制造领域的科研院所多集中于成都及绵阳两地。因此，成、德、绵具有布局高端装备制造产业的先天优势。此外，德阳、绵阳一直以来都在装备制造领域有一定积累，传统制造业优势强劲，产值丰硕。因此，在进一步优化高端装备制造布局方面，应当充分发挥成都平原经济区的独特研发优势，提升区域内产学研合作水平，重点围绕成、德、绵打造立足省内、辐射西南的产业跃升极，将分散布置的产业园区、科研院所进行统一规划，优化物流、交通、信息等基础设施，提升成都平原经济区内互联互通水平，连片打造四川高端装备制造新兴产业集群。

2. 以领军企业为核心，优化产业布局

领军企业相比行业领域同行具有更为丰富的发展资源，能够拥有更多的技术储备，并在相关行业发展方面形成了一定程度的战略性新兴产业产品结构。作为四川省内传统的重装基地，德阳形成了东汽、东电、东锅、东方风电等重点企业，在火电、核电、水电、风电等高效清洁发电装备方面发展潜力巨大；绵阳则有九洲、永贵科技等优质装备制造企业，在无人机、机器人、增材制造、高档数控机床等新兴产业领域有一定积累，以实现智能化、自动化、高端化为发展方向。此外，省内其他地市还有依托本地、有一定发展基础的高端装备制造领军企业。这些企业或在当地形成产业集群，或与省内其他行业形成互动，使上下游产业链得以完善。因此，应当对省内高端装备制造领军企业进行专业甄别，在财税、土地等领域给予必要扶持，拓展其发展潜力，强化行业示范，并形成高端装备制造的极化分布，以此为基础实现带状布局、全域发展。

3. 以军民融合作为依托，布局战略性新兴产业

四川拥有国防科工重点基地，拥有重量级的研究机构和良好的产业基础，具备布局战略性新兴产业的良好条件。应当以国家军民融合的相关政策为基础，完善适应四川省具体省情的相关政策措施，推动军民产业发展、行业体制机制改革、自主创新体系建设和军工核心能力建设，推进军民融合、寓军于民的体系建设，加快军用技术向民用转化，给予战略性新兴产业孵化的政策扶持，并着重布局绵阳，建设“军民融合”战略性新兴产业基地。

4. 推动成德绵乐一体化，整合发展要素

成、德、绵、乐四城是四川省制造业发展的主轴，其制造业布局以成都为核心，并形成纵向延伸带，构成了联系紧密的制造业网络空间体系。成、德、绵、乐制造业以城镇节点为载体，以各等级公路作为物流运输渠道，以成、绵、乐城际高铁作为人员流动载体，实现了产业和城镇发展聚集带，并逐步形成一小时生活圈。就物质流动与人才流动而言，该地区在全省范围内都具有较大优势，各城市在布局本地区高端装备制造业的同时，应当对区域内的其他有利发展要素进行整合，形成产业升级合力。行政领域也应当继续推进四地同城化，促进人员流动。

5. 加强城镇体系建设，提供空间载体布局

四川省制造业发展的空间载体是各级城市（镇），因此通过加强城镇体系建设，通过构筑完善的交通、通信网络等基础设施，可以加快各级城市之间生产要素的自由流动，为制造业的区位转移及重构提供便利条件。立足各级城市现有的产业基础，确定重点城市的产业发展方向，加强城市特色产业建设，推动城市产业合理分工，优化布局。对于成都这一核心城市，主要增强其在科教文卫等方面

的服务功能，推进高端综合服务功能的产业化进程，促进最高端制造业的产业集聚；在产业结构演化过程中，促进低端产业的升级。对于绵阳、德阳、乐山、雅安、资阳等区域性中心城市，要进行功能分类，针对城市产业特色或区位进行合理的分工。对于各级小城镇，其建设的重点是立足资源实际，发展特色制造业，实现区域产业整体布局优化。加强与周边发达地区的经济联系和技术往来，实现全省经济与空间的协调互动。

（二）对策和建议

1. 提升科研创新能力

一是大力推动科技创新，增强自主研发能力。围绕高端装备制造业，引导创新资源集聚，优化创新资源的配置，提供良好的外部环境，激励企业建立研发机构，进行创新活动，致力于突破核心技术，并最终增强整个行业的创新能力，促进制造业的转型升级。二是完善高端装备制造业产业创新体系，以装备制造业创新中心为载体，以公共服务平台为支撑，构建创新网络集群。建立市场化的创新引导选择机制，积极推动产业技术创新平台建设，鼓励社会资本投入，充分发挥市场主体与科研院所的创新活力。深入产学研合作，建立健全科研成果评估体系和利益分配机制，打通从研发到产业化的转变渠道。加大关键共性技术的开发力度，发挥行业龙头企业的主导作用，建立企业、科研院所与高校产学研用相结合的产业技术创新平台。三是加快建设人才梯队，从培养、引进和发展三个方面着手，加强对创新型人才的定向培养，协调政府、企业及高校各方，构建一个完备的协作培养机制，形成产业创新的后备力量。实施更加开放的人才引进政策，通过一些重大项目引进人才，以市场换人才、换技术。

2. 致力于构建完善的产业集群

一是依托市场需求，依据各地发展基础及资源禀赋，从全省协调的角度形成一些具有地方特色或要素优势的产业集群。坚决杜绝重复建设，防止跟风建设，解决结构趋同、资源配置效率不高等问题。二是在产业集群内部，要加强全产业链企业之间的协调，探索更为高效的企业协作模式。大力推动服务业与制造业的融合发展。让装备制造业从提供单一产品向“产品＋服务”的方向迈进，通过提高服务在价值链中所占的比重，提升制造业的产业附加值，增强核心竞争力。以期构建一个以龙头企业为核心、以关联企业为依托的产业集群。三是加快构建市场化法制化企业出清、淘汰产能的长效机制，坚持分类施策、多措并举、标本兼治，综合运用法治和市场化手段，优化整合现有装备制造业产能，实施“腾笼换鸟”，整合企业实力，实现扭亏为盈。强化环保、能耗、安全、质量技术标准，依法倒逼落后产能退出市场，对超额能耗和环保要求不达标的落后装备制造企业实施差别电价和惩罚性水价，加速落后产能的淘汰步伐。

3. 提高政府的服务意识

一是明确边界意识，协调政府市场关系。以行政审批制度改革为重点，加快从“管制型政府”向“服务型政府”的转变。加大简政放权力度，简化和合并审批手续，削减行政审批项目，重点关注事中事后监管职能。主要通过产业政策对各类投资进行引导，规范行政审批相关的前置有偿中介服务。二是构建良好的营商环境。加快构建适合装备制造业转型升级的法制环境，真正做到“执法必严，违法必究”。加快完善产权保护法等相关法规的落实工作，加大产权保护的力度，提高基层行政力量的执法意识。三是完善金融服务体系，加大投资力度。高端装备制造业的发展需要有充分开放的融资环境。因此，需进一步完善金融服务体系，推动多层次资本市场的建立，拓宽装备制造产业的融资渠道，促进资本的有效集聚。应切实完善财税支持政策，进一步加大补贴力度，丰富补贴形式，帮助企业突破发展瓶颈。

4. 降低高端装备制造业经济成本

一是推进结构性减税，着力降低生产环节税费，落实国家相关减税政策，全面实施“营改增”，拓宽减税范围。可对特殊装备制造业实体实行增值税减免，加大对企业的税收扶持力度。加大高端装备制造行业在科技研发领域的税收优惠政策力度，放宽民间资本投资的税收抵免条件和纳税扣除适用范围，合并增值税税率档次。对企业新购进的用于替代劳动力的设备给予加速折旧政策。按照优化出口产品结构的要求，有针对性地加大产品出口退税支持力度。加快推进资源税改革，扩大资源税覆盖范围，落实好煤炭等资源税由从量征收改变为从价征收的政策措施。

二是开展涉及装备制造企业收费专项治理整顿行动，加大审计和督查力度，建立违法违规涉企收费惩处机制和企业维权机制，尽快推出一批制度性、管长远、见实效的清费举措。抓紧建立收费目录清单制度，切实减少相关机构对涉企收费的自由裁量权。全面清查和纠正自立收费项目、超标准收费、扩大范围收费、取消项目继续收费等不合规收费行为。全面清理涉企行政事业性收费和政府性基金，涉及行政审批前置、行业协会涉企收费等，规范路政管理，市场监管和准入等具有强制垄断性的服务性收费，行业协会商清理规范行政审批中介服务事项收费。

负责人：周　江（四川省社会科学院）
成　员：车茂娟（四川省统计局）
周作昂（四川省统计局）
兰　想（四川省统计局）
吴振明（四川省社会科学院）
王　波（四川省区域科学学会）
邵旭阳（四川省区域科学学会）
邹　洋（西南交通大学）

# 四川通用航空与旅游产业融合发展研究

通用航空是指民用航空器从事公共航空运输以外的民用航空活动。我国正处于通用航空（以下简称通航）产业快速发展的关键时期，为促进通航业持续健康发展，国务院出台了《关于促进通用航空业发展的指导意见》（国办发〔2016〕38号），国家民航管理局制定了《关于通用航空分类管理的指导意见》（民航发〔2018〕80号）。四川省通航产业发展基础条件较好，是国家首个低空改革开放试点示范区，通航产业发展受到省委省政府高度重视，有望成为下一个万亿产业。同时，作为传统旅游大省，推动通用航空与旅游业融合发展（以下简称通旅融合），对突破通航产业发展瓶颈、提升旅游产业创新发展能力、促进产业融合和区域协同发展都具有重要意义。

## 一、促进四川省通旅融合发展的重要意义

通旅融合发展有助于促进通航产业良性持续发展和旅游产业转型升级，对于区域资源合理有序开发和协同互动发展具有重要意义。

### （一）推动通航产业跨越式发展的突破口

通航产业链大体可以分为前端的航空器设计制造、中端的飞行运营、后端的衍生服务。飞行运营是整个产业链发展的源动力，只有繁荣的飞行运营方能支撑前端制造业和后端衍生服务业态的发展。随着低空开放试点工作的开展，四川省通航产业迎来发展的小高潮，新注册通航企业数快速增长，从2010年之前的3家增加到目前的近100家（图1）。但是调研发现，省内通航企业当前普遍面临经营困难。近100家在册通航企业中，仅有3家是A级纳税人，5家经营异常或失信。大量新业务或者停摆或者依赖地方政府补助补贴勉力经营，同时传统飞行培训和通航作业业务也增长乏力。这与低空空域改革带来的红利预期有明显的差距，通航飞行的增长停滞在根本上制约了全产业链的快速发展。在现有产品和服务发展明显阻滞的情况下，通航业急需拓展飞行运营的新领域，寻求飞行服务的新对象，开发飞行市场的新产品。通过产业间的相互支撑，通旅融合有助于新兴的通航业深度楔入成熟的万亿级旅游产业，成为飞行运营快速增长的突破口，为

通航全产业链注入发展动力，促进通航产业持续稳定健康发展。

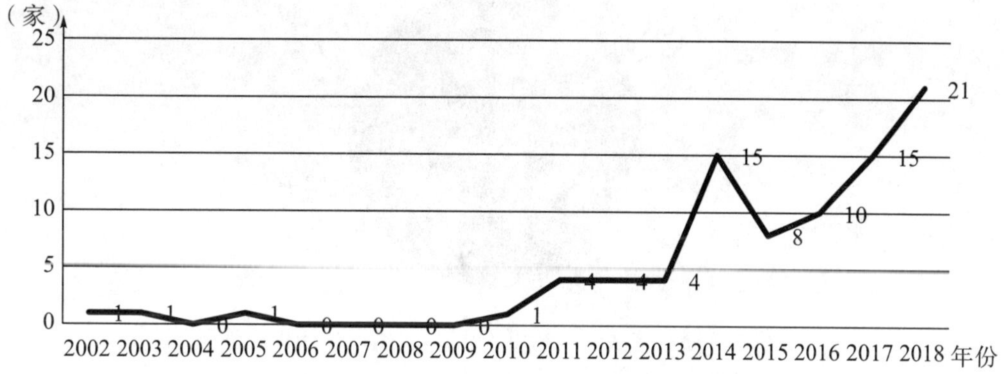


**图 1　四川通航企业年度新增注册数量**

数据来源：根据百度企业信用数据库查询整理。

（二）促进旅游业转型升级的新路径

四川旅游资源丰富，旅游业社会经济贡献日益增加，但存在的突出问题和瓶颈也不容忽视。首先，旅游服务附加值低，吃住行购和门票等几乎是旅游产业全部收入，“旅游服务”价值长期得不到市场认可。其次，旅游产品创新不足，基本为传统的观光和度假旅游，旅游资源开发和产品创新不足，难以适应消费者新兴的多元和差异化需求。通过产业间的相互支撑，通旅融合有助于深度发掘区域内不同景区的共性，并通过通航短途运输的支持实现基于多旅游点的共性产品再造，提高旅游产品附加值，助力旅游产业转型升级发展目标。

（三）支撑区域旅游协同发展的重要抓手

四川省不同区域旅游资源总量差异大，地理分布和结构特征各异，由此造成不同区域、不同景点游客接待量差距较大，区域旅游市场收益不均与全省旅游资源整体优势突出之间形成强烈反差。特别是优质旅游资源点大多分散于广阔的西部山地，交通通达性相对较差，如香格里拉生态旅游区、攀西阳光度假旅游区、嘉陵江流域生态文化旅游区、蜀南竹海兴文石海生态文化度假旅游区和“两湖一山”休闲度假旅游区等距离作为主要旅游集散中心的成都市较远，旅游业在区域间实现整合发展的难度较大、能力不强。景区之间地理跨度大、区域联动和游客流量共享程度差，缺乏旅游资源之间的共性发掘和联动发展，旅游资源整合度低成为四川省旅游业发展的一大障碍。通过产业间的相互支撑，通旅融合在充分发挥通航短途运输快捷、灵活优势的情况下，为充分发掘不同旅游资源点的内在价值共性、共享游客流量提供了可能，从而找到了实现不同区域旅游业协同发展的可行路径。

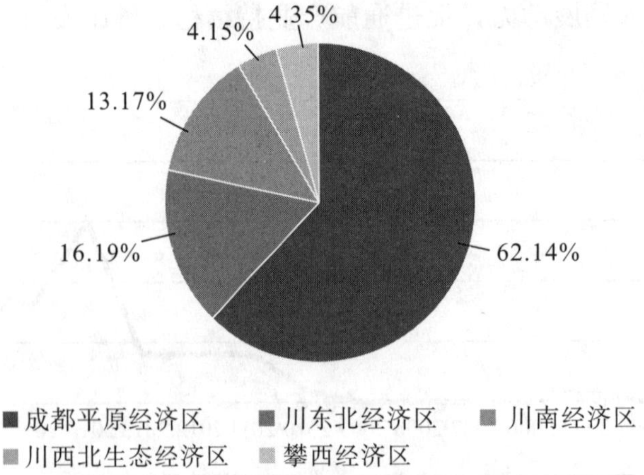


**图 2　2018 年我省五大经济区旅游接待量**

数据来源：2018 年四川旅游大数据报告，四川省文化和旅游厅。

## 二、当前四川省通旅融合发展存在的主要问题

当前四川省通旅融合发展的问题主要表现在发展层次低、经济规模小、产业影响弱、基础设施缺、扶持政策少等方面。

（一）发展层次低

从实践经验看，通旅融合可以分为三个层次。一是以通用航空为主题所开展的旅游活动，即将旅游因素融入通航业务。二是以旅游景点为载体的通航产品，即将通航航空融入旅游产业。三是旅游资源和通航运输的有机融合，形成通航要素和旅游要素融于一体的新业态。

与国内外其他地区相似，四川省通旅融合主要有以下四类产品：空中观光、地面观光、运动体验与主题节会（见表 1）。其中，前两类通常属于第一层次，如四川广汉的广汉国际航空节。后面两类属于第二层次，如都江堰景区的低空观光和滑翔伞运动。四川省通旅融合当前发展基本上仍处于第一、二层级，即通航和旅游产业都是以相对独立的业态呈现，运行不受对方存在与否的影响。而到上述通旅融合的第三层次，通航和旅游服务都是通旅融合产品不可或缺的内在要素，实际上就成为两个产业融合发展的高级阶段。但从调研情况看，当前四川省尚无较为成熟的第三层次的通旅融合。

表 1　当前通航旅游发展的主要业态

| 大类 | 亚类 | 类 | 基本类型 |
|---|---|---|---|
| 通航主题节会 | 通航展会 | 专题通航展 | 通用航空器展、通用航空旅游展 |
| | | 综合通航展 | 通用航空展、通用航空大会 |
| | 节事活动 | 通航主题日 | 通用航空日、通用航空观光日 |
| | | 通用航空节 | 通用航空旅游节 |
| | 主题活动 | 专题主题活动 | 通用航空竞赛、通用航空表演 |
| | | 综合主题活动 | 通用航空旅游主题夏令营 |
| 地面观光 | 科普学习 | 通用航空展馆游览 | 通用航空博物馆、通用航空科技馆 |
| | 娱乐休闲 | 通航主体娱乐 | 通用航空主题公园、通用航空娱乐基地 |
| | 产业观光 | 通航工业游览 | 通用航空产业园和通用航空工业观光 |
| 空中游览 | 旅游景点 | 自然类景区 | 名山大川、水域景观 |
| | | 人文类景区 | 历史名胜、都市景观 |
| | 旅游线路 | 旅游线路观光 | 城市观光、自然风景观光 |
| | | 短途旅游包机 | 低空体验观光、低空娱乐观光 |
| 航空体育运动 | 轻于空气的航空器 | 动力航空器 | 飞艇 |
| | | 非动力航空器 | 热气球、跳伞 |
| | 轻于空气的航空器 | 动力航空器 | 动力伞、旋翼机 |
| | | 非动力航空器 | 滑翔伞、滑翔机 |

（二）经济规模小

即使综合考察通旅融合的三个层次，通旅融合发展的产业规模都还很小。以低空游览业务为例，四川具有业务资质的通航企业共计 15 家，但目前处于正常营业状态的仅驼峰通航一家，营业收入尚停留在百万级水平，严重低于行业持续发展的正常预期。通旅融合发展规模受限，一方面是因为通航产业尚处于起步阶段，可供旅游开发的资源较为有限；另一方面则是因为旅客资源丰富的景区往往缺乏开发低空旅游产品的积极性，比如九寨沟景区迄今为止也不愿意通航企业入驻开发低空观光服务。通旅融合规模小的原因从根本上看是因为低层级的通旅融合没能真正发挥通航所具有的运输功能这一本质属性，并实现与旅游资源的有机结合。

（三）产业影响弱

通旅融合发展影响力小，一方面是因为其当前发展规模有限，对区域经济的影响力自然不足；另一方面还表现为社会公众的认知度低。由于通旅融合层次低，主要以寄生于旅游景区的低空观光为主，不仅被消费者视作一个景区新增的旅游项目，就连被调查的从业人员对所从事的工作也缺乏持久的信心。消费者、从业者和监管者都缺乏对通旅融合产品的独立认知、充分信任和发展信心。

（四）基础条件差

即使是通旅融合发展的第一、二层次的产品形态，在省内多数区域都是新鲜的。较小的发展规模和较低的影响力导致当前无论是政府还是市场都没有加快通旅融合发展资源整合平台建设的积极性。缺乏主动介入通旅融合产品开发的核心主体，成为当前制约其发展的重要因素。要清醒看到的是，在作为通旅融合发展前置性条件的通航机场建设方面，四川省通航机场体系还远未成形，基础设施仍很薄弱，需不遗余力地继续加大建设力度。目前，全省二类及以上通用机场仅有9个（见表2），并且这些机场分布还存在与旅游资源分布不一致的矛盾。

**表2　四川二类以上通用机场数**

| 通用机场名称 | 类型 | 所在区位 | 地理位置 |
|---|---|---|---|
| 新津机场 | A1 | 成都市 | 五津镇桥津上街320号 |
| 广汉机场 | A1 | 德阳市 | 南昌路四段89号 |
| 遂宁机场 | A1 | 遂宁市 | 明星大道326号 |
| 自贡凤鸣通用机场 | A1 | 自贡市 | 成佳镇航空产业园 |
| 洛带通用机场 | A2 | 成都市 | 洛带镇柏杨村三组 |
| 青城山通用机场 | A2 | 成都市 | 都江堰安龙镇 |
| 崇州豪芸通用机场 | A2 | 成都市 | 崇州市济协乡天宫村 |
| 彭山江口通用机场 | A2 | 成都市 | 彭州江口镇 |
| 广汉西林通用机场 | A2 | 德阳市 | 广汉市高雄路一段 |

（五）政策支持少

由于通旅融合发展的影响力、关注度还不够，当前相关领域的政策要么是促进通航产业的发展，要么是促进旅游业的发展，尚无专门促进融合发展的政策。作为新兴事物，促进通旅融合发展的政策必不可少，其中，规范通旅融合发展的主体资格、产品标准和运行规范的政策是为新兴业态保驾护航的重要支撑。如目前从事旅游服务的通航企业的经营需要地方政府的产业支持，但政府的政策体系并未及时跟上，政策供需处于一头冷一头热的状态。

## 三、促进四川省通旅融合发展的基本思路

（一）结合实际，走出通旅融合跨阶段发展的新路径

当前通旅融合发展居于前列的国家主要以美国为代表，其低空观光、通航航

展等已具有相当的规模。美国地广人稀，经济高度发达，私人飞行和公务飞行是其通用航空发展的主要形态，存在第三层次通旅融合产品发展不足的问题。我国通旅融合发展的背景和条件与美国大不相同，经济发展总体水平还不高，发展中首先要对接的是广大消费者的大众化需求，这为通旅融合在不充分实现第一、二层次发展的情况下直接进入第三层次发展提供了可能。基于此，四川省通旅融合完全可能走一条跨阶段推进的发展路径，从而为推动通旅融合产业化提供发展动力。

（二）适应需求，探索通旅融合主题旅游发展的新模式

群众的物质生活条件达到一定层次后，需求必然向个性化、差别化跃升。作为满足群众精神文化需求的重要产业，旅游业个性化、差别化的市场需求正进入爆发性增长期。从国内外的发展经验来看，打造具有丰富文化内涵的主题式旅游产品是旅游业发展的未来方向，是在充分发掘多个旅游景区历史文化、自然地理、风土人情等内在共性的基础上对旅游产品的一种创新发展，这应当成为四川省旅游发展模式的一个新探索，同时也是通旅融合迈入更高发展阶段的一个新特征。

（三）突破常规，打造通旅融合泛区域发展的新业态

人们通常习惯在单一区域视角下考量产业的发展，但通旅融合发展要求各地方政府和旅游景区、通航企业和旅游公司来共同参与通旅产品的打造。从产业业态来看，特定的通旅融合产品可能跨越多个地方政府、包含多个旅游景区、涉及多个通航企业或者多个旅游公司等，从而呈现出泛区域化的特性。根据开发和整合通旅融合产业链资源的主体不同，这种泛区域的发展可能以四种发展模式表现出来：一是由某个或某几个地方政府主导，二是由某个或某些旅游景区主导，三是由特定通航企业主导，四是由特定的旅游公司主导。不同模式虽然强调了通旅融合主导者的差异，但多主体协作的泛区域内在属性并不会因此发生改变。

## 四、促进四川省通旅融合发展的对策建议

（一）注重规划协同，健全通旅融合基础设施

注重强化通航基础设施建设与旅游产业发展规划的协同，将旅游资源分布作为通航网络构建的重要考量。要根据不同旅游资源的开发需要，分层次、分阶段地制定和实施通航机场及其相关设施的建设规划。

当前，应特别注意加快旅游资源集中地的机场及其相关设施建设，及时补足通旅融合的基础设施短板。科学规划建设通航机场到区域内的旅游资源点的地面交通通道，通道建设要充分考虑旅游大巴的通行要求，能够充分体现地方的风土

人情和文化特色。

（二）完善政策支持，搭建好通旅融合区域平台

一是制定促进通旅融合发展的专门性文件，引导地方政府、机场、旅游景区和旅游公司积极参与通旅融合产品开发。二是建立专门的发展基金，对通旅融合产业发展的参与者给予专项资金支持。三是搭建通旅融合资源和产品开发交流平台，开放整合不同主题、不同区域和不同主体的通航和旅游资源。四是建立通旅融合文化和产品互联网市场宣传平台，营造通旅融合的文化氛围，宣传不同主题的通旅融合产品。

当前，要注意开发建设通旅融合产品管理系统，通过系统管理通旅融合产品资质、产品内容、产品标准和产品价格。加强对通旅融合产品运营状态的跟踪分析和监管。

（三）注重典型示范，稳步推进带动全域发展

通旅融合的早期发展要特别注意用典型示范带动全域发展。通旅融合产业发展规划需要全盘考虑，建设则需要稳步推进。应优先支持旅游资源相对集中和通航条件相对成熟的区域，试点打造通旅融合产品。通过优先支持部分区域和市场主体先行发展，以促进市场发育、塑造区域品牌、积累发展经验。在优先发展的典型示范带动下，鼓励现有主体积极开发系列产品，促进现有旅游资源与不同产品开发相结合，鼓励相关地方政府向外拓展实现区域协同发展。

当前，应努力通过发挥示范点的先导性价值，用市场机会和产品创新来吸引广大的市场主体参与建设，在发展中联点成线、组线成网、全网成产。

（四）培育经营主体，充分发挥社会资本原动力作用

将培育产业主体作为促进通旅融合发展的核心内容。在重视通旅融合发展中政府引导作用的同时，坚持产业发展的市场主导原则。在通旅融合发展过程中，政府要担负起政策的制定者和监管者职责，通过打造资本、信息平台引导市场主体有序参与。旅游公司、旅游景点和通航企业是产业发展的主体和生力军，应通过激发其主观能动性，激活资本的内生源动力，实现通旅融合的快速发展。

当前，应建立完善通旅融合产业主体的资质管理体系。用公共安全管理的思路把好准入门槛，用产品实施备案的措施进行运行监管，用负面清单制度的方法实现动态调整，以资质管理保安全，以动态调整激活力。

（五）创新经营模式，营造多方共生共赢局面

优先构建利益共享机制是形成通旅融合共生共赢格局的关键内容。要通过创新经营模式，实现通旅融合多方主体的共生共赢。通过通旅融合产品的合理设计，在地方政府、旅游景点、通航企业和旅游公司之间形成高度的利益绑定机制和运行协同机制，最终形成你中有我、我中有你、相互依存、相互促进的有机整

体。要根据实际情况，探索地方政府主导型、景点融合型、旅游企业打造型和通航公司协同型等不同发展模式。地方政府主导型以财政支持、政策规划为典型特征，在通旅融合发展早期占有明显优势，适合于打造典型示范；旅游企业打造型随着通旅融合逐步发展成熟而具有更多的优势，在发现机会、整合市场资源方面嗅觉敏锐；景点融合和通航公司协同型在特定的资源条件下具有优势，显性的资源共性和历史的资源条件是这两种模式的存在基础。

当前，要特别注重用文化主题注入、个性体验服务、时间成本节约等核心内容提升通旅融合产品的附加值。以旅客流量为地方政府和旅游景区创造价值，积极探索以收益分摊为旅游和通航企业创造收益的合理有效方式。

### （六）突出共性发展，探索通航旅游跨区域整合

促进通旅融合持续发展，要在推动跨区域资源整合上多做文章。突破地方政府的本位视野，以市场主体来主导跨区域资源的深度发掘和整合。突破旅游景点的地域思维，以共性主题来强化特色、增强市场吸引力。以游客资源流动来实现旅游资源的跨区域协同，以通旅产业价值共铸来实现通旅市场的跨区域打造，以通旅产品收益共享来实现通旅产业的跨区域联合。

当前，应着力打造跨区域的通旅融合资源整合和产品推广平台，为通旅资源跨区域整合创造便利条件。在平台上协调跨区域通旅融合的产品标准和参与主体的资质要求；在平台上为跨区域通旅融合产品营造更好的市场条件。实现通旅产品省内融合—省际融合—国际融合的跨越演进。

负责人：李晓波（四川大学）
成　员：杨春健（四川省经济发展研究）
王学林（中国民用航空飞行学院）
兰　想（四川省统计局）
周作昂（四川省统计局）
魏中许（中国民用航空飞行学院）
袁　芸（四川大学）
何雪葳（四川大学）
范思恒（四川大学）

# 四川 5G 产业链发展研究

党的十九大将 5G 通信纳入未来重点发展的战略性新兴产业。5G 是推动移动技术进入通用领域的催化剂，是重塑通信领域自上而下竞争格局的新机遇，是引领经济社会各领域融合创新的新技术。5G 是四川创新驱动发展的先导力量、推动经济持续增长的重要之举，是推进供给侧结构性改革的新动能、振兴实体经济的新机遇、建设制造强省和网络强省的新引擎。促进四川 5G 网络、技术、产品与应用融合，推动构建具有四川特色优势的现代产业体系，在新一轮创新产业发展中赢得先机具有重要意义。

## 一、四川 5G 产业链发展现状

四川在 5G 网络建设和应用创新方面走在全国前列，已初步构建上游基站、中游网络和下游终端以及应用等较完整的 5G 产业链基础体系。

### （一）5G 产业发展现状

1. 各市（州）5G 基站陆续建成标志着四川步入 5G 时代

2018 年 5 月，成都市率先步入 5G 时代；2019 年 1～2 月，绵阳、广安、凉山、德阳等 10 个市州迈入 5G 时代；3～4 月，泸州、眉山、宜宾等 5 个市步入 5G 时代；5 月，四川联通宣布 5G 基站遍布各市（州），表明四川省全面步入 5G 时代。多数市（州）开展建设 5G 基站、5G 业务测试和实验、提供 5G 通信和关联业务服务。截至 2019 年 6 月底，全省三大运营商共建设 5G 基站 1285 个。2019 年 7 月，成都市城管委道路桥梁监管服务中心、中国电信成都分公司及华为公司共同发布首个 5G 云 AI 智慧监控商用项目，标志着四川首个 5G 商用项目落地成都。2019 年 10 月底，中国电信、中国移动和中国联通公布 5G 正式商用。中国移动预计 2019 年年底开通的 5G 基站超过 3000 个，重点区域连续覆盖；四川联通已完成基站安装 1900 余个，涵盖 21 个市州，重点打造成都网络连续覆盖；中国电信在成都市三环内实现 5G 信号连续覆盖，郊县热点区域基本连续覆盖。

2. 以成都市为代表的5G产业发展迅猛，应用覆盖面广

成都市作为全国首批5G试点城市，以高新区和天府新区为主要载体，打造5G研发企业核心聚集区；以中心城区为主要载体，布局5G示范应用区；依托西部电子信息产业核心功能区和成都航空经济功能区，集聚发展中高频关键零部件、模组及通信线缆、通信设备和智能终端等先进制造业。

成都市5G产业链主要由上游基站设备（含基站射频、基带芯片等）、中游网络建设、下游产品应用（终端及应用场景）构成。整个产业由以下几类企业构成：①5G网络建设类企业，②基站配套企业，③5G配套研发企业，④服务于5G的相关电子类设备生产企业，⑤服务于5G的光纤光缆、光模块、光通信设备领域的企业，⑥物联网应用领域方面的企业，⑦具他与5G技术带动影响的相关企业。5G产业链各环节、各端口相关企业积极参与产业发展，初步完成从研发、测试、试点到基础设施建设、试运行阶段，目前三大通信运营商均已实现5G商用。

3. 5G产业链聚集多类型企业，产业蕴藏价值大

5G是我国战略性发展产业，在四川的发展目前处于萌芽期向成长初期演进的过程。从直接产出贡献方面看，据中国信通院白皮书预测，到2025年，四川省5G的开发应用价值将达1000亿～2000亿元；从用户需求规模角度看，据全球移动通信协会预测，到2025年，四川省5G用户数将在2000万～3000万个；从用户新增5G设备投入和相关服务费方面估算，两项合计年均产值将达1240亿～1860亿元。从关联产业推广应用价值看，预计2022年四川省超高清视频产业产值突破3500亿元[①]，再综合考量在“5G+”相关领域如智慧交通、车联网和无人机货运、工业互联网、超高清视频等方面的应用价值，未来5～10年，以5G为核心带动和辐射相关产业的产值有望达到万亿级。

（二）5G产业发展特点

四川省已出台《四川省5G产业发展行动计划（2019—2022年）》和《四川省超高清视频产业发展行动计划（2019—2022年）》，不断释放政策红利，占领5G技术制高点，发挥技术引领作用，在5G及相关领域探索应用场景，将四川省打造成国内一流、国际知名的现代通信产业高地，推进5G产业发展。梳理5G产业现状，四川省5G产业发展具有以下特点：

1. 领导高度重视，优越的产业发展环境助推四川5G快速发展

5G技术等领域是电子信息行业的发展重点。国家十分关心四川电子信息产业的最新进展，2018年，习近平总书记在成都中电熊猫显示科技有限公司听取

① 数据来源：四川省超高清视频产业发展行动计划。

了四川省电子行业及成都市典型企业的情况，勉励企业抢抓机遇，积极发展军民融合产业，提高企业自主创新能力和国际竞争力，推动中国制造向中国创造转变、中国速度向中国质量转变、中国产品向中国品牌转变。四川省迅速出台了《四川省超高清视频产业发展行动计划（2019—2022 年）》和《四川省 5G 产业发展行动计划（2019—2022 年）》。这是引导 5G 产业发展的政策性文件，明确了发展战略目标和方向。

2. 四川产学研深度合作，研发力量较强，助推四川 5G 产业发展

四川大学、电子科技大学、四川传媒学院等高校与航天云网、中科信息、创维、傲势等企业与中国电信成都分公司签署 5G 产业战略合作协议，共同打造 5G 行业应用示范，推进 5G 场景化模式创新，促进产业发展。四川拥有电子科技大学、四川大学、西南交通大学等高校，电信科学技术第五研究所、中电 10 所、中电 30 所等科研院所，大唐、华为、中兴、四川电信、四川移动、爱立信等企业涵盖多个层面的研究平台，5G 研发梯队完备，研究实力比较雄厚，在国内处于领先地位。

3. 各市州高度重视 5G 产业，给予政策投资等保障支持

成都市突出抓好“四大主要任务”，深入实施“十大重点工程”，着力打造“三大产业基地”，出台六大类支持政策，在运营商及合作伙伴的支持下，打造“中国 5G 创新名城”，建设“具有全球影响力的 5G 产业聚集地”。宜宾、泸州、绵阳等市出台了推进 5G 相关产业发展的实施意见，明确了市州 5G 产业着力发展的方向、应用领域并给予政策保障。

4. 发挥 5G 及应用技术，点燃四川“双创”新引擎

随着 5G 技术的逐步普及和商用推广，全国将引爆新一轮“双创”热点。四川省已走在 5G 战略布局全国第一方阵中。四川省参与了 5G 国家标准的制定，通信技术的研发投入比例上升，尤其在高频器件、微波/毫米波、阵列天线、信息安全等方面拥有先进技术和产业基础优势。四川省拥有国家通信抗干扰技术国家级重点实验室、先进无线通信技术国际联合研究中心等国家级科研平台。拥有电子科技大学与华为公司共同建设的全球首个“5G 通信系统实验外场”和全国规模最大的“4G 通信系统实验外场”等平台。该校牵头、参与重点专项和 863 计划与 5G 技术相关的近百个课题，部分成果已在华为、中兴、上海贝尔、大唐、中国移动等企业产业化应用。四川省 5G 创新创业技术前后向覆盖，尤其是 5G 终端研发是产业布局的重点。此外，从各市（州）看，成都、泸州、宜宾、自贡等地积极布局智能终端设备研发制造，探索市场发展应用的空间。

5. 5G产业具有先发优势，抢占发展先机就是抢占未来新经济发展的制高点

从5G产业直接和间接带动产值的效应看，未来5～10年四川有潜力建成一个“万亿级”新型产业。5G技术是一项与信息传播产业发展密切相关，具有融合性、构建性和开放性的信息传播基础技术。这一特征使其在整个信息传播领域产业的发展中具有广泛的基础性、包容性、融合性和可持续性。未来5G是传统企业转型升级的重要带动力量。大带宽、低时延、广联接的需求正在加速5G商用。对传统行业设备实现智能化改造、支撑智慧社会新发展，拓展民生福祉新内涵，如在健康医疗、家政、教育、建筑、制造业等方面带给人类新的工作和生活方式；与物联网、大数据、云计算、人工智能等技术深度融合，共同开启并发展到万物互联的信息传播发展新阶段。

## 二、四川5G产业链发展存在的问题

### （一）5G配套企业产量低、规模小且在区域间分布不均衡

四川5G产业链配套企业数量虽多，但产量低、规模小，尚未切入全球产业供应链，短期内合力难聚。目前有影响力的创新技术研发类企业落地点位相对集中在成都，各市（州）主要以通信推广应用和后期产业影响辐射及应用为主。创新技术研发类在区域间布局不均衡，成都是5G研发集中区和重要产业园区所在。

### （二）整机制造企业缺乏，研发型龙头企业引领不足

四川5G系统设备企业在高频领域与国际先进水平之间有差距，核心器件研发相对落后。除具有通信领域优势外，在5G其他行业则缺乏核心技术，尤其在功放及滤波器、天线及射频等方面。以5G射频前端芯片产业为例，四川目前没有射频前端芯片产业的大型龙头企业，现有主营业务主要在射频前端各个细分器件上，未实现集中规模化生产。

### （三）企业参与5G产业链主动意识还不强，5G高端人才依然缺乏

5G移动通信技术的不断革新使四川智能产业在技术方面面临更大的挑战，四川智能产业急需高新技术人才推动技术进步、产业创新发展。与北、上、广、深等地相比，成都以软件技术和推广应用为代表的企业主动吸引优质高端人才的能力较弱。5G产业发展急需的AR/VR工程师、人工智能架构师及产业发展应用型高端人才和产业领军人物依然比较缺乏。

### （四）军民融合及产学研融合不够，在行业内或国内的影响力有待增强

四川省5G研发以电子科技大学、四川大学、中电10所、中电29所等高校

院所及通信运营商研发中心为主。由于成本较高、工艺成熟度低等原因，5G研发技术主要应用于军工项目。受军民融合发展进度限制、军口与民口技术交流共享体制机制不完善等影响，企业创新通道不畅、创新能力受制，5G优势尚未在民口得到全面推广应用。这在一定程度上造成四川拥有某些先进5G技术而无法广泛投入生产的不利局面。

（五）5G产业链出现一定的结构失调

当前四川5G产业的网络架构、管控理念还不适用于未来5G的产业生态结构和潜在的新兴运营模式，需要以战略布局为先导，产业连通的市场为主线，完善5G产业生态链，研发诸如软件定义网络（SDN）等新技术满足应用业务的需求，解决当前5G产业因自主布局而存在的生态结构性失调问题。因5G研发、建设及应用场景开发的投入大、成本高，短期内借助商用开发取得回报受限，5G产业发展还可能经历一段“阵痛期”。

## 三、四川5G产业发展的优劣势分析

### （一）优势分析

1. 四川5G研发梯队完备

四川拥有电子科技大学、四川大学、西南交大等高校，电信科学技术第五研究所、中电10所、中电30所等科研院所，大唐、华为、中兴、四川电信、四川移动、爱立信等企业共三个层面的研究平台，5G研发梯队完备，研究实力雄厚，在国内处于领先地位。

2. 四川具有5G领先的关键技术

四川在高频器件、微波/毫米波、阵列天线、信息安全等方面拥有技术和产业优势。值得一提的是，作为军工重省，四川军工企业的射频及阵列天线技术领先全国。

3. 四川拥有高端的实验平台与应用

四川拥有国家通信抗干扰技术国家级重点实验室、先进无线通信技术国际联合研究中心等国家级科研平台。同时还拥有电子科技大学与华为公司共同建设的全球首个“5G通信系统实验外场”和全国规模最大的“4G通信系统实验外场”等开放平台。电子科技大学还牵头和参与承担重点专项和863计划与5G技术相关的近百个课题，其中相当部分成果已在华为、中兴、上海贝尔、大唐、中国移动等企业产业化应用。

## （二）劣势分析

1. 政策上，四川省还未出台5G产业促进具体方案

5G试点走在前列的省份率先出台产业发展政策。浙江省出台了《关于推进5G网络规模试验和应用示范的指导意见》、广东省印发了《广东省信息基础设施三年行动计划（2018—2020）》、长三角地区选择“抱团”联合推进5G网络建设，长三角区域的政府部门与运营商签署了《5G先试先用推动长三角数字经济率先发展战略合作框架协议》；深圳出台了《深圳市5G规模组网试点建设工作方案（2018—2019年）》。

目前，四川省已出台《四川省5G产业发展行动计划（2019—2022年）》，在推动5G试验及基础设施建设、5G产业链合作、技术研发和应用测试等方面给予相关政策，但尚未形成具体方案，配套方案相对滞后。其中，长三角地区“抱团”推进模式值得四川借鉴。

2. 技术上，缺乏研发型龙头企业引领带动

四川5G系统设备企业在高频领域与国际先进水平尚有差距，核心器件研发全方位落后，尤其是在功放和滤波器、天线及射频方面。从5G射频前端芯片产业来看，产业的发展日新月异，实现先进射频前端芯片国产化也是四川5G产业面临的难题。就目前状况而言，四川没有大型企业进行5G射频前端芯片集成化系统及生产工艺的技术研发攻克，5G射频芯片企业较少，主营业务主要在射频前端各个细分器件，没有实现集中规模化生产。可以说四川没有射频前端芯片产业的龙头企业存在。为弥补5G产业缺乏研发型龙头企业引领带动不足，2019年四川发布《新一代网络技术产业培育方案》，提出到2022年5G领域将会培育1到2个“独角兽”企业。

3. 要素上，高层次高质量的5G人才依然缺乏

与北、上、广、深等城市相比，成都吸引人才的能力相对较弱。5G产业发展急需的AR/VR工程师、人工智能架构师以及产业发展应用型人才比较缺乏，不仅数量不足，同时质量也有待进一步提高。5G移动通信技术不断革新，加大了四川智能产业在技术上面临的挑战。要想赶上5G技术创新发展的脚步，势必需要更多、更专业的从事高技术、高创新工作的高质量人才，共同推动技术进步、产业创新发展。

4. 体制机制上，军民融合通道及产学研通道不畅

四川省5G研发以电子科技大学、四川大学、中电10所、中电29所等高校院所以及三家通信运营商为研究中心。由于成本较高、工艺成熟度低等原因，5G研发技术一直主要应用于军工项目，以军口为主。受军民融合发展进度限制、

军口与民口技术交流共享体制机制不完善等影响，5G 产业创新通道不畅、企业创新能力受制，5G 的优势技术尚未得到在民口的大力推广应用。

## 四、四川 5G 产业链建构及实现路径

要科学部署 5G 产业发展大局、明确目标和战略实施进程，针对 5G 产业链的薄弱之处，进一步优化产业链、布局创新生态链，尤其要在“补链”和“强链”上狠下功夫，发挥四川产业优势，促进 5G 产业发展。

### （一）建构理想产业生态链

理想的 5G 产业创新生态链是：围绕打造 5G 产业链，通过 5G 企业、研究机构、服务提供商及用户等参与、产学研协同创新等制度安排，形成创新链和价值链。同时，政府、行业联盟及协会、金融机构、科技中介等主体通过制定产业政策、发布产业标准、提供资金支持等方式，促进信息流、技术流、资金流在各创新主体之间有序、快速流动和交换，形成主体之间的共生关系，构建体系健全完善、环境理想的 5G 产业创新生态链。

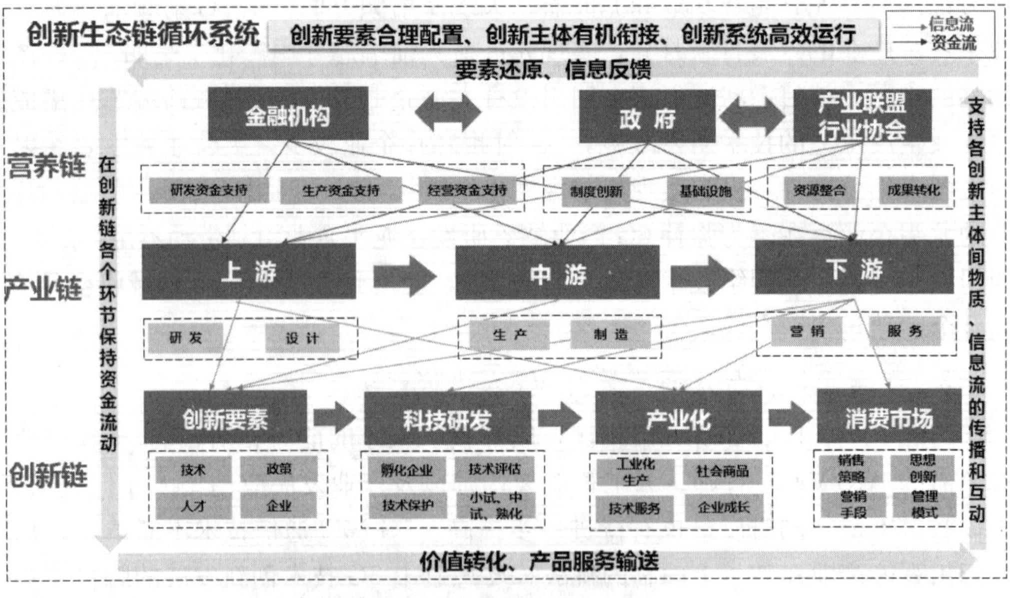


图 1　5G 创新生态链循环体系模型

1. 产业链：四川省 5G 产业类要素

（1）智能终端

智能终端既包括智能手机、家居家电、可穿戴设备、汽车等个人设备，还包括工业设备、公共设备等基础设备。在 5G 时代背景下，智能终端环节最关键的领域在于基带芯片、通信模块及天线射频。

（2）基站系统

在5G时代下，网络制式、使用频段开始发生变化，基站系统逐渐呈现出多样化、集约化、节约化等特点，通过采用大规模天线技术（Massive MIMO）等新技术，快速降低建站成本。基站天线、射频模块是5G基站的核心部分，总体来看，为满足5G大网络容量和全频谱接入需求，基站天线和射频的技术趋势主要包括天线射频模块集成、大规模天线技术。5G的网络通道数较4G有大幅增加，同时基站的滤波器、功率放大器等射频器件将和天线进行一体化集成，站点部署大大简化，数据损耗减少，基站整体网络性能提升。

（3）网络架构

为适应不同应用场景，5G网络架构需要进行颠覆性的变革，其关键在于利用SDN（软件定义网络）/NFV（网络功能虚拟化）技术，形成包括基础设施、管道能力、增值服务、数据信息等不同的能力集，实现资源集中化、服务自动化、管理操作云平台化。

（4）应用场景

5G具有的革命性意义在于有效满足工业、医疗、交通等垂直行业的多样化业务需求，形成智慧城市、远程医疗、工业自动化、自动驾驶等垂直领域的典型应用，实现万物互联的愿景。5G面向应用场景的产业链中的各环节的关键在于系统集成与应用服务，主要包括系统集成与行业解决方案、大数据应用、物联网平台解决方案、增值业务和行业应用等部分。

2. 创新链：四川省5G创新类要素

（1）高校院所

四川高校院所研发资源积累雄厚，5G研发梯队完备，研究实力雄厚，拥有电子科技大学、四川大学、西南交通大学等高校，拥有中电10所、中电29所、中电30所、电信科学技术第五研究所等科研院所，具有打造5G研发试验基地、生产制造基地和应用示范基地的良好基础条件。

（2）研发型企业

四川拥有雷电微力、芯通、海威华芯等一批天线、射频器件、微波芯片等5G上游企业和从事物联网、云计算、大数据、人工智能、虚拟现实等各类技术的研发企业，尤其在游戏开发、行业应用解决方案、移动互联网应用开发等方面拥有较强实力，华为、中兴、诺基亚贝尔、爱立信等领军企业都在成都设立了研发中心并开展5G研发，形成了多层次、立体化的研究平台。目前，四川充分发挥中国移动、华为等5G单位的网络、技术和平台优势，聚焦智慧教育、移动医疗、科技农业等垂直领域，孵化和开发出国际最高标准、行业最高水平、产业最优技术的明星产品，打造以成都为中心的信息通信领域“政产学研用”平台，构建AI生态，大力推动车联网、物联网、工业互联网、云计算、大数据、人工智能、增强娱乐、智能农业、AR/VR 等 5G 应用场景、技术及产业发展。

（3）产业联盟

中国移动（成都）产业研究院、中国联通 5G 创新中心、5G 产业创新联盟等 5G 创新平台落户成都。2019 年 5 月 7 日，国内首家 5G 安全协同创新中心落地成都，面向 5G 安全共性关键技术、产品及成果转化，搭建创新平台，引领行业发展。开展 5G 安全关键技术的研发和应用，形成涵盖创新研发、成果转化、企业孵化、技术服务的生态体系，推动网络安全产业加速发展。

建立产业联盟将进一步推动 5G 人才、技术、企业大聚集，整合产、学、研、用等相关组织的力量，以骨干企业为龙头，进行 5G 技术创新和产业发展研究，促进 5G 技术与产业落地四川，促进四川省在全国率先建成 5G 实验网和 5G 产业基地。

（4）行业协会

四川凝聚行业协会力量，关注 5G 融合发展。围绕 5G 建设与发展，行业协会继续发挥桥梁纽带作用，切实增强服务意识、政策观念，提高服务能力，坚持服务政府、服务会员、服务行业、服务社会，为信息通信行业高质量发展做出新的贡献。四川省通信学会相继承办“开启 5G 数字四川，助力万亿产业腾飞”高端对话活动，此外还与中国电信四川公司组织成都二环高架 5G 体验活动等，为 5G 产业搭建对接平台。

3. 营养链：四川省 5G 支撑类要素

（1）政府部门

四川省委省政府及地方各级政府高度重视 5G 产业，将推动 5G 发展作为加快构建现代产业体系的重要内容。统筹 5G 科研机构、电信运营商、设备制造商、终端厂商、互联网企业、高校等多方创新研发力量，以 5G 试验商用为契机，以技术研发实验为平台，促进系统、芯片、终端、仪表等产业链各环节的加速建设、日臻完善。尤其是成都市政府加大政策支持力度，打造良好的商用环境，出台 5G 产业发展规划和配套的政策措施，并列出专项资金组织实施 5G 重大工程和示范性项目，打造 5G 研发试验基地、生产制造基地和应用示范基地，为 5G 产业发展提供全面的支撑和保障。

（2）智能载体

四川在成都市天府新区科学城规划了约 5 平方千米的“天府无线通信谷”，以 5G 技术研发为主轴，以 5G 应用场景为着力点，集聚相关行业领域企业，以“三个圈层”为思路，催生新模式、新应用、新需求、新经济快速成长，形成上下游联动的 5G 产业链生态圈，在天府无线通信谷内逐步形成无线通信产业链，形成四川省 5G 产业“新高地”，搭建智能载体。

（3）第三方中介服务机构

组建技术交易等服务机构，开展5G产业生态研究、行业数据收集、标准制定、项目路演等活动。建立专家决策咨询机制，邀请学者、企业家等组建5G产业发展专家咨询机构，引入国家级专家智库，为产业发展提供智力支持。打造融合基础理论研究，应用技术研发，科技成果转化，试点示范公共服务和人才培养于一体的5G服务机构。

（4）科技金融

《成都市促进5G产业加快发展的若干政策措施》提出要充分发挥各级财政资金和政府投资平台的引导、带动和放大作用，撬动社会投资，服务产业发展。设立总额不低于50亿元的5G产业基金，坚持市场化运作，支持5G优秀企业发展。鼓励和支持企业上市，扩大直接融资规模。进一步完善创业投资风险补偿机制，优化补偿比例和条件设定机制。发挥"壮大贷""科创贷"及中小企业贷款担保代偿补助等政策激励作用，扶持中小企业发展。

四川省将继续深化金融供给侧结构性改革，创新服务模式，提供更加优质的金融服务，更好地支持5G产业发展。

（5）专业人才

四川省加快5G人才聚集，将5G产业高端人才引进纳入市急需紧缺人才引进目录，重点支持聚集一批支撑企业创新发展的高端管理人才和高端技术人才。支持高端5G人才创新创业，加强5G人才奖励扶持，快速构建5G产业人才队伍。

4. 生态系统：四川省5G产业创新生态系统

以"科技引领、应用驱动、产业协同、生态培育、人才集聚"为指导，为四川省找准5G产业发展着力点，构建四川省5G产业创新生态链全景图，引领四川实现区域创新驱动发展，经济转型升级，成为新技术、新模式、新平台、新应用、新业态、新成果的策源地。

5G创新生态链主要包括硬件与软件发展环境。"硬件环境"以围绕5G产业链的创新资源、创新要素为主，包括产业类、创新类及支撑类要素。其中，产业要素主要包括智能终端、基站系统、网络构架、应用场景等领域的企业、机构与平台；创新类要素主要包括高校院所、研究机构、研发型企业、产业联盟、行业协会等创新类主体；支撑类要素主要包括政府部门、智能载体、第三方中介服务机构、科技金融机构、人才等支撑类主体。"软件环境"是促进5G创新活动产生的各种社会关系与环境，包括人才引育机制、政产学研用协同创新机制、开放包容的营商环境、和谐友好的人文和生活环境等。

创新技术将驱动5G产业链边界穿透、交叉赋能，取得新成果。高校院所、研究机构、研发型企业等创新主体催生融合互促的新业态，智能载体、科技服务、政策等支撑类要素搭建了科技开放新平台。创新主体与支撑类要素共同开拓了新应用领域，进一步促进了产业链的整合与升级。

（二）实现路径

围绕产业链布局创新链，针对四川省5G产业链的薄弱、缺失环节，通过创新要素布局，四川省要重在“补链”和“强链”上狠下功夫。出台战略规划明确方向，以强化政策制度作为保障，加强设施建设，打好基础，以打造5G技术应用示范和产业发展高地为切入点，聚焦产业链“基站系统”和“应用”环节，抢占培育新业态的制高点和增长点，掌握先发优势，促进全省5G产业创新生态链协调发展。

1. 进一步推动5G试点、技术研发与示范应用

加快推进5G产品研发试验，着力打造5G创新应用示范区。聚焦5G技术，紧抓全球移动互联网产业发展大势，依托高校科研院所及军工科研资源，聚焦射频模块、光模块、小微基站等重点领域，加强5G产业前沿技术研发，保持产业创新动力。依托央企、行业龙头企业、上市公司、高校、科研院所，开展多形式、多领域合作，打造一批跨行业创新应用，形成5G示范效应，促进产业生态日臻成熟。

2. 加快推动5G基础设施建设

要加强对5G基站的统筹规划。城乡规划主管部门要优化规划审批流程和报批程序，加快规划审批进度，将5G基站的站址规划纳入当地城乡总体规划。要保障站址建设用地，把控基站建设进展；加强公共区域向5G基站建设开放；协调开放公路、铁路、桥梁、地铁、隧道、绿地等基础设施资源，为5G基站建设提供便利。

3. 打造特色化创新型企业集群

以集团化、规模化发展理念为指导，打造特色化企业集群。加快引进和建设企业数据中心；培育本省5G科技型企业，依托以成都为代表的电子信息产业功能区、高新区软件园、双流区物联网产业园等载体，发挥成都华为、诺基亚贝尔、爱立信等龙头企业带动作用，细化5G领域招商准入目录，确定配套招商策略，提高引进大型、重点企业的成功率。

4. 加强5G领域技术及应用研发

一是立足高端发展，加强5G前沿技术研发。紧抓全球移动互联网产业发展大势，立足产业高端发展需求，依托电子科技大学、四川大学等高校院所以及中电29所、中电30所等军工科研资源，聚焦射频模块、光模块、小微基站等重点领域，加强5G产业前沿技术研发。鼓励高校教师、企业技术带头人积极申报、

承担国家级、省部级5G相关研究课题，对取得一定创新成果的研究团队给予奖励，充分调动研究人员的创新积极性。二是立足产业创新，加强5G应用技术研发。依托成都较好的软件开发、大数据应用、物联网技术等产业基础，着力开展5G应用技术创新，特别是应用场景创新和产业应用试点。在应用场景创新方面，重点围绕车联网、物联网、VR/AR技术应用、智能家居等领域，开展应用技术突破和应用试点。在产业应用试点方面，重点围绕工业云平台、旅游、互联网医疗、教育、政务、智慧交通等领域，开展5G产业应用试点，推动产业转型升级和创新发展。三是发挥自身优势，加强5G技术创新载体建设。着力推动校院企地深度融合发展，整合电子科技大学、四川大学、成都信息工程大学等高校院所，构建成都市5G产业产学研创新平台，深入对接产业功能区、产业园区发展续期，鼓励高校院所积极与企业建立战略合作关系，共同推进技术研发和产品创新。积极联系中物院银河596、中电29所、中电30所等军工科研院所，将5G技术应用到军工项目中，推动技术、产品再创新。

5. 构建5G创新政策支持体系

一是要强化支持政策，加强各方组织协调功能，发挥国家和四川省各类科技重大专项、高新技术产业化专项、信息化专项、电子发展基金等政策优势，支持5G及关联技术的研发、引入和产业化发展，促进企业之间的协同发展。二是要制定出台5G高端人才招引、培养等政策和激励机制，快速集聚和发挥人才效用。三是要制定对5G产业发展适度倾斜的金融服务支持政策。如构建股权融资服务体系，由政府导向设立股权投资引导基金，联合境内外专业化投资机构，分门类设立股权投资子基金；引进和鼓励天使投资、风险投资（VC）、私募基金（PE）等投资机构和会计师、律师事务所等机构，打造良好的金融生态环境。四是要出台5G知识产权保护政策，建设以企业需求为导向的专利技术转移转化机制，打造有利于5G产业和技术健康繁荣发展的科技创新及营商环境。

6. 加强区域协同，推进统筹发展

一是整体布局全省5G产业链，加强区域协同共进。围绕“一干多支、五区协同”区域发展新格局，集中优势，统筹发展。推动成都5G建设走在全国前列，从而带动全省5G及相关产业发展。开展区域产业协同专项行动，建设5G产业集群发展带。推动“补链”“强链”等项目落地并进一步加强建设，培育具有核心竞争力的上中下游厂商，建立跨区域的研发资源库，重点突破关键技术的研发。构建以成都市为创新研发生产中心、以典型产业示范园区建设为带动、以各市州为推广应用区域，促进四川省5G产业在总体布局下实现协同发展。开展区域应用服务协同专项行动，建成社会治理服务体系，创新“5G+”应用服务模式，聚焦重点领域、重点区域的应用服务深化，支持开展面向5G应用的设计、开发和关键技术验证。二是加强5G与相关行业的融合，提升产业应用价值。面向万物互联的5G前景，5G产业的发展可谓机遇与挑战并存。各地区、各行业要提高对该产业的重视，制定发展策略。5G建设与应用涉及的行业广、持续周期长，技术链、产业链、生态链将延展得更宽更长。为此，四川5G需要与行业信息化深度融合，提前预设其与未来的应用行业领域紧密结合，重视典型示范园区建设、发挥5G重点和骨干企业的引领作用，抢占产业发展制高点，由此提升产业应用价值，促进产业生态链富有生机、蓬勃发展，为促进四川经济高质量做出积极贡献。

负责人：叶祥凤（成都信息工程大学）
成　员：孟宪芮（成都旅游学会）
周作昂（四川省统计科学研究所）
王亚敏（四川省统计科学研究所）
李　力（四川省统计局）
熊健益（成都信息工程大学）
朱俊宇（成都信息工程大学研究生）
王宇萌（成都信息工程大学研究生）
庄丽芳（成都信息工程大学研究生）

# 四川数字经济发展研究

当前，互联网、大数据、人工智能等新一代信息技术与传统产业深度融合发展，产业数字化和数字产业化进程全面加速，全球经济向数字经济迁移势不可挡。党的十九大报告提出要建设数字中国和智慧社会，推动互联网、大数据、人工智能和实体经济深度融合，发展数字经济、共享经济，培育新增长点、形成新动能。作为全国数字经济大省，四川充分把握大数据时代发展特征，抢抓数字化浪潮发展机遇，积极拥抱大数据，推进数字经济发展探索，制定《四川省数字经济发展规划》和《关于推动数字经济加快发展的意见》，在数字经济发展上积极探索和实践。但对标广东、江苏、浙江和贵州等省份，四川省还存在着数字经济发展优势不突出、特色不鲜明、创新活力不强、科研成果转化不够、数字产业链不优、产业数字化融合不深等问题。因此，拥抱大数据，加快推进四川数字经济发展既是大势所趋，也是发挥四川先行优势，实现弯道取直、后发赶超、同步小康的战略选择。

## 一、全球数字经济发展基本情况

### （一）数字经济成为驱动经济增长的核心动力

在全球信息化进入全面渗透、跨界融合、加速创新、引领发展新阶段的大背景下，各国数字经济得到迅猛发展，成为驱动经济增长的核心动力。与2016年相比，全国各个国家数字经济规模持续扩大，由2016年的24.09万亿美元增加到2017年的26.17万亿美元，增长率高达8.46%。如图1所示，2017年，美国数字经济规模领先全球，达到11.50万亿美元，日本、德国数字经济规模均突破2万亿美元。我国数字经济规模居第2位，为4.02万亿美元，我国数字经济总体发展水平已赶超部分发达国家，成为带动我国经济增长的核心动力。

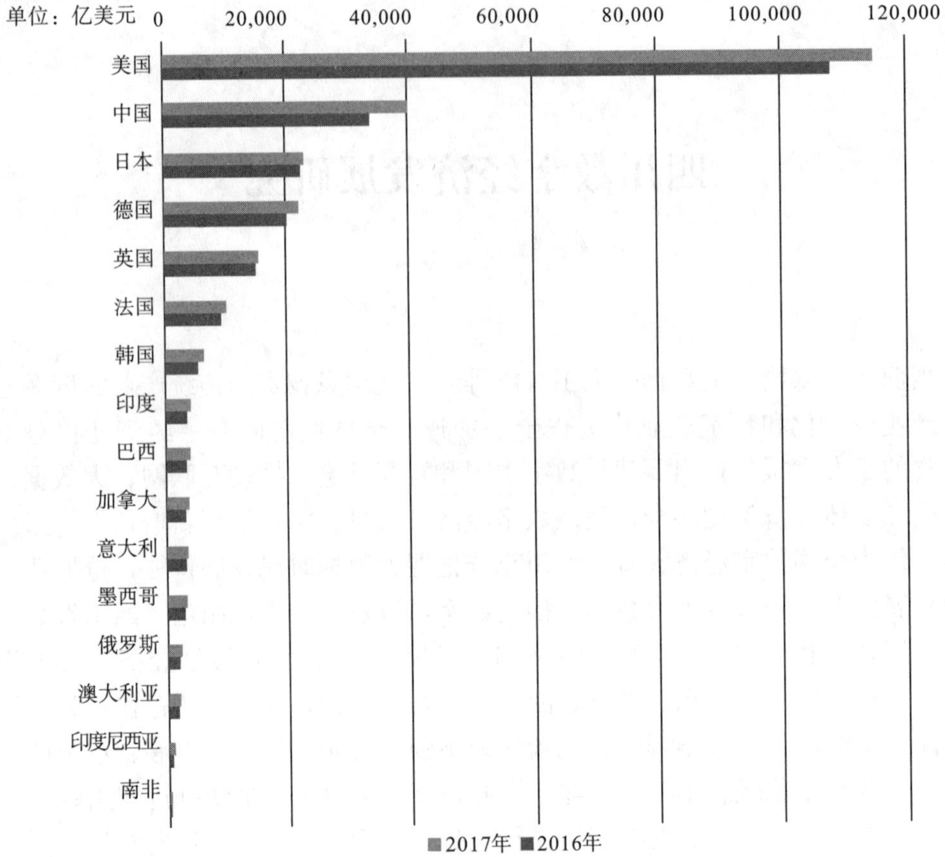


**图 1　2016—2017 年 G20 国家数字经济规模**

数据来源：G20 国家数字经济发展研究报告（2018）中国信通院。

2017 年各国数字经济占 GDP 的比重均呈上涨的趋势，拉动 GDP 增长的作用显著。如图 2 所示，数字经济占 GDP 比重最高的国家依次为德国、英国、美国，分别达 61.36%、60.29%、59.28%，其数字经济对于经济发展的拉动作用大幅领先于其他国家。日本、韩国、法国、墨西哥、加拿大、巴西的数字经济 GDP 占比均超过 20%，名列第 4 位至第 10 位。其中，我国 2017 年数字经济 GDP 占比为 32.9%，增幅达到 2.57 个百分点，为增幅最大的国家。数字经济引领经济增长的效用日趋凸显，在各国经济中的引领地位不断加强，成为驱动经济增长的核心动力。

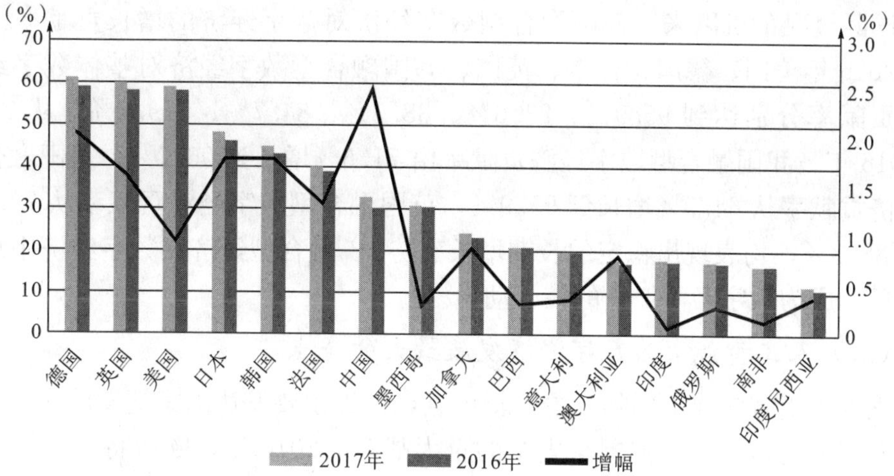


**图 2　2016—2017 年 G20 数字经济占 GDP 占比**

数据来源：G20 国家数字经济发展研究报告（2018）中国信通院。

### （二）融合部分成为数字经济增长的主要引擎

当前，数字技术应用正加速向传统产业渗透，实现了从消费向生产、从线上向线下的拓展。以工业互联网、智能制造等为代表的融合型数字经济正在向全球范围内加速发展。全球主要国家融合型数字经济占数字经济的比重长期处于较高水平。如图 3 所示，2016 年美国、德国、日本、英国、韩国等融合型数字经济占比分别为 87.6%、89.4%、87.4%、82.9%、84.7%。我国融合型数字经济占整体数字经济的比重呈快速上升趋势，2016 年比重已达 77.2%。传统产业数字化、智能化转型步伐加快，推动传统产业新旧动能接续转换，O2O、分享经济等新模式、新业态持续涌现。

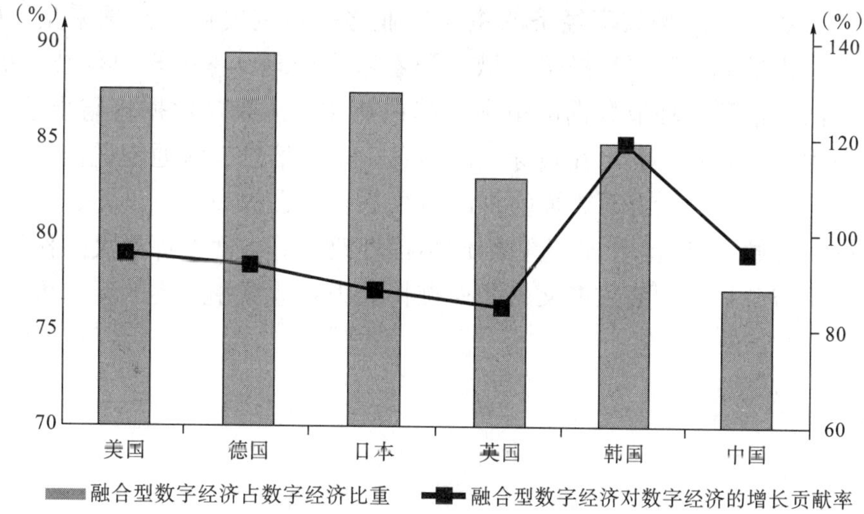


**图 3　2016 年主要国家融合型数字经济占数字经济比重及贡献率**

数据来源：《2017 年中国数字经济发展报告》，中国信息化百人会。

国际金融危机以来，各国融合型数字经济对数字经济的增长贡献率持续上升。2016 年美国、德国、日本、英国、韩国融合型数字经济对整体数字经济增长的贡献率分别达到 95.9%、93.6%、88.3%、84.7%、119.3%。从 2008 年到 2016 年，我国融合型数字经济贡献率由 71.6%增长到 96.2%，美国融合型数字经济贡献率从 64.9%增长到 95.9%，英国融合型数字经济贡献率从 71.7%上升为 88.3%，均表现出稳定的长期增长态势。[①] 融合型经济在数字经济中地位越发凸显，成为数字经济增长的核心动力。

（三）人工智能成为数字经济发展最大的亮点

现今人工智能成了国际竞争的新焦点，世界主要发达国家把发展人工智能作为提升国家竞争力、维护国家安全的重大战略。2018 年，欧盟将人工智能作为未来数字经济领域竞争的核心领域，紧密发布人工智能战略。欧盟委员会制定了欧盟人工智能行动计划，并提出未来三年内将通过欧洲战略投资基金向人工智能领域投资不少于 5 亿欧元。我国把人工智能放在国家战略层面上进行整体规划布局，出台了《新一代人工智能发展规划》，预计 2030 年我国人工智能核心产业规模超过 1 万亿元，带动相关产业规模超 10 万亿元。

互联网巨头也纷纷聚焦人工智能领域，抓紧部署战略。市场调研数据显示，过去五年间苹果、IBM、雅虎、英特尔等美国科技巨头一直在收购人工智能初创公司，自 2011 年以来已有近 140 家人工智能初创公司被收购。在中国，人工智能企业数量高达 593 家，人工智能领域相关投资高达 635 亿美元，人工智能企业数量和投资总额位居全球第二，仅次于美国。[②]

（四）资源型数字经济风口已经来临

资源型数字经济是数字经济的主体产业之一，主要包括数据采集、数据存储、数据分析挖掘、数据交换等领域。随着数据梳理、深度学习等技术的进步，生产、生活、消费等环节数据的争夺日趋白热化。未来，数据将与土地、资本、技术和劳动力结合在一起，在贯穿产品信息、库存信息、流通配送信息、交易信息、使用状态、用户爱好等方面实现海量积累，并在提高闲置设备、空间、人员的利用率，化解产能过剩、促进供给侧结构性改革等方面发挥更大的作用。数据资源价值日益凸显，围绕数据交易和挖掘将成为企业竞相追逐的新的价值高地。

---

① 《2017 年中国数字经济发展报告》，中国信息化百人会。
② 《2017 年中国数字经济发展报告》，中国信息化百人会。

## 二、四川数字经济发展基本情况

### （一）数字经济发展势头猛、动力足

2018年，四川数字经济总量约1.3万亿元，位列全国第九位，西部第一位；增速超过15%；数字经济GDP占比超过30%。① 腾讯、阿里巴巴、京东等互联网巨头均在四川设立了区域总部，全国100强网络零售企业80%落户四川。2018年，四川电子信息产业主营业务收入达到9200亿元，居中西部第一，全国第七。同时，四川将加快推进大数据、人工智能、5G网络等数字经济核心产业的发展速度，预计到2020年，四川数字经济规模将达到2万亿元。四川数字经济发展水平整体居全国中上游，以数字经济为核心的新经济已成为驱动四川发展的新动能。

### （二）通信网络基础设施加速改善

四川积极实施宽带中国战略，数字基础设施建设已走在全国前列。2015年四川率先建成全光网省，2016年全面完成有线电视的数字化转换，全省光纤入户、3G/4G基站数等宽带基础设施规模领先全国。2017年，四川IPTV用户达1268.8万户，占全国总量的10.4%；用户月均移动互联网接入流量达2366兆，高于全国33.3%的用户。与此同时，四川云栖指数已位居全国第八。云栖指数是量化描述中国云上创新创业进程的指标，标志着四川云计算的快速发展。

### （三）数字技术产业持续快速增长

四川大力推进数字产业化，在人工智能、物联网、云计算等产业方面增长明显。在人工智能产业方面，2017年，四川人工智能产业规模达到50亿元，位居全国第6名，西部第1名，带动相关产业超200亿元，预计2020年，四川人工智能产业规模将到达80亿元，带动产业达700亿元。② 在物联网产业方面，四川相关规模已超过1200亿元，聚集企业超1100家，形成一个核心辐射多个区域的产业发展格局，由产业核心区成都辐射带动绵阳、乐山、内江、遂宁、宜宾等地的物联网产业发展。四川数字技术产业整体呈全面均衡发展的态势，发展势头强劲，潜力巨大。

### （四）数字技术逐步渗透三次产业

四川加快推动数字经济与实体经济深度融合，深入推进传统行业数字化转型，为建设数字四川提供强力支撑。2018年，四川两化融合发展水平得分为

① 《中国数字经济发展与就业白皮书（2019）》，中国信息通信研究院。

② 《2017中国数字经济发展报告》，阿里研究院。

54.5，位居全国第10名，与山东、上海、广东、北京等沿海发达地区一起隶属全国第一梯队。从两化融合发展阶段情况来看，四川企业实现综合集成及以上阶段的比例位列全国第六，比例为29.8%。[①] 四川基础建设、单项应用、综合集成、协同与创新各指标水平排名均位列全国前十，整体发展水平较好，内部发展结构和发展状态也较健康。

### （五）民生领域数字经济应用广泛

成都是发展数字经济的先锋城市，较早将云计算、大数据等技术应用到教育、交通、政务等民生领域，领先全国准一线和二线城市城市群。[②] 成都已基本实现网上办理政府服务事项，领先于全国，实现了让群众少跑路的政策目标。成都医院已实现手机挂号预约及检查费用、购药费用等微信支付功能，节省了病人的排队时间。早在2017年，成都就运用数字化管理方式对市内4万套保障房进行智能门禁远程监控、烟温感和环境远程监测，确保了居民的居住安全。

### （六）数字经济发展环境不断优化

四川制定实施了《“宽带中国”战略实施方案》《促进大数据发展工作方案》《推进数字经济与实体经济融合发展的实施意见》等政策文件，为数字技术型产业发展提供了良好的政策环境。四川整合金融资源，完善区域性股权融资平台，支持电子信息科技类企业挂牌、融资，促进了企业在川的发展，创造了有利于数字经济发展的环境与氛围。

## 三、四川数字经济发展基础条件

### （一）优势和有利条件

#### 1. 数字经济发展上升为国家重大战略，为四川数字经济发展提供了良好的政策环境

无论从国家层面还是地方层面，数字经济发展都已成为重大的发展战略。习近平总书记在中共中央政治局第二次集体学习时的讲话中指出，要加快发展数字经济，推动实体经济和数字经济融合发展，推动互联网、大数据、人工智能同实体经济深度融合，继续做好信息化和工业化深度融合这篇大文章。我国在G20杭州峰会上，首次将“数字经济”列为G20创新增长蓝图中的一项重要议题。《“十三五”国家信息化规划》中要求到2020年“数字中国”建设取得显著成效，数字红利要充分得到释放。2017年四川正式发布《四川省“十三五”战略性新

① 《中国两化融合发展数据地图（2018）》，两化融合服务联盟&国家工业信息安全发展研究中心。

② 《中国城市数字经济指数白皮书（2018）》，新华三集团数字经济研究院。

兴产业发展规划》和《四川省“十三五”信息化规划》，专门设立项目资金、应用示范资金及专项资金支持数字经济产业发展。在国家层面的高度重视引导下，地方抓紧出台落实数字经济的各项政策，为四川数字经济发展提供了良好的政策环境与氛围。

2. 数据资源优势明显，为四川数字经济发展带来新动力

四川数据资源优势明显，是名副其实的数据大省。《四川省大数据产业发展》白皮书指出，四川省数据总量正以每年超 40%的速度爆炸性增长。四川省大数据应用主要集中在大数据基础性支撑产业、大数据战略性新兴产业、政务服务等六大领域，大数据应用尚处于从热点行业领域向传统领域渗透的阶段。四川省已拥有较完善的信息网络、计算、存储和安全基础设施，信息化应用水平居国内前列，且电子信息产业发展迅猛。大数据是传统产业转型升级的基础动能，是新经济发展的智慧燃料，四川大数据资源丰富、优势明显，为其后续数字经济的发展奠定了坚实的基础。

3. 数字化发展态势逐渐形成，为四川数字经济发展打下良好基础

四川实体经济与数字经济深度融合效果初显，两化融合发展水平自 2016 年以来呈现快速提升态势，全国排名上升七位。2018 年，四川两化融合发展水平得分为 54.5，全国排名上升至第十名。2018 年，四川有 3415 家企业参与了两化融合评估诊断与对标引导，总体呈以下特征：一是两化融合综合集成提升明显，进入集成提升与创新突破的企业比例达 29.8%，与 2017 年相比提升了 61.1%。二是两化融合重点关键指标水平提升明显，数字化研发设计工具普及率和关键工序数控化率分别达 64.9%和 46.3%，年均增长率均高于全国平均水平。三是新模式新业态培育成效凸显，开展个性化定制的企业比例达 12.5%，居全国第三；智能制造就绪率达 9.3%，居全国第三；实现网络协同化的企业比例达 29%，居全国第十。[①] 近年来，四川两化融合发展水平得到快速提升，产业数字化快速发展态势初步形成，为四川数字经济发展带来了新动力。

4. 发展环境与氛围不断优化，为四川招商引资、承接发达地区电子信息产业转移带来良机

为大力推进“数字产业化，产业数字化”，四川不断优化数字经济发展环境，为建设数字强省营造了良好氛围。一是不断优化数字经济发展的政策环境，自国务院印发《数字经济发展战略纲要》以来，四川省委便响应国家号召，做出“抢占数字经济发展制高点”的重大决策，制定实施了《“宽带中国”战略实施方案》《促进大数据发展工作方案》《推进数字经济与实体经济融合发展的实施意见》等

① 《中国两化融合发展数据地图（2018）》，两化融合服务联盟。

政策文件，使四川数字经济发展有了良好的政策环境。二是不断完善数字经济发展的制度环境，四川引导金融围绕推进“5+1”现代产业的构建提供精准支持，整合金融资源，完善区域性股权融资平台，支持电子信息科技类企业挂牌、融资，促进了电子信息科技类企业在川的发展，推动形成有利于数字经济发展的环境。与此同时，四川正积极争取国家数字创新发展试验区的建设，如获批建设国家级试验区，四川数字经济将得到更快的发展。

（二）劣势和不利条件

1. 数字技术与实体经济融合水平较低

尽管四川两化融合发展水平近年来得到了很大的提升，但与同一梯队的山东、上海、江苏等省份相比两化融合发展水平还很低。2018年，四川两化融合发展水平得分为54.5分，低于山东（60.5分）、上海（58.5分）、江苏（58.0分）。在数字化发展方面，四川排名第10，得分50.8分，其研发数字化、生产数字化、应用电子商务数字化和管理数字化都大幅低于第一梯队平均水平53.6分。在集成互联发展方面，四川只位列第二梯队，得分39.3分，全国排名11名，远低于江苏（48.6分）、广东（47.7分）、北京（45.3分）。在智能协同发展方面，四川仅位列第二梯队，全国排名第9名，得分33.2分，远远落后于江苏（44.2分）、山东（42.3分）以及北京（42.0分）。①

2. 数字技术人才培养和供给严重不足

人才是数字经济能否得到快速发展的关键因素。如今数字技能人才短缺，严重影响了传统产业数字化转型进程。据统计，中国目前有约70万数字人才，其中四川数字人才占全国的比重为2.5%，远远低于上海的16.6%、北京的15.6%。且在中国所有的数字人才中，大数据、数字化运营、数字营销类占比不足9%，关键人才缺口巨大。在中国数字人才的学历层次分布方面，本科、硕士、博士占比分别为52.6%、41.5%、2.8%②。博士比例极少，这也在一定程度上反映了中国非常缺乏研究型和分析型数字人才。

3. 数字鸿沟的存在阻碍区域平衡发展

“数字鸿沟”是当代各个国家都要面临的问题。与其他省份相比，四川的“数字鸿沟”较大，影响了数字经济的均衡发展。据《中国互联发展报告2018》统计，四川互联网普及率仅为48%，远远低于北京的75%、上海的74%、广东的69%，甚至低于重庆和贵州，二者的互联网普及率分别为55%、49%。且四川向来有“蜀道难”的地形特征，幅员辽阔，地形复杂，高海拔和偏远贫困山区

① 《中国两化融合发展数据地图（2018）》，两化融合服务联盟&国家工业信息安全发展研究中心。
② 《2017中国数字经济发展报告》，中国信息化百人会。

多，因此其通信基础设施建设也是困难重重，尤其是甘孜、阿坝等偏远地区。这些地区通信基础设施较差，电信服务能力差，造成了区域经济发展不平衡，城乡“数字鸿沟”巨大等问题。

4. 区域竞争加剧对四川产生挤出效应

由于各地都在争相推动数字经济的发展，区域竞争异常激烈，四川发展数字经济的各项资源正面临不断流失的风险。习近平总书记指出“世界经济正向数字化转型”，数字经济已开启第四次工业革命，全国各地都极为重视数字经济的发展。由于全国各省经济基础和资源禀赋的差异，数字经济的发展规模呈现由东向西递减趋势，差距逐渐扩大。长江角、珠三角、环渤海等地区的重点城市已形成各具特色的经济发展优势，对数字经济发展要素和资源具有很强的吸引力。区域的产业竞争正进入白热化，对四川数字经济的发展产生挤出效应。四川数字经济各项资源在挤出效应下正面临不断流失的风险。如何克服数字经济发展资源的流失，抓住这次数字技术革命的契机是四川面临的重大挑战。

## 四、四川加快数字经济发展的对策建议

### （一）以打造成都产业龙头为核心，形成数字经济发展新格局

突出成都数字经济优势领域。重点发挥成都数字经济基础优势，瞄准信息基础设施建设、城市服务、城市治理、数字游戏产业、数字软件产业等方面，加大政策支持力度，力争在这些领域走在全国数字经济发展前列，进一步打造具有全国辐射力和影响力的数字经济高地。

促进成都数字经济引领发展。集中全省优势资源，促进成都数字经济要素资源的创新集聚和效率配置的持续提高，促进数字经济高端化、品牌化、国际化发展，加快培育一批数字经济领域的独角兽、优势平台和优势企业。

构建数字经济竞合有序格局。遵循比较优势原则，突出成都在全省数字经济领域的领军龙头地位，加强与本地高校合作，重点发展数字经济研发和数字经济应用，成为参与全国、全球数字经济竞合的前沿和代表。德阳、绵阳、遂宁和内江等地集中发展与数字经济配套的基础设施和智能终端等，推广数字经济在工业、服务业和城市管理领域的应用。攀西经济区和三州地区重点依托能源基础，发展数字经济存储基地、处理基地等。

### （二）打通工业互联网“最后一公里”，加快行业数字化转型进程

深化工业大数据创新应用。推进工业大数据应用示范，选择重点行业、典型制造企业开展工业大数据应用项目试点，积极探索工业大数据在产品全生命周期和全产业链的应用新模式、新业态，形成一批工业大数据解决方案。加快大数据

获取、存储、分析挖掘和应用等关键技术在工业领域的应用。

实施智能制造试点示范工程。在重点企业实施“智能工厂”“数字化车间”改造，建设智能制造集聚区，打造分层、分级、分类智能制造示范企业，推动工业机器人、高档数控机床、3D打印设备、智能传感器等智能制造装备在制造业的广泛应用。

加快工业云平台建设。支持制造业企业、信息通信企业、互联网企业建设跨行业、跨领域的工业互联网平台。强化工业互联网平台的资源集聚能力，有效整合产品设计、生产工艺、运营管理等数据资源。支持工业企业“上云上平台”，围绕企业生产管理关键环节，运用工业互联网新技术新模式实施数字化智能化升级。

（三）构建人工智能人才培养机制，加大高端人才的引进力度

加大高端人才引进力度。人才队伍建设是人工智能发展的重中之重，要坚持自主培养和引进人才相结合的策略，不断加大人工智能领域高端人才的引进力度。积极引进带项目及技术的人工智能领域创新人才来川从事科研及教学，大力引进掌握国际先进技术的高端人才来川发展，不断加强高端人才储备和梯队建设，形成四川人工智能人才高地。

鼓励企业和高校联合培养人才。在高校设立人工智能专业，鼓励企业与高校联合开展人才培养，聘请企业的高端人工智能专家到高校，将最新人工智能技术发展趋势引入教学，激发学生对人工智能的热情，培养学生的智能素养，推动人工智能人才储备的发展，为四川人工智能的发展奠定人才基础。

（四）加强与高水平团队的合作，进一步完善外脑引进机制

加强与数字型优秀企业合作。继续加强与腾讯、阿里巴巴、京东、华为等本地优秀的数字型企业合作，争取更多的世界领先的国内外专业团队在川设立分部。不断拓宽与大数据、人工智能等优秀企业和专业团队的合作领域，争取利用他们的先进技术和智能智慧，为四川数字经济的发展提供新思路、新方法、新策略。

推动专业化团队本地化建设。通过利用外脑资源，大力推动本地专业化团队的建设。建立本地团队与外部智力团队的沟通交流平台和资源共享机制，不断加强本地团队与外部优秀团队的沟通交流，使得本地团队能够学习国内外最领先的技术，接触最先进的思维，推动本地团队的专业化建设，以促进四川数字经济更快速的发展。

（五）完善提升人口数字素养机制，着力消弭社会性数字鸿沟

建设数字经济关键基础设施。持续提升高速宽带网络能力，推进物联网和云计算基础设施与发展规划布局。持续提升高速宽带网络能力，加快谋划和布局

5G网络普及、积极谋划下一代互联网及工业互联网建设应用。加快建设适应无人驾驶和金融科技等应用的试验场地信息基础设施。加快突破信息技术产业核心技术和底层基础技术。

推进农村宽带提速降费。四川是全国首个实现全光网的省，但农村宽带建设一直是四川宽带发展的薄弱环节，长期低效运营，费用也始终居高不下。推进农村宽带提速降费，可进一步增加农村宽带用户数量，让更多的农村用户能平等享用现代通信和网络基础设施，利用互联网获取更多的发展机会，缩小城乡差距，消除数字鸿沟。

加强校园数字技术基础教育。加强全省中小学数字技术基础教育，在校园内设立大数据、人工智能等数字技术基础课程，通过基础信息的培训，让学生从小就掌握基本的计算机操作技能，了解大数据、人工智能的基础知识。完善四川省偏远山区学校电脑的配置，使山区学生平等得到计算机等相关知识的培训。

### （六）建立资金土地扶持机制，提升四川数字经济资源吸引力

保障数字经济发展资金充足。统一建立数字经济专项资金，专门用于支持发展数字经济重点领域和重大项目，给予优质的重大项目重点扶持。研究制定大数据相关重点数字产业用电用能的优惠政策，切实落实数字技术型企业税收优惠政策。引导社会成立数字经济基金，放大财政资金的撬动作用，以吸引更多的企业资源在川发展。

保障数字产业用地指标。土地是企业发展的基本要素和重要保障，加快推动数字技术产业园区的建设，完善创新用地管理办法，对纳入数字产业重大项目的企业保障其用地指标，支持数字技术型企业在川平稳发展，为数字产业提供充足的物理空间，保障数字型企业在川平稳发展。

### （七）争取国家重大产业布局，增强四川数字经济区域竞争力

积极争取建设国家数字经济创新发展试验区。数字经济的发展不可避免地会牵涉制度的探索和创新，部分会超出地方事权，积极争取国家数字经济创新发展试验区的建设，不仅可使四川获得国家授权，为破解相关瓶颈制约开展先行先试，而且可提升四川数字经济综合发展水平，加速大数据等新兴产业的发展，提高四川对各项数字经济发展要素和资源的竞争力，为全国数字经济发展探索四川经验，

积极争取建设中国（成都）—中东欧数字经济合作试验区。鼓励四川数字型企业加入国家“一带一路”和长江经济带建设，不断推进四川数字经济领域的对外合作。争取给予中国与中东欧国家在跨境支付、物流、税收等环节政策上的支持，为中国和东欧的跨境电商提供良好的政策环境，增强四川数字经济的区域竞争力。

负责人：何旭东（四川大学）
成　员：李太后（四川省经济发展研究院）
兰　想（四川省统计局）
丁　娟（四川省统计局）
卓　莎（四川大学）
张卓然（四川大学）

# 四川民营企业融资难融资贵的金融支撑方式研究

## 一、背景介绍及研究现状

### （一）研究背景及意义

1. 研究背景

经济学界一般认为，民营企业是指民间私人投资、民间私人经营、民间私人享受投资收益、民间私人承担经营风险的法人经济实体。本文中的民营企业是指在中国境内除国有企业、国有资产控股企业和外商投资企业以外的所有企业，包括个人独资企业、合伙制企业、有限责任公司和股份有限公司。长期以来，在我国鼓励、支持民营经济发展的政策引导下，我国民营企业保持稳定发展态势，企业经营规模逐渐扩张，经济实力逐渐显著，经济效益和社会效益有目共睹，在增加就业岗位和社会财富产出方面发挥了重要作用。

2018 年 11 月 1 日，习近平总书记主持召开民营企业座谈会并发表重要讲话，“我国民营经济只能壮大、不能弱化，不仅不能‘离场’，而且要走向更加广阔的舞台”。2019 年全国“两会”上，民营经济发展无疑成为热点话题之一。3 月 3 日，全国政协主席汪洋在《2019 年政协全国委员会常务委员会工作报告》中指出，2018 年以来，常委会聚焦促进民营经济高质量发展，就提振民营企业信心、放宽市场准入、缓解融资难等持续建言，推动支持民营企业发展的政策措施落地见效。国务院总理李克强 6 月 26 日主持召开国务院常务会议，确定进一步降低小微企业融资实际利率的措施，决定开展深化民营和小微企业金融服务综合改革试点；部署支持扩大知识产权质押融资和制造业信贷投放，促进创新和实体经济发展。

随着改革开放的不断深入，我国经济发展方式也经历了一系列转变，在借鉴国外成功经验和结合中国特色的基础上，理论界与业界都已达成共识，要想实现健康、稳定、持续的经济发展，不仅要重视经济量上的增长，同时还要关注经济结构的演进，而这个演进过程断然离不开金融的支持。

近年来，四川民营经济规模日益扩大，经济总量持续增加，经计算，自2007年以来，民营经济占四川地区生产总值的比重超过50%且持续稳步提高。民营经济的持续健康发展及其竞争力的稳步提升已成为四川经济“求突破、上台阶”和提升区域综合竞争力的关键。然而，融资难问题长期困扰四川民营企业，尤其是小微民营企业。

事实上，我国历来高度重视企业融资难融资贵的问题。早在2014年，国务院办公厅就先后发布实施了《关于多措并举着力缓解企业融资成本高问题的指导意见》《关于印发进一步缓解企业融资成本高问题工作方案的通知》，并明确部署了降低企业融资成本的具体政策措施，原银监会持续多年发布做好小微企业、“三农”金融服务工作方面的指导意见，提出了降低相关信贷风险权重、提高不良贷款容忍度、鼓励实施“无还本续贷”政策、推动小微企业信贷尽职免责、建立普惠金融事业部等具体措施。2018年6月，中国人民银行、银保监会等五部门又联合印发了《关于进一步深化小微企业金融服务的意见》，从货币政策、监管考核、内部管理、财税激励、优化环境等方面提出具体措施，以督促和引导金融机构加大对小微企业的金融支持力度，缓解小微企业融资难融资贵问题。此外，国务院就金融服务实体经济、缓解企业融资难融资贵问题等组织开展了多次督查、审计和第三方评估等。2019年以来，为解决中小民营企业的融资困境，在政策方面不断加码推进，两次“定向宽松”的降准之后，银行间的流动性很充裕，但是银行受制于现行的风控体系，民营企业的融资环境并没有因此而变得乐观，中小企业融资成本仍然较高，有些民营企业的融资成本甚至超过10%①，这些问题的根源和应对政策还有待进行系统、深入的分析，本文通过对四川民营经济发展现状、金融支持过程与特征、民营企业融资困境进行全方位研究，剖析民营企业发展中融资难融资贵的问题及成因。

2. 研究意义

改革开放40年来，我国民营经济从无到有、从小到大，成为全国经济发展的重要支撑、财政收入的重要来源、增加就业的重要渠道。近年来，民营企业整体实力、创新能力和竞争力都有了质的飞跃，行业分布、区域布局更加合理，成为经济结构、产业结构和区域经济协调发展的重要推动力量。民营企业用近40%的资源创造了60%以上的GDP，缴纳50%以上的税收，贡献了70%以上的技术创新和新产品开发，提供了80%以上的城镇就业岗位和90%以上的新增就业岗位。② 特别是，民营企业在优化产业结构、推动技术创新、促进转型升级等方面力度大、成效好。实践证明，凡是民营经济发展较好的地区，那里的就业就

① 数据来源：清华大学经管学院中国金融研究中心《中国社会融资成本指数》。
② 习近平《中国共产党第十九次全国人民代表大会报告》。

比较充分，那里的市场发育程度就比较成熟，那里的经济就充满生机活力，人民生活就比较富裕，社会就和谐稳定。

民营经济已经成为四川经济“稳中求进”的重要基础，促进民营经济高质量发展，事关全省经济发展大局。努力构建民营经济核心竞争力非常重要。然而融资难融资贵的问题长期困扰四川民营经济，民营企业与银行之间的往来困难一直困扰着民营企业家，尤其是小微型民营企业。随着民营经济的快速发展，民营企业与金融的结合也越来越紧密。因此，研究化解四川民营企业融资难融资贵的金融支撑方式，对民营经济的发展具有重要意义。

### （二）已有研究对本文的启示

多数学者从不同观察点及侧重点出发，对中小民营企业融资状况进行实地调研，结合我国各地经济具体情况，对民营企业融资难融资贵的问题进行了深入的研究，提出了许多具有现实意义及可操作的见解和建议。

从民营企业自身内部因素来看，早在20世纪30年代初，英国议员麦克米伦（Macmillan）在向英国国会提供的关于中小企业问题的调查报告中就指出，中小企业融资面临着“金融缺口”，即著名的“麦克米伦缺口”。麦克米伦发现，中小企业的长期资本供给存在短缺，这种短缺尤其明显地发生在那些单靠初始出资人的资金发展的企业。陈晓红（2000）、刘尔思（2001）和俞建国（2002）等都提出，中小企业设备陈旧、信用素质差，现行的金融体系对中小企业发展的支持力度不足，这些状况归根结底在于中小企业自身内部存在问题。杨丰来、黄永航（2006）则认为中小企业融资难的深层原因在于中小企业的治理结构是股东与经理合二为一，股东缺乏约束，道德风险问题比较严重，导致银行在进行信贷资金配给时并不倾向于选择中小企业。陈敏菊（2009）分析了我国在金融危机时实施宽松货币政策背景下的中小企业融资状况，认为中小企业融资障碍的主要因素来自中小企业自身的偿债能力差、缺少担保和抵押物等，而银行贷款额度不足、银行借贷和融资成本高等商业银行方面的原因则成为中小企业融资难的次要因素。张柯（2019）根据四川省统计局调查数据，认为企业运营成本居高不下，负担较重，创新活力不足，整体规模偏小、结构不优，融资难融资贵的问题长期困扰着民营经济的发展。

从宏观环境、制度等外部因素来看，1981年斯蒂格利茨与韦斯（Stiglitz & Weiss）发表了《不完全信息市场中的信贷配给》之后，信息不对称被公认为是造成中小企业融资困难的主要原因。斯蒂格利茨认为，信贷配给源于信贷市场存在信息不对称，并由此导致了信贷合约中的道德风险问题。刘勇（2001）指出除了中小企业自身内部因素外，宏观经济环境、金融和财政体制政策等因素都会导致县域中小企业出现融资困难，而且从本质上看这种困境就是一种金融困境。侯利（2002）认为现有的金融中介是导致我国民营企业融资渠道不畅的原因，商业银行和证券市场都不是解决民营企业融资信息及控制问题的有效路径。尹小冰、冯景雯（2003）则把包含金融体系不健全和金融管制过多在内的金融抑制作为我国中小民营企业融资困难的宏观约束因素。刘明辉、李黎（2003）指出融资市场的初始安排使得大部分资金流向国有企业，而大部分民营企业则被排除在资本市场之外。熊绎曼（2013）认为导致民营中小企业融资难的各种非经济因素主要包含所有制不兼容和观念歧视的阻碍、制度障碍以及对非公有制经济的体制滞后等。

上述研究都是基于国家层面宏观分析民营企业融资问题，且距今时间间隔较长，部分分析已不适用于民营企业的发展。另外，目前的研究涉及四川省的非常少，找到金融支持民营企业不足的关键与针对性措施是有难度的。因此，本文将结合四川民营企业自身发展情况，根据不同融资方式的特点，分析民营企业的内外部融资困境，并结合已有发展优势，找出解决民营企业融资困境的方法。

（三）研究内容和方法

民营企业是拉动中国经济增长的重要力量，是国民经济发展的一支生力军。尽管国有和国有控股的大型企业是国家安全的保障，是国民经济和行业发展的支柱，代表着国家的技术、经济实力，但是民营企业包括广大中小企业仍是创造市场活力、拉动经济增长的基本力量。

首先，本文通过分析民营企业相关融资理论，对民营企业发展与金融支持的相互作用有了更深入的理解。其次，在我国民营经济越发重要的背景下，本文对四川金融支持民营企业发展现状进行了分析，从间接、直接和财政的金融支撑角度，分析民营企业融资难融资贵的具体表现及原因，以正确认识当前民营企业发展遇到的困难和问题。最后根据分析结果，结合相关经济理论对如何化解民营企业融资难融资贵的问题提出政策建议。

## 二、金融支持民营企业发展存在的问题

民营企业在创建期市场需求不旺，生产规模有限，难以负担高额负债成本，十分重视自有资本积累、避免过度的负债经营，因而主要依靠内源融资来积累资金追加投资、扩大生产规模。随着生产规模的逐步扩大，当民营企业进入成长阶段，开始追求技术进步与资本密集，内源融资无法满足企业生产经营需要时，外源融资成为企业扩张的主要融资手段。因此，金融支撑对民营企业的成长发展起着至关重要的作用。

金融支撑体系包含扶持企业发展的融资供给体系、法律保障体系以及辅助服务体系三个部分，具体如图 1 所示。由于商业性金融机构是融资供给体系的重要组成部分，本文侧重研究商业性金融机构对民营企业的支撑作用。

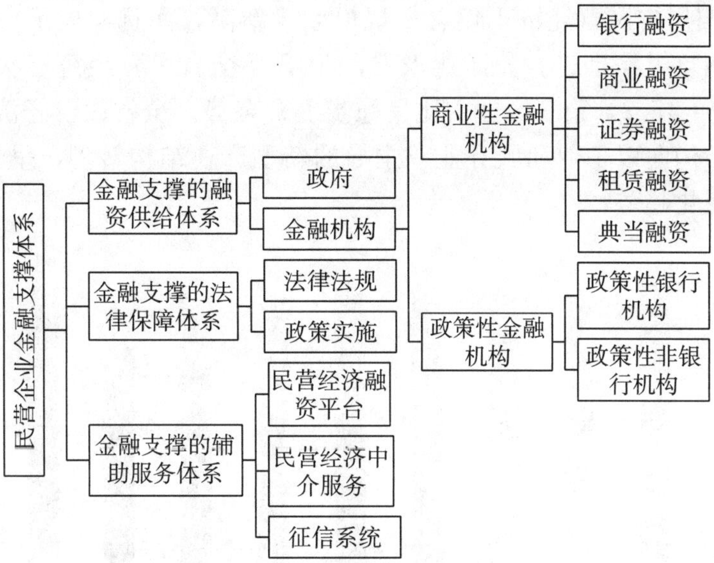


**图1　民营企业金融支撑体系**

## （一）民营企业是推动经济发展的重要力量

从2008年到2018年，四川省民营经济增加值持续增长，2011年民营经济增加值首次突破1万亿元，2017年突破2万亿元，2018年达到22868.4亿元，占四川省地区生产总值的比重达56.2%，同比提升0.1个百分点，经计算，对经济增长的贡献率为57.1%，拉动四川省地区生产总值增长4.6%。可见民营经济的发展对四川省地区生产总值的贡献日渐突出。

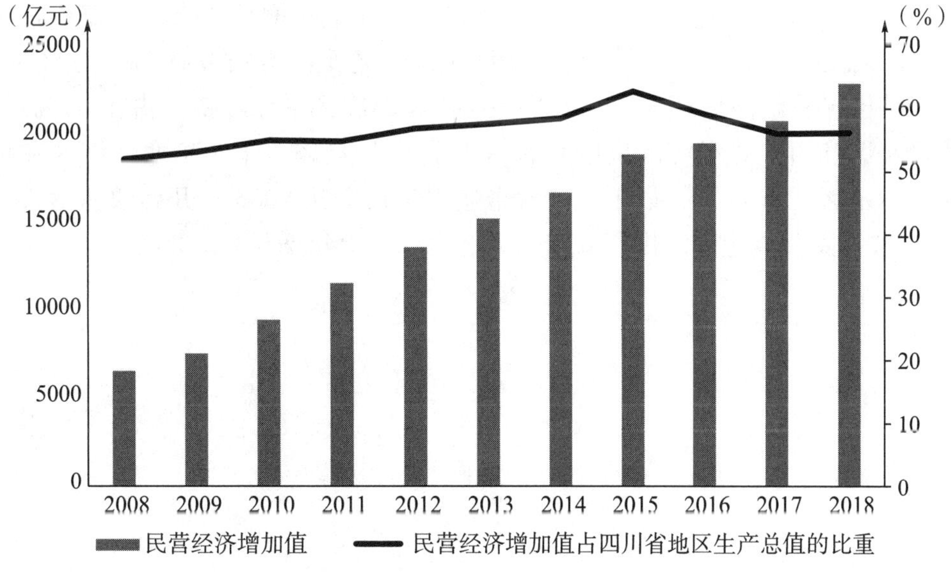


**图2　四川民营经济增加值变化**

数据来源：四川省统计局《统计年鉴》。

2018年四川省民营经济不仅总量规模创了新高，而且实现了产业发展优化升级，结构调整纵深推进。分产业来看，2018年全省民营经济三次产业结构比为6.9∶47.9∶45.2，第三产业占比呈稳步上升态势，全省民营经济逐渐由工业独大的产业结构向以工业和服务业双主导的新型产业结构转型，呈现“三、二、一”的发展变化趋势。

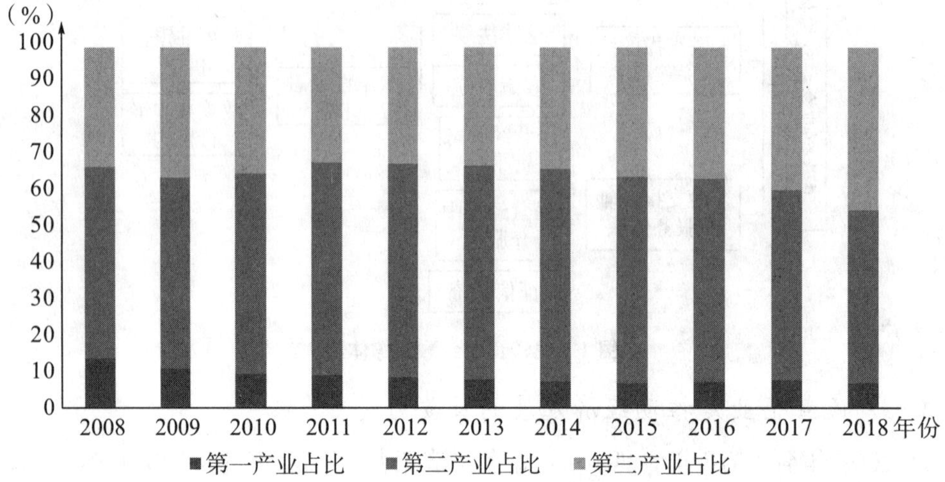


**图3　四川民营经济中三大产业的比重**

数据来源：四川省统计局《统计年鉴》。

从固定资产投资和出口交货值这两个指标也可看出四川省民营经济的发展。一是固定资产投资逐年增加，如图4所示。二是民营企业出口交货值表现非常突出。2018年实现外贸进出口总额5947.9亿元，比上年增长29.2%。其中，出口额3334.8亿元，增长31.4%；进口额2613.1亿元，增长26.5%。分区域看，五大经济区民营经济呈现“1+2+2”格局①，即成都平原经济区占比60%左右；川南经济区和川东北经济区位居其后，比重均为15%以上；攀西经济区和川西北生态示范区比重为10%以下。民营企业固定投资从2006年开始快速增长，到2017年末，民营企业固定投资8245.23亿元，比上年增长11.2%。

① 中国人民银行《四川省2018年金融运行报告》。

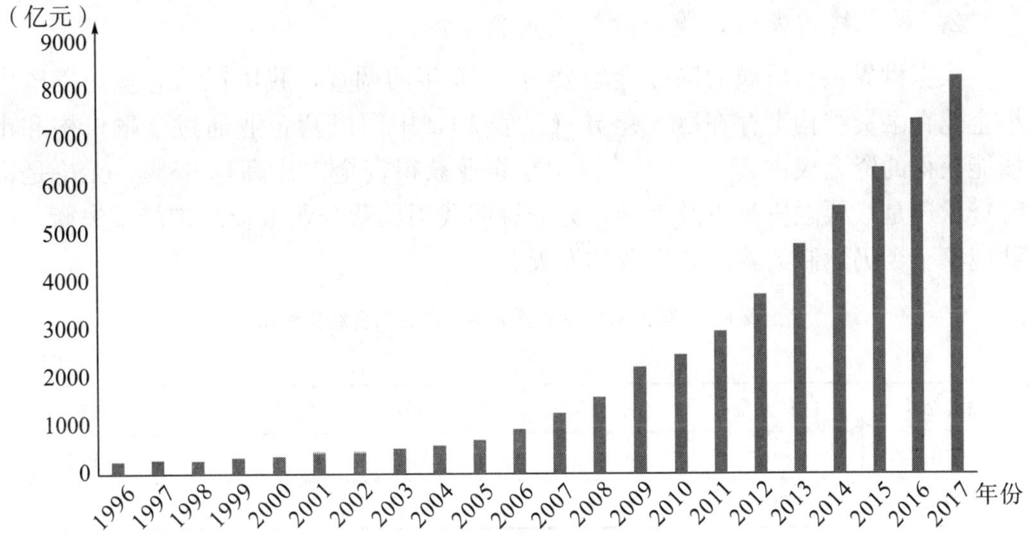


**图 4　民营企业固定投资总额**

数据来源：四川省统计局《统计年鉴》。

### （二）融资难是制约民营企业成长发展的主要障碍

在四川省民营经济突飞猛进发展的背后，民营企业存在着巨大的贷款资金缺口。根据已有的一项调查①，四川民营企业中反映融资难的企业数量占比依然高达 70.98%。这在一定程度上影响了四川省民营经济未来的发展空间以及民营企业的综合实力。

如果民营经济效益良好，那么自然会吸引更多的创业者创办民营企业，促使已有企业扩充劳动力。从普遍意义上讲，一个企业的发展离不开机遇和充裕的现金流，但是，民营企业底子薄、自有资金有限，做大做强需要依赖外部资金的支持，融资约束是民营企业扩大规模、高速发展阶段的最大瓶颈，四川大部分民营企业反映融资难，但融资难只是一个表象，融资难不仅仅是从银行贷款难，其本质是融资结构的失衡和融资渠道不畅，具体表现在以下两个方面：

#### 1. 民营企业贷款担保难、缺抵押、金额少、期限短

现有的信用担保服务体制远远满足不了民营企业大面积的信贷需求。担保公司少，发展不规范，担保费用高，担保金额有限，导致中小企业难以从担保公司获得长期贷款，加上抵押品缺乏，民营企业只能从金融机构获得短期信贷业务，用于购买固定资产的中长期资金供给严重不足。因此，大部分民营中小企业只能将非正式金融作为补充企业流动资金的主要方式和渠道，如用高利率获取借款、依靠拖欠贷款来周转资金、民营企业相互担保筹集应急资金等。

① 段胜：《关于民营企业融资难融资贵问题的思考——基于四川省民营企业的调查分析》，《金融与经济》，2019 年第 3 期。

2. 融资结构失衡，股权融资渠道狭窄

根据世界银行所属的国际金融公司2015年的调查，我国民营企业与美国中小企业在融资结构上存在巨大差异（见表1），中国民营企业通过金融机构和市场能获得的资金仅占21%，而美国中小企业获得资金占比高达65%，无论是银行贷款还是股票融资都不及美国，充分说明我国民营企业融资结构严重失衡，这种现象至今仍然制约着民营企业的发展。

**表1　中国民营企业与美国中小企业融资结构对比**

单位：%

| 融资结构 | 自有资金 | 银行贷款 | 发行债券 | 股票融资 | 其他 |
|---|---|---|---|---|---|
| 中国 | 60 | 20 | 0.3 | 0.6 | 19.1 |
| 美国 | 30 | 42 | 5 | 18 | 3 |

数据来源：世界银行。

与银行贷款比较，股票证券市场对我国民营中小企业的开放程度更低，债券与股票融资占比不到1%①，正规的股票债券融资渠道根本满足不了我国民营经济多层次的直接融资需求，融资难的根本在于融资渠道不畅。

（三）间接金融支持存在的问题

一般来讲，金融支持可分为直接金融支持和间接金融支持。间接金融是资金盈余部门与资金短缺部门之间通过金融中介机构间接实现资金融通的金融行为。间接金融支持民营经济的主要方式包括金融机构贷款、小额贷款公司贷款和融资租赁。我们发现，银行业金融机构对民营企业的信贷支持力度不足，而作为民营企业间接融资的重要补充，小额信贷公司和融资租赁业又没有发挥其应有的作用。

1. 民营企业与金融机构的数量增速不匹配

银行贷款是四川民营企业间接融资的主要渠道，根据对四川辖内民营企业的问卷调查，94.32%的民营企业选择银行贷款，1.76%的民营企业选择债券融资，1.23%的民营企业选择股市融资，2.69%的企业选择民间借贷。这说明银行贷款是四川民营企业融资的主要来源。民营企业融资难很大程度上就是信贷难，因此研究银行业金融机构对民营企业融资的支持情况具有现实意义。

① 段胜：《关于民营企业融资难融资贵问题的思考——基于四川省民营企业的调查分析》，《金融与经济》，2019年第3期。

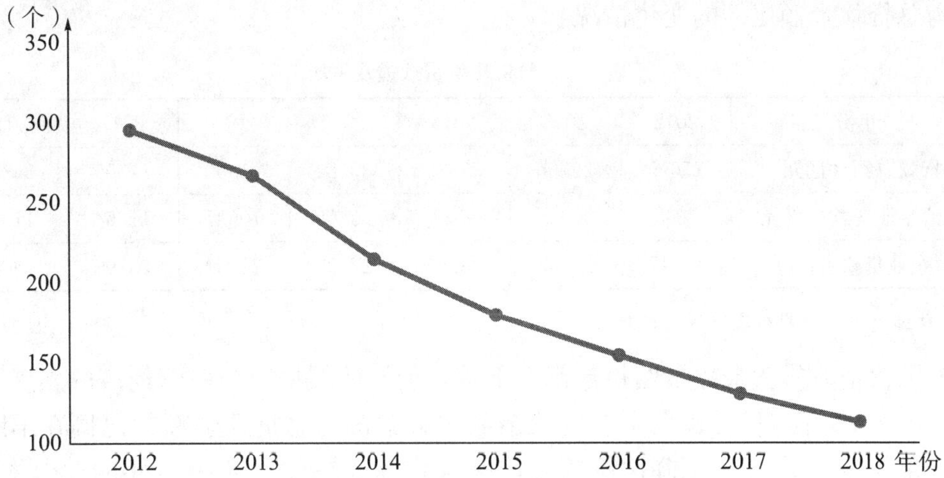


**图 5　单位民营企业对应银行业金融机构**

数据来源：中国人民银行《四川省金融运行报告》。

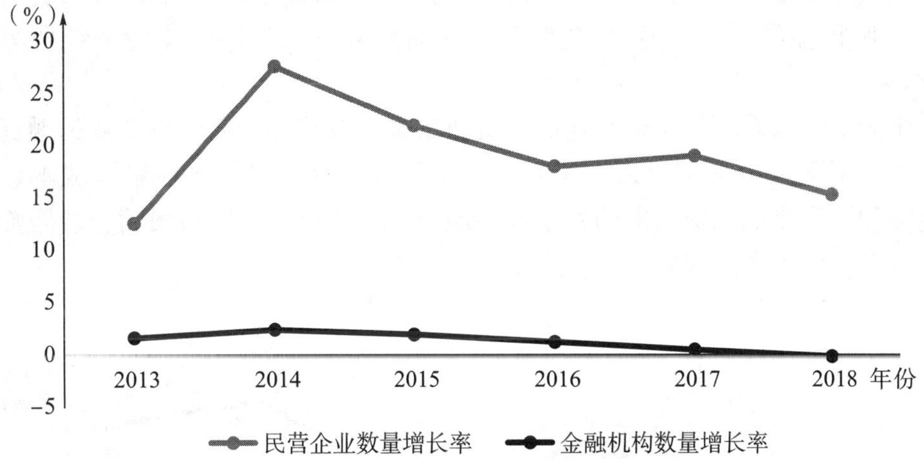


**图 6　银行业金融机构和民营企业的增长对比**

数据来源：中国人民银行《四川省金融运行报告》。

虽然四川省的金融机构数量在不断增长，但增速缓慢，而四川民营企业的数量却在快速增长，从图 5 和图 6 中可以看出，近几年每万户民营企业所能得到的金融机构服务在快速降低。而且民营企业户数的增长率远大于金融机构的增长率，反映了金融机构增长速度与民营经济增长速度不匹配，对民营企业支持力度不足，加剧了民营企业融资难的困境。

2. 银行信贷对民营企业的支持力度不强

当前四川民营经济增加值占其生产总值的比重为 69%，而金融机构对民营企业的贷款占全部贷款的比例仅为 23.92%，民营企业得到的贷款与其对四川省地区生产总值的贡献极不相称。表 2 列出了近几年四川民营企业贷款余额占金融机构总贷款余额比例的变化情况。

**表 2 金融机构信贷规模及占比**

| 年份 | 2012 | 2013 | 2014 | 2015 | 2016 | 2017 | 2018 |
|---|---|---|---|---|---|---|---|
| 贷款总额（亿元） | 25695 | 29790 | 33972 | 37184 | 41550 | 47505 | 55391 |
| 民营企业贷款（亿元） | 7239 | 8892 | 9834 | 10409 | 10637 | 11364 | 11065 |
| 民营企业贷款占比（%） | 28.17 | 29.85 | 28.95 | 27.99 | 25.60 | 23.92 | 19.98 |

数据来源：中国人民银行成都分行。

民营企业贷款余额虽然每年都在上涨，但涨势缓慢，与民营经济的发展不匹配。从 2013 年以后，民营企业贷款余额占金融机构总贷款余额的比例在不断下降，尤其是 2018 年，下降比例较大，跌到了 20%左右，与 2013 年的 30%相比，占比下降了近 10%，这说明四川民营企业贷款难度仍然较大。

3. 相比国有企业，民营企业融资成本高且差距逐渐增大

本文选取了上市民营企业和上市国有企业的总融资费用①来比较二者的融资成本，其中包括企业在进行融资时除支付贷款利息之外还会支付手续费等其他成本。

由图 7 可以看出，民营企业的融资成本呈上升趋势，而国有企业的融资成本却在不断下降。2014 年以来，民营企业融资成本高于国有企业融资成本，且民营企业和国有企业融资成本的差距在不断增大，这反映了四川民营企业融资过程中不仅存在融资贵的问题，还存在不公平现象。

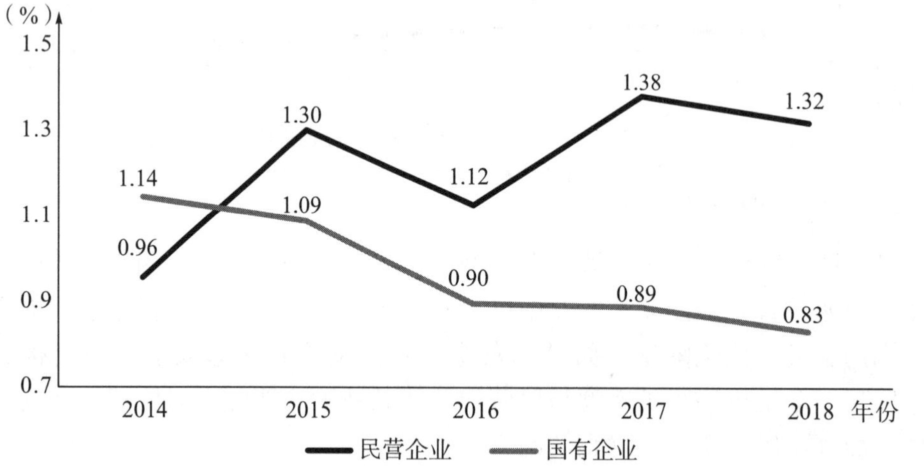


**图 7 民营企业和国有企业融资成本**

资料来源：Wind 数据库、CSMAR 数据库。

① 通过分析财务报表中“财务费用”明细科目下“利息支出”和“手续费和其他财务费用”明细科目，两明细科目数值相加总作为总融资成本，在此基础上计算总融资成本占公司借款比率，以此体现总融资费用高低。

4. 小额贷款公司发展不规范，普惠金融作用发挥有限

小额贷款公司是不吸收公众存款、经营小额贷款业务的公司，因其贷款申请程序简单，甚至无须抵押担保，成为将金融活水流向小微经济体的“毛细血管”，被认为是普惠金融的重要力量。

目前，四川省发展良好的小额贷款公司很少。比如，南充美兴小额贷款有限责任公司（简称“南充美兴”）旨在为广大农户、个体小商户及微小型企业主提供贷款服务，其业务已覆盖南充市、达州市、巴中市、遂宁市、广元市、自贡市、泸州市、绵阳市，累计放款114000多笔，累计投放金额超过52亿元。据统计，南充美兴直接和间接服务各类从业人员超过26万人，在推动普惠金融和促进地方经济发展、增加就业机会、提高百姓收入以及构建社会主义和谐社会方面做出了贡献。南充美兴成立以来始终坚持为无法从传统金融途径获得金融服务的弱势群体发放小额信用贷款、坚持服务“三农”客户、推广普惠金融和践行企业社会责任，近年来获得众多殊荣，在我国小微金融领域有广泛的知名度。

但是大多数小额贷款公司发展不规范。一方面，有些小额贷款公司贸然参与不熟悉的行业领域，导致不良率不断升高；另一方面，人力成本开支巨大，最终造成利润微薄，甚至亏损退出。除此之外，由于银行融资的周期相对较长，难度相对较大，面对小额贷款公司“高利贷”，急需资金的民营企业往往别无选择，加之“高利贷”“暴力催收”等情况，扰乱了小额贷款行业的市场秩序。受监管政策趋紧的影响，小额贷款行业面临发展的寒冬期，四个指标都在下滑，截至2019年4月，信用评级为A级的四川小额贷款公司仅有23家，占比8%，仍在停业整顿的小额贷款公司达21家。仅在2018年前四个月，已取消46家小贷公司业务资格，而2013年至2017年，被取消该项业务资格的小额贷款公司数量总共也只有45家，小额贷款公司能提供给民营企业的贷款势必也会有所下降。

5. 融资租赁规模不能满足民营企业融资需求

融资租赁兼具融资和融物的双重特性，是企业融资最为基本和普遍的融资方式。据统计，截至2018年12月31日，四川省共有金融租赁企业62家，融资租赁企业数量排全国第14位。① 与2017年相比，四川省金融租赁企业数量和内资租赁企业数量没有变化，外资租赁企业增加了16家，占全国的比重有所上升，在全国融资租赁公司数量排名前15位的地区中，四川民营企业户数排名第7。从与四川民营企业户数差不多的省份的对比来看，四川民营企业户数比湖北、安徽等省份要多，但是从每万户民营企业所能得到的融资租赁服务来看，四川并不占优势。2018年，四川省平均每万户民营企业仅能得到0.49家融资租赁公司的

① 数据来源：商务部《中国融资租赁业发展报告》。

支持，低于湖北省和安徽省。而且，在以注册资本为序的全国融资租赁企业50强排行榜中，四川省无一家上榜。四川排名前10的融资租赁企业注册资本总和仅为81.34亿元，充分说明四川融资租赁企业规模较小，不能满足民营企业的融资需求。

表3　2018年部分省份融资租赁业情况

| 地区 | 民营企业户数（万户） | 融资租赁公司总数（家） | 融资租赁服务民营企业占比 |
|---|---|---|---|
| 湖北省 | 108.4 | 63 | 0.58 |
| 安徽省 | 112.83 | 63 | 0.56 |
| 四川省 | 125.85 | 62 | 0.49 |

数据来源：中华人民共和国商务部《中国融资租赁业发展报告》。

表4　部分省份融资租赁公司注册资本总和对比

| 地区 | 河北省 | 河南省 | 四川省 | 福建省 | 湖北省 | 安徽省 |
|---|---|---|---|---|---|---|
| 注册资本总和（亿元） | 146.55 | 143.58 | 81.34 | 187.52 | 575.31 | 226.06 |

数据来源：中华人民共和国商务部《中国融资租赁业发展报告》。

### （四）直接金融支持存在的问题

直接金融是资金盈余部门与资金短缺部门分别作为最后贷款者和最后借款者直接协商借贷，或者由资金盈余部门直接购入资金短缺部门的有价证券而实现资金融通的金融行为。直接金融支持包括债券融资和股票融资两种方式。

#### 1. 民营企业上市融资渠道不畅

2018年，四川资本市场累计实现直接融资2860亿元，同比增长70%，共有上市公司120家，总市值1.08万亿元，排名全国第八，稳居中西部第一。但是四川上市民营企业营业收入不高，进入500强的民营企业仅8家。并且四川证券和期货公司数量较少，基金公司尚未实现零突破。

从四川企业IPO（首次公开募股）通过率角度来看，2014年到2017年，国有企业通过率①整体呈现平稳略有下降趋势，民营企业通过率呈现先降后升的趋势，在2016年达到最低点，仅有60%；2018年民营企业通过率大幅上升，达到100%，而国有企业通过率继续下降，仅为50%，但从2014—2018年整体来看，民营企业IPO通过率总体仍弱于国有企业。

① 国有企业通过率为国有企业过会数量与国有企业申请数量之比，民营企业通过率为民营企业过会数量与民营企业申请数量之比。

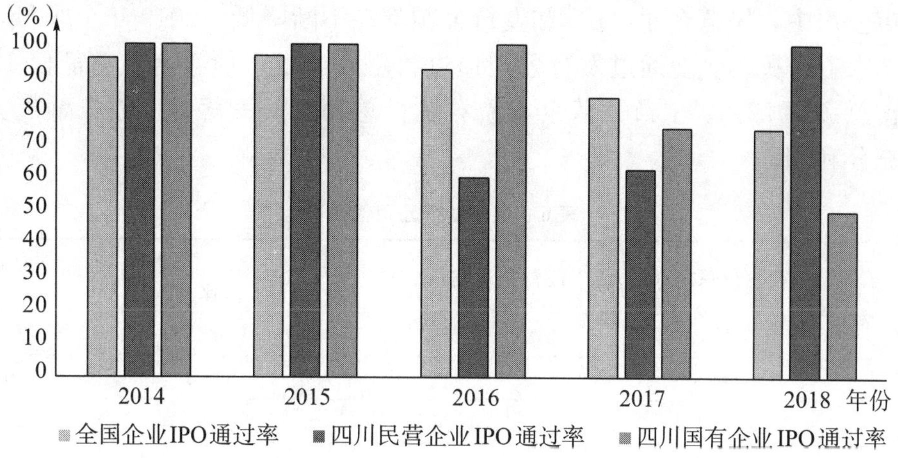


**图 8　企业 IPO 通过率情况**

数据来源：中国银行业监督管理委员会。

从表 5 可知，在企业过会总数和民营企业过会数量上①，四川都远远不及广东和浙江两省，虽然在 IPO 审核收紧的情况下，四川民营企业过会占比明显上升，但仍然低于广东和浙江。与其他西部省份相比，四川省在企业过会总数和民营企业过会数量上远远高于贵州和云南两省，其增速却低于贵州和云南。

**表 5　部分省份企业过会情况**

| 地区 | 2018 年过会企业数量（个） | 2018 年过会民营企业数量（个） | 2018 年民营企业过会占比（%） | 2017 年过会企业数量（个） | 2017 年过会民营企业数量（个） | 2017 年民营企业过会占比（%） |
|---|---|---|---|---|---|---|
| 四川 | 4 | 3 | 75 | 9 | 5 | 56 |
| 广东 | 20 | 17 | 85 | 73 | 67 | 92 |
| 浙江 | 16 | 12 | 75 | 85 | 66 | 78 |
| 贵州 | 2 | 2 | 100 | 4 | 3 | 75 |
| 云南 | 1 | 1 | 100 | 2 | 1 | 50 |

数据来源：中国银行业监督管理委员会。

2. 债券融资方式未得到充分利用

债券融资与股票融资相比具有“避税效应”的作用、不分散企业控制权等特点，在市场经济发达的国家，企业债券市场是国家证券市场的重要组成部分。

在所有上市公司中，选择债券融资的企业寥寥无几。从表 6 可知，2014 年以来，民营企业通过发行债券获得融资的总额远远低于国有企业，并且发行债券

① 企业过会总数和民营企业过会数量指 IPO 通过数量。

的上市公司中，民营企业占比①和发行金额都在不断降低。2019 年上半年，四川仅有 2 家上市民营企业通过发行公司债进行融资，发行债券金融总额仅 19.5 亿元，占总额 9.75%。上市民营企业债券发行总额少，民营企业债券融资方式未得到充分利用。

**表 6　企业发行公司债情况**

| 年份 | 国有企业发行总额（亿元） | 民营企业发行总额（亿元） | 民营企业占比（%） | 国有企业占比（%） |
|---|---|---|---|---|
| 2014 | 14 | 4 | 22.22 | 77.78 |
| 2015 | 119 | 0 | 0 | 100 |
| 2016 | 397.60 | 68 | 14.60 | 85.40 |
| 2017 | 263.38 | 42 | 13.75 | 86.25 |
| 2018 | 409.90 | 89 | 17.84 | 82.16 |

数据来源：CSMAR 数据库。

（五）财政支持民营企业仍有提升空间

四川在对民营企业的发展上提供了许多政府专项资金和财政补贴。例如，符合条件的小型微型企业提供企业所得税优惠等。由图 9 可见，政府对民营企业的资金投入持续增长，其中 2007—2012 年增速较快，2012 年后增速放缓。但是从每万户民营企业所得政府补贴情况来看，自 2013 年开始，分摊到每户民营企业的政府补贴大体呈下滑态势，尽管四川省政府对民营企业的补贴绝对量在增加，相对量却在减少。这其中既有经济周期的作用，也有政府政策的影响。

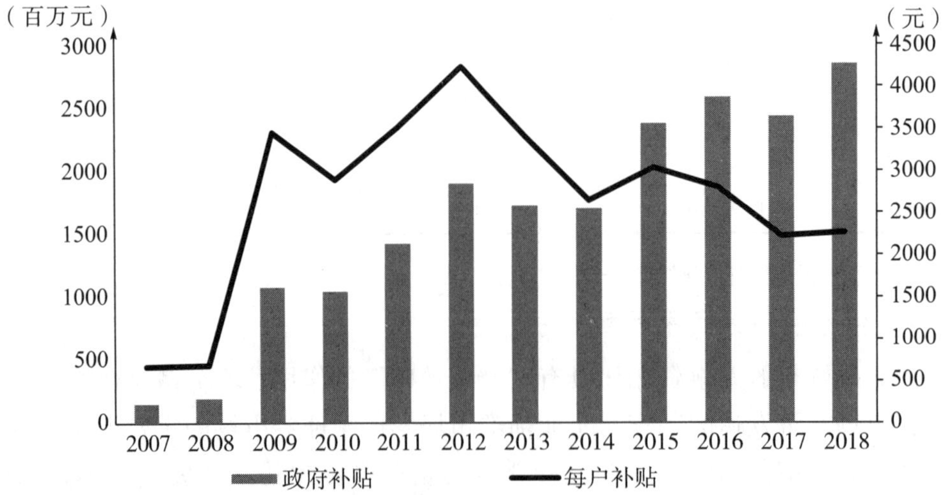


**图 9　政府对民营企业的财政支持**

数据来源：Wind 数据库。

① 民营企业占比为民营企业通过发行公司债得到的融资金额占所有公司通过发行公司债融到资金的比例。

## 三、民营企业融资困境分析

### （一）民营企业自身的原因

企业融资能力是指在一定的经济金融条件下，一个企业可能融通资金的规模大小，是企业持续获取长期优质资本的能力，是企业快速发展的关键因素。融资能为企业创造更多的价值，在快速成长之后还能够“安全着陆”的企业才是真正的融资赢家。下面主要从经营能力、偿债能力、抗风险能力以及企业制度四个方面来分析民营企业的融资能力。

#### 1. 经营能力有待提高

企业经营能力就是企业对包括内部条件及其发展潜力在内的经营战略与计划的决策能力，以及企业上下各种生产经营活动的管理能力的总和。企业经营能力的强弱表明企业资产的利用程度及使用效率，这在很大程度上决定了企业的经营效益以及由此产生的对债务偿付的保障程度。其主要衡量指标包括流动资产周转率、固定资产周转率和总资产周转率。经计算，2018 年，四川上市民营企业的平均流动资产周转率为 0.87（标准值为 1），平均总资产周转率为 0.53（标准值为 0.8），说明上市民营企业的总资产和流动资产的周转速度普遍不快。

企业融资可分成以信用为基础的融资和以资产为基础的融资。我们分析得出，为了规避风险，资金供给方越来越青睐于以资产为基础的融资活动，特别是对 1 年以上的长期融资时，抵押或担保成为普遍的融资方式。目前四川中小民营企业固定资产比重偏低，厂房设备等固定资产难以达到银行的要求，导致四川中小民营企业中长期贷款融资较为困难。

#### 2. 偿债能力普遍不高

偿债能力是指企业偿还到期债务（包括本息）的能力。偿债能力指标包括短期偿债能力指标和长期偿债能力指标，衡量指标主要有流动比率、速动比率和现金流动负债比率三项。按四川上市民营企业行业类别来看，制造业、零售业、建筑业、房地产业和电力、热力、燃气及水生产和供应业的流动比率和速动比率均低于行业标准值，四川上市民营企业平均现金流动负债比率为 0.8，大部分上市民营企业偿债能力不足。比如，截至 2018 年年底，四川野马所欠下的债务已经达到了 38.34 亿元，而其总资产仅为 45.45 亿元，负债率达到了 84.3%，最终被山东雷丁汽车有限公司以 12 亿元收购。相对于大型上市民营企业，中小企业的流动比率更低，四川中小民营企业资产流动性可想而知，其面临很大的资金运转不灵的风险。此外，根据调查①，我国中小企业的存货与应收账款之比高于大型企业，相对而言，中小企业的短期融资能力较弱。但是作为四川民营企业的领军者，部分四川上市民营企业经营不善，其流动资产结构也不是很合理，内部流动性不强。行业中的绝大部分民营企业总资产收益率和应收账款收益率同比下降，且低于行业平均值，这充分说明在经济结构转型调整背景下，处于市场出清产业链末端的民营企业资金周转压力加大，总体经营情况不容乐观。

3. 抗风险能力与金融机构风险预期偏好不一致

企业风险是指企业在其生产经营活动的各个环节可能遭受的损失威胁。企业的抗风险能力主要取决于其风险的识别能力、风险的承受能力和风险的化解能力这三个方面。企业的风险识别能力与人的素质和能力密切相关，即与人的经验、风险意识、所掌握的知识以及对信息的把握等有关。企业的风险承受力要有一个逐步适应、不断提高的过程。企业置身于市场经济大环境中，环境的变化既蕴含机遇，也隐藏着风险。目前，企业的资金普遍短缺，其风险承受能力自然也就比较脆弱。2010 年，四川腾中重工机械有限公司（以下简称“腾中”）作为一家中型民营企业，拟采取自有资金以及银行贷款作为并购资金来收购悍马，但是大量的银行贷款导致腾中资产负债率过高，财务风险加剧，最终收购失败。2015 年，四川富临运业集团股份有限公司（以下简称“富临运业”）耗资近亿元收购成都兆益科技发展有限责任公司（以下简称“兆益科技”），才发现兆益科技在股权转让及增资过程中存在财务造假行为，致使富临运业遭受重大投资损失。

民营企业规模小且分散，经营组织形式多样化，产品品种及销售渠道变动大，货款回笼不稳定，同时受市场、环境的影响程度很大，特别是随着世界经济一体化进程的加快，企业受环境制约的程度进一步加深，一旦市场、经营环境发生变化，一些民营企业很难适应。四川银行类金融机构选择对小微企业执行基准利率上浮的企业占比为 87.32%，而同期选择对大型企业执行基准利率上浮的占比为 18.77%②，规模越大、资金实力越雄厚的民营企业抵御市场风险的能力越强，能够有效满足银行相对审慎的风险预期偏好，银行愿意接受低水平的风险预期收益，因而相对民营企业，国有企业申贷获得率更高。因此，银行对民营企业的贷款投放实际上增大了风险程度。

4. 现代企业制度不完善，不足以满足银行信贷要求

现代企业制度的定义为以市场经济为基础，以企业法人制度为主体，以公司制度为核心，以产权清晰、权责明确、政企分开、管理科学为条件的新型企业制度。比如，2019 年上半年，四川金顶（集团）股份有限公司因公司内部独立性、

---

① 谢冰琦：《中小企业融资能力分析》。

② 数据来源：《四川省 2018 年第二季度银行家调查问卷》。

治理性以及未公开重要经营数据管控不严的问题而被责令整改。根据一项针对四川民营企业调查分析[①]的研究内容，与国有企业相比，民营企业的财务管理规范性存在较大差距，97.28%的民营企业没有聘请独立的财务总监，78.02%的民营企业专职财务人员只有1～3人，43.25%的民营企业几乎没有进行过独立的外部财务审计，35.97%的民营企业存在企业账户和个人账户财务混用的问题，53.64%的民营企业在财务管理和战略分析等方面的资金投入不到3%，民营企业在财务基础管理方面相对薄弱。调查还发现，“三会一层”健全的民营企业占比为21.90%，引入外部独立董事的民营企业占比仅有2.32%，管理层和决策层分离的民营企业只有30.06%，民营企业在内部治理结构方面依然比较欠缺，不符合银行信贷关于企业内部管理和现代企业制度的要求。

### （二）民营企业融资难的原因

#### 1. 渠道单一是制约融资的瓶颈

四川民营企业的融资体系长期以来以银行为主，企业发展资金主要来自自我积累和银行信贷，多层次资本市场发展滞后，企业直接融资渠道不充分、不畅通导致民营企业融资困难。调查发现，银行贷款融资比例高达94.32%，选择股市融资和债券融资的企业均不超过2%，选择民间借贷的企业仅占2.69%。企业融资存在巨大的“模式错配”。

我们发现，四川民营企业IPO通过率较低，民营企业通过股票融资困难，直接上市门槛很高。我国《公司法》规定，股本总额少于3000万人民币不准上市；成立不满三年，不许上市；不能实现持续三年盈利，不能上市；有关持续盈利的义务内容出现变化的不能上市。而四川民营企业大多经营规模偏小，财务管理能力较差，信用评级低，达不到上市的门槛条件。2019年上半年，民营企业通过发行债券的融资金额仅占全部上市企业的4.8%。民营企业债券融资困难。选择发行债券融资的民营企业较少是因为我国企业债券市场发展较为缓慢，债券信用评级的可信度较差，缺乏公开、公正、公平的权威的债券评级机构和统一的评级指标体系。另外，发行企业债券涉及金融风险问题，民营企业发行企业债券难以得到政府有关部门的批准。投资者对民营企业发行债券的信用存在顾虑，缺乏购买信心，民营企业难以通过发行企业债券取得资金。

除了银行贷款以外，间接融资还包括票据融资、信托融资、融资租赁等方式。由上文分析可知，四川省尚未普及信托公司和融资租赁公司，因此民营企业的间接融资渠道也十分有限。

---

① 段胜：《关于民营企业融资难融资贵问题的思考——基于四川省民营企业的调查分析》，《金融与经济》，2019年第3期。

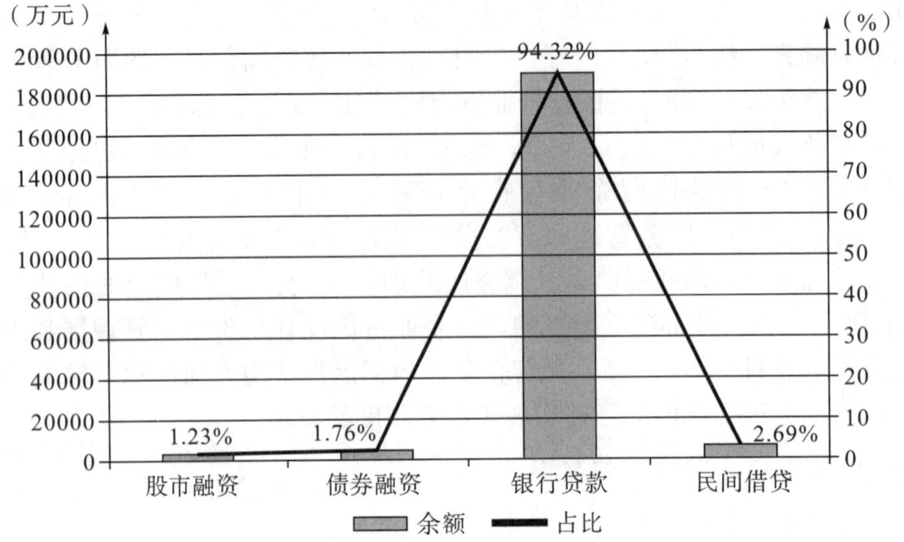


**图 10　民营企业的融资渠道**①

2. 融资过度依赖银行贷款

通过分析可知，民营企业的主要资金来源为银行贷款，因此民营企业融资难主要表现为银行信贷困难。

第一，银行“理性经营”导致规避风险过度。银行类金融机构为避免还款风险，愿意为信用水平、盈利水平程度较高的大型企业提供贷款，而不愿意为还款风险较大的民营企业提供贷款，且为避免还款风险，还对民营企业的资金申请进行严格审批，操作流程长、环节多，不适应民营企业经营灵活、资金周转快的特点。另外，许多小型民营企业热衷将获取的贷款进行投机性操作，投放于股票、期货等高风险市场，以获得短期收益，而忽视实体生产经营，加大了资金回笼风险，造成银行为规避风险而紧缩贷款。

第二，金融机构存在操作障碍。同样数额的不良贷款，贷款对象如果是国有企业，银行工作人员可以不用承担责任，如果是民营企业，银行工作人员则有可能被司法机关追究责任。出于对贷款责任的考虑，银行工作人员在具体操作中十分谨慎，表现为尽量限制对民营企业的贷款数额，贷款手续繁杂、抵押条件苛刻、对抵押品要求过严、抵押率过低。

第三，国有金融机构存在信贷配给障碍。信贷配给是指在固定利率条件下，面对超额的资金需求，银行因无法或不愿提高利率而采取一些非利率的贷款条件，使部分资金需求者退出银行借款市场，以消除超额需求而达到平衡。信贷配给的出现可以用信息不对称导致的逆向选择和道德风险来解释。银行的期望收益

① 段胜：《关于民营企业融资难融资贵问题的思考——基于四川省民营企业的调查分析》，《金融与经济》，2019 年第 3 期。

取决于贷款利率和借款人还款的概率两个方面，因此银行不仅关心贷款利率水平，更关心贷款的风险。信息不对称使银行不能把握借款人的投资风险，银行可能会提高利率，这种行为将使得低风险的借款人退出市场或者诱使借款人选择更高风险的项目，从而使得银行放款的平均风险上升。由于利率的提高可能降低而不是增加银行的预期收益，银行宁愿选择在相对较低的利率水平上拒绝一部分借款人的贷款要求，而不愿意在高利率水平上满足所有人的贷款申请。信息不对称越严重，信贷配给发生的可能性越大。这种信贷配给对于没能获得贷款或获得贷款额度较小的民营企业而言是一种实实在在的信贷约束。

第四，民营企业能得到的金融服务品种单一。民营企业尤其是小微民营企业的情况差别较大，不同行业、不同成长阶段的企业融资需求和融资方式都不同，这需要银行业金融机构提供多样的金融产品和服务。而目前只有少数银行在设计融资产品时对民营企业客户进行细分，大部分银行向民营企业提供的金融服务品种主要是金额不高的贷款，其他中间业务微乎其微，不能满足民营企业的需求。

3. 融资过程中存在被歧视现象

国内民营企业不仅面临信贷配给歧视，还有信贷歧视。由于民营企业属于非国有企业，在现行体制下，国有产权的属性弱化了国有企业融资的信息不对称风险，而非国有产权却加剧了民营企业的信息不对称风险，从而使得国有企业尤其是国有大型企业的信用可得性普遍较高，而民营企业的信用可得性则十分低下。通过分析可知，民营企业融资过程中存在被歧视现象，主要表现在以下两个方面。

第一，在银行信贷方面存在歧视。以降低不良贷款为核心的金融改革使银行不愿意承担风险，对那些风险较高但回报也较高的项目并不感兴趣。对贷款责任人的责任追究和社会信用体系的缺乏更是大大降低了银行向民营中小企业贷款的积极性。银行只愿意向“优质客户”或受到政府隐性担保的大型国有企业贷款，使得贷款日益向少数国有企业集中。这种信贷歧视同时造成了银行对民营企业的信贷创新能力不足。民营企业普遍反映金融机构信贷品种依然以传统的抵押担保贷款方式为主，适应民营企业尤其是小企业“短、频、急”资金需求的信贷品种很少。即使抵押贷款也主要以土地和固定资产作抵押，鲜有动产抵押、仓单质押、应收账款融资等贷款方式。

第二，为民营企业服务的中小金融机构数量不足。目前，四川大型银行数量占比较大，而大型银行主要为国有企业服务，相比大型银行和金融机构，中小银行和金融机构的服务对象更多地针对民营企业。此外，国有经济、外资经济与民营经济在市场准入方面仍然存在着很大的政策差异，我国加入世界贸易组织以后，向外资开放的领域允许民间资本进入。但是，由于缺乏一份向民间资本开放市场的“时间表”，也没有可操作的程序规定，一些部门、行业垄断和歧视性的准入政策仍然存在，如银行、保险、证券、通信、石化、电力等行业，民间资本一直难以进入。与国有企业相比，民营企业在投资、生产和经营诸方面面临更多的前置审批，手续杂、关卡多、效率低，在参与竞争的资格、条件和机会上往往处于不利地位。

4. 担保机构实力弱且经营不规范

由上文分析可知，目前民营企业主要依靠银行贷款进行融资，而银行贷款方式以抵押担保贷款为主，但是目前四川省的担保机构资金实力弱、发展不规范，难以满足民营企业的抵押贷款需求。

根据四川省担保协会的统计，截至 2018 年年底，全省已开业法人融资担保机构 365 家、分支机构 40 家，近五年四川省担保机构数量呈下降趋势，这是因为大部分担保机构规模小且发展不规范。近几年政府加强了金融监管，不合格的担保机构被要求停业整改，甚至被取消资格。

在 2018 年对担保机构的“企业合规性”检查①中，四川省整改、停业整顿及吊销经营许可证的融资担保公司占比近 50%，其中被责令停业整顿的公司有 25 家，被吊销经营许可证的公司有 41 家，116 家公司被督促整改。由此可见四川省担保机构的发展水平不高，难以满足民营企业的抵押贷款需求，导致民营企业融资困难。

**表 7　四川省担保机构数量**

| 年份 | 2011 | 2012 | 2013 | 2014 | 2015 | 2018 |
|---|---|---|---|---|---|---|
| 担保机构个数 | 396 | 422 | 436 | 431 | 421 | 356 |

数据来源：Wind 数据库。

（三）民营企业融资贵的原因

1. 流动资金贷款利率高

由前文分析可知，民营企业贷款形式通常以短期贷款为主。短期流动资金贷款期限短、额度小。民营企业偏向于通过信用方式或者担保方式申请贷款，而信用贷款由于没有足额的第二还款作为风险补偿，或者风险补偿额度不足，面临着较大的风险损失概率，银行在综合考虑审查成本、抵押额度、企业规模、贷款方式的基础上，往往会通过风险加成方式提高信用贷款利率，最终使得信用方式发放的流动资金贷款利率普遍高于非信用方式发放的长期固定资产贷款。这既符合市场经济的基本运行规律，也是银行防范风险的重要手段，但也间接增大了民营企业的融资成本。

① 数据来源：四川省地方金融监督局。

2. 民间借贷利率和第三方收费高

2014年以来，在货币政策和减费政策的引导下，我国企业从银行贷款的平均利率大幅下降，近两年来维持在6%左右的水平，银行服务收费项目不断规范，收费项目持续减少。但一些企业在借贷过程中引入了担保公司的第三方担保，担保费率大多为1.5%～3%，有些甚至高达5%。除担保费外，一些担保公司还要求企业将贷款额的10%～20%作为保证金或提供相应的反担保物，变相提高了企业融资成本。[①] 一些企业借助民间借贷融资，而民间借贷的综合利率普遍大幅高于银行贷款。近年来P2P网络借贷兴起，虽然有助于在一定程度上缓解小微企业和个体工商户的融资压力，同时随着互联网专项整治的持续推进，P2P平台的贷款不断规范、利率有所下降，但是报告显示，小额贷款公司利率一般为10%～20%，民间和网络借贷利率多高于30%，一些银行要求民营企业续贷时先还旧再借新，企业不得不通过民间借贷等高成本渠道筹集"过桥"资金，调查的393家企业"过桥"借款年化利率最低36%、最高108%。[②]

3. 民营企业抵押贷款环节多、收费高

例如，成都银行房产贷款流程为客户咨询—填写提交申请受理单—面签合同—报评估、准备材料（银行抵押贷款所需材料）—银行审批—抵押登记—成功放款—贷款结束。流程复杂，放款时间长，一般需要20个工作日左右，不适合短时间内急需用钱的客户。各地区都有不同的收费标准，甚至同一地区不同县收费标准差距也较大，抵押标的越低收费越高。目前，政府有关部门虽然制定了收费的幅度，在实际收费中往往都按高限收费。此外，由于评估登记的有效期较短，一般为一年，而中期流动资金贷款期限则是三年，这样企业就可能出现对同一笔贷款再次办理评估登记手续，重复缴纳有关费用。

4. 股权融资中介费用相对民营企业初创期偏高

中介费用是指在上市前期的准备工作中，各中介机构对上市提供相关的建议与意见时所需支付的费用，例如，财务顾问费、律师费、审计费、资产评估费等。中介费用与公司的资产规模、上市周期有关，一般为300万～500万元。[③] 上市之后，民营企业要经历一个从不规范管理的企业到规范管理的透明度较高的上市公司的过程。这个过程会产生许多的成本，是小微民营企业所不能负担的。

---

① 朱太辉：《企业融资难融资贵问题的根源和应对研究——一个系统分析框架》，《金融与经济》，2019年第1期。

② 数据来源：《国务院关于2018年度中央预算执行和其他财政收支的审计工作报告》。

③ 黄建欢、尹筑嘉：《证券公司借壳上市：模式、成本和收益比较》，《证券市场导报》，2007年第7期。

## 四、对策建议

### （一）加强规范引导，增强民营企业自身素质和融资能力

完善相关法律法规，加强对民营企业家的金融知识和风险教育，引导民营企业提高素质，规范经营，增强诚实守信意识，建立现代化的企业内部治理结构，规范内部资金运营管理，合理控制融资杠杆。严格按照相关会计准则要求建立一套规范合理的财务管理制度，严格区分个人家庭收支与企业生产经营收支，定期披露融资信息和征信水平，增加信息透明度，完善财务报表，科学安排融资结构，规范关联交易管理，合理控制负债率和杠杆水平，减少盲目投资和过度担保行为，保持企业流动性处于合理水平，增强可持续发展和融资能力。

### （二）提升金融服务民营企业质效

第一，银行业金融机构需要建立普惠金融组织体系。推动国有大型银行普惠金融事业部在基层落地，增加小微金融基层网点数量，扩大民营企业金融服务专营机构覆盖面。第二，银行业金融机构需要优化资源配置。要遵循商业可持续原则，通过优化内部资源配置，强化激励引导，提升业务条线和分支机构的工作积极性，将做好民营企业金融服务工作由外在力量推动向内生动力激发转变。第三，银行业金融机构需要改进信贷管理机制。在商业可持续的原则下，不断完善信贷管理制度，改进信贷审批流程，健全风险管控机制，在提升民营企业金融服务效率的同时着力降低贷款成本。第四，银行业金融机构需要强化金融科技运用。加强新技术应用，发挥互联网、大数据信息优势，提高民营企业信贷投放效率，降低投放成本。第五，银行业金融机构需要增加信贷产品的多样性。由于民营企业情况千差万别，不同行业、不同成长阶段的企业融资需要和融资方式不同，银行业金融机构需要推出更多的产品和服务来满足民营企业的融资需求。

### （三）完善多层次市场融资体系，拓宽民营企业融资渠道

#### 1. 大力发展股权融资

加快推进科创板建设，稳步推进新三板发行与交易制度改革，规范发展区域性股权市场，有效发挥科创板、新三板在服务民营企业股权融资方面的作用，构建多元融资、多层细分的股权融资市场。

#### 2. 增强债券市场的融资功能

推动完善债券市场体制机制，提高大中型民营企业直接融资比例，促使商业银行加快业务转型，释放更多信贷资源支持民营企业，建立和完善基于民营企业主体信用的风险定价和信用评级机制，提高民营企业在债券市场的融资比例。创

设民营企业债券融资支持工具，精准支持民营企业扩大债券融资规模，促进改善债券市场融资环境。

3. 大力发展风险投资

增强天使投资和创业投资的实力，引导和支持创投基金更多地投资早期民营企业，解决高新技术企业发展初期面临的融资难题，扩大民营企业融资规模以及改善融资结构。

（四）保险是民营企业与金融机构之间的重要信用桥梁

2015年1月，原中国保监会、工业和信息化部、商务部、中国人民银行、原中国银监会五部委出台《关于大力发展信用保证保险服务和支持小微企业的指导意见》，强调要推动信用保证保险业务支持小微企业发展，运用保险特有的增信融资功能支持实体经济发展，民营企业信用保证保险作为一种信用担保，是兼具保险和担保特点的一种保险业务。信用保证保险可以发挥保险公司的作用，同时比担保贷款更有优势。在民营企业和金融机构之间引入信用保险之后，可以有效缓解民营企业融资问题。

1. 银行信贷引入小额贷款保证保险

小额贷款保证保险是保险公司用保证保险为小微企业提供融资担保，银行接受该保险作为主要担保方式向小微企业发放贷款的业务。银行与保险公司按照平等自愿、风险共担、互利共赢的原则开展合作并签订银保合作协议，按照不同支持对象，设置不同的贷款额度期限和保险费率，贷款保证保险期限与贷款期限一致，最长不超过1年，鼓励开展无还本续贷续保业务，减轻企业转贷成本。贷款资金仅限于生产经营性用途，不得用于消费及其他用途。银行机构和保险公司建立“一对一”对接机制，及时沟通业务受理、客户信息、授信决策、贷款发放、贷款逾期、欠款追索等信息，银保双方拥有独立的业务审核和风险控制权。实行限时办理承诺，对于首次借款人，在申请资料齐全的情况下，建议银行机构原则上3～5个工作日完成调查审核，保险公司在3～5个工作日内出具承保意见。银行机构与保险公司按不同比例（2∶8或3∶7）分摊贷款本息损失风险。保险公司按约定比例向银行赔付后，由保险公司为主向借款人进行追偿，追偿金额按约定风险分担比例进行分配，对保单免赔比例对应的权益，保险公司要积极配合银行机构开展账务核销，并遵循账销案存原则，共同做好后续催收工作。

例如，深圳市[①]鼓励银行和保险公司合作，保险公司签发保证保险保单为小微企业增信，银行向符合条件的小微企业发放500万元以下、1年以内的流动资

① 《深圳市人民政府关于印发强化中小微企业金融服务若干措施的通知》（深府规〔2018〕17号），深圳市地方金融监管局、人行深圳市中心支行、深圳银保监局联合印发了《深圳市小额贷款保证保险试点实施办法》。

金贷款，缓解小微企业融资难、融资贵问题。湖州市[①]按照“小额、分散”原则，以绿贷险方式向小微企业单户发放贷款金额不超过300万元，城乡创业者（含个体工商户）单人不超过100万元，农业种养殖农户单户不超过50万元。

2. 融资租赁引入履约保证保险

在融资租赁中，融资租赁公司面临的最大风险便是承租人违约，即信用风险或者债权风险，主要体现为承租人到期不支付租金。而融资租赁公司在开展业务时面临承租人不按照签订的融资租赁合同正常履行支付租金的风险，在一定程度上限制了融资租赁业务的开展，进而影响整个融资租赁行业的发展。可在民营企业融资租赁服务中引入履约保证保险产品，通过财政资金进行风险补偿、保费补贴等方式，加大对科技型、创新型和创业型民营企业的融资租赁支持力度。

例如，太平洋财产保险天津分公司与天津昌威国际融资租赁公司就商业合同履约保证保险的合作事宜成功签订了合作协议，保障承租人未按照签订的租赁合同正常履行还款义务，累计欠款额达到三个月应还款金额，或者在租赁合同约定的最后一期还款期届满后两个月之内，承租人未能清偿所欠全部应还款金额的，保险公司将根据合同约定向昌威进行赔偿。保险公司作为第三方介入投资者和融资租赁公司之间，为融资租赁公司提供增信，通过保险方式将合同违约风险转嫁，以保险公司的信誉减少合同各方的成本及相关风险，保障了投资者投资收回风险。

3. 明确保证保险的政策属性，加大扶持力度

（1）银行机构利息补贴。鼓励银行机构为借款企业提供优惠利率，对银行机构按照实际发放贷款金额的一定比例进行补贴，银行机构可将政府补贴资金用于冲抵不良贷款损失。

（2）保险公司保费补贴。对借款企业一般给予承保金额一定比例的保费补贴，对信用评级高的企业追加保费补贴，对信用评级过低的企业不给予保费补贴。

（3）不良贷款风险补偿。当保险公司的累计赔付率超过政府规定的临界值时，由政府对保险公司给予一定额度的补偿。风险补偿部分由保险公司先行赔付并负责追偿，对追回金额扣除追讨费用后按比例返还财政。

此外，在四川省政府统一领导下，由省金融局牵头，会同省财政厅、中国人民银行、省银保监局等单位和银行机构及保险公司，建立联合工作协调机制，负责协调推进民营企业融资工作的组织实施，确保取得实效。各级各部门要积极支持，加大宣传力度，普及贷款保险知识，激发和引导民营企业积极运用贷款保险

① 《湖州市绿色小额贷款保证保险（“绿贷险”）试点实施方案》。

缓解融资担保难问题。

## 五、总结与展望

本文金融支持民营企业的融资供给体系，主要突出商业性金融机构对化解民营企业融资问题的作用。根据四川民营企业融资过程中存在的问题，除分析民营企业自身融资能力不足之外，还进一步分析了融资难融资贵的原因，最后结合四川省实际情况，提出相关政策建议，重点突出保险在民营企业直接融资和间接融资过程中的作用。

但是，化解四川民营企业融资难融资贵的金融支撑方式还包含法律保障体系以及辅助服务体系，法律保障体系需要法律法规的制定和政策的落实；辅助服务体系需要融资平台、中介服务和征信系统的不断完善。因此，随着未来金融支持民营企业融资体系的不断发展与改善，本课题还有很大的潜在研究空间。

负责人：李南成（西南财经大学）
成　员：李映东（西南财经大学）
贺　嘉（四川省统计局）
王亚敏（四川省统计局）
薛英杰（西南财经大学）
张　萌（西南财经大学）
莫家玉（西南财经大学）
陈明飞（西南财经大学）
陈怡菲（西南财经大学）
刘　乐（西南财经大学）
宋　忆（西南财经大学）
何志萍（西南财经大学）
程　豪（西南财经大学）

# 四川文化旅游融合发展研究

文化是旅游的灵魂，旅游是文化的载体。文化产业与旅游产业具有强关联性、高渗透性、边界模糊等特点，两个产业互有交叉，文化产业为旅游产业提供丰富的内容产品，旅游产业为文化产业提供巨大的市场空间，为文化保护传承提供有力的支撑。推动文化旅游融合发展，既遵循了文化产业、旅游产业发展的必然客观规律，又符合四川省经济社会持续健康发展的内在需要。

## 一、四川文化旅游融合发展的现状

### （一）产品层面：资源优势明显，产品前景广阔

四川省文化资源与旅游资源丰富多样。从文化资源来看，主要包括以三星堆和金沙遗址为代表的古蜀文化，以青城山和峨眉山为代表的宗教文化[①]，以泸定桥、赤水河等红军长征为代表的红色文化，以甘孜、阿坝、凉山为代表的藏羌彝少数民族文化；从旅游资源来看，主要有世界文化与自然遗产乐山大佛，世界自然遗产九寨沟、黄龙，川西北大草原、稻城亚丁雪山等。基于丰富多样、特色鲜明的文化旅游资源，形成了一批文旅融合产品和精品旅游路线，如太平四渡赤水红色旅游度假区、李白文化产业园等。

### （二）企业层面：极具成长活力，发展态势向好

四川省文化服务业企业数量持续增长，盈利能力不断提升，保持了积极健康的良好发展态势。2013—2017 年，规模以上文化服务业企业数量由 268 家发展到 985 家，规模以下文化服务业企业从业人数也实现了大幅提高，且无论是规模以上还是规模以下文化服务业企业，其营业收入与营业利润均实现了稳步提升，特别是 2017 年规模以上文化服务业企业营业利润较上年接近翻番。

随着文化旅游融合的发展，四川省产生了很多从事文化旅游业、文博业、动漫业的大型企业。根据四川省首批重点文化企业名录公布的数据，四川省共有文

---

① 邓谋优：《四川省文物旅游资源时空特征与发展策略》，《内江师范学院学报》，2018 年第 12 期，第 105～112 页。

化旅游产业旗舰企业 7 家，出版发行产业旗舰企业 5 家，影视产业旗舰企业 3 家，演艺娱乐产业旗舰企业 5 家，印刷复制产业旗舰企业 5 家，动漫游戏产业旗舰企业 5 家，创意设计产业旗舰企业 5 家。①

**表 1　四川文化及相关产业主要指标情况②**

| 年份 | 文化及相关产业 | | 规模以上文化服务业企业 | | | | 规模以下文化服务业企业 | | |
|---|---|---|---|---|---|---|---|---|---|
| | 增加值（亿元） | 占地区生产总值的比重（%） | 企业单位数（个） | 年末从业人数（人） | 营业收入（万元） | 营业利润（万元） | 企业单位数（个） | 年末从业人数（人） | 营业收入（万元） |
| 2013 | — | — | 268 | 34334 | 1387247 | 160420 | 12698 | 135216 | 2331638 |
| 2014 | — | — | 473 | 51359 | 2370954 | 251481 | 12767 | 144608 | 2692685 |
| 2015 | 1141.21 | 3.8 | 603 | 73064 | 2964803 | 300416 | 15589 | 205720 | 3367117 |
| 2016 | 1323.8 | 4.0 | 776 | 92491 | 5177219 | 893473 | — | 260419 | 5879750 |
| 2017 | 1538 | 4.16 | 985 | 109174 | 7963543 | 1693509 | — | 203926 | 5102532 |

注：根据中国第三产业统计年鉴等资料整理而成；规模以下文化服务业企业营业利润的数据未披露。

### （三）产业层面：融合效果初显，增长潜力巨大

四川省文化和旅游融合发展全面展开，文旅产业成为四川经济增长的重要引擎。2018 年，四川省总计实现旅游总收入 10112.75 亿元，同比增长 13.3%，跨入万亿级产业集聚。其中，接待入境游客 369.82 万人次，同比增长 10%；实现旅游外汇收入 15.12 亿美元，同比增长 4.5%。接待国内旅游人数 7.02 亿人次，同比增长 4.9%；实现国内旅游收入 10012.72 亿元，同比增长 13.5%。旅行社组织出境人数达到 170.48 万人次，同比增长 2.1%③。

另据不完全统计，2018 年四川省文化产业及相关产业增加值突破 1700 亿元，博物馆、纪念馆及文化遗产、文物保护单位拉动全省旅游收入在 5000 亿元左右，文旅产业融合初显成效。由表 1 可知，2015—2017 年四川省文化及相关产业增加值不断提高，占四川地区生产总值的比重超过了 4 个百分点。

### （四）区域层面：整体持续提升，区域差异明显

从区域层面来看，四川省文化旅游融合也呈现出高质量发展趋势，川内各区域旅游经济整体发展向好。2018 年四川省文化旅游厅挂牌，标志着文化旅游融合正式拉开帷幕，2018 年虽然没有文化旅游的统计数据，但旅游经济总量明显

---

① 毛燕：《四川文化与旅游融合发展的现状、问题及其对策》，《黑龙江史志》，2014 年第 19 期，第 80～81 页。

② 中华人民共和国国家统计局：《中国第三产业统计年鉴》，北京：中国统计出版社，2014—2018 年。

③ 徐杨祎：《四川旅游正式迈入“万亿级”产业集群》，中国新闻网 http://m.people.cn/n4/2019/0219/c902-12342413.html,2019-02-19。

提升，体现了文化对旅游的带动提升作用。表2数据显示，2018年四川省五大区域旅游经济总量都呈现高速增长态势（除川西北经济区增速数据缺失外），文旅融合在区域层面的作用非常突出。但是，川内各区域文化旅游发展存在着不均衡现象，成都平原经济区在全省独树一帜，而攀西经济区、川西北经济区以及“三州”经济区占全省比重非常低（分别为6.5%、3.2%、6.9%）。

**表2　2018年四川省各区域旅游经济发展情况**

| 重点区域 | 旅游经济总量（亿元） | 增速（%） | 占全省比重（%） |
| --- | --- | --- | --- |
| 成都平原经济区 | 7020.22 | 21.4 | 58.8 |
| 川南经济区 | 1902.82 | 20.1 | 15.9 |
| 川东北经济区 | 1858.78 | 21.9 | 15.6 |
| 攀西经济区 | 774.17 | 20.9 | 6.5 |
| 川西北经济区 | 386.64 | — | 3.2 |
| “三州”经济区 | 823.31 | 8.2 | 6.9 |

注：为了直观展现文旅资源丰富的“三州”地区旅游经济发展现状，表2专门列出了“三州”经济区旅游发展的数据，所以在统计口径上“三州”经济区数据与攀西经济区数据、川西北经济区数据有重合之处，特此说明。

## 二、四川文化旅游融合发展遇到的主要问题

### （一）文旅产品与品牌打造方面

1. 传统产品挖掘不够，体验性消费相对缺乏

文旅产品仅仅停留在文化资源与旅游资源的简单组合之上，常见形式之一就是文化资源与旅游景点的组合，如红色旅游之中的红色文化遗址观光旅游，互动性、体验性不足，对游客吸引力较差，二次消费与二度重游率不高。

2. 衍生产品拓展欠佳，同质化现象较为泛滥

文旅衍生产品种类单一，以传统的旅游纪念品为主，但旅游纪念品存在着千篇一律、缺乏特色、粗制滥造等问题，而基于四川特色美食、特色风俗、特色民居等开发的衍生产品少之又少。

3. 创意产品打造不足，个性化需求难以满足

目前主要是在旅游中融入文化元素，而以文化提升旅游的程度不高。缺乏“文化+旅游+科技”等满足更高需求的创造性产品，缺少引领时尚的创意产品，缺少满足人民日益增长的文化需求的个性化产品，缺少文旅与科技融合的高端产品。

#### 4. 优势品牌数量不足，市场竞争力尚需提升

四川可供开发的文旅产品项目众多，在全国独具优势，但知名的旅游品牌还是主要依靠自然风景资源，如九寨沟、黄龙、峨眉山。在全国独树一帜的文旅特色系列优势品牌数量少、知名度不够高，文旅品牌的市场竞争力尚需进一步提升。

### （二）新业态与新模式培育方面

#### 1. 互促效果欠佳，潜力有待深挖

通过文旅融合现状可知，川内各区域旅游发展状况存在明显差别，与其他区域相比，文化资源丰富的攀西经济区、川西北经济区、“三州”经济区并未展现出更高的旅游经济增速，说明需要持续提升文化对旅游的提升推动作用。

#### 2. 培育能量乏力，动力急需创造

文化提升旅游效果不够明显的内在原因就是新业态与新模式培育动力的缺乏，科技、人才与资金是新业态与新模式培育的主要动力。显而易见，科技、人才与资金优势明显的成都平原经济区与川南经济区受益于文旅融合新业态与新模式，旅游经济发展质量要高于其他区域。

#### 3. 模式特色不足，创新还要持续

四川文旅融合新业态与新模式主要还是集中于文旅城项目、文旅产业园区、文旅特色小镇与特色街区、文旅精品线路等，缺少基于智慧旅游和大数据挖掘来整合信息资源，即依靠 IP 思维，挖掘 IP 资源，形成以 IP 为核心的特色新业态与新模式，应进一步加强互联网和大数据背景下的文旅融合模式创新。

### （三）区域协同与全域发展方面

#### 1. 资源多样且分散，整合工作难度大

丰富多样的文化资源与旅游资源既是四川省发展文化旅游的优势，也是阻碍文化旅游深度融合的障碍，资源要素在区域上过于分散会增加整合成本，资源要素的多样化则会提高整合难度，进而难以形成文化旅游融合在区域层面的协同与合力。

#### 2. 统筹规划需跟进，顶层设计待完善

四川省文化厅与旅游厅合并重组为文化旅游厅，实现了文化旅游融合发展的机构与职能改革，并积极推进了文旅融合发展的相关规划工作，具体到对拥有特色旅游资源的村落作出了文旅融合的详细规划与布局，如广元市朝天区蒲家乡罗

圈岩村、剑阁县汉阳镇中心村等地。① 但是，从四川文旅融合发展的总体规划来看，完善的统筹各区域文旅融合发展的顶层设计还较为缺乏，同时，还需进一步跟进文化产业与旅游业深度融合的统筹规划。

3. 同质化竞争较激烈，协同发展需加强

川内各区域、各地市、各旅游景区之间存在着从各自利益出发谋发展、区域之间文旅产品高度模仿、同质化竞争越演越烈的现象。各区域之间为了自身利益，不愿意将优势资源让出予以整合，甚至存在争相抢夺资源的现象，也阻碍了四川特色优势文旅产品的打造。

（四）体制改革与机制创新方面

1. 培育机制未完善，市场作用放首位

四川省各级政府在培育文旅产业上发挥了不可替代的作用，但高效完善的文旅产业发展机制需要市场和政府共同发挥作用，目前来看，市场在文旅产业融合发展过程中的主体地位尚未真正确立，若长期仅由政府主导，将难以充分发挥文旅产业发展的各方作用。

2. 原有规范不适用，行业标准待建立

文旅产业是一个新兴产业和朝阳产业，需要建立一套适应文旅产业发展现状与发展规律的行业规范标准。文旅产业是文化产业与旅游产业融合发展的结果，但文旅产业又不同于文化产业与旅游产业，因此，文化产业与旅游产业原有的行业规范与标准并不适用文旅产业。

3. 项目形式不宽泛，投资活力待激发

从文旅产业的投资情况来看，文旅城、文旅综合体等涉及“文旅＋房地产”的文旅项目投资非常活跃，而其他诸如文旅特色小镇、文创特色街、文创集市、文化创意公园等文旅项目投资缺少活力。集“产、学、研、游”于一体的文旅项目不多，投资主体以政府为主，缺少多元化的投资机制。

4. 智力支撑尚不够，培养机制需健全

四川省政府及各级部门始终将人才发展放在重要位置，如成都市印发了《引进培育大数据人才实施办法》等，为文旅产业融合发展提供人才支撑与智力支持。但是，文旅产业需要更多的掌握多种技能的复合型人才，真正懂文化旅游发展规律、既懂文化产业又懂文化旅游专业知识、具备文化旅游经营管理才能的高端人才较少，需要健全文旅产业人才培养机制，保障文旅产业的可持续高质量发展。

---

① 《彭清华在广元巴中调研时强调：抢抓机遇找准定位、发挥优势真抓实干，推动中央大政方针和省委十一届三次全会部署落地落实》，《四川党的建设》，2018 年第 16 期，第 2 页。

## 三、文化旅游融合发展的政策梳理

### （一）国家文化旅游融合发展的相关政策

2014年12月31日，国务院办公厅印发《国务院关于促进旅游业改革发展的若干意见》（国发〔2014〕31号），提出要创新旅游业发展理念，加快转变发展方式，拓展旅游发展空间，创新文化旅游产品，推动旅游开发向集约型转变，更加注重文化传承创新，实现可持续发展。重点鼓励专业艺术院团与重点旅游目的地合作，打造艺术水准高的专场剧目；规范整合会展活动，组织开展群众参与性强的文化旅游活动；大力发展乡村旅游，开发一批特色鲜明的乡村旅游产品；推动乡村旅游与新型城镇化有机结合，建设一批特色景观旅游名镇名村。

2015年8月11日，国务院办公厅印发《国务院办公厅关于进一步促进旅游投资和消费的若干意见》（国办发〔2015〕62号），提出通过实施旅游消费促进计划，培育新的消费热点，积极发展研学旅游；把研学旅行纳入学生综合素质教育范畴；支持建设一批研学旅行基地，鼓励各地依托自然和文化遗产资源、红色旅游景点景区、知名院校、科研机构、工矿企业、大型农场开展研学旅行活动。

2016年3月8日，国务院印发《国务院关于进一步加强文物工作的指导意见》（国发〔2016〕17号），指出发挥文物资源在文化传承中的作用，丰富城乡文化内涵，彰显地域文化特色，优化社区人文环境；发挥文物资源在促进地区经济社会发展、壮大旅游业中的重要作用，打造文物旅游品牌，培育以文物保护单位、博物馆为支撑的体验旅游、研学旅行和传统村落休闲旅游线路。

2016年12月26日，国务院印发《"十三五"旅游业发展规划》（国发〔2016〕70号），提出在"十三五"时期，大力实施"旅游+"战略，推动旅游文化的融合发展，拓展旅游发展新领域，推动旅游业态创新；重点培育体验旅游、研学旅行和传统村落休闲旅游；扶持旅游与文化创意产品开发、数字文化产业相融合；发展文化演艺旅游，推动旅游实景演出发展，打造传统节庆旅游品牌；推动"多彩民族"文化旅游示范区建设，集中打造一批民族特色村镇。

2017年4月11日，原文化部发布《文化部关于推动数字文化产业创新发展的指导意见》（文产发〔2017〕8号），提出大力推动传统文化产业的数字化转型升级，推进文化产业结构调整优化；强化文化对信息产业的内容支撑、创意提升和价值挖掘作用，提升用户体验；提升旅游产品开发和服务设计的文化内涵和数字化水平，促进虚拟旅游展示等新模式创新发展。

2017年4月12日，原文化部印发《文化部"十三五"时期文化产业发展规划》，指出到2020年，文化与旅游双向深度融合，促进休闲娱乐消费的作用更加明显，培育5至10个品牌效应突出的特色文化旅游功能区，支持建设一批有历史、地域、民族特色和文化内涵的旅游休闲街区、特色小（城）镇、旅游度假区，培育一批文化旅游精品和品牌。

2018 年 3 月 22 日，国务院印发《关于促进全域旅游发展的指导意见》（国办发〔2018〕15 号），指出大力促进产业融合、产城融合，推动旅游与科技、教育、文化、卫生融合发展，全面增强旅游发展新功能，使发展成果惠及各方，构建全域旅游共建共享新格局。

2018 年 11 月 15 日，文化和旅游部等 17 部门印发《关于促进乡村旅游可持续发展的指导意见》（文旅资源发〔2018〕98 号），强调突出乡村旅游文化特色，丰富文化旅游内涵，提升乡村旅游产品品质，到 2022 年基本形成布局合理、类型多样、功能完善、特色突出的乡村旅游发展格局。

2019 年 3 月 14 日，文化和旅游部印发《关于促进旅游演艺发展的指导意见》（文旅政法发〔2019〕29 号），指出到 2025 年，旅游演艺产业链更加完善，管理服务体系基本健全，在推动文化和旅游融合发展中的重要作用充分彰显，对相关产业行业的综合带动作用持续发挥。

（二）四川文化旅游融合发展的相关政策

2016 年 9 月 14 日，四川省人民政府发布《四川省人民政府关于创造良好市场环境进一步促进消费的意见》（川府发〔2016〕46 号），指出优化旅游消费供给，提升文化旅游消费，推进文旅融合，发挥旅游新消费引领作用，加快培育形成旅游消费新供给新动力；鼓励制作旅游演艺节目，将各种物质文化载体纳入旅游线路；提升购物旅游消费，鼓励开发创意化的文化产品、文化化的实用产品、旅游化的农副土特产品三大类旅游商品。

2016 年 11 月 30 日，四川省人民政府办公厅发布《四川省人民政府关于进一步加快旅游业改革发展的意见》（川府发〔2016〕55 号），指出拓展旅游发展空间，构建旅游发展新格局，以建设世界级生态旅游和文化旅游目的地、全国民族地区全域旅游示范区为目标；支持文化资源与创意设计、旅游等相关产业跨界融合，提升文化旅游产品和服务的设计水平；大力发展红色旅游，推动红色旅游资源和产品跨区整合、成片发展，重点建设川陕红色文化传承区。

2017 年 1 月 16 日，四川省人民政府办公厅印发《四川省“十三五”文化发展规划》（川办发〔2017〕6 号），指出优化文化创意产业发展布局，增强文化产业实力和竞争力，推进文化精准扶贫。加强藏羌彝文化产业走廊、国家生态文化旅游融合发展试验区建设；指导贫困地区发展特色文化旅游、现代观光农业等产业，打造红色文化、藏羌彝民族文化等地方特色文化旅游品牌。

2017 年 4 月 18 日，四川省人民政府印发《四川省“十三五”旅游业发展规划》（川府发〔2017〕25 号），指出进一步挖掘旅游资源的文化内涵，为旅游注入文化特质，凸显历史文化、民族文化、民俗文化和红色文化资源的旅游价值，增强文化活力，全面推动旅游业与文化事业文化产业的深度融合，体现全省旅游业发展的区域文化特色，推进旅游经济效益与文化社会效益相统一。

2018年6月26日，四川省旅游发展委员会印发《关于加快旅游产业园区发展的意见》（川旅发〔2018〕55号），提出园区规划要与国民经济社会发展、土地利用、城乡发展、环境保护、主体功能区等总体规划和农业、工业、文化、特色小镇、幸福美丽乡村等专项规划相连接，实现“多规合一”；深化产业融合，因地制宜推动乡村旅游、研学旅游、工业旅游、文化旅游等旅游新业态培育工作。

2018年10月25日，四川省旅游发展委员会和四川省经济与信息化委员会联合印发《四川省工业旅游创新发展三年行动计划（2018—2020年）》（川旅发〔2018〕121号），指出要坚持文化引领、保护优先的原则，将工业文化要素与工业旅游有机融合发展，充实和丰富工业旅游发展内涵，提升工业旅游的档次和水平；要加强对工业文化遗产的保护，挖掘其文化特色，走可持续发展道路。

2019年4月16日，四川省文化和旅游厅印发《2019年全省文化旅游科技教育工作要点》（川文旅办发〔2019〕129号），指出建立四川省文化旅游人才培训体系；重点实施领军人才工程，推进“天府万人计划”天府文化旅游领军人才项目实施；实施乡村文化旅游人才工程，抓好扶贫队伍、“三区计划”开展专题培训；实施行业人才提升工程，组织开展行政管理、行业管理、专业技能型等系列主题培训；办好天府文旅大讲堂，推动成为有行业引领性、有品牌影响力的精品课堂。

### （三）四川部分市州文化旅游融合发展的相关政策

2016年12月2日，绵阳市人民政府办公室印发《绵阳市旅游业“十三五”发展规划》（绵府办函〔2016〕129号），指出依托绵阳丰富的历史文化、民族文化、名人文化打造一批主题鲜明、品位较高、综合效益突出的旅游文化创意园区、文化旅游综合体等文化旅游示范区；加快建设江油李白文化产业园、青莲国际诗歌小镇、126文化创意园等一批文化创意类景区；实施“非物质文化遗产进旅游景区”工程，打造一批适合展示展演、游客喜闻乐见的文化旅游项目。

2016年12月15日，广安市人民政府印发《广安市“十三五”旅游业发展规划》（广安府发〔2016〕27号），指出按照“一山两江”生态旅游文化产业布局，加大文化创意产业发展，重点引导岳池欢乐原乡文创公园、前锋大良城历史文化旅游区、广安福源文化等文化创意项目快速发展；围绕邓小平伟人文化，打造广安城北、城南邓小平人文游，开发红色文化影视旅游城二期、协兴老街、东门码头等文化旅游项目。

2017年5月2日，泸州市人民政府办公室印发《泸州市“十三五”旅游业发展规划》（泸市府办发〔2017〕38号），指出依托泸州“中国酒城”文化旅游品牌，加强全市文化体验旅游产品开发，创新文化体验旅游产品。整合名酒文化、红色文化、民俗文化、历史文化等文化旅游载体，以国宝窖池、泸州酒业集中发展区、太平古镇、龙桥文化生态园、二郎名酒名镇等文化旅游景区为重点，通过文化的深度挖掘与创新表达，创新文化旅游产品的消费形式和消费空间。

2017 年 6 月 27 日，自贡市人民政府办公室印发《自贡市“十三五”文化发展规划》（府办发〔2017〕51 号），提出发展独具自贡特色的文化旅游产业；依托井盐历史文化遗迹，打造国际井盐文化博览园；依托世界地质公园品牌和“恐龙群窟”古生物资源，全力打造中国侏罗纪公园，建成国际恐龙文化旅游区；依托自贡灯会品牌和彩灯制造资源，力争“十三五”期间创建成国家级彩灯文化出口基地。

2017 年 10 月 16 日，广元市人民政府办公室印发《广元市“十三五”文化旅游发展规划》（广府办发〔2017〕115 号），指出充分利用蜀道文化、女皇文化、三国文化、民俗文化、红色文化等资源优势，大力发展文化博览、创意设计、演艺娱乐等文化创意产业，构建独具广元特色的文化旅游产业体系。

2018 年 2 月 2 日，乐山市人民政府办公室转发市旅游体育委《乐山市“十三五”旅游发展规划》（乐府办发〔2018〕6 号），强调培育博物馆、影视基地、节庆活动、非物质文化遗产为支撑的文化旅游产品体系，构建“创产学研销”一条龙的孵化平台，为文化创新提供智力支持；举办乐山大佛旅游文化节活动，做靓佛光花海音乐节、彝族火把节、龙舟节、中国峨眉武术文化旅游节四大特色节庆活动。

**表 3　国家及四川省、市文化旅游政策文件**

| 序号 | 文件名 | 文号 | 发文机关 | 文件主题 |
|---|---|---|---|---|
| 1 | 《国务院关于促进旅游业改革发展的若干意见》 | 国发〔2014〕31 号 | 国务院 | 创新旅游业发展理念，加快转变发展方式，拓展旅游发展空间，创新文化旅游产品，推动旅游开发向集约型转变，更加注重文化传承创新，实现可持续发展 |
| 2 | 《国务院办公厅关于进一步促进旅游投资和消费的若干意见》 | 国办发〔2015〕62 号 | 国务院办公厅 | 提出通过实施旅游消费促进计划，培育新的消费热点，积极发展研学旅游。把研学旅行纳入学生综合素质教育范畴；支持建设一批研学旅行基地，鼓励各地开展研学旅行活动 |
| 3 | 《国务院关于进一步加强文物工作的指导意见》 | 国发〔2016〕17 号 | 国务院 | 发挥文物资源在促进地区经济社会发展、壮大旅游业中的重要作用，打造文物旅游品牌，培育以文物保护单位、博物馆为支撑的体验旅游、研学旅行和传统村落休闲旅游线路，打造较高文化品位的旅游纪念品 |
| 4 | 《“十三五”旅游业发展规划》 | 国发〔2016〕70 号 | 国务院 | 实施“旅游+”战略，推动旅游和现代服务业的融合发展，促进旅游与文化融合发展，拓展旅游发展新领域，推动旅游业态创新 |

续表3

| 序号 | 文件名 | 文号 | 发文机关 | 文件主题 |
|---|---|---|---|---|
| 5 | 《文化部关于推动数字文化产业创新发展的指导意见》 | 文产发〔2017〕8号 | 文化部 | 引导数字文化产业发展方向，优化数字文化产业供给结构，推进数字文化产业与相关产业融合发展。大力推动传统文化产业的数字化转型升级，推进文化产业结构调整和优化 |
| 6 | 《文化部“十三五”时期文化产业发展规划》 | | 文化部 | 到2020年，培育5至10个品牌效应突出的特色文化旅游功能区，支持建设一批有历史、地域、民族特色和文化内涵的旅游休闲街区、特色小（城）镇、旅游度假区，培育一批文化旅游精品和品牌 |
| 7 | 《国务院办公厅关于促进全域旅游发展的指导意见》 | 国办发〔2018〕15号 | 国务院办公厅 | 大力促进产业融合、产城融合，推动旅游与科技、教育、文化、卫生融合发展，全面增强旅游发展新功能，使发展成果惠及各方，构建全域旅游共建共享新格局 |
| 8 | 《关于促进乡村旅游可持续发展的指导意见》 | 文旅资源发〔2018〕98号 | 文化和旅游部等17部门 | 强调突出乡村旅游文化特色，丰富文化旅游内涵，提升乡村旅游产品品质，到2022年基本形成布局合理、类型多样、功能完善、特色突出的乡村旅游发展格局 |
| 9 | 《关于促进旅游演艺发展的指导意见》 | 文旅政法发〔2019〕29号 | 文化和旅游部 | 到2025年，旅游演艺产业链更加完善，管理服务体系基本健全，在推动文化和旅游融合发展中的重要作用充分彰显，对相关产业行业的综合带动作用持续发挥 |
| 10 | 《四川省人民政府关于创造良好市场环境进一步促进消费的意见》 | 川府发〔2016〕46号 | 四川省人民政府 | 优化旅游消费供给，提升文化旅游消费，推进文旅融合，发挥旅游新消费引领作用，加快培育形成旅游消费新供给新动力 |
| 11 | 《四川省人民政府关于进一步加快旅游业改革发展的意见》 | 川府发〔2016〕55号 | 四川省人民政府办公厅 | 拓展旅游发展空间，构建旅游发展新格局，以建设世界级生态旅游和文化旅游目的地、全国民族地区全域旅游示范区为目标 |
| 12 | 《四川省“十三五”文化发展规划》 | 川办发〔2017〕6号 | 四川省人民政府办公厅 | 加强藏羌彝文化产业走廊、国家生态文化旅游融合发展试验区建设，打造一批文化旅游示范区，文化旅游融合发展品牌。指导贫困地区因地制宜做好文化与旅游、农业、生态等融合发展规划，发展特色文化旅游 |
| 13 | 《四川省“十三五”旅游业发展规划》 | 川府发〔2017〕25号 | 四川省人民政府 | 进一步挖掘旅游资源的文化内涵，为旅游注入文化特质，增强文化活力，全面推动旅游业与文化事业文化产业的深度融合，体现全省旅游业发展的区域文化特色，推进旅游经济效益与文化社会效益相统一 |
| 14 | 《关于加快旅游产业园区发展的意见》 | 川旅发〔2018〕55号 | 四川省旅游发展委员会 | 提出园区规划要与国民经济社会发展、土地利用、城乡发展、环境保护、主体功能区等总体规划和农业、工业、文化、特色小镇、幸福美丽乡村等专项规划相连接，实现“多规合一” |

续表 3

| 序号 | 文件名 | 文号 | 发文机关 | 文件主题 |
| --- | --- | --- | --- | --- |
| 15 | 《四川省工业旅游创新发展三年行动计划（2018—2020年）》 | 川旅发〔2018〕121号 | 四川省旅游发展委员会、四川省经济与信息化委员会 | 将工业文化要素与工业旅游有机融合发展，充实和丰富工业旅游发展内涵，提升工业旅游的档次和水平。加强对工业文化遗产的保护，挖掘其文化特色，走可持续发展道路 |
| 16 | 《2019年全省文化旅游科技教育工作要点》 | 川文旅办发〔2019〕129号 | 四川省文化和旅游厅 | 通过实施领军人才工程、乡村文化旅游人才工程、行业人才提升工程、办好天府文旅大讲堂，建立四川省文化旅游人才培训体系 |
| 17 | 《绵阳市旅游业“十三五”发展规划》 | 绵府办函〔2016〕129号 | 绵阳市人民政府办公室 | 依托绵阳丰富的历史文化、民族文化、名人文化打造一批主题鲜明、品位较高、综合效益突出的旅游文化创意园区、文化旅游综合体等文化旅游示范区 |
| 18 | 《广安市“十三五”旅游业发展规划》 | 广安府发〔2016〕27号 | 广安市人民政府 | 按照“一山两江”生态旅游文化产业布局，加大文化创意产业发展；围绕邓小平伟人文化，打造邓小平人文游和红色文化旅游项目 |
| 19 | 《泸州市“十三五”旅游业发展规划》 | 泸市府办发〔2017〕38号 | 泸州市人民政府办公室 | 以国宝窖池、泸州酒业集中发展区、太平古镇、龙桥文化生态园等文化旅游景区为重点，通过文化的深度挖掘与创新表达，创新文化旅游产品的消费形式和消费空间 |
| 20 | 《自贡市“十三五”文化发展规划》 | 府办发〔2017〕51号 | 自贡市人民政府办公室 | 大力发展独具自贡特色的文化旅游产业。打造国际井盐文化博览园、建成国际恐龙文化旅游区、力争“十三五”期间创建成国家级彩灯文化出口基地 |
| 21 | 《广元市“十三五”文化旅游发展规划》 | 广府办发〔2017〕115号 | 广元市人民政府办公室 | 充分利用蜀道文化、女皇文化、三国文化、民俗文化、红色文化等资源优势，大力发展文化博览、创意设计、演艺娱乐等文化创意产业，构建独具广元特色的文化旅游产业体系 |
| 22 | 《乐山市“十三五”旅游发展规划》 | 乐府办发〔2018〕6号 | 乐山市旅游体育委 | 培育博物馆、影视基地、节庆活动、非物质文化遗产为支撑的文化旅游产品体系；构建“创产学研销”一条龙的孵化平台；举办乐山大佛旅游文化节、中国峨眉武术文化旅游节等特色节庆活动 |

## 四、四川文化旅游融合发展的模式设计

为加快构建四川特色的文化旅游产业发展体系，充分释放文旅经济活力，把四川文化和旅游资源优势转化为发展优势，应重点打造各具特色的文化旅游融合发展模式。课题组通过深入调研，借鉴参考国内其他省市先进经验，归纳提炼设计了四川独具特色的5类文旅融合发展模式，再将每一类模式进行细化研究，提出了15种文旅融合发展的具体模式，旨在充分利用和整合四川丰富多样的文化旅游资源，显著提升巴蜀文化影响力、四川旅游吸引力、文化旅游供给力、文旅产业竞争力，促进四川文旅产业高质量发展，把四川省建设成为文化旅游产业深度融合的文化高地和世界重要旅游目的地。

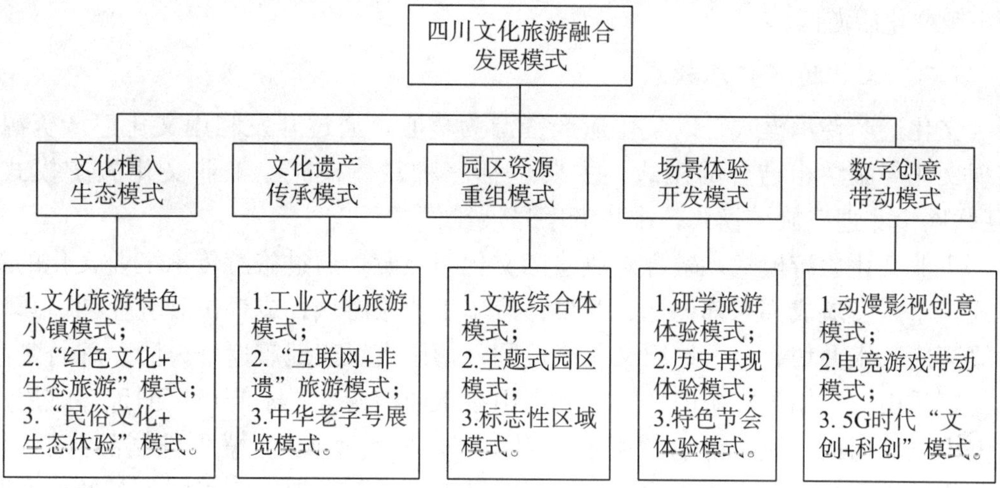


**图 1　四川文化旅游融合发展模式结构图**

### （一）文化植入生态模式

文化植入生态模式是通过植入特色文化来丰富生态旅游内涵的新模式，主要包括三种具体模式：文化旅游特色小镇模式、“红色文化＋生态旅游”模式、“民俗文化＋生态体验”模式。

文化旅游特色小镇模式。依靠独具特色的文化来改变特色小镇的“同质化”现象，重点打造 20 个文旅特色小镇，包括大邑县安仁镇、崇州市街子镇、邛崃市平乐镇、沿滩区仙市镇、古蔺县太平镇、合江县尧坝镇、罗江区白马关镇、江油市青莲镇、昭化区昭化镇、船山区龙凤镇、隆昌市南关石牌坊古镇、犍为县罗城镇、翠屏区李庄镇、恩阳区恩阳镇、雨城区上里镇、洪雅县柳江镇、乐至县劳动镇、汶川县水磨镇、道孚县八美镇、会理县会理古城。

“红色文化＋生态旅游”模式。将红色文化与生态旅游结合，注重感观、体验等，改变传统的观光旅游模式。重点集中于广安市的邓小平故里、广安华蓥山、华蓥山游记纪念馆、广安红色文化影视旅游城，巴中市的川陕革命根据地红军烈士陵园、巴山游击队纪念馆、刘伯坚纪念馆、将帅碑林，凉山州的中国西昌卫星发射中心、冕宁彝海结盟纪念景区、红军长征过会理纪念馆，泸州市的太平四渡赤水红色旅游区、乌蒙大峡谷—石厢子红色旅游区。

“民俗文化＋生态体验”模式。突出民俗文化与生态旅游的结合，强调在生态旅游中体验特色民俗文化。重点发展对象包括绵阳市的嫘祖陵景区、嫘祖文化田园综合体、梓江生态文化（保护）风景区、郑家岛片区文化旅游区，资阳市雁江幸福谷民俗文化旅游区，阿坝州马尔康嘉绒藏族文化旅游区、中壤塘觉囊文化旅游景区、米亚罗景区、桃坪羌寨—甘堡藏寨旅游区，达州市八台山—龙潭河旅游区、巴山大峡谷旅游区、海明湖—五峰山旅游度假区、铁山旅游区、賨人谷旅游区，自贡市荣县“如来福地”文化旅游、富顺文庙・西湖旅游区、玉章故里・漫画小镇文化旅游区。

（二）文化遗产传承模式

文化遗产传承模式是以文化遗产资源为核心，通过开发利用文化遗产资源，实现文化与旅游相结合的模式。主要包括三种具体模式：工业文化旅游模式、“互联网＋非遗”旅游模式、中华老字号展览模式。

工业文化旅游模式。融合工业遗产文化与旅游，通过旅游传承工业文化的新模式，重点发展成都东郊记忆、龙泉驿汽车工业旅游城、成都伊利乳业园、邛崃大梁酒庄、水井坊、金盆地酒文化博览园，德阳市汉旺地震遗址公园、绵竹剑南老街，乐山市嘉阳国家矿山公园、农夫山泉工业旅游区、永利川厂旧址，峨眉市农夫山泉峨眉山工业旅游示范基地、眉山“中国泡菜城”、蒙牛乳制品（眉山）工业旅游景区、八百寿酒作坊，凉山州西昌卫星发射基地、宁南国际茧丝绸产业园区，自贡“千年盐都”航空文化旅游区、自贡老盐场 1957、东源井古盐场，泸州老窖旅游区、中国酒镇酒庄—凤凰湖旅游区，宜宾五粮液酒厂、中国南溪豆腐干博览馆、天府龙芽、宜宾早茶工业文化旅游景区、中国南溪豆腐干博览馆。

“互联网＋非遗”旅游模式。融合非物质文化遗产与旅游，通过旅游传承非物质文化遗产的新模式，强调互联网技术在非物质文化遗产传承中的特殊作用。重点发展传统戏剧（川剧、皮影戏）、民间文学、民间音乐、民间舞蹈、曲艺（四川扬琴）、民间美术（剪纸、刺绣、石刻）、手工技艺（自贡扎染）等。

中华老字号展览模式。融合中华老字号与旅游，通过旅游传播与扩散中华老字号的新模式。四川拥有“中华老字号”称号企业 48 家，成都（21 家）、自贡（3 家）、泸州（3 家）、德阳（3 家）、绵阳（2 家）、遂宁（2 家）、内江（1 家）、乐山（2 家）、南充（7 家）、宜宾（1 家）、巴中（1 家）、眉山（1 家）、资阳（1 家），以特色小吃、调味品为主。通过展览中华老字号产品，传播川文化，进而推出特色文旅产品，如特色纪念品等（见表 4）。

**表 4　四川省中华老字号企业名单①**

| 城市 | 中华老字号名录 |
| --- | --- |
| 成都（21） | 四川省成都市饮食公司（龙抄手店，注册商标：龙） |
| | 四川省成都市饮食公司（陈麻婆豆腐店，注册商标：陈麻婆） |
| | 四川省成都市饮食公司（赖汤圆店，注册商标：赖） |
| | 四川省成都市饮食公司（钟水饺店，注册商标：钟） |
| | 四川省成都市饮食公司（夫妻肺片店，注册商标：夫妻） |
| | 四川省成都市饮食公司（荣乐园，注册商标：荣乐园） |
| | 四川省成都市饮食公司（盘飧市，注册商标：盘飧市） |
| | 四川省成都市饮食公司（耗子洞鸭店，注册商标：耗子洞） |
| | 四川省成都市饮食公司（注册商标：带江草堂） |
| | 四川全兴股份有限公司（注册商标：全兴） |
| | 四川郫县豆瓣股份有限公司（注册商标：鹃城牌） |
| | 成都市郫县绍丰和调味品实业有限公司（注册商标：绍丰和） |
| | 四川德仁堂药业连锁有限公司（注册商标：德仁堂） |
| | 成都九远饮食有限责任公司（韩包子，注册商标：韩） |
| | 成都新通惠实业有限责任公司（痣胡子龙眼包子分公司，注册商标：痣胡子） |
| | 成都新通惠实业有限责任公司（张老五凉粉分公司，注册商标：张老五） |
| | 成都市通锦达商贸责任有限公司（注册商标：洞子口张） |
| | 成都市桂花庄食品有限公司（注册商标：桂花庄） |
| | 成都市胡开文文具有限责任公司（注册商标：胡开文） |
| | 成都德仁堂药业有限公司同仁堂（注册商标：庚鼎） |
| | 四川省崇州市老号汤长发麻饼厂（注册商标：汤长发） |
| 自贡（3） | 自贡三木调味品酿造有限公司（注册商标：太源井） |
| | 自贡市龚扇竹编工艺厂（注册商标：龚倩） |
| | 自贡市天味食品有限公司（注册商标：天车） |
| 泸州（3） | 泸州老窖股份有限公司（注册商标：泸州老窖） |
| | 四川省古蔺郎酒厂（注册商标：郎牌） |
| | 泸州护国陈醋有限公司（注册商标：护国岩） |
| 德阳（3） | 四川剑南春集团公司（注册商标：剑南春） |
| | 四川雄健实业有限公司（注册商标：雄健丰田） |
| | 四川省罗江县豆鸡有限责任公司（注册商标：罗江） |
| 绵阳（2） | 四川省绵阳市丰谷酒业有限责任公司（注册商标：丰谷） |
| | 四川清香园调味品股份有限责任公司（注册商标：清香园） |

① 四川在线：《四川拥有“老字号”称号企业 125 家，其中“中华老字号”48 家》，https://baijiahao.baidu.com/s?id=1598773648501018723&wfr=spider&for=pc，2018－04－26。

续表4

| 城市 | 中华老字号名录 |
| --- | --- |
| 遂宁（2） | 四川沱牌曲酒股份有限公司（注册商标：沱牌） |
| | 四川遂宁市全泰堂药业有限公司（注册商标：全泰堂） |
| 内江（1） | 四川梓潼宫药业有限公司（注册商标：梓潼宫） |
| 乐山（2） | 四川省五通桥德昌源酱园厂（注册商标：桥） |
| | 四川省乐山市光洪食品有限责任公司（注册商标：苏稽） |
| 南充（7） | 四川保宁蒸馍有限公司（注册商标：保宁） |
| | 四川保宁醋有限公司（注册商标：保宁） |
| | 四川鼎兴食品有限公司（注册商标：鼎兴） |
| | 南充烟山味业有限责任公司（注册商标：烟山牌） |
| | 四川川北（凉粉）饮食文化有限公司（注册商标：川北） |
| | 四川阆中王中王酿造有限公司（注册商标：贵族王中王） |
| | 四川阆中寿昌号蚕丝成品有限公司（注册牌号：寿昌号） |
| 宜宾（1） | 四川省宜宾五粮液集团有限公司（注册商标：五粮液） |
| 巴中（1） | 四川江口醇酒业（集团）有限公司（注册商标：江口醇） |
| 眉山（1） | 四川八百寿酒业有限公司（注册商标：彭祖） |
| 资阳（1） | 四川省资阳市临江寺豆瓣有限公司（注册商标：临江寺） |

### （三）园区资源重组模式

园区资源重组模式是指整合特定空间的文化资源与旅游资源，实现文旅融合的新模式，特定空间可以是景区、产业园区，也可以是区域。主要包括三种具体模式：文旅综合体模式、主题式园区模式、标志性区域模式。

文旅综合体模式。侧重于特定园区的人工创造，主要围绕特色文旅主题，人为打造综合体项目，项目以特色主题旅游、数字创意、文化创意、文化博览、环境艺术、时尚艺术、影视传媒、田园文创、创意设计等文创产业为主导，利于全价值链打造文旅项目和文旅品牌。重点发展天府文创城、成都万达文化旅游城、遂宁市浪漫地中海七星国际文化旅游度假区、眉山市恒大文化旅游城等。

主题式园区模式。依托既有园区，打造文化特色主题，打造以文化为主题的休闲旅游区或都市体验式休闲消费区。重点包括都江堰天府源田园综合体，绵阳市李白文化产业园、华夏历史文明传承主题园，广元市剑门蜀道三国旅游文化创意产业园、世界女皇文化产业园、凤凰山文化产业园、朝天“栈道之都”创意文化产业园区、广元红色文化旅游产业园区，广安市官盛文化旅游创意产业园、肖溪古镇文化旅游产业园、岳池文化创意产业园，自贡市航空文化创意产业园、中国（自贡）彩灯文化产业园、龙腾恐龙文化创意园、国际井盐文化博览园。

标志性区域模式。依托区域特色，整合、优化区域资源，培育标志性文旅枢纽项目，打造区域标志性文旅品牌。如四川将重点建设三星堆国家大遗址保护利用示范区、长征主题国家文化公园、藏羌彝文化产业走廊[①]、中国（四川）大熊猫国际文化旅游周、“十大”知名文旅精品（“大九寨”“大峨眉”“大熊猫”“大香格里拉”“大贡嘎”“大竹海”“大灌区”“大蜀道”“大遗址”“茶马古道”）。

（四）场景体验开发模式

场景体验开发模式是嫁接文化资源以创造产品，使文化与食、宿、行、游、购、娱完美融合的新模式，核心是场景为主、体验式开发。主要包括三种具体模式：研学旅游体验模式、历史再现体验模式、特色节会体验模式。

研学旅游体验模式。根据区域特色、学生特点以及教学需要等，组织学生通过旅游体验来拓宽视野、丰富知识的文旅融合新模式。四川省应重点发展四川大学、四川省博物馆、成都市博物馆等研游项目，绵阳市中国研学旅游目的地、绵阳科技馆、绵阳市“两弹一星”国防科技教育基地、李白纪念馆等项目。

历史再现体验模式。在时间和空间上将文化与旅游深度融合，时间上侧重历史文化的呈现，空间上强调历史文化的特色，依靠再现式体验，提高客户黏性。重点发展夜游体验，各市州可根据当地特色，发展制陶体验、扎染体验、竹编体验、工艺品制作体验等。

特色节会体验模式。主要依靠丰富多彩的少数民族特色节会和宗教文化，融合艺术、科技、VR、智慧等丰富的创新创意体验，吸引游客沉浸式互动体验，以符合游客标榜个性、自主、深度互动参与的体验式旅游要求，更好地满足游客差异化体验的精神需求。重点打造乐山大佛旅游文化节、佛光花海音乐节、彝族火把节和龙舟节、中国峨眉武术文化旅游节、马尔康嘉绒锅庄文化旅游节、红原大草原夏季雅克音乐节、阿坝县扎崇文化旅游节、若尔盖县“莫郎节”、红原大草原牦牛文化节等。

（五）数字创意带动模式

数字创意带动模式是指充分挖掘文化 IP，实现文化创意、旅游以及数字创新全面融合，创造高端旅游产品与服务的新模式。主要包括三种具体模式：动漫影视创意模式、电竞游戏带动模式、5G 时代“文创＋科创”模式。

动漫影视创意模式。通过动漫创意、网媒传播，提高观众互动频率，展现各地地域风光、风俗节庆、美食服饰等，从而牵引旅游者的旅行方向，达到文旅融合的无缝衔接。[②] 重点打造四川原创动漫大赛、国家动漫游戏产业（四川）振兴

① 《彭清华：大力推动文旅融合发展，加快建设文化强省旅游强省》，http://cpc.people.com.cn/n1/2019/0430/c64102－31059681.html，2019－04－30。

② 刘芙蓉、朱强：《国内文化与旅游融合的八种模式》，《广西广播电视大学学报》，2018 年第 1 期。

基地等。

电竞游戏带动模式。积极推动电竞游戏的发展，依靠电竞游戏带动文旅融合发展。重点在于提高成都高新区软件园的孵化能力，发展游戏产业链条，打造“电竞之都”。

5G时代“文创＋科创”模式。利用5G技术优势，抢占5G文旅产业发展先机，促进文创与科创融合。重点发展天府新区天府文创城，打造符合当代电影工业化生产的影视产业园，发展“金砖国家电影节”等。

## 五、四川文化旅游融合发展的路径及对策

### （一）文旅产品塑造路径

通过“一提二拓三组四创”复合式路径来塑造深度化、特色化、多样化、创意化的文化旅游产品。

“一提”是通过提升传统文化旅游产品实现旅游深度化，借助体验式、活态化等方法挖掘并利用传统文化潜力，提升博物馆、文化馆等展览式静态产品的客户黏性，除重点发展四川八大国家一级博物馆（三星堆博物馆、自贡恐龙博物馆、成都武侯祠博物馆、邓小平故居陈列馆、成都杜甫草堂博物馆、四川博物馆、成都金沙遗址博物馆、自贡市盐业博物馆）外，积极借助自身文化资源优势，积极探索民办博物馆的产业之路，如打造参观与品尝一体的成都川菜博物馆。

“二拓”是通过拓展衍生性文化旅游产品实现特色化，依靠图腾式衍生、寓意式衍生、文化传承式衍生、方块字式衍生、实用式衍生等，将四川传统文化中的特色元素衍生到旅游产品之中，如将十二兽图腾、巴蜀文字、川剧变脸等与旅游纪念品结合，设计出物美价廉、寓意深远、特色实用的文旅产品。

“三组”是通过组合开发文化旅游产品实现多样化，依靠“红色文化＋旅游”“民俗文化＋旅游”“宗教文化＋旅游”“文化＋旅游＋其他”等，实现文化资源与旅游资源的多样化组合，创造更加多样化的文化旅游产品，如打造青城山道教基地、峨眉山佛教基地。

“四创”是通过创新创造文化旅游产品实现创意化，集中发展“历史文化街区、文旅乡村、主题公园、文化创意产业园、文旅小镇、大型实景演出”六大文旅新产品，如以宽窄巷子为核心，发掘独具成都特色的历史文化，大力发展夜间曲艺演出等服务业态、非物质文化遗产传承人工作坊等；以“传统手工＋创意”的方式，实现民俗手工再创，研发适合当下审美和生活需求的手工艺品，活化并传承民俗手工艺，创新策划文创市集、设计走入乡村、赶山、相亲会等创意活动。

（二）文旅品牌打造路径

大力实施工业文化遗产保护利用工程、历史名人文化传承创新工程、文艺精品创作展演工程，打造有竞争力的文旅品牌。利用四川“三线建设”工业文化建设价值和工业废弃资源，打造工业文化旅游基地，支持攀枝花钢铁旅游、中国白酒金三角旅游、西昌航天旅游、绵阳科技旅游、德阳重工旅游和金沙江、雅砻江、大渡河沿线水电旅游等各具特色的工业旅游目的地建设。实施文旅特色小镇培育工程，重点打造成都市大邑县安仁镇等20个文旅特色小镇，建设“十大”知名文旅精品，发挥文旅融合的带动与引领作用，加大宣传力度，打造独具特色的全国知名的四川优势文旅品牌。建设打造四川文旅综合体，发展文旅特色产业园、文化旅游城、田园综合体等项目。打造文旅国际化社区，实施节会活动品牌塑造工程，办好中国成都国际非物质文化遗产节、中国网络视听大会、四川电视节等节会活动，实施文旅交流合作工程，开通川港澳文旅合作直通车，扩大对台文化交流。①

（三）龙头企业培育路径

通过“抓重点、顾全面、促提升”的思路来构建文旅龙头企业的培育路径。

“抓重点”，紧抓四川省具有文旅融合基础的重点企业、紧抓四川省处于文旅融合前沿的重点产业。培育文旅融合龙头企业，重点发展文化旅游产业、出版发行产业、影视产业、演艺娱乐产业、印刷复制产业、动漫游戏产业、创意设计产业等旗舰型企业。通过“文旅＋”方式，扶持一批文旅融合创新的重点产业，包括“文旅＋农业”“文旅＋工业”“文旅＋教育”等，延伸文化旅游产业链。通过“文旅＋科技”，依靠互联网科技推动文旅深度融合，搭建文创科创电商平台。

“顾全面”，在紧抓重点企业与重点产业的基础上，全面兼顾规模以下文旅企业与其他产业，特别是具有发展潜力的文旅企业以及与文旅产业息息相关的产业。积极培育“专、精、特、新”的中小微文旅企业，发挥中小微企业对整个文旅产业的带动作用，积极发展广告业、珠宝首饰零售、工艺美术品及收藏品零售业等特色产业。

“促提升”，依靠市场与政府“两只手”，实现科技、人才与资金资源的优化配置，提升四川省文旅龙头企业可持续发展能力。加强知识产权保护，促进各个主体之间的科研合作与技术开发，提高技术利用率与转化率，打造科技型文旅企业；引进文旅企业与文旅产业发展所需的高素质人才，打造四川文旅人才高地；建设快捷高效的投融资平台，激活文旅融合投融资活力。

---

① 《彭清华：大力推动文旅融合发展，加快建设文化强省旅游强省》，http://cpc.people.com.cn/n1/2019/0430/c64102－31059681.html，2019－04－30。

（四）区域协同发展路径

通过推动区域资源要素的整合、加强文化旅游部门的领导、明确全域旅游任务的分工、促进区域文旅发展的联动等措施，推动“一干多支、五区协同”战略部署的实施。完善“一核五带”文旅发展布局，建设成都文旅经济发展核心区，建设大熊猫文化、古蜀文明、天府文化等交相辉映的环成都文旅经济带，建设长江文化、民俗文化等紧密结合的川南文旅经济带，建设巴文化、三国文化、蜀道文化等相互促进的川东北文旅经济带，建设彝文化、“三线建设”文化、康养文化等联动发展的攀西文旅经济带，建设高原生态文化、藏羌民族文化、长征文化等融合发展的川西北文旅经济带。[①] 实施全域旅游创建工程，加大对通过国家全域旅游示范区评比的市（州）政府的奖励力度。

（五）体制机制改革路径

完善文化旅游政策法律体系，促进文化旅游标准化建设。加快制定与出台一批具有地方特色的《农家乐/乡村酒店旅游服务质量等级划分与评定》《文化旅游资源分类》《红色旅游景区建设及运行规范》《藏茶茶艺》《文明旅游行为规范》《旅行社研学旅游管理服务规范》等标准[②]，紧抓标准提品质。推进文化旅游相关机构改革，加快文化与旅游的结构融合、职能融合、人员融合，尽快完成文化旅游融合的体制机制改革。加强文化旅游监管体系建设，建立健全文化旅游市场综合监管机制，积极开展文化旅游市场“打假打非”专项整治活动；建立文化旅游行业失信惩戒制度，积极开展文明宣传和公益行动，加强文化旅游社会监督，营造公平竞争的环境。健全公共信息服务平台体系，充分运用现代新技术为文化旅游发展服务，全力推动“智游天府”平台建设，积极推动文化旅游和科技融合发展，高质量办好文化旅游新技术应用大会。

（六）文旅人才培养路径

加强文旅人才队伍建设。实施领军人才工程，落实文化领军人才培养计划，推进“天府万人计划”及天府文化旅游领军人才项目实施，遴选培养一批天府文化旅游领军人才，扶持推介一批四川文化艺术名家，资助建立“名家工作室”。[③] 完善文旅人才培养体系。充分发挥高等院校在文旅人才培养中的基础性作用，试点文旅人才的定制化培养，通过开展文创学子技能文化节等活动，展示文旅创

① 《彭清华：大力推动文旅融合发展，加快建设文化强省旅游强省》，http://cpc.people.com.cn/n1/2019/0430/c64102-31059681.html，2019-04-30。

② 四川省文化和旅游厅：《关于印发〈2019 年全省文化旅游科技教育工作要点〉的通知》，http://wlt.sc.gov.cn/scwlt/gsgg/2019/4/16/1fdeb1ef84c745ba853c880dfe2f8960.shtml。

③ 四川在线：《如何为全省文化旅游发展的提供强大科技动力和人才支撑？“六大目标任务”是关键!》，https://baijiahao.baidu.com/s?id=1631851998187458934&wfr=spider&for=pc，2019-04-26。

意；实施乡村文化旅游人才工程，对乡村文化旅游带动人进行专题培训。实行行业人才提升工程，依托直属教育培训单位和社会化培训机构等多方培训力量，组织开展行业管理、专业技能等系列主题培训，办好天府文旅大讲堂，使行业人员具备文化旅游所涉及的相关方面的知识素质和专业技能，全面提升行业人员整体素质和能力。推进文旅人才智库建设，建立优秀文化旅游人才电子档案，实施文旅博士人才工程、导游人才工程，为全省文化旅游发展提供智力支撑。

负责人：龙承春（四川轻化工大学）
成　员：赵志彬（山东大学）
张　霞（四川轻化工大学）
廖　彬（四川省统计科学研究所）
王亚敏（四川省统计科学研究所）
林明华（四川轻化工大学）
王　敏（四川省经信厅）
罗龙熙（四川大学）
王诗语（苏州科技大学）

# 四川多元化生态补偿机制研究

建设生态补偿机制是生态文明制度建设的重要内容和重要制度保障，对于实施主体功能区战略、促进欠发达地区和贫困人口共享改革发展成果，对于加快生态文明建设、促进人与自然和谐发展具有重要意义。本文基于生态补偿相关理论，对四川生态现状和生态补偿机制建设现状进行系统分析，总结经验和问题，有针对性地提出森林、草原、湿地、耕地、水域、矿产资源开发等各领域多元化、市场化生态补偿机制建设的建议，为四川生态文明建设提供信息支撑，也为西部地区乃至全国生态补偿机制建设提供借鉴。

## 一、四川生态补偿机制实施的现状及成效

2005 年党的十六届五中全会《关于制定国民经济和社会发展第十一个五年规划的建议》首次提出要按照“谁开发谁保护、谁受益谁补偿”原则，加快建立生态补偿机制。2007 年国家环保局颁布《关于开展生态补偿试点工作的指导意见》后，我国开始逐步推行生态补偿试点实践，四川按照中央统一部署，积极探索建立生态补偿机制，现在已经逐步形成了森林、草原、湿地、矿产资源开发、流域和水资源、农业、自然保护区、重点生态功能区、海洋等领域生态补偿体系。

### （一）森林

一是森林生态效益补偿。我国早在 2001 年开始实行森林生态效益补偿政策，2004 年正式建立森林生态效益补偿基金，此后多次提高国家级公益林补偿标准，其中，国有国家级公益林补偿标准由最初的每年每亩 5 元提高到 2017 年的 10 元，集体和个人所有的国家级公益林补偿标准由最初的每年每亩 5 元提高到 2019 年的 16 元。四川结合实际，也相应出台了《四川省森林生态效益补偿基金管理办法》，于 2008 年启动了省级森林生态效益补偿试点工作，在蓬安、南溪等 6 个县进行先期试点，从 2011 年起，对四川 7260 万亩集体和个人所有国家级公益林、1053 万亩集体和个人所有省级公益林和 1877.3 万亩国有国家级公益林实施了森林生态效益补偿政策，退耕还林补助为 1500 元/亩、森林管护补助为每年

76元/公顷，人工造林补助为7500元/公顷，封山育林补助标准为1500元/公顷、省级和国家级公益林补助标准为每年15元/亩。

二是森林植被恢复费。我国于2003年开征森林植被恢复费，2016年财政部、国家林业局调整森林植被恢复费征收标准，郁闭度0.2以上的乔木林地（含采伐迹地、火烧迹地）、竹林地、苗圃地，每平方米不低于10元；灌木林地、疏林地、未成林造林地，每平方米不低于6元；宜林地，每平方米不低于3元。国家和省级公益林地，按征收标准2倍征收。

（二）草原

2011年，财政部会同农业部出台了草原生态保护奖励补助政策，在内蒙古、新疆、西藏、青海、四川、甘肃、宁夏和云南8个主要草原牧区省区和新疆生产建设兵团实施“两保一促进”，即“保护草原生态，保障牛羊肉等特色畜产品供给，促进牧民增收”的保护补助奖励机制。四川省财政厅、省畜牧食品局联合制定了《四川省草原生态保护补助奖励资金管理实施细则》，目前，禁牧补助标准提高到每年平均7.5元/亩；草畜平衡奖励标准提高到每年平均2.5元/亩。

（三）湿地

四川湿地类型多样，目前湿地总面积达174.78万公顷（不计稻田/冬水田），占全省土地面积的3.6%，其中，自然湿地占九成以上。四川现已建成各类各级别湿地公园64处，主要集中在城市周边、大江大河、重要库区等生态节点，其中，若尔盖国家级自然保护区、石渠长沙贡玛国家级自然保护区入选国际重要湿地。2015年，若尔盖湿地首次纳入中央财政湿地生态效益补偿试点，获得中央财政试点资金2500万元。同时，四川在全国范围内率先开展了省级湿地生态补偿试点，其中，理塘湿地生态补偿试点的补偿内容包括退牧还湿补偿和湿地管护补助两部分，退牧还湿补偿标准为25元/亩，补偿对象为实施湿地保护恢复工程区域范围内的草场范围，履行湿地保护义务的承包经营权人、村或地方政府；湿地管护补助为4元/亩，补助对象为对自然保护区、天然沼泽湿地、湖泊湿地履行管护责任的农牧民、村组集体、自然保护区或地方政府。

（四）耕地

为合理利用土地资源，保护农用耕地，补偿占用耕地所造成的农业生产力的损失，国务院于1987年发布《中华人民共和国耕地占用税暂行条例》，征税范围包括种植农作物耕地（曾用于种植农作物的耕地）、鱼塘、园地、菜地和其他农业用地，如人工种植草场和已开发种植农作物或从事水产养殖的滩涂等。耕地占用税以占用耕地建房和从事非农业建设的单位和个人为纳税人，采取地区差别税率，实行一次性征收。2019年9月，四川执行最新的《耕地占用税适用税额表》，其中，人均耕地面积低于0.5亩的成都市锦江区、青羊区、金牛区、武侯区、成华区、龙泉驿区、温江区、双流区、郫都区，自贡市自流井区，攀枝花市东区、西区，绵阳市涪城区等13个区，按照当地适用税额的150%征收，税额标准为（30～50）元/平方米，而其他170个县域税额标准为（20～30）元/平方米。

（五）水资源和水域

一是水资源税。为促进水资源的合理开发和节约保护，我国于1980年开始征收水资源费，但水资源浪费仍然较为严重，为体现资源价值，2016年我国开始开展水资源税改革试点工作。作为全国第二批水资源税改革试点省份，四川于2017年12月1日起实施水资源税改革试点，对地表水和地下水实行从量计征，税额标准为（0.02～0.8）元/立方米，水力发电企业为0.005元/千瓦·时。

二是横向流域生态补偿。四川深入推进重点流域水环境生态补偿工作，2011年实施岷江、沱江流域跨界断面水质超标资金扣缴制度，2016年将水环境生态补偿范围扩大到嘉陵江流域，制定了《四川省“三江”流域水环境生态补偿办法（试行）》，在岷江、沱江和嘉陵江流域建立起流域上下游各市（州）、扩权县（市）之间的横向水环境生态补偿机制，从涉及5个地级市和14个扩权试点县（市）扩展到19个地级市（州）和52个扩权试点县（市），采取多因子扣缴，氨氮、高锰酸盐和总磷任何一个超标，上游均需对下游给予水环境赔偿，同时综合考虑河流水量等因素，将考核流域分为十个流量等级，按污染总量贡献度逐一核算赔偿与补偿金额。2019年6月，四川印发实施《四川省流域横向生态保护补偿奖励政策实施方案》，对建立起补偿机制的市（州），根据流域生态环境功能重要性、保护治理难度、补偿力度等因素分年确定财政预拨资金奖励额度，预拨资金用于流域保护和治理。根据签订的流域横向生态保护补偿协议，水质水量等达到考核目标的市（州）全额享受预拨资金；部分达到目标的市（州），根据水质水量等折算享受预拨资金的额度，适当扣减预拨资金；完全未达到目标的市（州），全部扣减预拨资金，扣减的预拨资金继续用于下一年度的奖励。

（六）矿产资源开发

1994年，我国开始对矿产资源开征资源税和补偿，1996年发布《矿产资源法》，1999年确定了矿业权有偿取得制度，2006年建立矿山环境治理与生态恢复保证金制度，我国矿产资源生态补偿制度逐步完善。2017年，国务院印发的《矿产资源权益金制度改革方案》指出，在矿业权出让环节，将探矿权采矿权价款调整为矿业权出让收益。在矿业权占有环节，将现行主要依据占地面积、单位面积按年定额征收的探矿权采矿权使用费，整合为根据矿产品价格变动情况和经济发展需要实行动态调整的矿业权占用费，提高矿产资源利用效率。在矿产开采环节，实施资源税改革，将矿产资源补偿费并入资源税，对绝大部分矿产资源品目实行从价计征。在矿山环境治理恢复环节，将矿山环境治理恢复保证金调整为矿山环境治理恢复基金。

（七）重点生态功能区

目前，四川共有 56 个县（市）纳入国家重点生态功能区，数量居全国第一，面积占全省 60%以上。2008 年以来，财政部出台了国家重点生态功能区转移支付办法，加大国家重点生态功能区的转移支付力度。按照 2018 年财政部印发的《中央对地方重点生态功能区转移支付办法》的要求，重点生态功能区转移支付支持范围包括限制开发的国家重点生态功能县和国家级禁止开发区域、重点生态县域、长江经济带沿线省市、“三区三州”等深度贫困地区、国家生态文明试验区、国家公园体制试点地区等试点示范和重大生态工程建设地区等。其中，重点补助对象为重点生态县域、长江经济带沿线省市、“三区三州”等深度贫困地区。对重点生态县域补助按照财政收支缺口并考虑补助系数测算。其中，标准财政收支缺口参照均衡性转移支付测算办法，结合中央与地方生态环境保护治理财政事权和支出责任划分，将各地生态环境保护方面的减收增支情况作为转移支付测算的重要因素，补助系数根据标准财政收支缺口情况、生态保护区域面积、产业发展受限对财力的影响情况和贫困情况等因素分档分类测算。对长江经济带补助根据生态保护红线、森林面积、人口等因素测算。对“三区三州”补助根据贫困人口、人均转移支付等因素测算。禁止开发补助对象为禁止开发区域，根据各省禁止开发区域的面积和个数等因素分省测算，向国家自然保护区和国家森林公园两类禁止开发区倾斜。引导性补助对象为国家生态文明试验区、国家公园体制试点地区等试点示范和重大生态工程建设地区，分类实施补助。

（八）其他

一是环境保护税。我国于 2003 年开征排污费，2018 年《环境保护税法》实施，不再征收排污费，按照规定征收环境保护税。环境保护税明确环境排放应税污染物的企业事业单位和其他生产经营者为纳税人，确定大气污染物、水污染物、固体废物和噪声为应税污染物。其中，应税大气污染物按照污染物排放量折合的污染当量数确定，应税水污染物按照污染物排放量折合的污染当量数确定，应税固体废物按照固体废物的排放量确定，应税噪声按照超过国家规定标准的分贝数确定。

二是水土保持补偿费。2014 年我国开始征收水土保持费，为预防和治理水土流失，促进水土资源的保护和合理利用，财政部、国家发改委、水利部等部门还出台了水土保持补偿费征收使用管理办法。2017 年四川省发改委、财政厅制定了水土保持补偿费收费标准，对一般性生产建设项目，按照征占用土地面积 1.3 元/平方米一次性计征；开采矿产资源的，建设期间，按照征占用土地面积

1.3元/平方米一次性计征，开采期间，石油、天然气根据油、气生产井占地面积按年征收，其他矿产资源按照开采量0.3元/立方米计征；取土、挖砂、采石和烧制砖、瓦、瓷、石灰以及排放废弃土、石、渣的，根据土、石、砂、渣量，按照0.3元/立方米计征。

## 二、四川生态补偿机制及实施中存在的问题和困难

### （一）补偿政策法规不健全

一是生态补偿立法相对滞后。《生态补偿条例》从2010年确定立法规划至今仍未专门立法，现有涉及生态补偿的法律规定分散在《森林法》《草原法》《水土保持法》等多部法律之中，缺乏系统性和可操作性，同时相关部门出台了一系列生态补偿的政策文件和部门规章，但缺乏权威性和约束性。目前，已有部分地区如江苏南京、苏州、无锡等地制定了《生态补偿条例》，但更多地区尚未制定相关地方法规。四川也仅制定了《关于健全生态保护补偿机制的实施意见》，生态补偿相关政策法规较为分散。

二是生态补偿管理机制不健全。我国生态补偿管理涉及农业、国土等多个部门，各类生态补偿工作由相关部门牵头管理，各部门补偿资金来源、补偿标准等均不统一，各部门之间缺乏统一、明确的分工和协调，存在多头管理、交叉管理的问题。

三是相关配套制度不健全。首先，产权制度不完善。明确生态补偿主体、对象及其服务价值，必须以界定产权为前提，产权不够明晰制约生态补偿机制的建立。其次，生态补偿标准体系、生态服务价值评估核算体系、生态环境监测评估体系建设滞后，对生态系统服务价值测算、生态补偿标准等问题尚未取得共识，缺乏统一、权威的指标体系和测算方法。

### （二）补偿主体单一

目前四川生态补偿主要为纵向转移支付，补偿资金主要来源于中央和地方各级财政资金，其他生态补偿主体和渠道资金来源相对较少。首先，横向生态补偿机制还未全面推广。在省内，除岷江、沱江和嘉陵江流域建立起流域上下游各市州生态补偿机制外，金沙江、大渡河等流域尚未建立起横向流域补偿机制。长江流域各省市在探索横向生态补偿机制，但在国家层面尚缺乏统筹协调。其次，资源输出地与资源输入地、受益地区与生态保护地区、不同社会群体之间的横向补偿机制也尚未建立。从我国区域发展格局看，资源输出地大多为经济欠发达地区，主要是由于我国资源价格定价机制、资源开发利益分配机制、资源税费制度等还不完善，资源输出地在发展中存在较大的隐性利益损失，资源输出地与资源

输入地之间的横向补偿机制亟待建立。最后，碳汇交易、排污权交易、水权交易等市场化生态补偿机制仍处于探索阶段。

（三）生态补偿客体错位

一是生态补偿受损和受偿脱节。部分生态补偿不是完全补偿给了生态服务产品的供给者和生态环境的相关保护者，而是间接补偿给了相关部门和单位。二是补偿对象范围较窄，主要补偿给生态建设和环境保护直接实施者、参与者，但对因生态环境保护而利益受损的当地群众补偿不足。

（四）补偿标准偏低

首先，补偿标准偏低，且为“一刀切”的单一标准，例如公益林的补偿标准是15元/亩，远低于林地产生的经济效益，不能完全弥补生态保护成本和发展机会成本，也未能考虑生态系统服务价值。其次，质量补偿缺乏，比如未考虑林相、森林覆盖率、森林结构等重要生态指标，导致林农对生态公益林的维护没有积极性，也缺乏对空气、水量、水质等生态要素进行补偿。

（五）补偿方式单一

首先，生态补偿方式多以资金补助生态建设项目为主，优惠贷款、社会捐赠、产业扶持、技术援助、人才支持、就业培训等补偿方式还未全面推广。其次，生态项目补偿方式缺乏长效性。部分生态建设项目有明确的时限，政策缺乏连续性。例如退耕还林、退牧还草等项目补助期限为5～8年，期满后可能出现新一轮生态破坏。

## 三、国内外生态补偿机制经验借鉴

### （一）国外生态补偿机制经验借鉴

1. 以区域生态系统服务为依据的生态补偿融资机制

2013年英国实施泥炭地生态补偿项目，通过全面梳理泥炭地水源涵养、洪水调蓄、生物多样性保护、碳储存、休闲娱乐等多种调节与文化服务功能，建立以区域生态系统服务为依据的生态补偿融资机制，争取来自政府、国际组织、企业、公益机构等多方补偿资金，突破以往单一政府财政转移支付的补偿方式和资金不足困境，同时能够统筹区域生态系统要素之间的关联性，制定出更为切实有效的生态保护方案。

2. 主要跨国跨州流域的补偿责任共担和协作机制

欧洲多瑙河流域、非洲尼罗河流域、北美洲密西西比河流域、南美洲亚马逊流域等均采取公约框架作为基础并设立常设机构的责任共担协作机制开展流域生态补偿和生态修复工作。其中，公约框架为合作提供法律基础，常设机构的设置则为流域整体生态环境改善提供了长效的沟通、协商、协作平台。各主要流域生态补偿公约框架规定缔约成员进行共同决策、共同承担经费责任，而根据流域所在地自然、社会、经济条件的实际差别，各缔约成员可协议承担有区别的经费责任。例如，欧洲奥得河下游国家较上游国家承担更多的经费，易北河上下游国家根据境内流域面积大小负担经费。在常设机构的设置上，一般包括有缔约方代表团进行决策、专家委员会承担具体事务、秘书处处理日常工作，并邀请国际组织、研究机构、公益团体作为观察成员，促进缔约各国在流域生态补偿中共担责任、深度协作。

3. 美国农业差别化生态补偿机制

美国农业生态补偿项目始于19世纪30年代的土地休耕，目前已建立了比较完善的生态补偿机制。项目执行机构设定项目目标和区域，并进行实地调查，参照由技术部门指导制定的环境评价标准对环境和项目实施状况进行评价。项目依据市场和土地生产水平及生产者的机会成本和发展成本制定针对不同区域的补偿标准，有针对性地因地制宜采取多样化的补偿方式和标准，充分保障了项目运行的科学性。同时，在生态敏感区域的土地得到优先补偿的同时，引入相应评价指数对土地进行评分排序，提高了补偿标准的时效性和规范性。

（二）国内生态补偿机制经验借鉴

新安江干流总长359千米，安徽境内就占242.3千米，是安徽省内仅次于长江、淮河的第三大水系，是浙江省最大的入境河流，也是新安江流域上下游安徽黄山和浙江杭州共同的河流。新安江占千岛湖年均入库水量的60%以上，水质常年达到或优于地表水河流Ⅲ类标准，是华东地区的生态安全屏障，也是目前全国水质最好的河流之一。

2012年财政部、生态环境部及安徽、浙江两省正式实施全国首个跨省流域生态补偿机制试点，正式签订《新安江流域水环境补偿协议》，开创了建立跨省流域上下游生态补偿机制的先河。根据《新安江流域水环境补偿协议》，中央财政每年拿出3亿元，安徽、浙江各拿1亿元，两省以水质“约法”，共同设立环境补偿基金，专门解决跨流域环境污染问题。若年度水质达到考核标准，则浙江拨付给安徽1亿元；若年度水质达不到考核标准，则安徽拨付给浙江1亿元，专项用于新安江流域治理。2015年起，皖浙两省又启动为期三年的第二轮试点，在中央财政资金支持之外，皖浙两省出资均提高到2亿元。2018年10月中旬，皖浙两省签订第三轮生态补偿协议，规定从2018—2020年，两省每年各出资2亿元，共同设立新安江流域上下游横向生态补偿资金，延续流域跨省界断面水质考核。与前两轮试点的实施方案相比，第三轮新签协议水质考核标准更高，水质稳定系数由试点期的 0.89 提高到现在的 0.90，提高了总氮和总磷的权重。

目前，新安江流域总体水质为优并稳定向好，跨省界断面水质达到地表水环境质量Ⅱ类标准，每年向千岛湖输送 60 多亿立方米干净水，助力千岛湖水质稳定在Ⅰ类水质。

## 四、建立四川多元化、市场化生态补偿机制的建议

### （一）建立区域综合生态服务的生态补偿框架

一个地区的生态系统中山、水、林、田、湖、草、矿产、动植物等生态要素相互联系、相互影响、相互制约，每一种要素都不是孤立存在的，因此，生态补偿不仅要考虑每一种要素的特点实施分类补偿，更要考虑整个生态系统的稳定性，实施综合性生态补偿。建议在分类补偿的基础上，四川可以探索在川西北生态保护区，根据不同领域、不同类型地区的特点，综合考虑提供优质生态产品服务而形成的投入成本及机会成本，包括植树造林、封山育林、水资源保护、水土流失治理、水量水质治理、环境污染综合治理、清洁能源生产、空气质量保护、农业面源污染治理、耕地土壤改良、城镇垃圾和污水处理、监测和能力体系建设、维护生物多样性等投入，以及限制发展造成的损失、生态系统服务的价值、生态环境受益者的获利等，完善测算方法，分别制定与当地经济发展水平相适应的综合生态补偿标准，并适时进行动态调整。

### （二）建立健全法律法规政策体系

一是探索《生态补偿条例》及其实施细则和技术指南。四川生态资源丰富，可在生态补偿政策、标准、程序、资金来源、考核机制、主体客体权利义务等方面先行探索，同时，完善其他相关法律法规，为全国《生态补偿条例》的出台提供借鉴，从而形成全方位、多层次、广覆盖的生态补偿法律法规体系。

二是建立健全自然资源资产产权制度。自然资源资产产权制度是推进市场化、多元化生态补偿机制建设的基础性制度。要加快分类推进水流、森林、山岭、草原等各类自然资源资产的确权登记工作，推行自然资源资产所有权、经营权、承包权等权利分置机制，完善自然资源产权交易制度体系和价格形成机制。

### （三）建立跨区域跨流域横向生态补偿机制

一是积极探索建立多元化横向生态保护补偿机制，引导受益地区与生态保护地区、流域下游与上游之间，通过自愿协商建立横向补偿关系，采取资金补助、对口协作、产业转移、共建园区、技术和智力支持、实物补偿等方式实施横向生态补偿。建议借鉴新安江双向利益补偿机制，由简到繁，在长江流域开展跨省、在沱江流域开展跨市州的横向利益补偿机制。

二是建立健全资源输出地和输入地之间的利益补偿机制。建议从国家层面加快资源价格定价制度、资源税费制度等改革，鼓励采取共建园区、产业合作、飞地经济等形式补偿资源输出地。

（四）建立多元化、差异化、市场化生态补偿机制

一是尽快探索并推行市场化生态补偿机制。积极运用碳排放权交易、排污权交易、水权交易、生态产品服务标志等市场化手段。要加快研究制定碳排放权交易管理暂行条例，完善重点企业能耗数据第三方核查，适时扩大行业覆盖范围，将生态效益、社会效益显著的林业碳汇项目优先纳入全国市场；建立健全生态保护区、跨流域、跨区域排污权交易制度。

二是建立完善多元化生态补偿投融资机制。考虑区域综合生态系统服务价值，加大财政支持力度，优化财政支出结构。鼓励各类金融机构研究以特定生态保护项目为标的的绿色证券、绿色基金等多元化的绿色金融产品。借鉴国际经验，鼓励有条件的生态保护区创设土地银行、森林银行、湿地缓解银行、栖息地银行等专业化生态银行。鼓励保险机构创新开发环境污染责任保险、森林保险、农牧业灾害保险等绿色生态相关险种。

三是加快资源价格定价制度、资源税费制度等配套制度改革。加快水、电等资源价格改革，还原资源商品属性，建立由市场决定资源价格的机制。完善矿产资源税、环境保护税等税费制度改革，加大经济杠杆调节力度。

（五）建立健全生态监测评价体系

部分国家把森林资源等作为重要核算内容纳入了国民经济核算体系。建议尽快对四川生态资源进行全面摸底，在此基础上建立完善生态监测指标体系，利用智能化、规范化的监测技术形成统一的监测网络，形成生态资产清单，构建自然资源资产负债表，加强生态监测评价，准确量化生态建设成效和生态安全状况，预测预警生态风险。

负责人：杨　帆（西南财经大学）
成　员：车茂娟（四川省统计局）
周　怡（四川省统计局）
谭　静（西南财经大学）
刘思岑（西南财经大学）

# 四川自贸试验区深化改革创新路径研究

建设自由贸易试验区（以下简称自贸试验区）是党中央、国务院在新形势下全面深化改革和扩大开放的战略举措。党中央、国务院多次强调要赋予自贸试验区更大改革自主权，当好“大胆试、大胆闯、自主改”的改革排头兵，继续解放思想积极探索，加强统筹谋划改革创新，把自贸试验区建设成为新时代改革开放新高地。

地处内陆的四川自贸试验区主动服务国家战略，持续深化差别化探索，将建设新时代改革开放新高地与四川建设发展全局相结合，加强沿海沿边沿江协同开放，落实全面开放合作战略，努力在新一轮对外开放中走在前列。自 2017 年 4 月挂牌成立以来，三年的改革试验任务实施率逾 95%，完成率接近 80%。新形势下，四川自贸试验区进入改革攻坚克难阶段，要正确认识四川区域发展新格局和立体全面开放新态势，立足四川区位和产业优势，探索四川自贸试验区深化改革新路径，继续发挥国家“试验田”作用，也为推动四川经济高质量发展提供参考依据和智力支持，进一步释放创新活力和改革红利。

## 一、现阶段四川自贸试验区取得的主要成绩

### （一）稳步构建保障改革有序推进的制度体系

在历时两年多的建设过程中，四川自贸试验区高度重视顶层设计和战略规划，不断探索适应四川实际的改革发展道路，逐步构建起一套保障改革试验有序推进的制度体系。

规划层面，《关于推进中国（四川）自由贸易试验区引领性工程建设的指导意见》提出要把自贸试验区摆在推进“一干多支、五区协同”的核心引擎位置，将其建成“四向拓展、全域开放”的最高平台，明确了自贸试验区在四川建设发展全局中的战略定位。

立法层面，实施《中国（四川）自由贸易试验区管理办法》和《中国（四川）自由贸易试验区条例》，明确了四川自贸试验区的功能定位、容错机制、管理体制和各方参与主体的职责，为改革的有效推进提供了重要保障。

执行层面，包括《中国（四川）自由贸易试验区建设实施方案》《成都自贸试验区建设三年试验任务行动计划（2017—2019年）》《川南临港片区目标任务分解实施方案》等在内的各项实施方案，全面系统回答了自贸试验区改什么、怎么改的问题，为自贸试验区建设提供指导。

（二）形成引领第三批自贸试验区的制度创新成果

自挂牌之日起，四川自贸试验区将制度创新作为核心任务，将可复制、可推广作为根本要求，着力构建现代政府治理、双向投资管理、贸易便利化、金融开放创新、区域协同开放五大核心制度创新体系。截至2019年3月底，四川自贸试验区的“新设企业”“注册资本”等经济指标均居内陆自贸试验区首位；159项改革试验任务全面启动，形成400余个实践案例，其中49项改革试点经验上报国务院自贸试验区工作部际联席会议办公室，3项经验向全国复制推广，29项经验向全省复制推广。此外，知识产权类型化案件快审机制、“铁银通”铁路运单金融化创新、“自贸通”综合金融服务3项成果入选国务院发布的自贸试验区第三批“最佳实践案例”，占比为9.7%。

（三）积极建设法治化、国际化、便利化的营商环境

充分发挥“放管服”改革的示范作用，在放权赋能、转变职能、提升现代政府治理能力方面，将两批共计142项省级管理权限下放到自贸试验区，99项“证照分离”改革试点有序推进，营商环境得到明显改善。

“双随机、一公开”的“三段式”市场监管机制解决了以往重审批、轻监管、弱服务等问题，构建起“亲”“清”新型政商关系，有效降低了企业的制度性交易成本；自贸试验区法院、中国贸促会自贸试验区服务中心、公共法律服务中心、全国首个公证行业知识产权保护中心、四川省内首个涉外法律援助工作站以及O2O法律协同服务平台等法律服务平台将高质量的法律服务下沉到一线，有效压缩案件审结时间，大幅降低诉讼成本；“43证合一”“一枚印章管审批”“公证最多跑一次”等举措，实现了85%的行政审批事项仅跑一次，90%以上的基本公共服务事项网上办理，有效加快了投资项目落地。

（四）新增市场主体创新高，产业项目成绩斐然

四川自贸试验区深化贸易投资制度改革，有效激发了市场活力。截至2019年3月底，四川自贸试验区累计新增企业超过6万家，注册资本超过8000亿元；新增外商投资企业691家，85%集中在高端服务业领域；累计签约亿元以上重大项目数量超过200个，金额逾4000亿元；持牌金融机构超过600家，存款逾6800亿元。

2018年，四川自贸试验区实现税收收入160亿元，吸引中国移动全国最大的5G产业研究院、昆仑万维全国总部等重大项目落户；天齐锂业完成41亿美

元境外收购项目；新川科技园引进产业化项目32个，投资总额559亿元。

## 二、当前四川自贸试验区建设存在的问题

### （一）改革开放意识还不够强，制约了改革创新的有效推进

第一，个别领导对自贸试验区作为国家“试验田”的先试先行作用认识不够，或不敢放开手脚，导致部分任务清单有待实质性推进。

第二，自贸试验区的创新发展需要政策支持和有关职能部门放权赋能。个别部门较为谨慎，管理权限未做到“应放尽放”，或存在“明放暗不放”的情况，导致一些试验任务被搁浅。

第三，盆地意识和开发区思维仍然存在，导致片区在政策争取时过于关注平台、载体，对企业全周期改革诉求、产业全链条政策诉求的关切有所不足。

### （二）改革缺乏集成化，体制机制的结构性、市场导向性、外向型较弱

一是跨区域、跨部门、跨层级的集成创新成果偏少，部分改革仅属于流程上的优化，缺乏系统性、集成性。目前不少改革试验任务主要由单个部门主导和推动，主要局限于工作方法或流程优化方面的改革创新，如“江上申报、抵港验放”作业模式、知识产权要素式快审机制等制度创新成果，而较少涉及深层次的、制度层面结构性或者规则性的变革。

二是各片区的整体协同性有待加强。四川自贸试验区三个片区分别对应航空港、铁路港和水港，但彼此之间缺乏有效的联动，亟待在协同推动改革创新方面形成跨区域联动机制。有的落地区块习惯“单兵作战”，与同级或上级部门交流不够，影响了改革成果的系统性、互补性。有的落地区块与上级管理部门在工作指导、上下沟通方面存在问题，影响了工作的质量和效果。

三是由于放权不到位、改革意识不强，加之法律层面推进较慢，诸多改革难点有待破解，涉及贸易投资便利化、金融创新等核心试验内容方面仍缺乏重大性、系统性创新成果，体制机制的外向型较弱，如本外币账户管理体系除部分业务仍在试点外暂无法实施；国际邮件铁路通关机制仍为空白；与“一带一路”沿线国家（地区）开展海关、认证认可、标准计量等方面的合作与交流不足。

### （三）资源禀赋数量不足，结构有待优化

人力要素方面，四川自贸试验区存在总量不足、结构不合理等问题。一是有些干部的业务能力不足，缺乏统筹、监管能力。二是高端人才引进机制不健全，导致国际金融、国际贸易、法律等领域的人才储备不足。三是人才管理服务模式创新不够。

资金要素方面，目前四川自贸试验区尚无外资银行入驻，既有外资金融机构

业态较为单一，资金渠道有限，制约了区内诸多改革试点业务的开展。

## 三、四川自贸试验区深化改革创新的实施路径

### （一）加快政府职能转变

#### 1. 继续推进简政放权改革

按照“按需下放，应放尽放”原则，完善省级管理权限下放方式，推动关联、相近类别审批事项全链条取消、下放或委托；推动后置审批事项由串联改为并联，推动单项审查与验收改综合化；进一步减少检验、检测、认定、认证事项。

#### 2. 进一步完善事中事后监管

建立央地协同、条块衔接的信息共享机制，明确部门间信息互联互通的边界规则，建立基于大数据的高效监管模式。对接“国家企业信用信息公示系统”，完善企业信用承诺公示窗口，探索建立以标准和诚信体系为核心的评价机制。以四川省公共信用信息平台为载体，加强经营异常企业和严重违法失信企业信息共享，完善跨部门、跨领域的守信联合激励与失信联合惩戒机制。

#### 3. 推进商事制度集成化改革

深化商事登记制度改革，扩大“证照分离”改革试点范围。全面推进行政审批和行政服务标准化，实施全程电子化登记和电子营业执照管理，深化行政审批“单一窗口”建设。创新经营范围登记方式，取消名称预核准环节。探索对同一主管部门保留的多种审批或备案事项实行“一企一证”，推行“1＋N”证照模式，推动实现统一社会信用代码在各许可管理环节的“一码贯通”。进一步推动在民商事等重点领域和关键环节改革的配套立法，推进“诉调对接”“调仲对接”，建立公正高效便捷的经贸纠纷解决机制。

#### 4. 深化社会治理新体系创新

健全多方参与的社会治理新体系长效工作机制。明确转变政府职能的工作方案，完善政府职能向社会组织转移后相关的经费保障政策并健全评估制度，编制政府转移职能的社会组织推荐目录。将行政决策咨询纳入法制化轨道，规范决策咨询制度。强化四川自贸试验区制度性和程序性法规规章建设，完善公众参与法规规章起草机制，探索委托第三方起草法规规章草案。

（二）推进投资管理创新

1. 完善市场准入管理制度

进一步完善外商投资准入前国民待遇加负面清单管理制度，提高外商投资负面清单开放度和透明度，强化外商投资实际控制人管理，完善市场主体信用信息公示系统，实施外商投资全周期监管，建立健全境外追偿保障机制，着力构建与负面清单管理方式相适应的事中事后监管制度。

大幅放宽市场准入，实施公平竞争审查制度，清理和取消在资质资格获取、招投标、权益保护等方面的差别化待遇，实现各类市场主体依法平等准入相关行业、领域和业务。

2. 深化对外投资服务体系创新

支持四川自贸试验区内企业和个人使用自有金融资产进行对外直接投资、自由承揽项目。进一步简化审批程序，发挥政府服务职能，启动四川省境外企业和对外投资监测服务平台工作。

3. 深化国际产能与园区合作

支持企业在“一带一路”沿线国家和地区建设产业合作园区或制造基地、营销平台。支持先进装备、技术标准、管理理念“走出去”，打造一批跨国公司和国际知名品牌。

以物流园区、产业园区等为载体，吸引中方企业、国际企业和当地企业共同入驻，打造深化国际产能合作和装备制造合作新平台。由企业依法自主决策、自担风险，并依法办理城乡规划、土地使用、环境保护、资源利用、安全生产等相关手续。项目核准、备案机关及其他行政机关不得非法干预企业的投资自主权。

（三）深化贸易监管创新

1. 提高贸易通关效率

优化口岸营商环境，缩减通关时间，降低进出口环节的合规成本。依托国际贸易“单一窗口”，拓展符合四川自贸试验区创新发展的业务服务功能，实现口岸服务一体化。

建立适应跨境电子商务、国际会展等特点的通关监管机制和模式，加快推进检验检疫证书国际官方间联网核查，完善口岸安全风险防控机制。

创新海关税收担保模式，实行涉税担保信息化管理。改革保税货物流转模式，在海关特殊监管区域实行仓储货物状态分类监管，允许非保税货物以非报关方式进入海关特殊监管区域，与保税货物集拼、分拨后，实际离境出口或者出区返回境内。

2. 包容审慎监管新业态

依法实行海关异地委托监管，支持在海关特殊监管区域内开展保税维修、检测、研发、艺术品交易等业务，授予四川自贸试验区自由进出口技术合同登记管理权限，支持在四川自贸试验区依法合规建设能源、工业原材料、大宗农产品等国际贸易平台和现货交易市场。

深化“铁路+”多式联运一单制改革，加快建设多式联运物流监管中心、陆空物流分拨中心、海外物流节点和海外仓，支持中欧班列（成都）积极争取开展邮件快件跨境运输试点，寻求相关立法支持多式联运“提单”的物权功能，探索建设国际陆上多式联运规则体系。

支持区内海关特殊监管区域试点平行汽车进口保税仓储业务。鼓励试点平台和企业建立国际市场采购体系，完善售后服务保障体系，打造集整车进口、展销、金融等于一体的产业链。

3. 推动升级监管服务平台

以国际贸易“单一窗口”为载体，配合国家有关部门，与“一带一路”沿线重点国家开展互联互通和信息共享。加快试点国际贸易“单一窗口”标准版海关特殊监管区域、跨境电商、加工贸易功能。

完善开放口岸功能，争取区内泸州港、青白江铁路临时开放口岸实现正式开放，区内保税物流中心（B型）升级为综合保税区，以及获批成都口岸开展生物制品进口业务。

（四）探索金融开放创新

1. 增强金融服务功能

探索建立与四川自贸试验区发展相适应的本外币账户管理体系，促进跨境贸易、投融资便利化。支持跨国公司在自贸试验区内成立全球或者区域结算中心。支持符合条件的企业参与跨国公司总部在自贸试验区内开展外汇资金集中运营管理和跨境双向人民币资金池等业务。

支持坚持市场定位、满足监管要求、符合行政许可相关业务资格条件的地方法人银行在依法合规、风险可控的前提下开展人民币与外汇衍生品业务，或申请与具备资格的银行业金融机构合作开展远期结售汇业务。允许银行将自贸试验区交易所出具的纸质交易凭证（须经交易双方确认）作为贸易真实性审核依据。

2. 发展新型金融业态

允许国内民营资本和外国资本可以依照法律、法规和国家政策在自贸试验区内设立法人金融机构总部、专门机构和分支机构。鼓励国家政策性金融机构采取多种形式为自贸试验区内企业发展提供金融服务。符合条件的港澳台地区和内地机构可以在自贸试验区设立金融租赁、融资租赁公司，开展境内外融资租赁业务。有序探索知识产权证券化，完善知识产权质押等融资模式。

3. 创新金融监管机制

建立跨境资金流动风险监管机制，做好反洗钱、反恐怖融资、反逃税等金融风险监测、评估和防范工作。持续推进自贸试验区范围内保险支公司及分支机构设立、改建、迁址和高管人员任职资格备案制管理改革，加强保险要素集聚。

（五）优化法治环境建设

1. 充分发挥自贸试验区立法优势

以立法形式，及时、适时将自贸试验区制度创新成果上升为法律法规。健全知识产权保护和运用体系，打通知识产权创造、运用、保护、管理和服务的全链条，提升知识产权保护的质量和效益。

2. 重视多元化争端解决机制建设

进一步协调区内法院、仲裁庭与调解中心、法律服务窗口等争端解决机构之间的有效衔接，支持各争端解决机构积极探索和研究争议解决的途径和形式，在尊重国际通行规则的基础上优化规则，构建重点突出、层次分明、针对性强的多元化争端解决机制，建设区域性国际商事仲裁中心。

3. 扶持高端专业人才队伍发展

依托高校资源，重点培养贸易、投资、金融、航运、法律等复合型高端人才。落实优惠政策，积极引进熟悉国际惯例、精通法律业务、掌握外语的高层次法律人才和国内外知名仲裁员。

加快包括律师行业在内的相关专业配套服务机构的发展，探索开展出口产品低碳认证，支持认证服务体系建设，支持标准、认证、研发等机构建设。建立法律服务工作者执业制度，在全省推广诚信考核量化指标，根据评分确定司法鉴定机构和司法鉴定人诚信等级。鼓励有条件的律师事务所提升规模化、国际化、专业化水平，提升国内外知名度，提高自贸试验区法律服务能力。

（六）推动区域协同发展

1. 打造陆海内外联动、东西双向互济的协同开放格局

积极构建跨区域协同合作发展机制，促进区域间产业合理布局、优势互补、错位发展，促进研发设计、生产销售和物流配送等环节协同配合，探索高端制造业和现代服务业集聚集群发展体制机制。加强改革协同，克服“碎片化”和“单兵突进”弊端，强化政策叠加放大效应，形成一批跨区域、跨部门、跨层级的制度创新成果。

加强与国际知名机构合作，稳步提升协同开放发展论坛国际化、品牌化、专

业化水平。深化与“一带一路”沿线国家和地区运输安全、环境保护、通关查验等全方位合作，打造“一带一路”建设桥头堡和重要门户。

2. 构建“四向拓展，全域开放”的全面开放格局

东向，加强与东部地区经贸合作，承接其先进生产力，巩固传统市场，吸引来自日韩等国家的投资。西向，深化对欧高端合作。南向，深度对接粤港澳大湾区、北部湾经济区以及中新合作机制，抓住南向23亿人口的市场机遇。北向，扩大中俄蒙经济走廊建设。

3. 创新“一干多支、五区协同”的协同发展模式

构建“一干多支、五区协同”的协同发展模式，支持成都加快建设全面体现新发展理念的国家中心城市，充分发挥成都引领辐射带动作用；打造各具特色的区域经济板块，推动环成都经济圈、川南经济区、川东北经济区、攀西经济区竞相发展，形成四川区域发展多个支点支撑的局面。

负责人：姜玉梅（西南财经大学）
成　员：车茂娟（四川省统计局）
丁　娟（四川省统计局）
邓富华（西南财经大学）
王宗芳（西南财经大学）

# 四川深化西向开放研究

省委十一届三次全会提出“突出南向、提升东向、深化西向、扩大北向”的战略方针，推动“四向拓展、全域开放”，形成立体全面开放新态势。四川作为“南丝绸之路”起点，与古丝绸之路即西向国家贸易及经贸合作历史悠久，在“一带一路”倡议下合作领域不断拓展，是国家对外开放中的向西开放桥头堡，承担着进一步打通陆上向西通道的艰巨的任务。“深化西向”研究既是落实省委、省政府实施“四向拓展、全域开放”战略部署的重要举措，也对四川省构建更深入、更充分、更多元的立体全面开放新格局具有重要的现实意义。

## 一、四川西向开放合作的基本情况

### （一）四川与西向地区经贸合作现状

1. 货物贸易占全省对外贸易总额1/4，欧盟是四川第三大贸易伙伴

2018年，四川与西向国家贸易额1463亿元，其中出口745亿元、进口718亿元，同比分别增长23.6%、21.5%、25.8%。欧盟是四川第三大贸易伙伴，四川与欧盟的贸易额为996.01亿元，其中出口530.19亿元、进口465.82亿元。四川与瑞典、匈牙利、葡萄牙、卢森堡等国进出口贸易同比增长50%以上，其中卢森堡、瑞典、葡萄牙成倍增长。四川与西亚、中亚国家进出口总额359亿元，同比增长20%，与沙特、乌兹别克斯坦、阿曼、吉尔吉斯斯坦等国进出口贸易成倍增长。

**表1　2018年四川主要贸易伙伴进出口情况表**

| 排名 | 国别（地区） | 累计（亿元） | 同比（±%） | 占比（%） |
|---|---|---|---|---|
| | 全省总值 | 5947.91 | 29.2 | 100 |
| 1 | 美国 | 1497.15 | 33.9 | 25.2 |
| 2 | 东盟 | 1121.71 | 24.9 | 18.9 |
| 3 | 欧盟 | 996.01 | 27.7 | 16.7 |

续表1

| 排名 | 国别（地区） | 累计（亿元） | 同比（±%） | 占比（%） |
|---|---|---|---|---|
| 4 | 日本 | 435.07 | 28.5 | 7.3 |
| 5 | 韩国 | 371.19 | 32.4 | 6.2 |
| 6 | 中国台湾 | 308.99 | 53.5 | 5.2 |
| 7 | 中国香港 | 231.4 | 19.2 | 3.9 |
| 8 | 澳大利亚 | 130.3 | 49.6 | 2.2 |
| 9 | 印度 | 94.78 | 22.4 | 1.6 |
| 10 | 以色列 | 91.45 | −11.7 | 1.5 |
| 11 | 巴西 | 62.4 | 61.6 | 1.1 |
| 12 | 俄罗斯 | 60.11 | 37.4 | 1 |
| 13 | 阿拉伯联合酋长国 | 48.61 | 32 | 0.8 |
| 14 | 沙特阿拉伯 | 33.29 | 190.2 | 0.6 |
| 15 | 加拿大 | 31.92 | 33.3 | 0.5 |

2. 英国、德国等是四川的重要投资来源地、技术供应方

中国—欧盟投资贸易合作洽谈会已多次在四川成功举办。2018 年，西向国家在四川新投资设立 95 家企业，实际到位资金 15.9 亿美元，分别占全省份额的 15.6%、18.9%；英国在川新投资设立 22 家企业，实际到位资金 15.6 亿美元；德国在川新投资设立 9 家企业，实际到位资金 1108 万美元。

3. 西向国家是四川投资的新兴境外投资目的地，对外工程承包快速发展

截至 2018 年年底，经核准的四川对西向国家投资企业达到 420 家，中方投资金额超过 5 亿美元，占全省对外投资总额的 23%。对欧盟投资主要集中在英国、德国。四川对西向国家工程承包完成营业额 20.9 亿美元，占全省的 34.2%。

（二）四川西向开放通道建设情况

1. 覆盖全球重要城市的航空枢纽

四川正在积极推进天府机场建设，加快双流国际机场基础设施扩容升级和航线网络拓展完善，天府机场预计 2021 年上半年投运，建成后，成都将成为我国内陆继上海、北京之后第三个拥有两座大型枢纽机场的城市。双流国际机场 2018 年新增国际（地区）航线 12 条、目前累计达 116 条，国际空港航线网络持续加密，已覆盖亚洲、欧洲、北美、中东、非洲、大洋洲的重要枢纽城市，初步

形成洲际干线与短程支线有效衔接的航线网络，形成成都—欧洲10小时经济圈。成都航空口岸正式实行7×24小时通关，通关效率大幅提升。川航物流开辟成都至布鲁塞尔定期直飞往返全货机航线，航空货运网络辐射欧洲主要区域。2018年，双流国际机场旅客吞吐量达5295.1万人次，位居全国第四，货邮吞吐量66.5万吨，遥遥领先于中西部其他城市，是四川货物贸易的核心主阵地。

2. 贯通欧洲和东盟的“Y”字形国际铁路物流通道

成都国际铁路港是亚洲最大的铁路集装箱站，2018年开行国际班列2619列，增长159%，其中蓉欧班列开行1591列，开行量持续保持全国第一，累计开行量占全国中欧班列1/4，打通了西部内陆地区货物从陆路进入欧洲市场大通道，不断深化与英国、德国、法国、意大利、波兰、荷兰等国家的交往交流和经贸合作。“蓉欧＋”互联互通直达班列与亚欧大陆实现互联互通的境外、境内城市分别达25个、14个，打造7条国际铁路通道和5条国际铁海联运通道，全面构建起四川向西至欧洲腹地、向北至俄罗斯、向南至东盟的新国际物流格局。

3. 新丝绸之路经济带与长江流域经济带铁水、铁海、铁公多式联运通道

铁海联运班列和长江水运外贸直航班轮实现稳定开行，建立了“空铁水一体”的多式联运体系，优化多种运输方式的衔接和中转流程，增强了货物中转集疏能力，提升了物流组织运作效率。已有1200余单国际贸易业务享受了这一制度“红利”，主要涉及平行进口车、红酒、木材三大国际贸易领域，为进出口商降低了10%～20%的国际贸易成本，加强了四川内陆物流国际竞争力。

（三）四川西向开放合作平台和机制

1. 高层互访和人文交流日益频繁，各类经贸促进活动有力促进全方位多领域深度合作

近年来，省委、省政府主要领导多次带队访问英国、德国、法国、波兰、荷兰等欧盟国家及土耳其等西亚国家。多次成功举办“欧洽会”“中国—中亚合作论坛经贸旅游推介会”“中德经济论坛”。17个驻蓉领事机构中来自欧盟的有9个，在法国慕尼黑和德国汉堡创建四川“海外贸易中心”，与境外领事机构、政府对口部门或商协会建立合作机制16个。

2. 以中德、中法为代表的国别产业园加速发展，成为西向开放的实体合作平台

中德创新产业合作平台形成落地，采取“平台＋园区”“政府＋机构＋企业”的共享模式，推动德国“工业4.0”与四川制造业转型升级的全面合作，总投资超过80亿元的资源循环利用产业园项目、投资达10亿元的宝马发动机项目、博

世力士乐工业4.0示范基地等项目相继落地。近30家法国企业入驻中法成都生态园，拓展同法方及欧盟在产业、技术、科研、文化、经贸、服务等领域的交流合作，如总投资达123亿元的神龙第四工厂成为标志雪铁龙“全球的绿色标杆工厂”、引进投资达27亿元的天然气分布式能源项目以及在谈和储备的法资29个项目等。

3.“中国—欧洲中心”建成向西开放主要载体

成都市高新区建成国内唯一的对欧综合合作交往平台“中国—欧洲中心”，推进与欧洲地区在产业人才合作、企业对接联动、项目载体共建、商务环境优化等领域的深度合作。在欧洲中心集成建成为涉外企业、跨国组织、外籍人士三类服务对象提供政务服务、专业服务、生活服务三类服务内容及现场服务、自助服务、线上服务三种服务方式的“自贸一站通”服务平台。来自英国、法国、德国、波兰等50余家机构企业入驻“中国—欧洲中心”，项目合作金额超过200亿元。

## 二、四川深化西向开放面临的挑战

受全球流动性紧缩和贸易壁垒影响，全球经济的表现疲态略显，欧盟存在英国脱欧、欧洲难民危机、德国大选、意大利赤字问题等多种不确定因素，中亚、西亚的恐怖主义和极端主义势力有所抬头，四川西向开放面临着诸多政治和经济方面的挑战。

### （一）欧洲经济增长乏力不稳定不确定因素增多

欧洲国家自金融危机以来经济增长疲软，似乎已经成了世界经济的最薄弱环节，濒临衰退。2018年欧元区12月份工业产值较11月份下滑0.9%，降幅是预期的两倍，同时也是2009年以来的最大年度降幅。欧洲国家的国内生产总值（GDP）面临2019年仅有1%增速的风险，增速较2018年大幅放缓，德国也面临英国脱欧等因素带来的下行风险，乌克兰地区局势动荡也带来不稳定因素。这对四川省西向引进外资、对外贸易带来不利影响。

### （二）中东、中亚投资贸易合作层次不高

西向国家发展层次差异很大，中东、中亚国家大多人口稀少，总体发展水平不高，经济和文化落后，经济结构单一。2018年，四川与中东、中亚国家进出口总额359亿元，仅占全省外贸总额的1/15，还有巨大的潜力可挖掘。四川企业对西亚中亚各国的投资贸易存在政策性、法律性障碍，需要以促进交往便利化和提升效率为目标，加大与各国在法律法规和相关政策上的交流对接，突破影响向西开放的法律政策瓶颈。

（三）部分地区政局动荡，地缘摩擦带来风险

中东历史上就是全球的一个火药桶，战火不断，各国人民饱受战争之苦。宗教冲突持续不断、域外势力不断插手、各利益集团相互残斗，叙利亚危机、伊朗核问题等近期的政治动荡可能加剧地区局势恶化，让和平可望而不可即，这些直接关系到西向开放区域的和平与稳定，也影响到四川对西向国家的经贸合作。

（四）中欧投资协定谈判还没有取得根本性政策突破

中欧投资协定谈判共举行了19轮磋商，12次会间会。经过密集的谈判，中欧双方已就文本中不少投资自由化和投资保护方面的重要条款达成了一致，但投资市场准入方面的清单出价还在进行实质性谈判，需要更早更快落地，需要通过四川行政审批管理的改革，释放体制机制方面的创新活力。

## 三、四川深化西向开放的发展路径

（一）前景分析

近年来，四川加快建设内陆开放高地，深度融入“一带一路”建设，与西向国家高层频繁互访，多边合作在多层面和多领域收获丰硕成果，共同推动区域全方位高水平互联互通，立体全面开放新态势正在加快形成。

1. 国家实施“丝绸之路经济带”倡议，有力促进西向开放向纵深推进

从顶层设计看，“一带一路”建设是一项开创性的壮举，欧盟、西亚、中亚都在“一带一路”沿线，四川是支撑“一带一路”发展的战略纽带，在“一带一路”建设中具有独特的优势和使命。在全球视野下，可以在“一带一路”框架下，全方位实现战略对接，以全面深化经贸合作为引领，促进西向经贸合作关系提高到新水平。从贸易通道看，依托“一带一路”倡议，中欧班列成为连接欧亚大陆桥的贸易通道、经济通道、合作通道、友谊通道。中欧班列（成都）的开行数量已连续3年领跑全国，构建起以成都为枢纽、联系太平洋和大西洋的新亚欧大陆桥，成为国内到达欧洲最快的货运班列，比其他城市已开通的班列要少2～3天，节约了大量传统陆海转运成本。借力中欧班列（成都），四川在国际通道拓展、枢纽功能完善、跨境贸易聚集、临港产业承接、对外开放合作、多式联运体制探索等方面将有新的更大突破。

2. 川欧优势互补合作，助推区域产业升级

在技术方面，德、法、英、意均是世界经济强国，法国在汽车制造、机械装备、航天航空、电子元器件、民用核能、医药、节能环保、农业等领域优势突出；德国在汽车、装备、仪器仪表等高端装备制造领域具有国际领先的技术、研

发和制造优势；英国研发能力世界第二，仅次于美国；意大利、法国服装设计举世闻名。四川在服装纺织、家具玩具、电子信息等附加值低、劳动密集型产品方面具有比较优势，川欧技术合作可以为我省构建“5+1”现代产业体系提供必要的支撑。在产业方面，中国已与意大利及中东欧13国签署了推进“一带一路”合作文件，中国产业转型升级和德国“工业4.0”发展战略对接，英国5G选用中国技术，中欧开始在标准制订、共同开发第三方市场等领域探索深入合作，未来有望在“一带一路”建设、欧洲投资计划、5G产业、城市化、能源、智能城市、创新等领域拓展合作空间，为川欧持续拓展战略性新兴产业、深化产能合作提供了基础。在人才方面，《2018年全球人才竞争力指数报告》显示，欧洲国家继续领跑全球人才竞争力排名，排名前25的国家中有15个欧洲国家，而四川正在加快自由贸易试验区的建设，创新金融、保险、财税、外汇、商事等领域的制度，吸引技术和人才加速集聚，为欧洲人才赴川发展提供便利。

3. 中东、中亚地区资源丰富，经贸合作潜力巨大

在能源方面，西亚地区的石油蕴藏量约占世界储量的60%。在世界原油前30名生产国中，西亚就占了8名。中亚地区蕴藏着更丰富的待开发能源和矿产资源，包括石油、天然气、有色金属和黑色金属资源，哈萨克斯坦已探明223个油气田，石油探明储量为48亿～59亿吨，占世界总储量的3.3%。在市场方面，中亚、西亚地区大部分属于中等消费国家，食品、日用百货、五金等中低档工农业商品长期短缺，市场需求量多面广，对四川省积极发展货物贸易，推动纺织服装、日用百货、电器和机械设备等“四川造”产品十分利好。在劳务方面，西亚和北非国家大多人口稀少，每平方千米的平均人口为24.8人，低于世界平均人口密度（36人/平方千米）。西亚阿拉伯国家对外籍劳动力的依赖程度在世界劳务市场中名列前茅，以沙特阿拉伯为例，该国外籍劳动力有300多万人，占全国总劳动力的70%左右。中东、中亚地区交通、水电等基础设施和城镇化、工业化严重不足，技术力量薄弱，劳动力短缺，有利于四川大力推动境外投资和工程承包，发展外派劳务。

（二）重点领域

深化西向开放，使四川的战略地位从向东开放的“末梢”转变为向西开放、向亚欧大陆开放的桥头堡，而西向国家和地区之间经济、政治、文化差异巨大，四川不仅要加强对新兴市场的开拓，更要对标先进，突出优势行业和潜力行业的开放合作。

1. 以现代服务业高端合作为重点强化对欧合作

针对欧盟在机械、航天航空和核电等高附加值、资金和技术密集型产品方面的优势，以高新技术、战略性新兴产业、先进制造业和现代服务业为重点，以项

目载体共建、产业人才流动、科技教育、现代金融、文化创意合作为支撑，加强与欧洲的产业对接与合作，协同做好“引进来”和“走出去”工作。

2. 以对外工程承包和劳务合作为重点强化中东合作

针对中东海湾地区国家地广人稀、劳动力严重不足、石油工业发达的特点，充分发挥四川能源化工、食品饮料等支柱产业优势，积极开展能源电力、基础设施等工程承包项目，加强机电产品出口，开展农牧业项目合作，进口油气矿产及优势特色产品。以工程承包带动外派劳务合作，采取灵活多样的支持扶持政策促进四川种植、养殖、建筑专业户等技术人才及国际投资贸易人才赴西亚投资合作。

3. 以市场对接和双向贸易为重点强化中亚合作

针对中亚地区能源储量丰富、开采处于起步阶段、市场腹地大的特点，重点开展油气化工、能源电力、基础设施等工程承包项目，带动“四川造”机电产品出口，进口中亚油气矿产及优势特色产品。

4. 以中欧班列为重点联手构建国际物流大通道

进一步加强中欧班列（成都）欧盟城市连接能力，加强海外仓和国内分拨物流基地建设，联手开展中欧班列多式联运“一单制”探索，依托蓉欧快铁与乌鲁木齐、兰州、西宁开展集拼集运联动试验，实现班列运输提质增效，加快构建贯通欧亚、通江达海、多式联运的现代国际物流大通道。利用好中欧班列（成都）—波兰罗兹中欧安全智能贸易航线试点，探索与欧盟国家开展物流监管等国际合作。

5. 以双向合作园区建设为重点打造合作平台载体

根据国别优势产业，规划布局专业性强，符合双方产业发展规划的产业园，集中引进行业龙头和配套的关联企业。积极推进中国（四川）—欧洲中心、中德中小企业合作平台、中法生态园、中意产业合作园、中英产业合作园建设，充分利用亚欧博览会、欧洽会等平台推进同中亚、西亚、欧盟重点国家和目标企业的贸易投资合作。以海外商品展示中心、跨境电商海外仓、外经合作物流集散地等为依托，继续在西向重点国家和地区探索建设四川“海外贸易综合服务平台”，推进境外经贸产业合作区建设。

6. 以新疆、陕西为重点加强沿边区域对川经济合作

建立与新疆、陕西等西向桥头堡省份的一体化协作发展机制，优劣势互补联合开拓西向市场。持续与新疆合作举办“协同开放·共享机遇”推介活动，深化在供应链服务、物流仓储、跨境电商等领域达成多项合作，积极推进四川企业利用新疆乌鲁木齐出口加工区，开展成都—阿拉山口—欧洲的“中欧班列”合作，

打通西部内陆地区货物从陆路进入欧洲市场大通道。推动四川自贸试验区与陕西自贸试验区构建战略合作机制，深度开展跨区域联动试验、互补试验，共同构建立体全面开放新格局。

## 四、四川深化西向开放的保障措施

### （一）出台西向开放战略规划

1. 加强西向开放的组织领导

各级党委政府要对西向市场更加重视，成立西向开放协调推进小组，积极协调解决具体困难和问题。根据西向市场的产业特点和发展趋势，结合四川省省情，突出优势、选准重点，研究制定有目标、有步骤、有针对性的战略规划，明确发展思路。

2. 加强西向开放目标考核

科学设置西向开放年度目标任务，每年编辑发布《四川西向开放发展报告》，定期通报西向开放实施情况、反映成效、探索规律、纠正偏差，形成西向开放的强大合力。

3. 制定西向投资贸易指南

充分发挥政府、高校、社会等研究部门的力量，通过开展专项课题研究、实地考察等方式，对西向各区域的产业发展情况、社会环境、消费模式与习惯以及相关法律、财税、金融政策等进行深入的对比研究，最终形成分门别类的西向各区域投资贸易指南。

### （二）构建西向开放长效机制

1. 加强信息体系建设

利用各种形式和渠道，将西向商情、项目信息、国别政策以及贸易摩擦预警等信息及时、准确、有效地传递给企业，帮助企业作出正确的判断。密切与当地贸易机构或团体的联系，畅通沟通和信息交换渠道，加强对西向国家和地区市场的了解和四川产品的展示，寻求合作机会。

2. 强化国内外人才支撑

引进和培养针对西向的懂经济、懂产业、懂资本转移规律、会翻译等专业化高端经贸人才。充分发挥在外川籍华人、华侨作用，鼓励商协会开展交流合作，支持设立商务代表，全方位搭建经贸合作纽带与桥梁。

3. 研究制定风险评估预警机制

完善支持企业拓展西向市场的风险保障机制，加强企业、人员“走出去”的风险预警和防范。构建以风险评估、监测预警、应急处置等为重点的安全保障体系，加强对境外企业的安全监测，为企业安全、健康、可持续地在西向国家和地区开展工程建设、对外投资、对外贸易等经贸活动保驾护航。

（三）强化西向开放市场引导

1. 以展会模式带动企业开拓西向市场

利用与西向各国的合作机制，定期举办双向投资说明活动，带动更多的企业开展双向投资贸易，特别要指导重点产业、重点企业有针对性地与相关省州开展贸易投资活动。继续深入开展“万企出国门”活动，将欧盟、西亚、中亚列为重点区域，引导企业主动出击拓宽视野，寻找商机，建立营销渠道。

2. 鼓励企业设立境外分支机构

积极支持和鼓励外贸企业赴西向各国设立贸易机构、贸易分公司，充分利用境内境外两个市场配置资源，以“主动控制市场”取代“被动等待订单”，实现企业做大做强。

3. 加强欧洲先进技术引进

大力实施进口促进战略，积极引导和帮助企业与欧洲先进制造业对接，畅通进口渠道，推动管制商品贸易便利化，加强产学研结合，促进四川省对欧洲先进技术和设备的引进、消化、吸收和再利用。

负责人：刘子玮（四川省一带一路经贸合作促进会）
成　员：庄　严（四川省一带一路经贸合作促进会）
王丹美亚（四川省统计局）
周作昂（四川省统计局）